Knaur

Von Eberhard Zangger ist außerdem erschienen:

Ein neuer Kampf um Troia

Über den Autor:

Eberhard Zangger, Jahrgang 1958, hat sich an der Standford University, Kalifornien, in Geoarchäologie spezialisiert und anschließend an der Cambridge University in Großbritannien die historischen Wechselbeziehungen zwischen Mensch und Umwelt erforscht. Über siebzig Veröffentlichungen von ihm sind in internationalen Fachzeitschriften erschienen, darunter im *American Journal of Archaeology, Oxford Journal of Achaeology, Journal Field of Archaeology* und in *Hesperia.* Zangger gehört zu den wenigen Wissenschaftlern im deutschsprachigen Raum, die in der Forschung an vorderster Front mitwirken und gleichzeitig spannende Bücher für ein großes Publikum schreiben. Er lebt und arbeitet in Zürich. *Die Zukunft der Vergangenheit* ist sein viertes Buch.

Eberhard Zangger

Die Zukunft der Vergangenheit

Archäologie im 21. Jahrhundert

Knaur

Besuchen Sie uns im Internet:
www.droemer-weltbild.de

Vollständige Taschenbuchausgabe 2001
Droemersche Verlagsanstalt Th. Knaur Nachf., München

Umschlaggestaltung: ZERO Werbeagentur, München
Umschlagabbildung: Unter Verwendung des Motivs: Mittelneolithische Kreisgrabenanlage Wallerfing-Ramsdorf, Magnetometerprospektion, Aus: Helmut Becker (Hg.), Archäologische Prospektion, Arbeitshefte des Bayerischen Landesamtes für Denkmalpflege, Band 59
Druck und Bindung: Clausen & Bosse, Leck
Printed in Germany
ISBN 3-426-77504-2

1 3 5 4 2

Für die selbstlosen Mitarbeiter des Bodenpersonals, die es dem erschöpften Reisenden ermöglichen, einen Tag früher nach Hause zurückzukehren; für Elektroingenieure, Geophysiker und Bodenkundler, die ihren Jahresurlaub mit Messungen auf heißen, staubigen Äckern verbringen; für Lektoren und Graphiker, die Tag und Nacht an Manuskripten und Umbrüchen feilen; für Künstler, die mehr geben als nehmen. Für alle, die ungenannt bleiben und echte Größe beweisen, weil sie sich, ohne eine Gegenleistung zu erwarten, engagieren und begeistern können. – Ohne sie hätten sich die hier geschilderten Ereignisse nie zugetragen. Sie sind es, die den kulturellen Fortschritt ermöglichen – und das Leben lebenswert machen.

Inhalt

Die zweifelhafte Bedeutung von Naturkatastrophen

Archäologische Forschung im einundzwanzigsten Jahrhundert

Große Rätsel der Mittelmeerarchäologie

Vorwort

Vor rund hundert Jahren erlebte die Archäologie ihren letzten großen Wandel. Bis dahin hatte sie sich fast ausschließlich dem antiken Griechenland und Rom gewidmet, dann bewies die unerwartete Entdeckung der Paläste in Troja, Mykene und Knossos, daß es lange vor der klassischen Antike beeindruckende Kulturen in den Ländern rund um die Ägäis gab. So entstand eine neue Disziplin: die Ägäische Frühgeschichte. Sie lebt noch heute von unserer Faszination vom heroischen Zeitalter Homers, von den Geschichten des Odysseus und vom Trojanischen Krieg, von den großartigen Palästen auf Kreta und auf dem griechischen Festland sowie von den Berichten über Pioniere wie Heinrich Schliemann und Arthur Evans. Diese ersten Ausgrabungsleiter – im schwarzen Gehrock, mit Hut und Stock – dirigierten eine Heerschar von Hilfskräften, die sie, in der Hoffnung auf spektakuläre Entdeckungen, soviel Erde wie möglich bewegen ließen. Auch die Interpretation der Funde unterlag allein dem patriarchischen Grabungsleiter. Weil die Kenntnisse über die prähistorischen Kulturen äußerst begrenzt waren, blieb diesen Pionieren nichts anderes übrig, als nach einfachen Antworten auf ihre Fragen zu suchen. So stellten sie die Vermutung auf, das Ende der Paläste und des »Goldenen Zeitalters« sei durch überregionale Naturkatastrophen herbeigeführt worden. Vulkanausbrüche und Flutwellen, Erdbeben und Dürren brachten sie als Ursachen für Einschnitte in die Kulturgeschichte vor. – Im ersten Teil dieses Buches *(Die zweifelhafte Bedeutung von Naturkatastrophen)* erfolgt eine kritische Bestandesaufnahme dieser einfachen Szenarien aus der Gründerzeit der Ägäischen Frühgeschichte, die noch heute weitgehend anerkannt sind. Die Erklärungsmodelle der Pioniere stellen also den Ausgangspunkt – die These – in der weiteren Diskussion dar.

Eine Antithese zu diesen monokausalen Erklärungsmodellen liefern die Methoden und Erkenntnisse der gegenwärtigen archäologischen Forschung, die im zweiten Teil des Buches *(Archäologische Forschung im einundzwanzigsten Jahrhundert)* vorgestellt werden. In mancherlei Hinsicht sieht die Geländeforschung in der

Ägäischen Frühgeschichte heute anders aus als vor hundert Jahren. So haben zum Beispiel die an der archäologischen Forschung beteiligten Disziplinen beträchtlich zugenommen, und damit auch die Zahl der an einer Ausgrabung teilnehmenden Experten, unter denen sich inzwischen viele Naturwissenschaftler befinden. In den Disziplinen Geologie, Anthropologie, Zoologie, Botanik und Physik gibt es mittlerweile Fachleute, die sich ausschließlich mit archäologischen Fragestellungen beschäftigen. Jahr für Jahr gibt ihnen der technische Fortschritt neue Verfahren in die Hand, die tiefere Einblicke in die Lebensweise unserer Vorfahren gewähren. Die einzelnen Fundobjekte – und die *künstlerischen* Leistungen vergangener Kulturen – treten dabei zugunsten eines Gesamtbildes allmählich in den Hintergrund. Heute versucht die Forschung mehr und mehr, die Gesellschaft als Ganzes, ihre *technischen* Leistungen und ihr Verhältnis zu ihrer natürlichen Umgebung zu erfassen.

Auf These und Antithese folgt schließlich die Synthese im dritten Teil des Buches *(Große Rätsel der Mittelmeerarchäologie)*. Die Erweiterung und Vertiefung der Perspektiven und Methoden beginnt sich allmählich auch auf das Lehrgebäude der eigentlichen Archäologie auszuwirken. Inzwischen erscheinen die einfachen Katastrophenszenarien der Pioniere überaus fraglich – aber nicht nur diese. Auch andere grundlegende Konzepte, die noch aus der Anfangszeit der Archäologie stammen, haben naturgemäß etwas Staub angesetzt. Statt diese überholten Modelle länger als nötig aufrechtzuerhalten, könnte nun der Erkenntniszuwachs der letzten Jahrzehnte genutzt werden, um manches archäologische Rätsel einer plausiblen Lösung zuzuführen. Beispiele für solche Fragen der Mittelmeerarchäologie, die inzwischen lösbar erscheinen, werden im dritten Teil des Buches angeschnitten.

Die allmähliche Öffnung der Ägäischen Frühgeschichte zu anderen Disziplinen – insbesondere zu den Naturwissenschaften – hat also dafür gesorgt, daß sich die Mittelmeerarchäologie nun selbst wandeln und eine umfassende neue Basis für die Forschungsaufgaben des einundzwanzigsten Jahrhunderts finden muß. Nicht nur die Lehrmeinungen, sondern auch die Methodik, die Organisation der Projekte, die Fragestellungen und Zielsetzungen, aber auch der Ausbildungsgang müssen überdacht und zeitgemäßer gestaltet werden. Dies sind Themen, die im letzten Abschnitt des Buches *(Die Zukunft der Vergangenheit)* aufgegriffen werden.

Der Forschungsbereich Ägäische Frühgeschichte – gestern, heute und morgen – vereinigt in sich eine faszinierende Mischung, in der neben Wissenschaftlichkeit auch Pragmatismus, Wunschdenken, Abenteuerlust, Romantik und Zeitgeistströmungen zum Zuge kommen. Ich würde mich freuen, wenn es mir gelungen ist, diesen verschiedenen Aspekten unserer Forschung Ausdruck zu verleihen.

Eberhard Zangger

Zürich, im September 1998

Bemerkung zu Schreibweisen und zur Literatur

Angaben von Jahrhunderten und Jahrtausenden vor unserer Zeitrechnung sind abgekürzt (14. Jh.), solche für Epochen nach dem Beginn unserer Zeitrechnung ausgeschrieben (vierzehntes Jahrhundert). Die Begriffe »Kleinasien« und »Anatolien« werden hier gleichbedeutend verwendet und bezeichnen den asiatischen Teil der heutigen Türkei. Die Homer-Zitate stammen aus der Ausgabe des Artemis Verlags (Zürich, 1994), *Ilias*-Übersetzung von Hans Rupé, *Odyssee*-Übersetzung von Anton Weiher. Bei diesem Buch habe ich im Vergleich zu meinen bisherigen die Vorgehensweise geändert: Die zugrunde liegenden Thesen sind bereits weitgehend in den letzten Monaten in Fachveröffentlichungen vorgestellt worden; aus diesem Grund konnte auf Quellenhinweise zugunsten der Lesbarkeit verzichtet werden. Die entsprechenden Angaben sind größtenteils in den unter »Weiterführende Literatur« aufgeführten Veröffentlichungen zu finden.

Die zweifelhafte Bedeutung von Naturkatastrophen

Der Ausbruch des Santorin: Ein unerwünschtes Forschungsprojekt

»Erzähle mir die Vergangenheit,
und ich werde die Zukunft kennen.«
Konfuzius

Leben und Sterben auf dem Vulkan

Die pulsierende Stadt, deren Namen wir nicht kennen, lag an der Südküste einer kleinen Insel in der warmen und sonnigen Ägäis etwas nördlich von Kreta. Nichtsahnend gingen die Bewohner ihren alltäglichen Verrichtungen nach. Auf den Straßen und Plätzen herrschte reges Treiben. Die Fischer waren von ihrer morgendlichen Ausfahrt zurückgekehrt und boten reiche Makrelenfänge feil. In den Werkstätten der Steinmetze befanden sich Hämmer und Ambosse, Mörser, Lampen und Klingen. Durch die großen Fenster neben den Türen sah man Weberinnen in den unteren Geschossen der Häuser emsig an Webstühlen arbeiten. In der Schmiede des Ortes gab es Messer, Sicheln und Sägen, aber auch Töpfe, Kannen, Pfannen und Backbleche zu kaufen. In den oberen Geschossen ging es ruhiger zu – dort befanden sich die Wohn- und Schlafräume. Kunstvolle, lebendige Landschaften zierten die Wände der Wohngemächer. Die Malereien erzählten vom Leben der Bevölkerung: Da gab es Hirten, die ihre Schaf- und Ziegenherden zusammentrieben, und Kinder, die Faustkämpfe veranstalteten. Panoramen ferner Landschaften zeigten behende, wilde Tiere: Hirsche flüchteten in Todesangst vor einem Löwen, Schwalben und Wildenten zogen über die Sümpfe.

Ein Einsiedler, der weit oberhalb der Städte ein Haus am Berghang bewohnte, nahm den Anfang der Eruption als erster wahr. Eines Morgens bemerkte er herabrollende Steine am Hang und Risse an seinem Haus. Bald darauf hörte man auch unten in der Hafenstadt ein dumpfes Donnern. Gleichzeitig lösten sich Felsen von den Hängen. Fortwährend rollten Geröllbrocken den Berg herunter, und allmählich steigerte sich das Getöse. In der Erde und an den Häusern

Straßenszene in Akrotiri

öffneten sich immer zahlreichere Klüfte und Risse. Gasblasen stiegen im Hafen empor, und an den Ufern traten weiße, erstickende Dämpfe aus dem aufgewühlten Wasser aus. Langsam begann es am Rand des Hafenbeckens zu kochen. Schwefelgeruch wie nach verfaulten Eiern breitete sich aus. Der Boden zitterte fortwährend und sank allmählich ab. Die unruhige See färbte sich rot und wurde lauwarm; tote und halbtote Fische trieben im Wasser. Längst waren die Vögel verschwunden. Schließlich schlugen rote Flammen aus dem Vulkan empor, gefolgt von schwarzem Qualm. Eine gewaltige Rauchsäule verdunkelte den feurig rotleuchtenden Himmel über der Ägäis.

Die Menschen lebten seit Generationen an diesem malerischen Ort und hatten sich an die Launen des Berges gewöhnt. Jetzt überfiel sie Besorgnis. Niemandem fällt es leicht, die Heimat zu verlassen; diesmal sollte es jedoch unvermeidlich sein. Die Qualmwolken nahmen von Tag zu Tag zu, und Erschütterungen des Bodens deuteten an, daß Schlimmes bevorstand. Der Rat entschied, daß die Stadt zu verlassen sei. Gefaßt, aber ohne Panik sammelten die Bürger ihre wertvollsten tragbaren Besitztümer und ordneten die zurückbleibenden Gegenstände in ihren Häusern, wohl in der Annahme, schon bald wieder zurückkehren zu können. Sie ahnten nicht, daß es keine Rückkehr geben würde. Menschen, Schafe und Ziegen bestiegen Boote, die sie in Sicherheit brachten – nach Mochlos auf Kreta zum Beispiel, oder nach Rhodos –, Orte, mit denen die Händler gut vertraut waren. Dort harrten sie einige Wochen lang aus, während in ihrer Heimatstadt immer heftigere Erdstöße Treppenhäuser versetzten und gelegentlich ganze Gebäude zum Einsturz brachten.

Endlich kam der Vulkan wieder zur Ruhe. In der Hoffnung, das Schlimmste überstanden zu haben, kehrten einige Männer auf die Insel zurück, um soweit wie möglich wieder Ordnung herzustellen. Sie trugen die Trümmer auf den Straßen zu Schutthaufen zusammen, räumten die Zugänge zu den Gebäuden frei und rührten Mörtel an, um die Risse zu kitten. Die Bautrupps hatten jedoch den Vulkan unterschätzt. Plötzlich hagelte es kleine Bimssteine wie Reiskörner vom Himmel – sie überschütteten die ganze Insel zentimeterdick. Nun mußten selbst die unverzagten Baumeister die Insel verlassen. Es gab nichts mehr zu retten – die Insel würde in absehbarer Zeit unbewohnbar sein.

Einem alten Mann, der sein ganzes Leben an diesem sonderbaren Ort verbracht hatte, stand wohl nicht der Sinn nach einem Neuanfang in der Fremde. Nichts – auch nicht ein bevorstehender Vulkanausbruch – konnte ihn bewegen, seine Heimat zu verlassen. Wenn für den Berg tatsächlich eine neue Epoche anbrechen sollte, dann eben auch für ihn. So wurde er möglicherweise zum einzigen Augenzeugen dessen, was viele Wissenschaftler und Laien für die größte Naturkatastrophe aller Zeiten halten. Allerdings blieb ihm die Gelegenheit versagt, seine Eindrücke der Nachwelt mitzuteilen. Eine Glutwolke erfaßte ihn – ein glühendes Gemisch aus Luft und Asche, das wie eine Rakete aus dem Vulkankrater heraus- und den Hang hinunterschoß. Nur Augenblicke später begrub Asche seinen Körper und mit ihm sein Haus und die ganze Stadt, zu der das Haus gehörte, sowie alle anderen Städte auf der Insel.

Über Tage und Wochen spie der Vulkan Millionen Tonnen von tropfenförmigem Magma aus. Sobald sich dieses der Oberfläche näherte, ließ der Druck auf das flüssige Gestein nach, und die zuvor gelösten Gase entwichen – wie beim Öffnen einer Limonadenflasche.

Das Obergeschoß des Westhauses in Akrotiri

Die entgasten Magmatropfen erstarrten an der Luft und fielen als weiße Asche, Bimssteine oder vulkanische Bomben vom Himmel. Feine Partikel schossen hoch bis in die Stratosphäre.

Die kleine Hafenstadt, die im zweiten Jahrtausend vor Christus auf der Insel Santorin, rund 120 Kilometer nördlich von Kreta, geblüht hatte, verschwand unter Asche- und Bimssteinen. Ihre verschütteten Reste tragen heute den Namen »Akrotiri«, nach einem Dorf in der Nähe. Das damalige Akrotiri gehörte zur minoischen Hochkultur, deren Zentrum sich auf der größten Ägäisinsel Kreta befand. Damals schmückten riesige Paläste mit vielen Geschossen voller Kostbarkeiten und prall gefüllten Vorratskammern die mittelbronzezeitlichen Städte auf Kreta. Hunderte von Jahren hatte es gedauert, bis sich diese fortschrittliche Zivilisation zur vollen Pracht entfalten konnte.

Über die Auswirkungen des Santorinausbruchs auf die Zentren der minoischen Kultur – und den Rest der Welt – streiten sich die Experten. Nach der am weitesten verbreiteten Meinung warf der Vulkan soviel Asche aus, daß die Sonnenstrahlen nur noch mit Mühe durch die Wolken drangen. Es folgten Jahre ohne Sommer, sogar das Weltklima kühlte sich ab. Ascheregen ergossen sich über Kreta, begruben die zuvor fruchtbaren Felder und entfachten Feuer in den Wäldern. Feuer ergriff auch die Städte, Erdbeben erschütterten die Fundamente und brachten Häuser und Siedlungen zum Einsturz.

Viele Forscher gehen davon aus, daß Santorin vor dem Ausbruch aus einem kegelförmigen Inselberg bestand, der steil über 1600 Meter aus dem Meer emporragte. Nachdem der Vulkan wochenlang Asche ausgeworfen hatte, klaffte im Erdinneren ein Hohlraum. Dann stürzte das Dach über dieser entleerten Magmakammer ein, und der Vulkan brach in sich selbst zusammen. Wo zuvor ein Berg in die Höhe ragte, öffnete sich nun ein bodenloser Schlund tief ins Erdinnere. Innerhalb von Augenblicken drang das Meerwasser in diesen Hohlraum und füllte ihn auf. Diese plötzliche Bewegung unvorstellbar großer Wassermassen ließ das Mittelmeer regelrecht überschwappen. Eine gigantische, zweihundert Meter hohe Welle brach aus dem eingestürzten Vulkan hervor. Mit der Geschwindigkeit eines Flugzeugs raste sie auf die Küsten der Ägäis zu und türmte sich dabei immer höher auf. Als schäumender weißer Berg von über dreihundert Meter Höhe, höher als die höchsten Bauwerke Europas, brach sie Minuten später über Kreta herein. Bis zu fünfzig Kilometer strömte das Wasser ins Landesinnere. Die minoischen Paläste, aus jahrhundertealten Traditionen und Handwerkskünsten hervorgegangen, waren Sekunden später unter der Flut begraben.

Doppelt so hoch wie der Kölner Dom soll die beim Santorinausbruch ausgelöste Welle gewesen sein.

Nach Meinung des amerikanischen Ozeanographen James Mavor läßt sich die zerstörerische Kraft dieses Vulkanausbruchs nur mit einem Atomkrieg vergleichen: »Hunderttausende von Menschen in den Städten, Häfen und Dörfern der Ägäischen Inseln, aber auch auf dem griechischen und türkischen Festland mögen ihr Leben verloren haben.« Nach Ansicht des amerikanischen Paläontologen Charles Pellegrino änderte der Tag des Santorinausbruchs den Verlauf der

Phira, der Hauptort von Santorin, liegt direkt an der Klippe.

Weltgeschichte. Das ganze östliche Mittelmeer geriet in Aufruhr. Nicht nur die minoische Hochkultur kam zu Fall, auch das hethitische Großreich in Zentralkleinasien zerbrach, und Massenvölkerwanderungen setzten ein. Pellegrino hält es sogar für denkbar, daß die minoische Bevölkerung von Kreta ohne diesen Vulkanausbruch noch vor Christi Geburt Expeditionen zum Mond unternommen und Kolonien auf Alpha Centauri gegründet hätte.

Was von Santorin übrigblieb, ist ein offener Inselring von etwa zehn Kilometer Durchmesser, der die südlichste Inselgruppe der Kykladen bildet; auf der Innenseite der größten, sichelförmigen Insel ragen die Klippen fast senkrecht bis zu einer Höhe von 250 Metern über dem Meer auf. In der Antike hieß diese Inselgruppe nach ihrer Form Strongyle (»die Runde«), später nach ihrem Aussehen Kalliste (»die Schönste«), dann nach ihren Siedlern Thera (von »Theras« aus Sparta), und schließlich erhielt sie von venezianischen Kaufleuten den Namen »Santorini«, nach einer Kapelle für »Sankt Irene«, die sich dort befand, wo die Italiener ihre Schiffe vertäuten.

Was von den gewaltigen Naturereignissen bis heute erhalten blieb, sind Legenden – Erzählungen mit ganz verschiedenen Namen, die in den frühesten Urkunden der Menschheitsgeschichte auftauchen und im Grunde genommen alle an das gleiche Ereignis erinnern: die unvorstellbare Naturkatastrophe im zweiten Jahrtausend vor Christus. Manche Experten sind der Meinung, der Ausbruch des Santorin finde sich ebenso in der Bibel in Gestalt der ägyptischen Landplagen und des Auszugs der Israeliten wieder wie in der griechischen Sagenwelt als deukalionische Flut und in der antiken Literatur als Untergang von Atlantis. All diese Legenden sollen also ein- und dasselbe Ereignis beschreiben: den Vulkanausbruch des Santorin um 1500 v. Chr.

Der Besuch des Mathematikers

Etwa 3500 Jahre nach diesem Ereignis erhalte ich einen Brief aus Melbourne: Ein Professor für angewandte Mathematik würde mich gern zu einem laufenden Forschungsprojekt hinzuziehen. Ziel dieser Untersuchung ist die genaue Berechnung der Größe jener Wellen, die beim Ausbruch von Santorin entstanden sind. Joseph J. Monaghan, so der Name des Mathematikers, hat Computermodelle entworfen, mit denen sich die Entwicklung der bei Vulkanausbrüchen ausgelösten Wellen simulieren läßt – und zwar in Abhängigkeit vom Relief des Meeresgrundes sowie vom Verlauf der Küstenlinie und der Topographie der betroffenen Landstriche. Das Projekt ist jetzt in einem Stadium angelangt in dem die Suche nach geologischen und archäologischen Hinweisen auf Zerstörungen durch Wellen im Gelände erforderlich wäre, um die Computermodelle kalibrieren und testen zu können. Aus diesem Grund sucht Professor Monaghan einen Fachmann für geoarchäologische Untersuchungen in der Ägäis. Er möchte mich aufsuchen und die Details der Studie im persönlichen Gespräch besprechen.

Einige Wochen später spazieren wir zusammen an der Uferpromenade des Zürichsees entlang. Es ist Mai und vielleicht der schönste Tag des Jahres 1996. Die Fallwinde von den Nordhängen der Alpen lassen die Berge zum Greifen nahe erscheinen. Selten war das Getümmel am See so groß. Pantomimen, Clowns, Trommler, Gaukler und Erfrischungsbuden sorgen für Spaß und Unterhaltung.

Joe Monaghan ist Anfang fünfzig, groß und ungewöhnlich sportlich. In seinem Wesen vereint er die zufriedene und ausgeglichene Lebenseinstellung vieler Australier mit einer – in langen Forscherjahren in Cambridge erworbenen – ausgesuchten Höflichkeit. Sportlich, unkompliziert, freundlich und von überragender

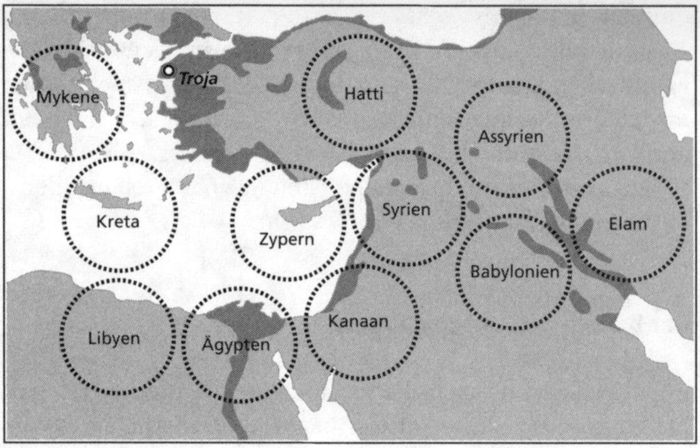

Spätbronzezeitliche Kulturkreise im östlichen Mittelmeerraum; die dunklen Flächen zeigen fruchtbares Ackerland an.

Intelligenz – einen besseren Partner für ein Forschungsprojekt kann man sich nicht wünschen.

Die Hauptbeschäftigung von Mathematikern ist mental so anstrengend, daß sie ihr nur wenige Stunden am Tag nachgehen können. So verbleibt viel Zeit, um sich anderen Interessen zu widmen: Sport, zum Beispiel, oder Politik. Aus diesem Grund sind Mathematiker für mich immer angenehme Gesellschafter gewesen, wie zum Beispiel Lorenz Magaard aus Honululu, der zwei Jahre mit Berechnungen von Rossby-Wellen verbrachte, um schließlich festzustellen, daß seine Fragestellung mathematisch nicht lösbar ist – und dann auf einer Konferenz einen Kollegen traf, der ihm berichtete, ebenfalls zwei Jahre vergeblich über demselben Problem gegrübelt zu haben. Oder Fritz Büsching, der bei unserer gemeinsamen Taxidurchquerung des Sinai einen durch äußere Einwirkung – in Form eines die Windschutzscheibe zertrümmernden Geschosses – erzwungenen Nothalt in El Aresch dazu nutzte, stundenlang am Strand die brechenden Wellen zu beobachten und mir immer wieder zu sagen: »Siehst du die kleinen weißen Kronen auf den Wellen? Deren Bewegung kann ich berechnen!« Oder Malcolm Green, der seine mit mathematischen Formeln überbordenden Vorträge in Cambridge mit Dias von Riesenwellen auflockerte – die er selbst mit dem Surfbrett »erfahren« hatte.

Joe Monaghan möchte wirklich gern, daß ich seinem Projekt beitrete – aber ich bin bereits an vielen Forschungsvorhaben beteiligt und habe immer einen Bogen um Santorin gemacht, im geographischen wie auch im übertragenen Sinn. Für meinen Geschmack befassen sich schon so viele Wissenschaftler mit der Untersuchung des Vulkanausbruchs, daß es kaum möglich scheint, einen originären Forschungsbeitrag zu leisten.

Natürlich schildere ich meinem Besucher meine Bedenken bis ins Detail. Doch sein Projekt läuft schon auf Hochtouren; er benötigt dringend einen Wissenschaftler mit Geländeerfahrung – und er will mich. Warum macht er es mir nur so schwer, nein zu sagen? Warum kommt er eigens aus Australien nach Zürich – wenn auch in Verbindung mit einer Lehrverpflichtung in Deutschland? Wenn es an ihm nur etwas auszusetzen gäbe! Wie viele Wissenschaftler kenne ich, denen mit unsichtbarer Schrift auf die Stirn geschrieben zu sein scheint: »Just say: no!«. Aber diesmal ist es hoffnungslos.

Meine persönliche Rechtfertigung, einem Projekt beizutreten, das ich am liebsten als wissenschaftliches Himmelfahrtskommando bezeichnen würde, ist schließlich, daß ich nicht nur noch »sichere Fälle« übernehmen will, das heißt Projekte, bei denen der Erfolg von vornherein garantiert ist. Schließlich bin ich Forscher und nicht Politiker – und schon gar nicht Diplomat.

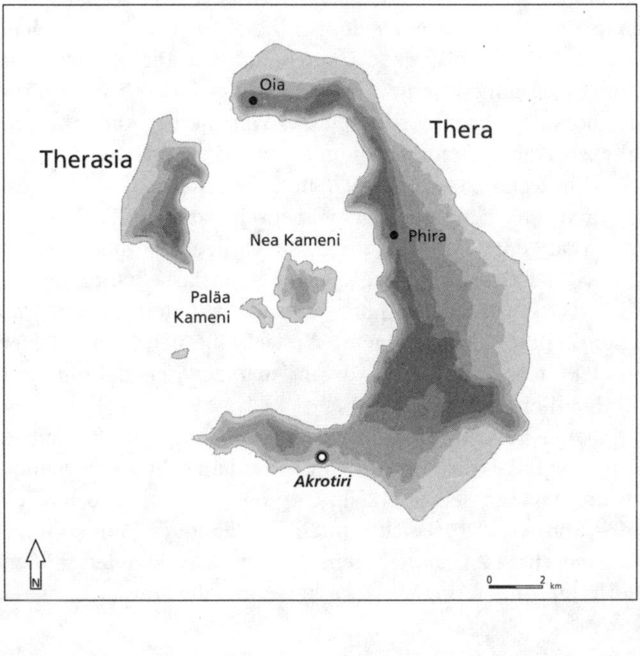

Die Inselgruppe
Santorin

Ausgrabungen in der Bibliothek

Also trete ich der großen Forschergruppe bei, die sich mit den Folgen der angeblich größten Naturkatastrophe in der Geschichte der Menschheit befaßt. Wo aber fängt man mit einer solchen Untersuchung an? Nun, Santorin, oder Thera, wie die Insel im englischsprachigen Raum genannt wird, ist immerhin ein allgemein bekanntes und so klar definiertes Problem in der Archäologie, daß Veröffentlichungen, die sich mit dem Vulkanausbruch und seinen Folgen beschäftigen, in meiner bibliographischen Datenbank ein eigenes Schlagwort besitzen. Nicht weniger als 182 Referenzen mit dem Kennwort »Thera« wirft der Computer aus. Wo aber anfangen? Zum Glück lassen sich die Veröffentlichungen nach ihrem Erscheinungsjahr sortieren – und plötzlich hat der Anfang einen Namen: »Fouqué, Ferdinand (1879): *Santorin et ses éruptions.* G. Masson, Paris. 440 Seiten.« – Einen Augenblick später teilt mein Computer seinem großen Bruder im Rechenzentrum der Eidgenössischen Technischen Hochschule mit, daß ich das Buch am kommenden Vormittag einsehen möchte.

Tags darauf stehe ich im obersten Stock des Altbaus der Universitätsbibliothek vor einer doppelflügeligen Holztür mit dem Schild »Sammlung Alte Drucke«. Ungeduldig warte ich darauf, auf mein Läuten hin eingelassen zu werden. Hinter dieser Tür verbirgt sich einer meiner liebsten Arbeitsplätze. Wer hierher kommt, wird mit ähnlicher Wertschätzung behandelt wie die kostbaren Werke. Wie viele »Entdeckungen« habe ich in diesen Räumen schon gemacht! Durch das Studium der wissenschaftlichen Veröffentlichungen vergangener Jahrhunderte habe ich den Eindruck gewonnen, daß sich der Gesamtumfang unserer Kenntnisse kaum ändert. Was wir an Wissen hinzugewinnen, entspricht ungefähr dem, was im gleichen Zeitraum verlorengeht. Wieviel läßt sich heute wieder lernen, indem man nachliest, was im neunzehnten Jahrhundert bereits hinlänglich bekannt war!

Die Arbeiten von Monsieur Fouqué stellen eine besonders vielversprechende Lektüre in Aussicht. Offenbar haben nur wenige Experten unserer Zeit sein Werk im Original gelesen. Also bin ich gespannt – und ich werde nicht enttäuscht. Fouqués Monographie entpuppt sich als Meisterwerk, ein Foliant mit wunderschönen handkolorierten Illustrationen. Noch besser als die Aufmachung ist jedoch sein Inhalt. Es scheint, als hätte ich den richtigen Einstieg in die Materie gefunden.

Als im Jahr 1859 die Bauarbeiten am Suez-Kanal begannen, mußten große Mengen wasserfesten Zements herangeschafft werden. Seit Jahrtausenden war bekannt, daß sich solcher Zement aus einer Mischung von Kalk und vulkanischer Asche oder pulverisiertem Bimsstein herstellen läßt; schon im Römischen Reich wurde in der Umgebung von Neapel die vulkanische Puzzolanerde abgebaut, um sie für den Innenverputz von Zisternen und Aquädukten zu verwenden. Für die Errichtung des Suez-Kanals griff man auf die Ascheschichten von Santorin zurück. Sie lieferten das richtige

Die ausgegrabenen minoischen Häuser in Akrotiri. Hier der »Dreiecksplatz« mit dem Westhaus auf der linken Seite.

Minoische Häuser in Akrotiri

Material, die sogenannte Santorinerde, in schier unerschöpflichen Mengen. Außerdem war Santorin kostengünstig mit dem Schiff zu erreichen. Darum legte man zum Abbau von Asche und Bimssteinschichten an verschiedenen Küsten der Insel Steinbrüche an; diese befanden sich vor allem an der West- und der Südküste der Insel Therasia und in der kleinen Halos-Bucht auf der Hauptinsel. Bei den Arbeiten auf der Insel Therasia traten völlig unerwartet unter meterdicken Ascheschichten gehauene Steinblöcke zutage. Den Arbeitern war sofort klar, daß es sich dabei um von Menschen angelegte Mauern handeln mußte. Nach dieser Entdeckung begannen der Besitzer des Steinbruchs und ein befreundeter Arzt damit, die Reste der Gebäude freizulegen.

Am 26. Januar 1866 begann der Vulkan Santorin erneut Feuer zu speien – die anfangs geschilderten Detailbeobachtungen der frühen Ausbruchsphase stammen aus Augenzeugenberichten dieses Ereignisses. Der sich ankündigende Ausbruch stieß auf großes Interesse in der Gelehrtenwelt, und eine ganze Reihe von Wissenschaftlern – vor allem aus Deutschland – begab sich zu der Inselgruppe. Einer von ihnen, Karl von Seebach, beschrieb die malerische Stimmung, die sich bei nächtlicher Beobachtung bot:

»Der ganze Anblick der Eruptionserscheinungen bei Nacht ist ein unendlich großartiger. Stundenlang kann man staunen, halb entzückt, halb schauernd, dem vereinten Eindruck der prachtvollen Feuererscheinungen und des rollenden Donners der ausbrechenden Gase sich hingeben.«

Der Santorinausbruch 1866

Im März 1866 begrub ein Lavastrom auf der Insel Nea Kameni ein ganzes Dorf unter sich.

Ein anderer, Karl Wilhem von Fritsch, hielt fest, daß Santorin als geologische Kuriosität seit langem bekannt ist:

»Mit dem Namen der griechischen Insel verbindet sich bei dem Naturforscher unwillkürlich die Vorstellung einer räthselhaften Erhebung des Meeresbodens, für welche Santorin fast in allen Lehrbüchern der Geologie stets eine classische Localität gewesen.«

Viele antike Autoren, unter ihnen Strabo, Seneca, Plutarch, Pausanias, Justin, Eusebius und Plinius, erwähnen die Insel in ihren Schriften. Ausbrüche des Vulkans sind seit 197 v. Chr. historisch belegt und beschrieben. Fouqué listet diese antiken Quellen genau auf. Er war von der Pariser Akademie entsandt worden, um den Verlauf des Ausbruchs von 1866 genauer zu untersuchen. Fouqué wollte auf dieser Expedition weitere Daten zur Untermauerung seiner Theorie über den Verlauf von Vulkanausbrüchen sammeln. Er war der Ansicht, daß sich die Stadien eines Vulkanausbruchs durch chemische Analysen der dabei entweichenden Gase bestimmen lassen.

Bei der Lektüre von Fouqués Werk interessiert mich besonders, wann wer zuerst erkannt hatte, daß es sich bei den verschütteten Häusern auf der Insel um die Reste einer prähistorischen – also vorklassischen – Besiedlung handelte. Außerdem will ich wissen, wer auf die Idee gekommen war, daß der Einsturz des Vulkankegels im Anschluß an den Ausbruch in minoischer Zeit erfolgte. Schließlich stehen die beim Einsturz erzeugten Wellen im Mittelpunkt unserer Untersuchung.

Bei Ferdinand Fouqué bin ich an der richtigen Adresse. Obwohl sein Spezialgebiet die Vulkanologie war, machte er auch sachverständige Beobachtungen auf den Gebieten Botanik, Zoologie und Anthropologie und übernahm auch gleich die weiteren archäologischen Untersuchungen. Er war es, der das Skelett des alten, auf der Insel zurückgebliebenen Mannes entdeckte. Da er in den prähistorischen Ruinen von Therasia und Akrotiri viele Olivenholzreste fand, folgerte er, daß die Inseln früher bewaldet und die Bewohner Land- und Viehwirtschaft betrieben hatten und nicht Weinbau wie heute. In den Hausmauern bemerkte Fouqué Holzpfeiler, die seiner Ansicht nach die zerstörerische Wirkung von leichten Erdbebenstößen mildern sollten. Aufgrund der petrographischen Beschaffenheit der prähistorischen Keramik, die Fouqué so dünn schliff, daß er ihre Mineralkomponenten im Durchlichtmikroskop untersuchen konnte, stellte er fest, daß fast die gesamte in den Ausgrabungen angetroffene Keramik auf Santorin hergestellt wurde; eine Aussage, die noch heute Gültigkeit besitzt. Einzelne Vasen zeigten jedoch, daß Akrotiri Verbindungen mit Zypern hatte, und zwei kleine Goldringe lieferten den Beweis, daß Handelsbeziehungen mit dem benachbarten Festland bestanden – Fouqué vermutete, vor allem mit Kleinasien, weil dort gewisse Flüsse in der Antike für ihren Goldreichtum berühmt waren.

Der Vulkanologe stellte fest, daß die Vasen, Werkzeuge und Gebäude der verschütteten Siedlung älter waren als die ebenfalls auf Santorin erhaltenen Überreste aus klassischer Zeit. Der Ausbruch mußte deshalb lange vor der ältesten historisch überlieferten Eruption aus dem Jahr 196 v. Chr. erfolgt sein, und Fouqué schloß, daß die Besiedlung in das 2. Jt. zurückreichte, daß der große Ausbruch

Von Fouqué geborgene Keramik

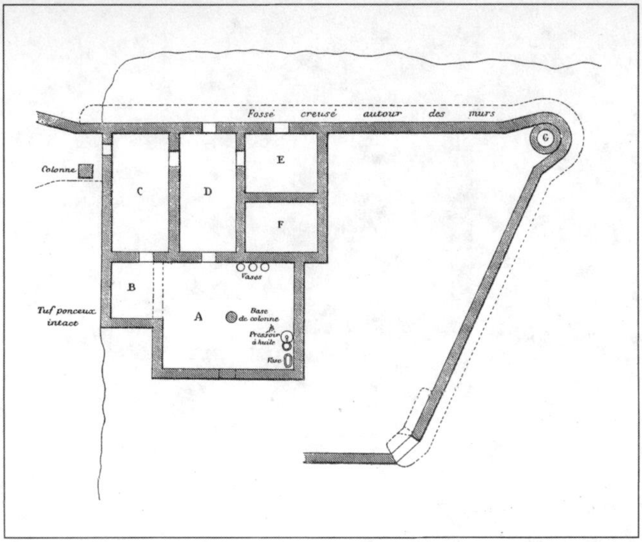

Von Fouqué freigelegtes Haus an der Südspitze von Therasia

um 1500 v. Chr. erfolgte und daß die Menschen zu diesem Zeitpunkt bereits seit Jahrhunderten auf der Insel gelebt hatten. Alles Aussagen, die noch heute gelten. Fouqué hatte eine ungeheure Pionierleistung vollbracht. Er konnte nachweisen, daß bereits tausend Jahre vor der klassischen Antike »eine zivilisierte Bevölkerung mit künstlerischen Fähigkeiten auf der Insel bestand, die als Zeugen und Opfer das Naturereignis miterlebte«.

Natürlich trafen nicht alle seiner Thesen den Kern der Sache. Sein Hauptanliegen, den Ablauf eines Vulkanausbruchs anhand der chemischen Zusammensetzung der dabei ausgeschiedenen Gase vorhersagen zu können, brachte ihm nur Hohn und Spott ein. Er hatte aufgrund seiner Analysen den offiziellen Stellen das Ende der Eruptionen zu früh vorhergesagt, und natürlich berichteten alle Zeitungen erleichtert über das zu erwartende Ende der Gefahr. Als die Stärke des Ausbruchs dann weiter zunahm – und die Eruption sogar noch jahrelang anhielt –, war der Glaube der Bevölkerung in die Exaktheit wissenschaftlicher Aussagen erschüttert.

Ein anderer Schluß von Fouqué hatte verhängnisvollere Konsequenzen und Auswirkungen bis zum heutigen Tag. Da die geologischen Schichten von Santorin einschließlich der beim prähistorischen Ausbruch entstandenen Bimssteinablagerungen auf der

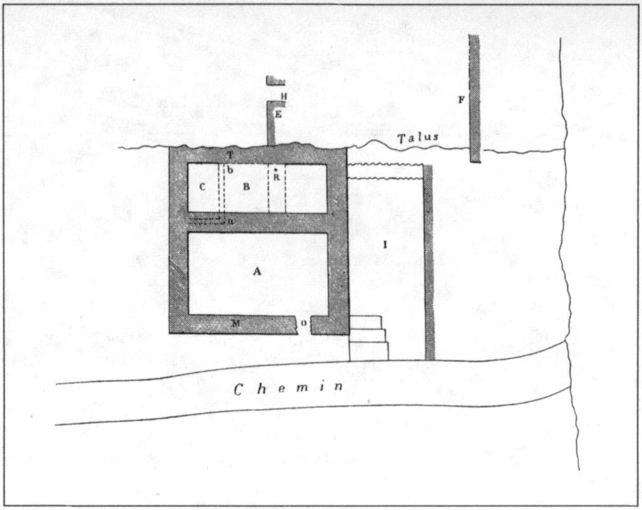

In einer Erosionsrinne bei Akrotiri entdeckte Gebäudereste

Innenseite der Inseln senkrecht eingeschnitten sind, schloß der Geologe, daß vor dem minoischen Ausbruch ein Vulkankegel im Zentrum der Insel bestanden habe und die heutige kesselförmige Hohlform – die sogenannte »Caldera« – nach dem Wegsprengen beziehungsweise dem Einsturz dieses Vulkankegels entstand. Er vertrat die Ansicht, der Einsturz der Caldera müsse eine Naturkatastrophe ungeheuren Ausmaßes gewesen sein und sich kurz nach dem Ausbruch um 1500 v. Chr. ereignet haben:

»Aber es ist überaus wahrscheinlich, daß beide Ereignisse [Ausbruch und Einsturz] – zwischen denen man keine weiteren geologischen Ereignisse feststellen kann – in kurzem Abstand erfolgten, denn es wäre schwierig, wenn nicht unmöglich, zu verstehen, wie zwei solche gleichermaßen gewaltige Phänomene unabhängig voneinander am gleichen Ort ihren Ursprung genommen haben sollen.«

Fouqué begann mit seinen Untersuchungen auf Santorin etwa zur gleichen Zeit wie die Ausgrabungen in Pompeji – die ersten systematischen Ausgrabungen in der Geschichte der Archäologie. Pompeji, die römische Hafenstadt am Golf von Neapel, war ebenfalls einem Vulkanausbruch zum Opfer gefallen. Die Katastrophe vom 24. August 79 n. Chr. riß 18 000 Menschen in den Tod. Heute zählen Pompeji und Santorin zu den berühmtesten, am besten erhaltenen und am meisten besuchten Ausgrabungsstätten der Welt. Bedenkt man ihre Bedeutung für die Forschungsgeschichte der Altertumskunde, überrascht es nicht, daß Archäologen immer wieder Naturkatastrophen als Auslöser für wichtige Einschnitte in die Kulturgeschichte herangezogen haben.

In den Mittelpunkt meines Interesses rückte nun die Fragestellung, inwiefern Naturkatastrophen nach heutigem Kenntnisstand tatsächlich Auslöser von tiefgreifenden Einschnitten in die Kulturgeschichte werden konnten. Daß ganze Städte Vulkanausbrüchen und Erdbeben zum Opfer fielen, ist nicht zu leugnen. Aber haben solche plötzlichen Naturereignisse auch den Gang der Kulturgeschichte beeinflußt? Etwa so, wie man dies vom Santorinausbruch vermutet: »Der Tag, an dem sich der Lauf der Weltgeschichte änderte?«

Wie Archäologie und Geologie zueinander fanden

Während Fouqué auf Santorin Wassertemperaturen maß und Gaszusammensetzungen bestimmte, reiste ein deutsch-russisch-amerikanischer Geschäftsmann und Multimillionär auf der Suche nach einer neuen Lebensaufgabe in einer Art Midlife-crisis durch Griechenland. Henry Schliemann nannte sich der Mann – und am Ostufer der Ägäis, auf einem unscheinbaren Hügel fernab der großen Städte, stieß er auf das, was er suchte.

Schliemann war auf der Suche nach dem antiken Troja. Er fand nicht nur die Ruinen dieser legendären Stadt, sondern gleich mehrere vergessene Zivilisationen – und legte damit im Handumdrehen die Basis für eine neue Forschungsdisziplin, die Ägäische Frühgeschichte. Ich erinnere mich noch, wie uns in der Schule beigebracht wurde, daß Schliemann seinen Plan, Troja zu entdecken, schon im Alter von sieben Jahren gefaßt, anschließend zwei Dutzend Sprachen gelernt und sich ein Vermögen erarbeitet habe, nur um schließlich seinen Jugendtraum verwirklichen zu können. Dann suchte er nach Troja an einer Stelle, wo es niemand vermutete, und nachdem er die Stadt dort tatsächlich gefunden und ausgegraben hatte, zog es ihn nach Griechenland, wo er das Löwentor von Mykene freilegte – seine wohl größte Entdeckung, wie wir erfuhren. Damals, als Schüler, haben mich diese Leistungen tief beeindruckt. Insbesondere bewunderte ich Schliemann dafür, daß er das legendäre Troja an einem Ort vermutete, wo es sonst niemand erwartet hatte. Wie hatte er das nur geschafft?

Als ich mich später wissenschaftlich mit Schliemanns Arbeiten beschäftigte, sah ich, daß das, was wir in der Schule gelernt hatten, ein Mythos der Neuzeit ist. Schliemann hat sich keineswegs als Kind entschlossen, nach Troja zu suchen. Es gibt nicht einmal Anzeichen dafür, daß er sich vor seinem 47. Lebensjahr überhaupt mit dem Altertum beschäftigte. Und selbst danach entsprang sein Interesse an der Archäologie wohl vor allem einer allgemeinen Modeströmung: Für das Bildungsbürgertum der Gründerzeit gehörte es zum guten Ton, sich für die Antike zu interessieren.

Das Löwentor hat Schliemann jedenfalls nicht entdeckt, denn es war längst bekannt und lag frei, als er zum ersten Mal in Mykene eintraf. Er hat auch Troja nicht entdeckt. Bei seinem Besuch in der Region suchte er zwar tatsächlich nach den Resten der antiken Stadt – aber an der falschen Stelle, nämlich genau dort, wo die meisten

Das Löwentor lag bereits frei, bevor Schliemann nach Mykene kam.

Leute Troja zur damaligen Zeit vermuteten. Schliemann war im Begriff, die Gegend mit leeren Händen zu verlassen, verpaßte sein Fährschiff und traf während der Wartezeit mit Frank Calvert, dem englischen Konsul des Gebiets, zusammen. Calvert informierte ihn über die Theorie eines schottischen Geologen namens Charles MacLaren, der behauptete, daß sich Troja auf einem Hügel namens Hisarlık befinde. Calvert, dem zufällig ein Teil dieses Hügels gehörte, hatte bereits Jahre zuvor die Royal Society in London um

Unterstützung für eine archäologische Ausgrabung gebeten – leider vergeblich. Nach dem Gespräch mit Calvert verließ Schliemann die Troas, offenbar ohne den Hügel Hisarlık und die mögliche Fundstätte Troja überhaupt gesehen zu haben. Dafür hatte er seine neue Lebensaufgabe gefunden.

Strömungen des Zeitgeists

Im achtzehnten Jahrhundert suchten einige Gelehrte nach einem Vorbild und einem Identifikationsprinzip für das sich damals neu formierende Europa und stießen dabei auf das klassische Griechenland und das antike Rom. Diese zweitausend Jahre zurückliegenden Epochen rückten fortan als Rollenmodell für die moderne europäische Gesellschaft mehr und mehr ins Zentrum. Die Beschäftigung mit Kunstgeschichte und Philologie diente dem Zweck, die Wurzeln der abendländischen Kultur aufzudecken und die Brücke zwischen Antike und Neuzeit zu festigen. Wichtiger Bestandteil dieser Weltanschauung war die Lehrmeinung, daß die westliche Zivilisation einer Wiege im archaischen Griechenland entsprang. Dieses Dogma lehnte sich an die mittelalterliche Interpretation vom Ursprung der Welt und der Menschen an, die von einer wörtlichen Auslegung der Schöpfungsgeschichte im Alten Testament ausging. Gott hat die Welt samt den Menschen demnach innerhalb einer Woche erschaffen. Also, dachte sich zum Beispiel der englische Erzbischof James Ussher, müßte sich der Zeitpunkt der Schöpfung ja wohl ermitteln lassen, und berechnete 1654, daß Gott die Erde am 26. Oktober des Jahres 4004 v. Chr. erschaffen hatte. Ein weiterer Kirchenvater präzisierte diese Datierung, indem er die Uhrzeit hinzufügte: Neun Uhr morgens soll es gewesen sein. »Eine angemessene Uhrzeit« wie mein Doktorvater Professor Tjeerd H. van Andel zu sagen pflegte. Genauso urplötzlich wie die Erde entstanden war, soll dann einige Jahrtausende später im klassischen Griechenland die erste europäische Hochkultur in Erscheinung getreten sein.

Nur wenige Jahre nach Erzbischof Ussher erkannten Naturforscher, daß geologische Schichten eine zeitliche Entwicklung widerspiegeln. 1669 definierte der – später seliggesprochene – katholische Bischof Nicolaus Steno das für die stratigraphische Geologie und Archäologie grundlegende Gesetz, wonach jüngere Ablagerungen immer auf älteren zu liegen kommen. Anschließend formulierte der französische Naturalist George Louis de Buffon zum ersten Mal den Gedanken, daß die heute zu beobachtenden Naturgesetze der Physik, Chemie und Biologie auch auf Prozesse der Vergangenheit angewendet werden müssen und daß die geologischen Abfolgen das Resultat solcher Prozesse sind: »Um zu beurteilen, was in der Vergangenheit geschah oder in Zukunft geschehen wird, brauchen wir nur die Gegenwart zu untersuchen.« Dieses »Aktualitätsprinzip« verbreitete daraufhin der schottische Geologe James Hutton. Er erkannte, daß die Geologie von physikalischen Grundgesetzen abhängig ist, und erhob sie deswegen in den Rang einer Naturwissenschaft. Seine Vorarbeiten ermöglichten schließlich das Verständnis der Evolution des Menschen und der Kulturgeschichte.

Zwischen 1822 und 1841 veröffentlichte der deutsche Geologe Karl Ernst Adolf von Hoff ein fünfbändiges Werk über die *Geschichte der durch Überlieferung nachgewiesenen natürlichen Veränderungen der Erdoberfläche*, in dem er mit Hilfe historischer Quellen der vergangenen zweitausend Jahre die langsame, aber kontinuierliche Entwicklung der Landschaft rekonstruierte. Mit dieser Arbeit legte von Hoff den Grundstein für die moderne Geoarchäologie. Der schottische Geologe Charles Lyell vereinte die Disziplinen Geologie und Archäologie schließlich im Band *The Antiquity of Man* (1863). Ähnliche Werke folgten, darunter *Mensch und Natur. Oder anthropogene Veränderungen der physischen Geographie* von G. P. Marsh im Jahr 1874.

Das Interesse an den Wechselbeziehungen zwischen antiken Zivilisationen und ihrem Lebensraum entsprang also anfänglich der Geologie. Klassisch ausgerichtete Archäologen spezialisierten sich auf die künstlerischen Leistungen der Vergangenheit. Landschaften sahen sie als eine Art Hintergrund – wie das opulente Bühnenbild einer Szene, in der die antiken Helden »in stiller Einfalt und edler Größe« kontemplierten oder gewaltige Taten vollbrachten.

Um 1870 herrschte in Politik, Wirtschaft, Kunst und Wissenschaft eine Aufbruchstimmung, die wohl auch die herausragenden Leistungen von Fouqué und Schliemann begünstigte. Die industrielle Revolution hatte Mitteleuropa erfaßt und Deutschland vom Agrar- zum Industriestaat gewandelt. In Frankreich entstand die Dritte Republik und in Deutschland das Reich. Dostojewskij schrieb *Der Idiot*, Tolstoi *Krieg und Frieden*, Jules Verne *In achtzig Tagen um die Welt*, Karl Marx *Das Kapital*, Charles Darwin *Die Abstammung des Menschen*, und Richard Wagner komponierte Die *Meistersinger von Nürnberg*. In der Kunst standen Impressionismus, Naturalismus, Realismus und Jugendstil bald gleichberechtigt nebeneinander. Allein in Frankreich erreichten Künstler wie Auguste Rodin, Edgar Degas, Claude Monet, Auguste Renoir, Édouard Manet, Paul Cézanne und Honoré Daumier den Höhepunkt ihres Schaffens.

1869 besuchte der deutsche Kronprinz Friedrich auf dem Weg zu den Feierlichkeiten zur Eröffnung des Suez-Kanals den griechischen König Georg in Athen. Der spätere deutsche Kaiser Friedrich III. – erzogen vom Historiker und Archäologen Ernst Curtius – reiste nach Athen, um der griechischen Regierung vorzuschlagen, die Antike gemeinsam wieder zum Leben zu erwecken – und zwar in Form von Ausgrabungen in Olympia. Wenige Jahre später erteilte die griechische Regierung die Genehmigung für dieses Vorhaben. Zum ersten Direktor der Grabung ernannte man Ernst Curtius. Seine Arbeiten in Olympia gelten – nach Pompeji – als das zweite systematisch durchgeführte Feldprojekt in der Geschichte der Archäologie.

Die Wellen, die Darwins Buch *Über die Entstehung der Arten* schlug, verursachten den endgültigen Bruch mit der Schöpfungsgeschichte, soweit es die Naturwissenschaften betraf. Die Altertumskunde durchlief fast gleichzeitig einen ähnlichen Prozeß. Nach Schliemanns Ausgrabungen in Troja, Mykene, Tiryns und Orchomenos ließ sich die Lehrmeinung, wonach die abendländische Kultur in der griechischen Antike erschaffen wurde, nicht mehr ohne weiteres aufrechterhalten. Forscher entdeckten mehr und mehr Reste sehr viel älterer Kulturen in den Ländern um die Ägäis. Dadurch eröffneten sich viele tausend Jahre Kulturgeschichte, die ein wissenschaftliches Studium erforderlich machten. Diese neu entdeckten Epochen umfaßten Zeiten, in denen die Schreibkunst nicht bekannt, Kunstgegenstände selten und die Architektur weitgehend unscheinbar waren – die klassischen Disziplinen der Altertumskunde (Philologie, Kunstgeschichte und Architektur) genügten nicht mehr, um die prähistorischen Kulturen zu erforschen.

Die Archäologie war deshalb gezwungen, ihre Methodik zu erweitern. Anstatt ausschließlich nach Dokumenten, Kunstgegenständen und Bauresten zu suchen, entwickelten Archäologen ein Interesse an den Alltagsgegenständen früherer, einfacherer Kulturen: Der Wissenschaftszweig der Ur- und Frühgeschichte war geboren. Die Ur- und Frühgeschichtsforschung beschäftigt sich intensiv mit der großen Zeitspanne von der Herstellung der ersten Steinwerkzeuge vor 2,5 Millionen Jahren bis zum Beginn der klassischen Antike. Im Rahmen dieser Forschung fand die zuvor schon betriebene Untersuchung der Wechselbeziehungen zwischen Mensch und Landschaft eine institutionelle Basis.

Der Ausbruch des Krakatau

Nur sieben Jahre nach dem Erscheinen von Fouqués Monographie über Santorin ereignete sich die größte Vulkankatastrophe der Neuzeit – die erste, deren Auswirkungen mit wissenschaftlichen Beobachtungen erfaßt und mit modernen Kommunikationsmitteln

Der Ausbruch des Krakatau im August 1883

weltweit verbreitet werden konnten. Nach zweihundertjähriger Ruhepause brach der 2000 Meter hohe Vulkan Krakatau in der Sundastraße zwischen Sumatra und Java wieder aus. Es kam zu mehreren gewaltigen Explosionen, von denen die stärksten bis Singapur und Nordaustralien hörbar waren. Der Höhepunkt der Ausbruchstätigkeit ereignete sich am 26. August 1883. Was genau an diesem Tag geschah, wird bis heute von den Fachleuten kontrovers diskutiert. Zweieinhalb Tage lang herrschte im Umkreis von achtzig Kilometern vollkommene Dunkelheit. Danach war der Vulkan wieder ruhig, aber auf weniger als die Hälfte seiner vorherigen Höhe und weniger als ein Drittel seiner Fläche reduziert. Insgesamt achtzehn Kubikkilometer Asche hatte er bis zu dreißig Kilometer hoch in die Luft geschleudert. Die Asche verteilte sich in der Atmosphäre über die ganze Erde und rief bemerkenswerte Dämmerungserscheinungen hervor, die noch drei Jahre später wahrnehmbar waren.

Obwohl die gleichnamige Insel Krakatau unbewohnt war, forderte das Ereignis über 36 000 Menschenleben. Während des Ausbruchs kam es immer wieder zur Bildung von Flutwellen, sogenannten »Tsunamis«, von denen die größte zwischen dreißig und vierzig Meter Höhe erreichte. Diese Wogen verwüsteten 165 Küstensiedlungen in Java und Sumatra. Ein Kanonenboot der holländischen Regierung trugen sie fast drei Kilometer weit ins Landesinnere.

Die *Barouw* wurde von den Wellen ins Landesinnere getragen.

Der Begriff Tsunami stammt aus dem Japanischen und heißt eigentlich »Hochwasser«. Tsunamis sind Wellen, die durch unterseeische Massenverschiebungen bei Erdbeben, Rutschungen oder Vulkanausbrüchen ausgelöst werden. Ihre Geschwindigkeit beträgt mehrere hundert Kilometer in der Stunde. Im Pazifik – wo sie am häufigsten auftreten – erreichen sie durchschnittlich 700 Kilometer in der Stunde. Da jedoch der Abstand zwischen zwei Wellenbergen einige hundert Kilometer und die Wellenhöhe auf offener See oft nur wenige Dezimeter beträgt, werden Tsunamis von Schiffen aus oft gar nicht wahrgenommen. Erst beim Auflaufen auf dem Schelf beginnt die Woge, sich aufzutürmen. Häufig geht dem Eintreffen der Welle ein minutenlanger Rückzug des Wassers voraus. Der Meeresboden vor der Küste liegt dann plötzlich trocken, Fische springen im Schlamm und Schiffe liegen auf Grund. In manchen Fällen hat dieser ungewöhnliche Anblick Schaulustige angezogen, die dann für ihre Neugier mit dem Leben büßen mußten. Auf Hawaii, wo Tsunamis relativ häufig auftreten, gilt daher die Regel, bei einem unnatürlichen Rückzug des Wassers so schnell wie möglich landeinwärts zu flüchten.

Augenzeugen berichten, daß das Eintreffen der eigentlichen Tsunami von einem Grollen begleitet wird, das dem Dröhnen unzähliger Güterzüge vergleichbar ist. Das Geräusch entsteht durch die Schottermassen, die die Welle am Meeresgrund mitschleift. Die eigentliche Tsunami kann als steile Wasserwand auf den Strand zu

Opfer der Krakatau-Tsunamis

rasen, häufiger tritt sie jedoch einfach als Hebung des Meeresspiegels auf. Für ihre Zerstörungskraft ist die Form der Welle unbedeutend. Die Verheerungen erfolgen nämlich vor allem beim Ablaufen des Wassers. Diese Wasserbewegungen scheinen die bekannten Gesetze der Physik buchstäblich aufzuheben: Das Meer kocht regelrecht über. Die Strudel verursachen eine Zerstörung, die der Kraft von Atomwaffen entspricht. Auch die Höhe einer Tsunami ist für ihre Zerstörungskraft unbedeutend. Eine Zwei-Meter-Welle richtet im überschwemmten Bereich ähnliche Verheerungen an wie eine sehr viel größere Tsunami – allerdings schädigen höhere Wellen natürlich größere Küstenstriche. Der betroffene Bereich bleibt dabei jeweils messerscharf begrenzt. Selbst wer sich nur wenig oberhalb der Wellenhöchstmarke befindet, erleidet keinen Schaden. Meist treten mehrere Tsunamis kurz nacheinander auf, wobei die erste nicht immer die größte sein muß. Zwischen den Wellenbergen kommt es immer wieder zum Ablaufen des Wassers weit unter die normale Meeresspiegelmarke.

Durch Vulkanausbrüche ausgelöste Tsunamis sind eher selten und in der Regel von geringerem Ausmaß als durch Erdbeben und submarine Rutschungen verursachte Flutwellen. Im Mittelmeer gehen nur zwei Prozent der historisch belegten Tsunamis auf Vulkaneruptionen zurück. Der vermutlich wesentlichste Auslösemechanismus bei Vulkanausbrüchen ist das Aufschlagen der ausgeschleuderten vulkanischen Massen auf dem Wasser. Flutwellen treten daher nicht nur einmal – beim Einsturz einer Caldera – auf, sondern können sich, wie beim Ausbruch des Krakatau, über mehrere Tage erstrecken und dabei ganz unterschiedliche Höhen erreichen.

Nach der Katastrophe von Krakatau zog der französische Gelehrte Auguste Nicaise 1885 Platons Atlantis-Bericht zum Vergleich heran und zog Parallelen zwischen den darin beschriebenen Naturkatastrophen und den Ereignissen auf den Inseln Krakatau und Santorin. Da es zum damaligen Zeitpunkt noch keine Ausgrabungen auf Kreta gab, war die minoische Hochkultur noch nicht bekannt. Trotzdem war Nicaise durch die Arbeiten von Fouqué bereits bestens mit dem kulturellen Niveau der Minoer vertraut: Er bezieht sich auf ihre hochentwickelte Landwirtschaft und schildert den Anbau von Hülsenfrüchten, Roggen und Gerste, die Weidewirtschaft mit Schafen und Ziegen und das Handwerk mitsamt Goldverarbeitung, Wandmalereien und Drehscheibenkeramik. Schließlich gelangte er zum Schluß, daß Naturkatastrophen für die Rückschläge, die es im Laufe der Kulturgeschichte immer wieder gegeben hat, verantwortlich sein könnten. Seither gilt Santorin als Beweis dafür, daß Naturkatastrophen den Untergang ganzer Kulturen herbeiführen können.

Kurz nachdem Nicaise diese Ideen veröffentlicht hatte, erlebte die Ägäische Frühgeschichte ihre Blütezeit. Nach dem Ende der türkischen Besetzung von Kreta im Jahr 1898 begann man an zahlreichen Stellen auf der Insel mit Ausgrabungen. Arthur Evans leitete das Projekt beim Palast in Knossos, italienische Archäologen gruben beim Palast von Phaistos an der Südküste, griechische und französische Forscher legten den Palast in Malia frei, und amerikanische Wissenschaftler untersuchten die Siedlungen in Gournia, Vassiliki, Pseira und Mochlos. Gleichzeitig übernahmen etablierte Archäologen die von Schliemann begonnenen Grabungen in Troja und Mykene.

Rekonstruktion der sogenannten Karawanserei in Knossos

Arthur Evans begann mit seinen Ausgrabungen in Knossos im Jahr 1900. Fünf Jahre später legte er das noch heute angewandte chronologische System für die ägäische Frühgeschichte vor. Danach wird die Bronzezeit (ca. 3000-1200 v. Chr.) in die drei Hauptphasen, Früh-, Mittel- und Spätbronzezeit unterteilt. Diese drei Zeiträume gliedern sich wiederum in je drei Unterabschnitte, die mit den römischen Ziffern I-III gekennzeichnet sind. Evans hat diese Chronologie an die für Ägypten gebräuchliche Unterteilung in Altes, Mittleres und Neues Reich angelehnt. Die prähistorische Kultur auf

Kreta nannte er »minoisch«, dies nach dem legendären, vom griechischen Geschichtsschreiber Herodot erwähnten König Minos. Evans ging davon aus, daß sich diese Zivilisation seit etwa 3000 v. Chr. allmählich zu höherer Komplexität entwickelt hatte.

Für Reisende, die die Ruinen auf Kreta besuchen, ist die von Evans eingeführte Chronologie kaum hilfreich – auch viele Fachleu-

Rekonstruktion der Palastanlage von Knossos

te halten sie für verbesserungswürdig. Der griechische Archäologe Nikolas Platon hat deswegen ein anderes System vorgeschlagen, das heute in verschiedenen Variationen angewandt wird. Danach wird die Bronzezeit auf Kreta in die Vorpalastzeit (3000-2000 v. Chr.), die Ältere Palastzeit (2000-1700 v. Chr.), die Jüngere Palastzeit (1700-

1400 v. Chr.) und die Nachpalastzeit (1400-1050 v. Chr.) eingeteilt. Während der Vorpalastzeit erfüllte die prähistorische Kultur auf Kreta noch nicht die Voraussetzungen, die man allgemein mit dem Begriff »Zivilisation« verknüpft. Es gab noch keine deutlich strukturierte Gesellschaftsordnung, keine Aufteilung in städtische Zentren und Landbevölkerung und keine Schriftkenntnis. Das kulturelle Niveau auf Kreta entsprach dem anderer ländlicher Gegenden im östlichen Mittelmeerraum.

Griechisches Festland	Kreta	Kleinasien	Troja	
Eisenzeit	Eisenzeit 1200	Eisenzeit	Eisenzeit	*Dunkles Zeitalter*
				Krisenjahre
Blütezeit der Mykener	1375	Neues Hatti-Reich	Troja VIIa	*Knossos zerstört*
Blütezeit der Mykener	1450	Arzawa	Troja VI	*Minoisches Reich zerstört*
Aufstieg der mykenischen Kultur	Neue Paläste 1700	Altes Hatti-Reich	Troja VI	*Streitwagen*
Mittelhelladisch III	Alte Paläste 1900	Assyrische Handelsstädte	Hiatus?	*Paläste, Schrift*
Mittelhelladisch I-II	Mittelminoisch Ia	Frühbronzezeit III	Troja IV, V 2100	
Frühhelladisch II (spät)	Frühminoisch III 2350	Krise	Troja III	
Frühhelladisch II (früh)	Frühminoisch II	Frühbronzezeit II	Hiatus?	
Frühhelladisch I	Frühminoisch II 3000	Frühbronzezeit II	Troja I	*Pflug, Bronze, Segelschiffe*
Jungsteinzeit	Jungsteinzeit	Jungsteinzeit	Jungsteinzeit	

Chronologische Tafel für die Bronzezeit im östlichen Mittelmeerraum

An der Wende vom 3. zum 2. Jt. erlebte die kretische Gesellschaft einschneidende politische und wirtschaftliche Reformen; die Palastverwaltung wurde eingeführt. Die vielen Vorratsspeicher in den Palästen zeigen, welch große wirtschaftliche Bedeutung der zentralen Verwaltung zukam. Olivenöl, Wein, Getreide und Feigen einer ganzen Region wurden zum Palast transportiert und dort in den Speichern gelagert. Im Gegenzug bot der Palast der in der Landwirtschaft und handwerklich tätigen Bevölkerung Schutz und Lohn. Außer diesen wirtschaftlichen und politischen Aufgaben dienten die Paläste auch religiösen Zwecken. Vielleicht steigerten die Aristokraten Ansehen und Autorität, indem sie neben der Kontrolle von Politik und Handel auch die Verantwortung in der Religion ausübten.

Politisch war Kreta offenbar in der Älteren Palastzeit in mehrere Stadt- oder Kleinstaaten unterteilt, die miteinander kaum in Verbindung standen. Vielleicht pflegten die einzelnen Stadtstaaten auf Kreta sogar engere Beziehungen zu Schwesterstädten auf dem umliegenden Festland als zu ihren unmittelbaren Nachbarn.

Um 1700 v. Chr. fielen die meisten kretischen Städte Feuersbrünsten zum Opfer. Im Anschluß an diese Zerstörungen erlebte die Insel eine politische Neuorganisation. In der nachfolgenden Jüngeren Palastzeit zwischen 1700 und 1450 v. Chr. scheint Knossos die zentrale Gewalt über das Reich besessen zu haben. In dieser Zeit erlebte die minoische Kultur ihre größte Blüte, und aus dieser Zeit stammen auch die Paläste, deren Ruinen man heute noch auf Kreta besichtigen kann. Da sich bei den Ausgrabungen keine eindeutigen Hinweise auf eine militärische Ausrichtung der damaligen Gesellschaft erkennen ließen – wie sie in Form von Dolchen, Schwertern, Helmen, Schilden und vor allem massiven Befestigungsanlagen für das mykenische Griechenland charakteristisch sind –, bezeichnete Evans die minoische Kultur als »friedliebend«. Dies steht allerdings im Gegensatz zur geschichtlichen Überlieferung, denn Herodot (1.171) berichtet, daß König Minos »viele Länder unterwarf und glückliche Kriege führte«.

Die Hochphase der minoischen Kultur endete um 1450 v. Chr. (mit der Periode »Spätminoisch IB« oder »SM IB«). Die meisten Zentren auf Kreta, auch die Paläste in Malia, Phaistos und Zakros, gingen in Flammen auf und wurden anschließend aufgegeben. Nur Knossos blieb noch eine Zeitlang verschont. Um 1375 v. Chr. fiel jedoch auch diese Anlage der Zerstörung anheim. Da in vielen

Ausgegrabene und teilweise rekonstruierte Teile des Palasts von Knossos

betroffenen Siedlungen Anzeichen von Gewaltanwendung zu finden sind, kamen die Ausgräber übereinstimmend zum Schluß, daß die Verheerungen höchstwahrscheinlich durch feindliche Übergriffe verursacht wurden. Weil Kreta anschließend verstärkt dem Einfluß des mykenischen Griechenland ausgesetzt war, lag es auf der Hand, dort die Angreifer zu vermuten.

Die Theorie von Spyridon Marinatos

Während Geologie und Archäologie sich zur Zeit von Ferdinand Fouqué noch nahestanden, kam es am Ende des neunzehnten und zu Beginn des zwanzigsten Jahrhunderts zu einer Entfremdung zwischen den beiden Disziplinen. In den Naturwissenschaften spezialisierten sich die Teilbereiche, und quantitative Berechnungen traten in den Vordergrund. Die Geologie betrachtete man nicht mehr länger als philosophisch motivierte Erforschung der Erdgeschichte, sondern als Instrument zur Lagerstättenprospektion, was ihr einen hohen wirtschaftlichen Stellenwert verlieh. Die neu entstandene frühgeschichtliche Forschung entwickelte sich in die entgegengesetzte Richtung: In den angelsächsischen Ländern fiel die Archäologie als Ganzes der Sozialanthropologie zu; in Europa gliederte sie sich der Klassischen Archäologie an. Wer Frühgeschichte studierte, mußte sich fortan wie in der Klassischen Archäologie mit Latein, Altgriechisch und Kunstgeschichte beschäftigen.

Als der Santorin zwischen 1925 und 1928 erneut ausbrach, war eine fachübergreifende naturwissenschaftliche Gesamtdarstellung, wie Fouqué sie geliefert hatte, kaum noch denkbar. Diesmal leitete ein deutsches Expertenteam unter der Führung des Berliner Geologen Hans Reck die Forschungsarbeiten vor Ort. Recks dreibändige Veröffentlichung der damals aktuellen Untersuchungen auf Santorin ist hochspezialisiert und nur noch für Geowissenschaftler verständlich und lesbar. Doch gilt auch sie als wissenschaftliche Pionierleistung. Reck war besonders an den Mechanismen der Calderabildung interessiert, die Experten zum Teil noch heute kontrovers diskutieren.

Während Fouqué vermutet hatte, Calderen entstünden durch die Explosion von Vulkanen, hielten die deutschen Geologen fest, daß es sich dabei um »Einbruchsfelder über der Dachregion eines erschöpften Herdes« handle. Sie stimmten jedoch mit Fouqué überein, daß sich in der Mitte des 2. Jt. nach einer lang andauernden vulkanischen Ruhephase eine »paroxysmale Eruption« ereignete. Anschließend stürzte die Caldera ein.

Der Einsturz der Caldera muß zwangsläufig mit großen Erschütterungen und Versetzungen einhergegangen sein – Anzeichen für solche Bewegungen fehlen allerdings völlig für den Ausbruch in minoischer Zeit. Reck merkte an, daß beim minoischen Ausbruch »weder die Bimssteinexplosion noch die Calderabildung von heftigen Erschütterungen des Bodens begleitet wurden«. Dies hätte ihn auch zur Einsicht führen müssen, daß die Caldera gar nicht nach dem minoischen Ausbruch entstanden sein *kann*, denn dabei hätten auch die gerade abgelagerten Bimssteinschichten versetzt werden müssen. Das sind sie aber nicht. Sie liegen wie Zuckerguß auf der Bergkette. Auch die meisten prähistorischen Gebäude sind unversehrt geblieben, und wo es Hinweise auf Erdbebenaktivität gibt, stammen die Versetzungen aus der Frühphase der minoischen Eruption –, der Calderaeinsturz kann aber erst am Ende des Ausbruchs erfolgt sein.

Daß Reck und seine Kollegen diese Phänomene nicht richtig einordneten, liegt vielleicht in der speziellen Ausrichtung ihrer Arbeit begründet. Da die Geologen ihre Aufmerksamkeit vor allem auf die Entstehungsmechanismen von Calderen richteten, scheinen sie sich wenig für die geschichtliche und archäologische Fragestellung interessiert zu haben. Die archäologischen Aspekte sollten jedoch schon bald ins Zentrum der Diskussion rücken.

Recks Bericht erschien 1936. Im Jahr darauf veröffentlichte der holländische Geologe Jan Schoo einen umfangreichen Artikel in der geschichtswissenschaftlichen Zeitschrift *Mnemosyne*, in dem er den Ausbruch von Santorin erstens mit dem von Krakatau verknüpfte, zweitens vermutete, daß auch beim minoischen Ausbruch Flutwellen »fürchterliches Unheil« anrichteten, und drittens diese zum Untergang der minoischen Kultur beitrugen:

»Wenn die Katastrophe in der Blütezeit des minoischen Reiches stattfand, so darf man sich fragen, inwieweit auf Kreta selber bei der umfangreichen Ausgrabungstätigkeit dort Spuren dieses Unheils sich gezeigt haben.«

Direktor des größten archäologischen Museums von Kreta und Leiter verschiedener Ausgrabungen war damals Spyridon Marinatos. Dieser begann – unmittelbar nach dem Schoos Artikel erschienen war –, Vorträge über den Untergang der minoischen Kultur als Folge des bronzezeitlichen Ausbruchs von Santorin zu halten. Noch 1937 sprach er über dieses Thema vor dem Historikerkongreß in Istanbul und 1938 schließlich an Recks angestammter Universität in Berlin. Anschließend verbrachte Marinatos drei Monate an den Universitäten Utrecht und Leyden, wo er sich in den Bibliotheken mit der Erforschung der Auswirkungen des Krakatau-Ausbruchs beschäftigte.

Im Jahr darauf erschien sein bedeutender Artikel »Die vulkanische Zerstörung des minoischen Kreta« in der englischen Zeitschrift *Antiquity*. Marinatos griff darin die Ideen von Nicaise und Schoo auf – jedoch ohne diese Gelehrten jemals zu nennen – und übernahm auch die These von Fouqué, wonach der Santorinausbruch in minoischer Zeit das Innere der Insel »weggesprengt« habe. Nach diesem für sein Dafürhalten »größten historisch überlieferten Vulkanausbruch« blieb laut Marinatos nur noch die »größte und eindrucksvollste Caldera der Welt« übrig. Seiner Ansicht nach müssen sowohl Tsunamis – wie beim Krakatau-Ereignis – als auch »eine Reihe gewaltiger Erdbeben« Vulkanausbruch und Calderaeinsturz begleitet haben.

Marinatos ging davon aus, daß die Katastrophe um 1450 v. Chr. (am Ende von SM IB) ganz Kreta gleichzeitig traf. Er bemerkte, daß »wir nicht an eine Invasion vom Meer her glauben können« und daß daher eine natürliche Ursache die einzige noch verbleibende Erklärungsmöglichkeit sei. Arthur Evans hatte ähnlich argumentiert, und in der Folge Erdbeben als Auslöser der Umbrüche vermutet. Marinatos hingegen bemerkte, daß Erdbeben auf Kreta nur lokale Wirkung verursachten, weil es keine durchgehenden Bruchzonen auf der Insel gibt. Der Untergang der minoischen Kultur mußte also einer anderen Ursache zuzuschreiben sein. Da man den Santorinausbruch als das offenbar größte historisch belegte Naturereignis betrachtete, war es naheliegend, in dieser Naturkatastrophe auch den Auslöser für den Untergang des minoischen Reiches zu vermuten.

Marinatos zog den Ausbruch des Krakatau zum Vergleich heran und meinte, da die Santorininselgruppe (83 km^2) flächenmäßig viermal so groß sei wie die des Krakatau (22,8 km^2), müßten die Explosion auf Santorin und die dabei ausgelösten Tsunamis entsprechend größer gewesen sein. Beim Ausbruch des Krakatau traten die Zerstörungen in einem Umkreis von 100 bis 150 Kilometern auf. Auf Kreta, 120 Kilometer südlich von Santorin gelegen, müßten demnach ähnliche oder noch schlimmere Verheerungen angerichtet worden sein. Marinatos ging davon aus, daß alle Siedlungen an der Küste den Tsunamis zum Opfer fielen. Diese sollen in Amnisos, dem Hafen von Knossos, massive Steinfundamente verschoben und eine rechteckige Grube mit Bimssteinen verschüttet sowie in Niru Chani, der benachbarten Residenz einer minoischen Adelsfamilie, Dutzende von Opfertischen aufeinandergestapelt haben. Laut Marinatos »zerstörten Wellen mit an Sicherheit grenzender Wahrscheinlichkeit auch den minoischen Palast in Malia«. Seiner Ansicht nach muß der Vulkanausbruch zudem schwere Erdbeben verursacht haben, denen die höhergelegenen Paläste in Knossos und Phaistos zum Opfer fielen.

Diese Naturkatastrophen versetzten – laut Marinatos – der minoischen Zivilisation einen Schlag, von dem sie sich nie mehr erholte. Der größte Teil der Bevölkerung floh in Furcht und Schrekken von der Insel und sie versank in der Bedeutungslosigkeit. Schließlich fiel die mykenische Bevölkerung vom griechischen Festland über das geschwächte Kreta her.

Die Herausgeber von *Antiquity* fügten dem Aufsatz von Marinatos ein Nachwort an, in dem es hieß, daß diese Theorie ihrer Meinung nach durch weitere Ausgrabungen untermauert werden müßte. Der Artikel erschien im Dezember 1939, unmittelbar nach dem Ausbruch des Zweiten Weltkriegs. Wegen der politischen

Umstände haben viele Bibliotheken diese Ausgabe der Zeitschrift gar nicht erhalten. Auch nach dem Krieg interessierte sich lange Zeit niemand für das Katastrophenszenario. Keiner ahnte zu diesem Zeitpunkt, daß sich einmal drei Weltkongresse und unzählige wissenschaftliche Untersuchungen mit den Anregungen von Marinatos auseinandersetzen würden.

Wie fängt man eine Tsunami?

Die Vorbereitungen sind abgeschlossen. Am 12. August 1996 morgens um halb sechs rollt mein Jeep im Hafen von Heraklion von der Fähre. Joe Monaghan hat für uns eine Unterkunft in Agios Nikolaos – also genau gegenüber von Santorin – reserviert. Von diesem zentral gelegenen Ort können wir die durch Flutwellen zerstörten Fundstätten bequem in Tagesexkursionen aufsuchen. Unser geplantes Arbeitsgebiet erstreckt sich von Heraklion an der Nordküste entlang bis an die äußerste Ostspitze von Kreta.

Für mich ist die Fahrt nach Agios Nikolaos auch eine Reise ins Ungewisse. Selten war ich zu Beginn eines Projekts so unsicher, was mich in den nächsten zwei Wochen erwarten würde. Joe hat einen Doktoranden namens Andrew Cos aus Australien als Helfer herkommen lassen; er selbst wird erst in der zweiten Woche bei uns eintreffen.

Meist werde ich zu archäologischen Projekten eingeladen, um die ehemalige Landschaft der Umgebung zu rekonstruieren. Da mir inzwischen alle gebräuchlichen Formen der Grabungshäuser und Unterkünfte begegnet sind, gibt es eigentlich selten Überraschungen in Hinblick auf die Logistik, Ausrüstung, Kleidung und die Erfahrungen der anwesenden Fachleute – alles scheint vertraut, selbst wenn ich zum erstenmal auf ein Projekt in einer mir unbekannten Gegend treffe. Landschaft und Besiedlungsgeschichte bergen dagegen häufig Überraschungen – dadurch wird jedes neue Projekt spannend und zu einer Herausforderung.

Beim Tsunami-Projekt ist jedoch alles anders. Es gibt kein eng umrissenes Untersuchungsgebiet – die ganze Nordostküste von Kreta interessiert uns. Überall entlang dieser fünf Autostunden langen Strecke könnten Hinweise auf Tsunamis des minoischen Vulkanausbruchs verborgen sein. Es gibt auch keine klar definierte

Methodik. Eine allgemeingültige Technik zum Nachweis prähistorischer Tsunamis ist noch nicht gefunden.

Während der Autofahrt nach Agios Nikolaos überlege ich mir noch einmal die Vorgehensweise für die Geländearbeiten. An erster Stelle steht natürlich ein Besuch aller Ausgrabungen minoischer Siedlungsplätze, um den noch sichtbaren Grabungsbefund auf Tsunami-Hinweise zu überprüfen. An vielen Fundstätten finden im Sommer Ausgrabungen statt. Dort können wir mit den beteiligten Fachleuten sprechen und von ihnen wichtige Informationen erhalten. Andere Ausgrabungen sind inzwischen touristische Sehenswürdigkeiten; das heißt, die architektonischen Reste liegen frei und sind optimal erhalten. Die archäologischen Arbeiten sind abgeschlossen, und genauere Informationen über den Grabungsbefund erhält man aus den wissenschaftlichen Veröffentlichungen. Wieder andere Fundplätze blieben sich selbst überlassen. Manchmal sind sie durch einen Maschendrahtzaun geschützt – manchmal nicht einmal das. Insgesamt sind die Ausgangsbedingungen, soweit es den archäologischen Befund betrifft, jedoch hervorragend. Die eine oder andere Entdeckung sollte uns eigentlich gelingen.

Der zweite Ansatz in meiner Liste möglicher Methoden betrifft die geologische Wirkung der Tsunamis. Wenn die Wellen Häuser zerstörten, müssen sie auch Lockermaterialablagerungen abgetragen haben. An manchen Orten müßten also Erosionsmarken anzeigen, wie hoch oder wie weit ins Landesinnere die Wellen vorstießen. Von meinen früheren Projekten auf Kreta kenne ich Gegenden, in denen Wellen – die immerhin die zerstörerische Kraft etlicher Atombomben besessen haben sollen – sichtbare Erosionsspuren hinterlassen haben müßten.

Aber die Wellen tragen nicht nur Material fort, sie lagern auch Material ab. Beim Ausbruch des Krakatau haben die Tsunamis sechshundert Tonnen schwere Korallenblöcke auf den Strand geworfen. Und an der australischen Pazifikküste hat man achtzig bis neunzig Tonnen schwere Riesenbrocken bis zu 32 Meter über dem Meeresspiegel gefunden. Ihre dachziegelartige Anordnung weist darauf hin, daß sie durch fließendes Wasser abgelagert wurden. Geologen konnten diese Blöcke eindeutig als Tsunami-Ablagerungen identifizieren. Mir fallen einige Abschnitte an der Küste von Kreta ein, wo sich das Kalksteingebirge mit sanfter Neigung allmählich dem Meer entgegensenkt. Diese ebenen Flächen wären

Dieser 600 Tonnen schwere Korallenblock ist von den Krakatau-Tsunamis an Land gespült worden.

prächtige Rampen für alle möglichen Materialien, die die Tsunamis mitgeschleppt haben. Dort werden wir nach »giant boulders«, wie das Riesengeröll in der englischen Fachsprache heißt, Ausschau halten.

Schließlich gibt es noch eine dritte Möglichkeit, nach den Spuren einstiger Riesenwellen zu suchen. Tsunamis wühlen auch viel feines Material am Meeresgrund auf, tragen es weit ins Landesinnere und lagern es in Senken ab. In Bohrungen lassen sich solche Ablagerungen erkennen, indem man nach den Schalen mikroskopisch kleiner Muscheln, Schnecken, Krebse und Einzeller sucht, die im Salzwasser, und dort in großen Tiefen, vorkommen. Findet man Reste dieser Tiere in einer Probe – und sind die Schalen noch dazu beschädigt –, handelt es sich dabei vermutlich um eine Tsunami-Ablagerung.

Leicht wird es nicht sein, geeignete Bohrlokalitäten zu finden. Auf dem griechischen Festland gibt es viele ausgedehnte Küstenebenen, in denen sich meterdicke Ablagerungen aus geologisch jüngster Zeit erhalten haben – auf Kreta jedoch nicht. Das Relief der Insel ist so steil, daß heftige Regengüsse, die alle paar hundert Jahre einmal auftreten, in der Lage sind, alle Sedimente, die sich in der Zwischenzeit angesammelt haben, wegzuspülen.

Als ich Agios Nikolaos erreiche, bin ich angenehm überrascht, daß für uns eine ausgesprochen komfortable Unterkunft reserviert ist. Sie befindet sich im obersten Stock eines modernen Apartment-

Hotels – direkt in der Stadt, aber trotzdem mit einem kleinen Strand vor der Tür. Mein neuer Mitarbeiter ist die zweite angenehme Überraschung. Ich stufe Andrew Cos vorläufig als sympathischen Mathematiker ein und drücke ihm beim Auspacken der Ausrüstung ein Satellitennavigationsgerät (GPS) in die Hand, damit er sich schon einmal mit dessen Bedienung vertraut machen kann. Das Gerät sollte uns helfen, die weit auseinanderliegenden Lokalitäten unserer Untersuchungen genau aufzuzeichnen.

Andrew betrachtet das GPS mit interessierter Skepsis, und bald stellt sich heraus, daß er gar nicht Mathematiker, sondern Geologe ist. Joe hatte ihn von einem anderen Institut als Hilfswissenschaftler angeheuert. Unsere Zusammenarbeit wird dadurch noch leichter, denn unter Geologen herrscht in gewissem Sinn eine Art länderübergreifende Solidarität. Vielleicht liegt es daran, daß die Gesetze der Geologie überall gültig sind, daß wir uns alle mit den Kräften der Natur auseinandersetzen, oder vielleicht daran, daß unser Beruf uns oft weit von zu Hause wegführt und nicht immer ganz ungefährlich ist – auf jeden Fall scheinen Geologen einander immer willkommen zu sein. Ich erinnere mich an einen halbtägigen Zwischenstop in der Minenstadt Mt. Isa im australischen Outback, wo mich eine junge Frau am Hotelempfang fragte, was ich denn studieren würde. Als ich »Geologie« sagte, schickte man mir gleich einen Wagen von der Mine. Der Chefgeologe und sein Team begrüßten mich persönlich, und ich durfte eine unvergeßliche Untertage-Exkursion begleiten und jede Menge Gesteinsproben als Souvenirs mitnehmen. Blei-Zink-Erz – die Lufthansa hatte ihre helle Freude. Und dies ist nur eines von vielen Erlebnissen dieser Art. – Als Andrew und mir klar wird, daß wir beide Geologen sind, sind wir einander gleich vertrauter: Kompaß, Hammer, Lupe, Notizbuch, Wanderstiefel – unsere Ausrüstungen sind identisch. Am nächsten Morgen wird es losgehen.

Überfällige Hypothese oder überflüssige Hysterie?

K. T. Frosts These, Platons Atlantis entspreche dem minoischen Kreta, fand ein so breites Echo, daß noch vor 1920 eine ansehnliche Reihe von Veröffentlichungen, darunter ganze Bücher, zu diesem Thema erschien. Auch der griechische Archäologe Nikolas Platon,

Ausgräber des Palastes von Zakros, hielt 1945 zwei Vorträge über dieses Thema. Einige Jahre später (1949) erschien ein Artikel von Robert Scranton in der amerikanischen populärwissenschaftlichen Zeitschrift *Archaeology*. Darin beschrieb dieser ein bronzezeitliches Be- und Entwässerungssystem aus Mittelgriechenland und verglich es mit Platons Erzählung vom versunkenen Atlantis, das über ähnliche Anlagen verfügte.

Marinatos, dessen These von der Flutwellenzerstörung der minoischen Kultur durch die Wirren des Zweiten Weltkriegs und des anschließenden Bürgerkriegs in Griechenland keine Aufmerksamkeit erwecken konnte, reagierte auf die Veröffentlichung von Scranton in einem 1950 in der *Cretica Chronica* veröffentlichten Bericht in Griechisch, in dem er etwas abwertend von einer »kühnen Hypothese« sprach. Weiter meinte er, seine eigene Theorie aus dem Jahr 1939 lasse sich seines Erachtens besser mit Platons Bericht in Übereinstimmung bringen. Demnach könnte sich in der Erzählung vom Untergang des legendären Atlantis dieselbe Naturkatastrophe widerspiegeln, die um 1450 v. Chr. Kreta erfaßte und bei der fast alle Städte, ihre monumentalen Bauwerke und zwei der drei Paläste zerstört wurden. Da die Atlantis-Sage ursprünglich aus Ägypten stamme, müßten – so Marinatos – auch die Pharaonen vom Untergang der Insel Santorin erfahren haben, einer Insel, die sie jedoch vermutlich gar nicht aus eigener Anschauung kannten. Deswegen dürften sie die Katastrophe auf ganz Kreta bezogen haben, »die so schwer betroffene Insel, mit der jeglicher Kontakt plötzlich abbrach«. Soweit Spyridon Marinatos.

Der griechische Geophysiker Angelos Galanopoulos griff diese Idee anschließend auf und versuchte, sie mit naturwissenschaftlichen Argumenten zu untermauern. Er vertrat sogar die Ansicht, Spuren der künstlichen Kanäle und Häfen von Atlantis seien am Grund der Caldera noch heute sichtbar. Ende der 1960er Jahre schlossen sich auch der amerikanische Ozeanograph James Mavor und der Dubliner Altphilologe John Victor Luce der Santorin-These an. Somit konnten sich die Befürworter dieser Theorie gegenseitig auf Argumente aus der Archäologie (Marinatos), der Altphilologie (Luce), der Geophysik (Galanopoulos) und der Ozeanographie (Mavor) beziehen. Alle vier Forscher veröffentlichten im Laufe der 1960er Jahre allgemeinverständliche Bücher zu diesem Thema, manche von ihnen wurden zu Weltbestsellern. Im Anschluß daran war die Idee, hinter dem Untergang der minoischen Kultur könnte sich die Sage von Atlantis verbergen, nicht mehr wegzudenken. Jahr für Jahr werden unzählige Interessierte in Knossos und Akrotiri von beredten Reiseführern mit diesem Konzept vertraut gemacht.

Die Regierungsübernahme durch die Militärjunta in Griechenland im Jahr 1967 scheint ein politischer Wechsel gewesen zu sein, der Spyridon Marinatos zumindest nicht schadete. Die Generäle ernannten ihn zum Generalinspektor des Archäologischen Dienstes. Als solcher konnte er sich seinen Lebenstraum erfüllen: Er begann noch im gleichen Jahr mit Ausgrabungen auf Santorin. Zwei Jahre nach dem Beginn der Ausgrabungen veranstaltete er die erste Internationale Thera-Konferenz. Zwei weitere folgten im August 1978 und im September 1989. Diese Konferenzen untermauerten die Katastrophentheorie – auch wenn Spyridon Marinatos sie selbst nicht mehr erlebte.

Am 1. Oktober 1974, wenige Wochen nachdem das Militärregime zusammengebrochen war, stürzte er auf seiner Ausgrabung in Akrotiri zu Tode. Dort, in einem der Häuser aus minoischer Zeit, liegt er begraben.

Zum Abschluß der ersten Thera-Konferenz hatte er noch einmal den Kern seiner Theorie zusammengefaßt. Seine Worte klingen wie ein Vermächtnis:

»Ich dachte seinerzeit, und ich denke heute noch, daß es unmöglich ist, sich die Explosion von Santorin und die Bildung der Caldera ohne Entstehung von Wellen vorzustellen. Ebenso unmöglich ist es, sich vorzustellen, daß Kreta schweren, durch die Wellen verursachten Schäden entkommen konnte. Dies sind meiner Ansicht nach solide Tatsachen, so unverrückbar wie Naturgesetze.«

Reste der einstigen Pracht

Wir beginnen unsere Inspektionsrundreise außerhalb von Heraklion, noch in Sichtweite des Flugplatzes. Dort liegt die bedeutende minoische Fundstätte Amnisos, die Marinatos 1932 selbst auszugraben begonnen hatte und die als Schlüssellokalität für seine Katastrophentheorie gilt. Homer bezeichnet Amnisos als den »schwierigen« Hafen von Knossos. Die heute noch sichtbaren Ruinen der minoischen Gebäude liegen direkt am Strand, etwa ein bis vier Meter über dem Meeresspiegel. Zum Teil erstrecken sich Gebäudereste auch unterhalb der Wasseroberfläche. In Amnisos hatte Marinatos ein Fundament entdeckt, das ursprünglich aus acht quaderförmigen Blöcken bestand. Von diesen fehlten jedoch zwei, und ein weiterer ist leicht nach außen geneigt. In einem vorläufigen Grabungsbericht von 1932 hatte der Ausgräber diese Versetzung als Erdbebenschaden identifiziert. Später fand er die »wirkliche Erklärung«, wie er sagte: Das ganze Gebäude einschließlich der beiden Quader des Fundaments sei von den Wellen fortgespült worden, während der dritte Stein nur versetzt wurde. In Amnisos fand Marinatos auch eine quadratische Grube, die mit Bimssteinen gefüllt war. Diesen Fund

Der geneigte Fundamentstein in Amnisos

interpretierte er zunächst als eingesammeltes Rohmaterial eines Händlers. Später erst kam er zum Schluß, daß die Ruinen der Gebäude in Amnisos unter Bimssteinablagerungen der minoischen Eruption verschüttet worden seien.

Zwischen 1983 und 1985 fanden erneut Ausgrabungen in Amnisos statt, diesmal unter der Leitung des Heidelberger Archäologen Jörg Schäfer. Dessen Arbeitsgruppe konnte Marinatos' Schlußfolgerungen nur mit Mühe nachvollziehen, da letzterer sich als nachlässig in der wissenschaftlichen Bearbeitung seiner Funde erwies. Marinatos hatte weder die Ergebnisse seiner Ausgrabung veröffentlicht, noch genug Keramikobjekte aufbewahrt, um die Datierung der Siedlungshorizonte zu ermöglichen. Was den geneigten Steinquader betrifft, hält es Jörg Schäfer für »höchst unwahrscheinlich«, daß eine Welle seine ursprüngliche Stellung veränderte. Die darunterliegenden Siedlungsschichten sind völlig intakt, und auf der Innenseite des Gebäudes lagen sogar noch die Reste des Wandverputzes mit ihrer farbenfrohen Bemalung unversehrt am Boden. Es ist praktisch unmöglich, daß Riesenwellen die beiden fehlenden Quader fortspülten, die Putzfragmente jedoch unbewegt ließen. Amnisos – das steht fest – fiel einer Feuersbrunst zum Opfer, ein Befund, der ebenfalls nicht ohne weiteres mit Zerstörung durch Unmengen von Wasser in Einklang zu bringen ist. Trat das Feuer nämlich vor der Tsunami auf, hätte die Welle – einmal abgesehen davon, daß es ihrer zur Zerstörung gar nicht mehr bedurfte – die

Die Umgebung des Bahnhofs von Merak, einem Dorf auf Sumatra, nach der Zerstörung durch Tsunamis

verkohlten Gebäudereste durcheinandergespült, doch das ist eindeutig nicht der Fall. Falls das Feuer aber nach der Welle auftrat, hätte es nichts mehr zum Zerstören vorgefunden, denn eine größere Vernichtung als durch Tsunamis ist kaum vorstellbar.

Die erwähnten Bimsstein-»Ablagerungen« sind sicher nicht natürlichen Ursprungs. Sie befanden sich in einer Speicherkammer, die nur durch eine kleine, erhöhte Öffnung zugänglich ist. Offensichtlich wurden die Bimssteine nach dem Ausbruch von Santorin in dieser Ecke abgelegt – bevor Amnisos dem Feuer zum Opfer fiel. Ein weiterer Hinweis darauf, daß der Untergang der Stadt kaum im Zusammenhang mit dem Ausbruch von Santorin gestanden haben dürfte.

Alles in allem läßt sich der archäologische Befund in Amnisos eher als Typlokalität *gegen* die Tsunami-These betrachten. Die

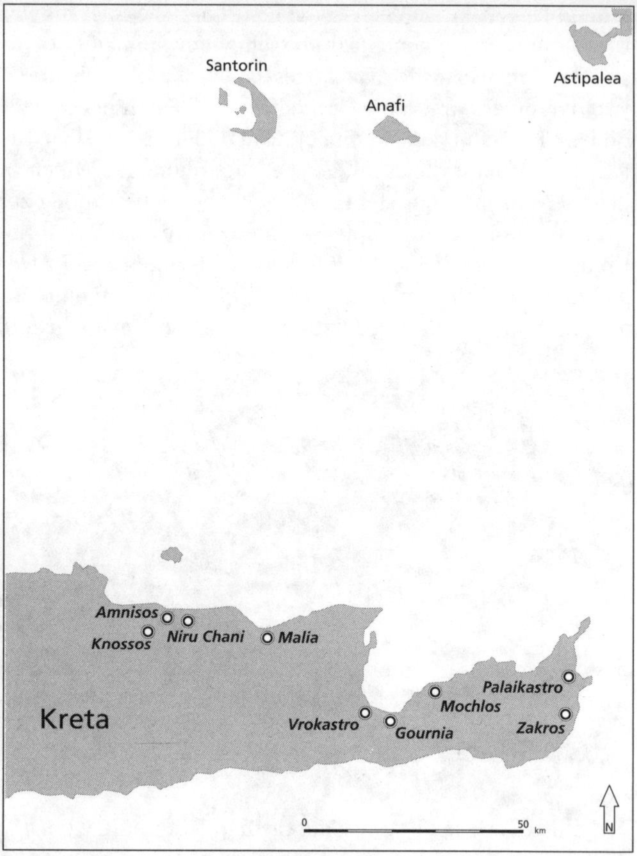

Die bekannten minoischen Fundstätten an der Nordostküste von Kreta

einzige nachweisliche Auswirkung, die der Ausbruch von Santorin auf die Bevölkerung von Amnisos hatte, ist die Tatsache, daß es den Leuten anschließend möglich war, Bimssteine am Strand aufzulesen.

Charles Pellegrino spricht in seiner Schrift *Unearthing Atlantis* von über 300 Meter hohen Wellen, die Kreta überschwemmten und die minoische Kultur wegspülten. Als das Buch 1991 erschien, war jedoch durchaus bekannt, daß Amnisos in den letzten 3500 Jahren nicht ein einziges Mal auch nur von einer drei Meter hohen Welle in Mitleidenschaft gezogen worden sein kann. Der britische Althistoriker Denys Page, die amerikanische Geologin Dorothy Vitaliano, der Mannheimer Archäologe Wolfgang Schiering, der Tübinger Mineraloge Hans Pichler – und viele andere – haben darauf hingewiesen, daß sich der Erhaltungszustand der Gebäude in Amnisos nicht mit einer Zerstörung durch Wellen vereinbaren läßt. Trotzdem hielten diese, wie auch fast alle anderen Fachleute, an der Überzeugung fest, daß der Ausbruch von Santorin ein ungewöhnliches Ausmaß erreichte und daher ohne Zweifel nachhaltige Auswirkungen auf die minoische Bevölkerung hatte.

Andrew und ich fahren im Jeep die Küste entlang einige Kilometer nach Westen. Die nächste minoische Fundstätte erwartet uns nur eine Bucht weiter. Dieser Siedlungsplatz heißt Niru Chani. Es handelt sich offenbar um die Überreste der Residenz eines minoischen Fürsten, die seinerzeit ebenfalls Marinatos ausgegraben hatte und die Interessierten heute als – von Aufsehern wunderschön gepflegte – archäologische Fundstätte zugänglich ist. Die Fundamente der Gebäude liegen ungefähr acht Meter über dem Meeresspiegel.

Die Villa in Niru Chani fiel etwa gleichzeitig mit Amnisos einer Feuersbrunst zum Opfer. Marinatos hatte darin übereinandergetürmte Opfertische aus Bronze gefunden und ging davon aus, daß die Wellen sie so gestapelt hatten. Gibt es wirklich Wellen, die die Gewalt von Atombomben besitzen und kleine Dreibeintische aufeinanderstapeln können? So oder so sind in Niru Chani auch Mauern aus getrockneten Lehmziegeln erhalten, die aus einer nur etwa fünfzehn Zentimeter dicken Lage bestehen. Wäre Niru Chani indes von Tsunamis betroffen worden, gäbe es diese Mauern heute nicht mehr. Auch hier finden sich also keine Anzeichen für eine Zerstörung durch Wellen. Ganz im Gegenteil!

In Niru Chani sind sogar Mauern, die nur handbreit sind, stehengeblieben.

Eine halbe Stunde später treffen wir beim Palast von Malia ein, wo wir – selbst ohne Ankündigung – überaus freundlich von Silvie Müller empfangen werden. Die Schweizer Archäologin führt seit einigen Jahren die Erforschung des Areals in der Umgebung des Palastes durch. Malia liegt als einziger der großen minoischen Paläste direkt am Meer. Marinatos war deswegen davon überzeugt, daß auch Malia »mit an Sicherheit grenzender Wahrscheinlichkeit« von Wellen zerstört wurde. Doch vor Ort will man von dieser These nichts wissen. Von Silvie Müller erfahren wir, daß sowohl die Anlage aus der Älteren Palastzeit um 1700 v. Chr. wie auch die aus der Jüngeren Palastzeit um 1450 v. Chr. Brandkatastrophen zum Opfer fielen. Niemand von den Fachleuten, die an den Ausgrabungen in Malia während der letzten achtzig Jahre beteiligt waren, hat jemals behauptet, der Palast habe Schäden durch Tsunamis oder Erdbeben erlitten.

Unsere Tätigkeit wird uns noch oft nach Malia führen. Bei diesem ersten Besuch kaufen wir deswegen gleich noch eine vom griechischen Kultusministerium herausgegebene Broschüre mit der Beschreibung der archäologischen Fundstätte. Darin heißt es, daß »Krieg die wahrscheinlichste Erklärung für den Untergang des Palastes« am Ende der minoischen Glanzzeit sei.

Am folgenden Morgen brechen wir von Agios Nikolaos Richtung Osten auf – in eine Gegend, die mir von früheren Projekten vertraut ist. Die erste große minoische Siedlung östlich von Agios Nikolaos ist Gournia, eine Fundstätte, die zur Zeit vom amerikanischen Archäologen Vance Watrous von der State University in Buffalo erforscht wird. Im Rahmen seines Projekts bin ich für die Untersuchung der Landschaft verantwortlich. Gournia gilt als die einzige vollständig ausgegrabene minoische Stadt, Vance Watrous ist jedoch der Ansicht, daß bisher erst zwanzig bis fünfundzwanzig Prozent der Gebäude freigelegt sind.

Da Gournia in der trichterförmig zulaufenden Mirabello-Bucht liegt, hätten die Tsunamis hier besonders gewaltige Ausmaße erreichen müssen. Anzeichen für Zerstörungen durch Wellen finden wir allerdings auch hier nicht. Der Befund gleicht dem der anderen Fundstätten: Gournia ging in Flammen auf. Direkt an der Küste befinden sich sogar unzerstörte Fundamente zweier großer minoischer Hallen, die vermutlich als Bootshäuser dienten. Eine Tsunami hätte von diesen Bootshäusern nichts übriggelassen.

Die minoische Siedlung in Gournia

Etwas weiter im Osten treffen wir in Mochlos ein, einem verträumten Nest fernab von der nächsten Durchgangsstraße. Diese minoische Fundstätte muß erschwommen werden, denn sie liegt auf einer kleinen, dem heutigen Dorf vorgelagerten Insel. Jeffrey Soles, ebenfalls ein amerikanischer Prähistoriker, leitet die Ausgrabungen und beantwortet geduldig unsere Fragen. Auch hier erstrecken sich die Reste der minoischen Besiedlung bis hinunter ans Wasser. Und auch hier gibt es keinerlei Anzeichen für Verheerungen durch Wellen. Immerhin hat sich an einer Stelle über eine Länge von zehn Metern eine handbreite Schicht Santorinasche erhalten.

Negative Auswirkungen hatte der Vulkanausbruch auf Mochlos offenbar nicht. Im Gegenteil, unmittelbar nach dem Ereignis stieg

Die Ausgrabung Mochlos liegt auf einer Insel.

die Bevölkerungszahl sogar an. Jeffrey Soles interpretiert dies als mögliches Anzeichen für eine Zuwanderung ehemaliger Bewohner von Santorin. Nachdem die Städte auf der vom Vulkan beherrschten Insel unbewohnbar geworden waren, mußte sich die Bevölkerung nach neuen Siedlungsplätzen umsehen. Mochlos wäre eine gute Wahl gewesen. – Bevor wir Mochlos verlassen, erzählt uns Jeffrey Soles, daß die alten Fischer im Dorf davon berichten, wie einmal in den 1950er Jahren ungewöhnlich hohe Wellen gegen die meerwärtige Seite der kleinen Insel klatschten.

Dann setzen wir unsere Exkursionen fort. Tagelang reisen wir entlang der Küste von Fundstätte zu Fundstätte – mit dem immer gleichen Ergebnis: Auch die minoischen Siedlungen in Palaikastro und Zakros gingen in Flammen auf. Einzig Nikolas Platon, der Ausgräber von Zakros, glaubte fest daran, daß seine Fundstätte tatsächlich Wellen zum Opfer fiel. Allerdings liegt Zakros in einer von Santorin abgewandten Bucht in Ostkreta. Und auch dort finden sich keinerlei Anzeichen für Zerstörungen, die für gewaltsame Einwirkungen von Wassers sprechen. Die Bevölkerung hat die Stadt

Der Palast von Kato Zakros in Ostkreta

vor dem Brand verlassen. Gold und Schmuck trugen die Menschen weg, dafür ließen sie schwere Gegenstände wie Doppeläxte und Steinvasen zurück. In einem Brunnen fanden die Ausgräber Opfergaben. Priester huldigten also noch im letzten Augenblick den Gottheiten der Unterwelt, um Unheil von ihrer Stadt abzuwenden. Die Bevölkerung wußte offensichtlich, daß das Ende nahte.

Nachdem wir alle bekannten minoischen Fundstätten an der Nordostküste von Kreta aufgesucht haben, beginnen Andrew und ich, nach »giant boulders« Ausschau zu halten – den Riesenblöcken, die von Tsunamis an Land geschleudert werden. Es überrascht uns kaum noch, daß wir kein einziges Beispiel für solche Riesen finden können. Dabei sind viele Plateaus vorhanden, die zur Ablagerung geeignet wären, zum Beispiel östlich von Malia.

Östlich von Gournia ragt das Trifti-Gebirge an einer der eindrucksvollsten tektonischen Verwerfungen der Welt viele hundert Meter nahezu senkrecht empor. An diesem extremen Steilhang haben sich Geröllhalden angesammelt, die zum Teil bis ins Meer reichen. Jede Tsunami, auch wenn sie nur einige Meter hoch gewesen wäre, hätte das Geröll im unteren Bereich der Schuttfächer weggespült und deutlich sichtbare Erosionsmarken hinterlassen. Nichts dergleichen ist zu sehen. Die Geröllhalden sind vollkommen gleichmäßig, und der Wüstenlack auf den einzelnen Steinen, eine Art Patina, die sich im Laufe von vielen Jahrhunderten bildet, zeigt das hohe Alter mancher Halden an. Auch der geologische Befund weist also keinerlei Anzeichen für Tsunamis auf, im Gegenteil. Das Fehlen von Erosionsmarken macht deutlich, daß diese Gegend seit Jahrtausenden nicht von meterhohen Tsunamis betroffen wurde. Das vorläufige Ergebnis unserer Arbeiten während der ersten Geländesaison lautet demnach eindeutig: Auf Kreta gibt es keinen Hinweis, daß der minoische Ausbruch von Santorin zerstörerische Flutwellen auslöste.

Kreta geht baden

Joe Monaghan hat in den 1970er Jahren gemeinsam mit zwei Kollegen in Cambridge die Technik der sogenannten »Feinpartikel-Hydrodynamik« (SPH) entwickelt. Bei diesen mathematischen Modellrechnungen betrachtet man eine Welle so, als würde sie aus vielen festen Partikeln bestehen. Der Vorteil der SPH ist, daß sich der Weg jedes einzelnen Partikels verfolgen läßt, auch wenn es zur Vermischung von zwei flüssigen Substanzen kommt. Die SPH erfreut sich großer Beliebtheit bei Astrophysikern, denn mit ihrer Hilfe lassen sich selbst explodierende Supernovas berechnen.

Auch bei der Entstehung und Entwicklung von Tsunamis handelt es sich um mathematisch ungewöhnlich komplizierte Prozesse. Zunächst gilt es, die Eigenschaften der Glutwolken, fachsprachlich der pyroklastischen Ströme, beim Auftreffen auf der Wasseroberfläche zu ermitteln, und danach, zu berechnen, wie sich die Wellen in Relation zur Wassertiefe, zur Form des Meeresgrunds und zum Verlauf der Küstenlinien weiter entwickeln. Solche Berechnungen zeigen, daß die Entstehung und die Art von Tsunamis sehr von der Dichte des Asche-Gas-Gemischs abhängen. Ist dieses leichter als Wasser, werden die pyroklastischen Ströme einfach über die Meeresoberfläche laufen und sich allmählich auflösen. Sind sie jedoch schwerer als das Meerwasser, schlagen sie wie Kolben im Wasser ein. Die Wucht des Aufpralls erzeugt eine plötzliche Verdrängung großer Wassermassen – und löst so die Tsunami aus.

Joe und sein Team haben diese mathematischen Modelle in Laborversuchen simuliert. Dazu wird in einem seitlich mit Glasscheiben versehenem Strömungskanal ein Wasservolumen aus zwei Schichten aufgebaut. Die obere Schicht besteht aus reinem Süßwasser und simuliert die Atmosphäre. Die untere Wasserschicht stellt das Meer dar; sie enthält viel Salz und ist daher schwerer. Die Grenze zwischen den beiden Wasserschichten repräsentiert die Meeresoberfläche. Von einer Rampe aus leiten die Wissenschaftler dann eingefärbtes Salzwasser schräg in den Tank auf die Kontaktstelle zwischen den beiden Wasserschichten zu, um das Vordringen der pyroklastischen Ströme zu simulieren. Hochgeschwindigkeitskameras filmen die Entwicklung der Wellen, um sie zu dokumentieren. Für ein anderes Experiment bilden die Forscher einen Küstenabschnitt von Kreta maßstabgerecht verkleinert in einem 25 x 25 Meter großen Becken nach. Selbst kleine Häuser als Modelle der minoischen Küstensiedlungen fehlen nicht. Große bewegliche Flächen versetzen das Wasser im Becken schlagartig in Bewegung, wodurch sich der Verlauf der Wellen in Abhängigkeit von der Uferlinie studieren läßt. Die Modellhäuser an der Modellküste überstehen diese Experimente nicht.

Und es gibt sie doch!

Nicholas Ambraseys, Professor für Bauingenieurwesen an der Universität London und ehemals Schüler von Galanopoulos, stellte schon vor 35 Jahren eine Liste aller Tsunamis auf, die Kreta in den letzten 3500 Jahren heimgesucht haben. Er kam zum Schluß, daß nur eine einzige, nämlich die Welle vom 8. November 1612, an manchen Orten auf Kreta erwähnenswerten Schaden verursachte. Sie erreichte eine maximale Höhe von drei bis vier Metern.

Auf der Suche nach Hinweisen auf diese oder andere Tsunamis kehren wir ein Jahr nach unserer ersten Inspektion der kretischen Küste mit einem größeren Team und schwerer Ausrüstung zurück. Die geologische Bundesbehörde Griechenlands hat uns die Erlaubnis erteilt, in unserem Untersuchungsgebiet Bohrungen durchzuführen,

Das Tsunami-Projekt-Team (v.l.n.r.): Joseph Monaghan, Eberhard Zangger, Andrew Kos, Dale Dominey-Howes

um mögliche Tsunami-Sedimente aufzuspüren. Ein geeignetes Ablagerungsgebiet haben wir in Gestalt eines abgelegenen Sumpfes hinter dem Touristenbadestrand von Malia ausgemacht. Die Geländeoberkante liegt dort 1,4 Meter über dem Meeresspiegel – jede mehr als einen Meter hohe Welle hätte diese Stelle erreicht.
Joe Monaghan hat seit unseren letzten Geländearbeiten Kontakt zu einem jungen englischen Wissenschaftler geknüpft, der sich im Rahmen seiner Doktorarbeit mit Nachweisen für Tsunamis auf Kreta und anderen ägäischen Inseln beschäftigt. So wird unser Team um Dale Dominey-Howes erweitert. Für Dale sind selbst zurückhaltende Aussagen über die Tsunami-Ereignisse in der Ägäis noch ungerechtfertigte Übertreibungen. Dale konnte nicht einmal die von Ambraseys ermittelte Welle aus dem Jahr 1612 bestätigen. Er fand heraus, daß lediglich das größte ägäische Seebeben des zwanzigsten Jahrhunderts, am 9. Juli 1956, eine nennenswerte Tsunami erzeugte,

die an einer Stelle auf der Insel Astipalea, rund fünfzig Kilometer östlich von Santorin, für Ablagerungen in der Höhe von 2,15 Meter über dem Meeresspiegel sorgte – vermutlich das Ereignis, an das sich die alten Fischer von Mochlos erinnern konnten.

Aber auch Dale war es bisher nicht gelungen, Bohrungen auf Kreta durchzuführen, die tiefer als zwei Meter reichten, weil geeignete Schichten an der Nordküste kaum zu finden sind. Gemeinsam gelingt es uns schließlich, in einer einwöchigen Aktion eine durchgehende 9,3 Meter lange Bohrung abzuteufen. Von dieser nehmen wir alle fünf Zentimeter drei Proben. Ein vollständiger Satz geht an Dale. Er wird anhand der Mikrofossilien feststellen, ob der Kern Tsunami-Ablagerungen enthält oder nicht. Der zweite Satz geht nach Groningen, wo die Proben auf Pflanzenreste untersucht werden, mit deren Hilfe sich die Vegetationsgeschichte der letzten Jahrtausende rekonstruieren lassen könnte. Der dritte Satz wird archiviert.

Schon wenige Wochen nachdem die Geländearbeiten abgeschlossen sind, erhalten wir einen Bericht von Dale, der inzwischen sämtliche Proben untersucht hat. Dabei stellte sich heraus, daß die Sedimente zum allergrößten Teil aus einem Ablagerungsraum stammen, der dem heutigen entspricht: einem Süßwasser-Marschgebiet. Nur in 4,60 Meter Tiefe gibt es eine dünne Lage mit Meeresablagerungen, die einer Tsunami zugeschrieben werden könnten. Die Stelle könnte dem bronzezeitlichen Niveau entsprechen, doch um die feine Lage wirklich dem Ausbruch von Santorin zuschreiben zu können, sind weitere Detailstudien erforderlich. Aber soviel steht heute bereits fest: Falls es beim Ausbruch des Santorin zur Bildung von Wellen gekommen ist, beschränkte sich deren Maximalwirkung auf die Ablagerung einer feinen Sandschicht von etwa einem Zentimeter Mächtigkeit in einer Tiefe von 3,2 Meter *unter* dem heutigen Meeresspiegel.

Kreta ist eine geologisch aktive Region, in der es immer wieder zu Hebungen und Senkungen – und damit auch zu Verlagerungen der Küstenlinien – kommt. Was die Umgebung von Malia betrifft, so gehen die Archäologen davon aus, daß der relative Meeresspiegel in minoischer Zeit etwa zwei bis drei Meter unter dem heutigen lag, das heißt, die Siedlung erstreckte sich aus heutiger Sicht weiter ins Meer. Unsere kleine Tsunami-Ablagerung hätte demnach etwa auf der Höhe des damaligen Meerespiegels gelegen.

Wer oder was stürzt ein?

Studien, wie wir sie auf *Kreta* durchgeführt haben, sind natürlich in den vergangenen Jahrzehnten in noch viel größerem Rahmen auf *Santorin* in Angriff genommen worden. Dabei stellte sich heraus, daß die ursprünglich von Fouqué aufgestellte Behauptung, die Caldera sei unmittelbar nach dem minoischen Ausbruch entstanden, nicht zutreffen kann. Marinatos, Galanopoulos und die anderen Befürworter der Katastrophentheorie waren stets davon ausgegangen, daß die Insel noch in der Bronzezeit aus einem über 1600 Meter hohen Vulkankegel bestand, der erst beim minoischen Ausbruch weggesprengt wurde, wodurch der Inselring mit der wassergefüllten Senke in der Mitte entstand. Inzwischen haben Geologen jedoch versteinerte Blaugrünalgen gefunden, die schon vor 10 000 Jahren innerhalb der Caldera unter Meeresspiegelniveau gelebt haben müssen. Es gab also gar keinen Berg in minoischer Zeit, sondern bereits eine Caldera, genau wie heute. Darauf weisen auch die Erosionsrinnen in den minoischen Bodenschichten hin, denn sie entwässern in die Richtung der heutigen Caldera. Außerdem kann man Bimssteinschichten aus der Zeit des minoischen Ausbruchs an der inneren Steilküste der Insel finden, und die Ablagerung an diesen Stellen setzt voraus, daß die Caldera bereits vorhanden war. Archäologen entdeckten sogar minoische Gebäude und Gräber direkt an der Abbruchkante der Caldera, und nicht einmal diese Reste wiesen Versetzungen auf.

Santorin besaß also keinen großen Vulkankegel – zumindest nicht unmittelbar vor dem Ausbruch in minoischer Zeit. Die Caldera war schon viel früher entstanden, möglicherweise bei dem letzten großen Ausbruch vor 23 000 Jahren. Sofern sich dies heute noch ermitteln läßt, sah die Inselgruppe in der Bronzezeit also ganz ähnlich aus wie heute. Mit Sicherheit hat es keine großen tektonischen Versetzungen gegeben – schon gar nicht vom Ausmaß eines Caldera-Einsturzes – sonst wären die minoischen Gebäude und Bimssteinschichten sehr viel stärker verworfen worden.

Die ganze Tsunami-Theorie stützt sich jedoch auf die Vermutung, daß die Caldera in minoischer Zeit einstürzte und dabei zwangsläufig Flutwellen entstanden. Wenn jedoch keine tektonischen Versetzungen stattgefunden haben, wie soll es dann zur Entstehung von Tsunamis gekommen sein? Durch Ascheströme, die auf die

Wasseroberfläche aufschlugen, wie es vermutlich beim Krakatau-Ausbruch der Fall war? Auch das ist kaum vorstellbar, denn Bimssteine sind bekanntlich so von Luftblasen durchsetzt, daß sie leichter als Wasser sind. Sie würden somit kaum zu einer Verdrängung führen.

Auch ist die Parallele zu Krakatau im Grunde ein Argument gegen die These, daß Tsunami-Katastrophen gleich tiefgreifende Kultureinbrüche verursachen. Denn trotz der vielen Todesopfer ging das Leben auf Sumatra und Java nach dem Ausbruch ohne Unterbrechung weiter. Die Zerstörungen waren ohnehin nur auf einen kleinen Bereich der Küste beschränkt, da sich die Höhe der Wellen, als sie die Hauptstadt Batavia, das heutige Djakarta, erreichten, nur noch im Zentimeterbereich bewegte. Wenn aber keine Tsunamis ausgelöst wurden, kann der Ausbruch von Santorin kaum eine überregionale Zerstörung verursacht haben. Gäbe es da nicht noch die Asche!

Viele Einwände gegen die Tsunami-These hatte bereits der britische Althistoriker Denys Page erkannt: »Die Ruinen zeigen keinerlei Anzeichen von Zerstörung durch Flutwellen«, stellte er fest. Trotzdem hielt er die Theorie von Marinatos für plausibler als alle anderen und war überzeugt davon, daß der Ausbruch von Santorin in einem ursächlichen Zusammenhang mit dem Untergang der minoischen Kultur steht. Als einzige denkbare Möglichkeit einer überregionalen Wirkung der Eruption verblieb Ascheregen. Für ihn stand daher außer Zweifel, »daß Mittel- und Ostkreta so mächtige Ascheschichten überdeckten, daß Leben unmöglich wurde«.

Prompt machten sich die Forscher auf die Suche nach Bimssteinen und Santorinasche und fanden sie schließlich auch – allerdings meist nur in ganz feinen Lagen. Die Verbreitung der Asche weist daraufhin, daß der Wind in Richtung Südosten, also aufs freie Meer hinaus, wehte, als der Vulkan ausbrach. Auf Kreta weist denn auch nur der östliche Teil der Insel Asche von Santorin auf. Diese Schichten sind maximal fünf Millimeter stark und kommen auch nur im Flachland unter 1000 Meter Höhe vor. Zusammengespülte Santorinasche von mehreren Zentimetern Dicke hat man hin und wieder in Ausgrabungen gefunden, vor allem auf der Insel Rhodos im Osten; an einer Stelle war sie dort sogar sechzig Zentimeter mächtig. Aber selbst auf Rhodos zeigen die Besiedlungsschichten unmittelbar über der Asche, daß das Leben nach dem Ausbruch scheinbar unverändert weiterging.

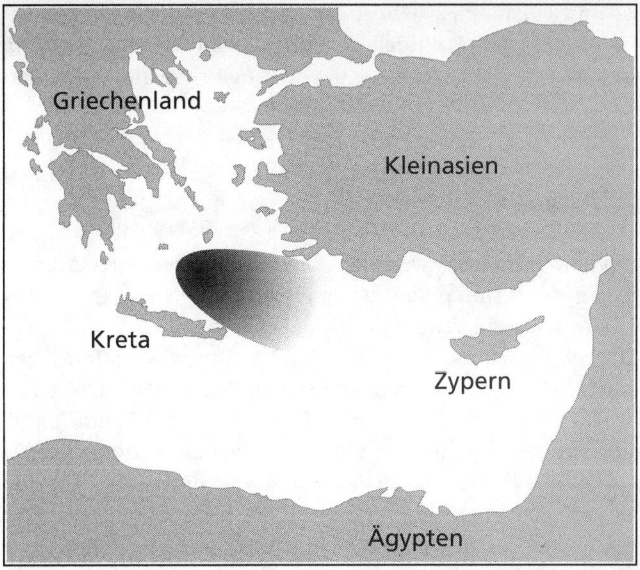

Die Verbreitung der beim minoischen Ausbruch ausgeworfenen Asche

Man mag einwenden, daß auch wenige Millimeter glühendheißer Asche das Leben auf der Erde nachhaltig beeinträchtigen können. Die Asche kühlt aber auf ihrem mehr oder weniger langen Flug sofort ab. Danach ist sie vor allem wertvoller Dünger für den Boden. Untersuchungen nach dem Ausbruch des Mount St. Helens haben gezeigt, daß zentimerterdicke, ja selbst dezimeterdicke Ascheschichten positive Auswirkungen auf das Pflanzenwachstum haben. Alles in allem ist die Wirkung von Ascheniederschlägen auf die Pflanzenwelt im Vergleich zu den Auswirkungen natürlicher Klimaschwankungen vernachlässigbar.

Wieviel Asche hat der Santorin denn überhaupt ausgeworfen? Die Schätzungen schwanken zwischen 13 und 39 Kubikkilometern – Tendenz fallend. Ein Ausbruch dieser Größenordnung hätte ohne Frage ein beeindruckendes Naturschauspiel abgegeben. In der Größenordnung ist er vergleichbar mit dem Ausbruch des Mount Katmai in Alaska von 1912. Damals wurden in nur zwanzig Stunden 15 Kubikkilometer Asche gefördert. Der Ausbruch des Tambora auf der indonesischen Insel Sumbawa im Jahr 1815 war allerdings sehr viel heftiger. Mit 100 Kubikkilometer Asche schleuderte dieser Vulkan etwa viermal so viel Material in die Stratosphäre wie der

Santorin. Und sogar über siebzig Mal ließe sich der Santorinausbruch in einem späteiszeitlichen Vulkanausbruch auf Sumatra unterbringen, bei dem 2000 Kubikkilometer Asche gefördert wurden!

Unüberbrückbare Diskrepanzen

Die Ideen von Marinatos wären als Arbeitshypothesen gerechtfertigt gewesen, wenn der Untergang der minoischen Hochkultur und der Ausbruch des Santorin etwa zum gleichen Zeitpunkt stattgefunden hätten. Dies ist jedoch nicht der Fall. Die Zerstörung der minoischen Städte durch Feuersbrünste ereignete sich am Ende der Phase Spätminoisch IB (SM IB), also etwa um 1450 v. Chr., der Santorinausbruch erfolgte dagegen in der vorangegangenen Keramikperiode Spätminoisch IA (SM IA). Das genaue Datum ist umstritten. Manche Fachleute verlegen es auf etwa 1630 v. Chr., andere auf etwa 1530 v. Chr. In jedem Fall fand dieses Ereignis mindestens achtzig, möglicherweise sogar hundertachtzig Jahre vor dem Untergang der minoischen Kultur statt. Einen Kausalzusammenhang zwischen grundsätzlich unterschiedlichen Ereignissen – einem Vulkanausbruch und einem politischen Umbruch – sehen zu wollen, die noch dazu drei oder sogar sechs Generationen auseinander liegen, muß zwangsläufig weithergeholt erscheinen.

Floraler und mariner Stil der spätminoischen Keramik

Das wußte auch Marinatos. Deswegen versuchte er zunächst, die Keramik der Phasen SM IA und SM IB als lokale Stilvarianten zu erklären. Das heißt mit anderen Worten, daß auf Kreta bereits Töpfe mit den typischen marinen Dekormotiven des SM IB Stils entstanden, während die Keramik auf Santorin unverändert im floralen SM IA Stil verziert wurde. Dieser Versuch scheiterte jedoch daran, daß sämtliche Importe auf Santorin – nicht nur die Keramik – aus der früheren Epoche stammten.

Die zeitliche Kluft zwischen Eruption und Untergang ließ sich nie befriedigend überbrücken. Als Cynthia Shelmerdine, heute Professorin für Ägäische Frühgeschichte an der

Universität von Texas, Marinatos als junge Studentin nach einem Vortrag darauf ansprach, ob er die Diskrepanz in den Daten erklären könne, sagte er nur: »Wie sollte ich? Ich war damals noch nicht geboren.« Ein Ausspruch, aus dem auch das Herrendenken der damaligen Professoren-Generation spricht.

Um die Zeitspanne von mindestens fünfzig Jahren zu überbrükken, schlug Denys Page als Lösung vor, die Brände könnten am Ende der Periode SM IB in den minoischen Siedlungen durch Erdbeben entfacht worden sein, die sich zwar einige Jahrzehnte nach dem Ausbruch ereigneten, aber trotzdem mit dem Ereignis in Verbindung standen. Auch gegen diese Theorie sprechen viele Argumente:

- Vulkanische Erdbebenherde liegen nahe an der Oberfläche. Die von ihnen hervorgerufenen Erschütterungen sind relativ schwach und auf einen kleinen Bereich begrenzt.
- Nicht einmal die minoischen Häuser auf Akrotiri zeigen bedeutende Erdbebenschäden.
- Die SM IB Gebäude auf Kreta zeigen überhaupt keine Anzeichen für Schäden durch Erschütterung.
- Eine kausale Verbindung zwischen Bränden und Erdbeben war bis ins zwanzigste Jahrhundert unbekannt.
- Erdbebenschäden, speziell auf Kreta, sind immer lokal begrenzt.

Bei nüchterner Betrachtung gibt es keine Veranlassung, den Ausbruch von Santorin in einen ursächlichen Zusammenhang mit dem Untergang der minoischen Kultur zu stellen. Vollkommen unverständlich ist erst recht, warum noch so viele andere Phänomene mit dem Ausbruch in Verbindung gestanden haben sollen. Manche Wissenschaftler wollten Santorin als Erklärung für Ereignisse benutzen, die volle fünfhundert Jahre später stattfanden. Charles Pellegrino verknüpfte den Untergang des Hethiterreichs um 1190 v. Chr. mit dem Ausbruch von Santorin, den er in das Jahr 1628 v. Chr. legte – die dazwischen liegende Zeitspanne entspricht derjenigen zwischen Kolumbus' Expedition nach Amerika und der Landung auf dem Mond! Auch manch andere Ideen über die möglichen Auswirkungen des Ausbruchs von Santorin erscheinen aus heutiger Sicht eher skurril:

- Der amerikanische Historiker J. G. Bennett verknüpfte den Ausbruch von Santorin mit den zehn über Ägypten verhängten Plagen – zu denen auch Frösche, Stechmücken, Bremsen und Heuschrecken zählten.

- Der griechische Geophysiker Angelos Galanopoulos sah in der Teilung des Roten Meers, welche die Durchquerung des jüdischen Volkes ermöglichte, eine mögliche Auswirkung der Santorin-Tsunami. Man bedenke: Das Rote Meer und das Mittelmeer stehen miteinander nicht in Verbindung.
- Der schwedische Archäologe Arne Furumark stellte fest: »Was wir als europäische Zivilisation bezeichnen, hätte es in seiner gegenwärtigen Form sicher nie gegeben, wenn sich der Santorin still verhalten – oder gar nicht existiert – hätte.«
- Ein amerikanischer Hobby-Archäologe namens Leon Pomerance war der Meinung, daß die von Santorin ausgelösten Fluten eine Millionenbevölkerung wegspülten, Tausende von Schaf-, Ziegen- und Kuhherden in den Tod rissen, Felder, Haine, Straßen und Wasserquellen vernichteten, die Böden für Jahrzehnte versalzten und Hunderte von Siedlungen an tausend Kilometer langen Küsten vernichteten. Da diese Art von beinahe globaler Verheerung besser zu den überregionalen politischen und gesellschaftlichen Umbrüchen an der Wende von der Bronze- zur Eisenzeit paßt, schlug Pomerance vor, den Zeitpunkt des Ausbruchs von etwa 1600 v. Chr. auf etwa 1200 v. Chr. zu verschieben.

Auch wenn einzelne Wissenschaftler während der jeweiligen Thera-Konferenzen bereits andeuteten, daß Größenordnung und Bedeutung des Santorin-Ausbruchs geringer veranschlagt werden müßten als bisher vermutet, wirkten sich die Konferenzen als weitere Bekräftigung der ursprünglichen Thesen aus. Die einzelnen Fachleute bauten darauf, daß die von ihren Kollegen vorgetragenen Argumente stichhaltig seien und es am Sachverhalt einer kataklystischen Naturkatastrophe nichts zu zweifeln gebe.

Auch Naturwissenschaftler waren keineswegs immun gegen die Aufregung. Manche suchten sogar alte Geländenotizen heraus, um sie – als zusätzliche Untermauerung der Katastrophen-These – neu zu interpretieren. Die Überzeugungskraft der Tsunami-These scheint vor allem von der sensationellen Erhaltung der Fundstätte Akrotiri ausgegangen zu sein. Auch die unantastbare Position von Spyridon Marinatos mag ihr zusätzliches Gewicht verliehen haben. Außerdem könnte eine in uns Menschen verankerte Faszination an Naturkatastrophen dabei eine Rolle spielen. Alle drei Faktoren sprechen eher die Phantasie als den kühlen Verstand an – deswegen sind sie mit rationalen Argumenten schwer zu entkräften.

Das Jahr des Ausbruchs

Die Verwirrung, die heute bei der Beurteilung des Santorinausbruchs herrscht, wird nirgendwo so deutlich wie bei der Datierung des Ereignisses. Schlägt man im Brockhaus unter dem Begriff »minoische Kultur« nach, findet man die Bemerkung, daß »nach neuesten Forschungen 1645 v. Chr. ein schwerer Vulkanausbruch erfolgte«. Unter dem Stichwort »Thera« findet sich hingegen das Datum 1628 v. Chr. als Zeitpunkt des Ausbruchs. Im Lexikon *Alte Kulturen*, gleichzeitig und vom gleichen Verlag herausgegeben, steht unter demselben Begriff, daß die Eruption um »1500 v. Chr.« stattfand. Wie konnte es zu dieser Verwirrung kommen?

Der Ausbruch ereignete sich in der zweiten Hälfte der Phase Spätminoisch IA. Da diese Epoche traditionell mit Hilfe der Keramiktypologie in die Zeit von etwa 1600 bis 1480 v. Chr. datiert wird, müßte sich die Eruption zwischen 1540 und 1480 v. Chr. ereignet haben. Tatsächlich fanden österreichische Archäologen bei ihren Ausgrabungen in Auaris im Nil-Delta eine große Anzahl von Bimssteinen, die eindeutig von Santorin stammen. Die stratifizierten Schichten, in denen diese Bimssteine lagen, gehören in die Zeit um 1500 v. Chr., zwischen der Regierungszeit der Pharaonen Ahmose und Thutmosis III.

Selbstverständlich waren – und sind – Naturwissenschaftler darum bemüht, den Zeitpunkt des Ausbruchs so genau wie möglich festzulegen. Deshalb datierten sie zahlreiche organische Reste aus den Ausgrabungen und Bimssteinschichten von Santorin mit Hilfe der Radiokarbonmethode. Die Ergebnisse der Bestimmungen bewegten sich in einem weiten Spektrum. Mit der Zeit erschien jedoch ein Schwerpunkt um 1630 v. Chr. statistisch etwas wahrscheinlicher als andere Datierungen. Die meisten Ägäischen Frühgeschichtler lehnten diesen frühen Zeitpunkt jedoch ab, mit dem Einwand, daß Radiokarbondatierungen von Pflanzen aus vulkanischen Gebieten mit Kohlensäureaustritten häufig unbrauchbare Ergebnisse liefern. Mit anderen Worten, die Pflanzen auf Santorin könnten »alten« Kohlenstoff, der schon vor dem Ausbruch unmerklich aus dem Vulkan entwich, durch Assimilation aufgenommen haben. Die Radiokarbonmethode würde in diesem Fall versagen.

Da die Produktion von radioaktivem Kohlenstoff nicht immer gleichmäßig erfolgt, müssen Radiokarbonmessungen kalibriert werden. Während die seit 1986 verwendete Kalibrierungskurve eine Datierung um 1630 v. Chr. etwas wahrscheinlicher erscheinen ließ als eine solche um 1530 v. Chr., verläuft die neueste Kurve von 1993 im Bereich des 17. und 16. Jh. flach. Meßwerten, die in diesen Bereich fallen, können keine genauen absoluten Datierungen zugewiesen werden.

Eine weitere Quelle für präzise chronologische Angaben sind die Eisbohrungen auf Grönland. Starke Vulkanausbrüche reichern die Atmosphäre mit Schwefelsäure an; die Niederschläge erhalten dadurch erhöhte Säurewerte – auch der Schnee, der auf Grönland niederrieselt. Die nachfolgenden Schneemassen komprimieren im Laufe der Jahre die darunterliegenden Schichten zu Eis, und die chemische Zusammensetzung der in diesem Eis enthaltenen Gase ermöglicht den Wissenschaftlern eine genaue Rekonstruktion des Klimas der letzten 200 000 Jahre. Bei den Eisprobenanalysen vom *Camp Century Core* in Nordgrönland entdeckten die Forscher zunächst hohe Säuregehalte um 1390 v. Chr. und schlugen dieses Jahr als Zeitpunkt des Santorinausbruchs vor. Allerdings ließ sich dieser sogenannte Säurepeak wenige Jahre später nicht einmal bei der *Dye-3*-Eisbohrung in Südgrönland wiederfinden. Es muß sich

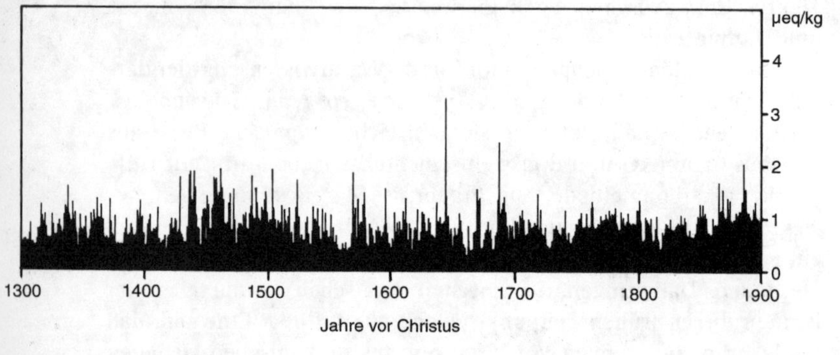

Schwefelsäuregehalt der Eiskernbohrung *Dye-3* in Südgrönland

daher wohl um das Zeichen eines Vulkanausbruchs in nördlichen Breitengraden gehandelt haben. Statt dessen entdeckten die Geowissenschaftler einen neuen Spitzenwert: In der *Dye-3*-Bohrung trat das Jahr 1644 v. Chr. (± < 7 Jahre) mit besonders säurehaltigen Niederschlägen hervor. Daraus schloß man, daß der Santorin im Sommer zuvor, also 1645 v. Chr. ausgebrochen sein müßte.

Merkwürdig erscheint, daß ein Vulkanausbruch, der nicht einmal auf dem benachbarten Kreta Asche über 1000 m Höhe ablagerte, von epochaler Wirkung auf das Eis in Grönland gewesen sein soll. Es dauerte denn auch nicht lange, bis sich nachweisen ließ, daß die Schwefelsäureproduktion beim Santorinausbruch mindestens um den Faktor zehn bis zwanzig zu klein war, um die hohen Säuregehalte auf Grönland zu erzeugen. Der herausragende Peak von 1644 v. Chr. dürfte demnach durch einen Vulkanausbruch auf dem benachbarten Island oder durch die kombinierte Wirkung mehrerer Vulkane verursacht worden sein.

Eine dritte Möglichkeit präzise Jahresangaben für Jahrtausende zurückliegende Ereignisse zu erhalten, sind die Wachstumsringe von Bäumen. Um 1628-1626 v. Chr. wiesen die Bäume im amerikanischen Südwesten mehrere Jahre über ein stark eingeschränktes Wachstum auf, was zwei amerikanische Dendrochronologen in einem einflußreichen Artikel, der 1984 erschien, auf ungewöhnlich niedrige Temperaturen zurückführten. Ein Vulkanausbruch könnte einen solchen Abkühlungseffekt durchaus herbeiführen, da die Aschepartikel in der Atmosphäre die Sonneneinstrahlung vermindern und so zu einer leichten Verdunkelung führen. Also wies man die Wachstumsanomalien aus der Zeit 1628-1626 v. Chr. kurzerhand dem Santorinausbruch zu. Anschließend entdeckten Dendrochronologen ähnliche Wachstumsabweichungen in Irland, ebenfalls um 1628 v. Chr. Heute können die Experten auf gleichartige Beobachtungen von drei verschiedenen Kontinenten verweisen. Die Frage bleibt allerdings: Spiegeln sie wirklich den Ausbruch von Santorin wider?

Jahr für Jahr ereignen sich rund fünfzig Vulkanausbrüche auf der Welt. Insgesamt waren in den letzten 10 000 Jahren 1350 verschiedene Vulkane aktiv. Geht man davon aus, daß die derzeitige vulkanische Aktivität ungefähr mit derjenigen im 17. und 16. Jh. gleichzusetzen ist, dann müßten sich allein in diesen beiden Jahrhunderten etwa 10 000 Vulkanausbrüche ereignet haben. Wir wissen heute, daß unter anderem auch der Ätna, der Vesuv und der Mount St. Helens in diesen Jahrhunderten ausgebrochen sind. Da der Santorinausbruch nicht – wie zunächst angenommen – eine einmalige Größenordnung erreichte, wird es schwer, wenn nicht sogar unmöglich sein, die von ihm verursachten Auswirkungen von denen der vielen tausend anderen Eruptionen zu unterscheiden. »Beim gegenwärtigen Stand der Kenntnis«, so fassen drei englische Archäologen die naturwissenschaftlichen Datierungsversuche zusammen, »sind weder Eisbohrungen noch Baumringe in der Lage, ein befriedigendes Datum für den Ausbruch von Santorin zu liefern.«

Nur weil zwei – oder mehr – Ereignisse ungefähr zeitgleich stattfanden, dürfen sie nicht in einen Kausalzusammenhang gesetzt werden. Für jede der angeführten Erscheinungen – ob es sich um ungewöhnliche Zusammensetzungen der Atmosphäre oder Wachstumsschwankungen von Bäumen handelt – müßte zunächst nachgewiesen werden, daß sie mit dem Ausbruch von Santorin *ursächlich* in Zusammenhang steht.

In populärwissenschaftlichen Texten wird oft die Frage gestellt, zu welchen Schlüssen die Archäologie der Zukunft wohl beim Ausgraben unserer materiellen Hinterlassenschaften gelangen werde. Diese Analogie ist schon derartig strapaziert, daß Wolf Schneider, der ehemalige Leiter der Hamburger Journalistenschule, einmal bemerkte, er möchte ihr lieber nicht mehr begegnen. Dieses eine Mal sei es noch gestattet! Man stelle sich vor, in der fernen Zukunft beschäftigen sich Archäologen mit dem Aufstieg und Fall der Sowjetunion. Dabei stellen sie fest, daß im April 1986 der Atomreaktor in Tschernobyl explodierte und nur wenige Jahre später die Sowjetunion zerfiel. Müßten sie nicht vermuten, daß die Katastrophe von Tschernobyl der Auslöser des politischen Zusammenbruchs war? Sie könnten aber auch die gegenwärtigen strukturellen Wirtschaftsprobleme der südostasiatischen Länder mit dem Ausbruch des Pinatubo erklären, die Dauerregierungskrisen in Italien mit der anhaltenden Aktivität des Vesuvs verbinden und die Iran-Kontra-Affäre in den USA in einen Zusammenhang mit der Eruption des Mount St. Helens setzen.

Noch einmal: Die bloße Tatsache, daß zwei Ereignisse einst mehr oder weniger gleichzeitig stattfanden, erlaubt nicht den Schluß, daß sie in einem ursächlichen Verhältnis zueinander standen. Nach siebzig Jahren Forschung gibt es noch immer keine handfesten Beweise – ja, nicht einmal mögliche Indizien –, die darauf hinweisen, daß das Ende der minoischen Hochkultur durch den Ausbruch des Santorin ausgelöst wurde. Diese Idee mag zwar aufregend klingen, doch hätte ihr vermutlich kaum jemand Bedeutung beigemessen, wenn sie ein weniger einflußreicher Archäologe geäußert hätte. Schon Marinatos' ursprüngliche Veröffentlichung in *Antiquity* steckt voller Widersprüche und Ungereimtheiten. Heute wäre ein Artikel in dieser Form und in einer solchen Zeitschrift kaum denkbar. Nachfolgende Forschungen haben seine Theorie noch weiter entkräftet. Trotzdem hat sie sich in Lexika und Lehrbüchern festgesetzt.

Der Ausbruch des Santorin mag ein eindrucksvolles Naturschauspiel gewesen sein, den Untergang der minoischen Kultur müssen jedoch andere Prozesse ausgelöst haben. Wie sich im nächsten Kapitel zeigt, herrscht an alternativen Erklärungsversuchen kein Mangel.

Erdbeben: War die Zivilisation ein Spielball der Natur?

»Darin besteht das Wesen der Wissenschaft. Zuerst denkt man an etwas, das wahr sein könnte – und dann sieht man nach, ob es der Fall ist, und im allgemeinen ist es nicht der Fall.«
Bertrand Russell

Die Erde bebt in Heraklion

Heraklion, das damals noch Candia hieß, erlebte den 26. Juni 1926 als ruhigen und warmen Tag. Der Ausgräber des Palastes von Knossos hatte sich in sein Privatzimmer im Erdgeschoß der Villa Ariadne zurückgezogen. Es war 21:45 Uhr. Sir Arthur Evans war zu diesem Zeitpunkt bereits 75 Jahre alt. Seit 26 Jahren hatte er in Knossos – auf eigene Kosten – gegraben und im Rahmen dieses Lebenswerks die Villa Ariadne als sein Hauptquartier errichten lassen. Lesend lag er auf dem Bett, da begann das Gebäude plötzlich zu knarren und zu stöhnen. Das ganze Haus hob sich und geriet ins Wanken, so daß Evans sich vorkam wie auf einem Schiff und ihn ein Gefühl wie Seekrankheit überfiel. Kleinere Gegenstände fielen aus den Regalen, und ein gefüllter Wassereimer schwappte fast ganz über. Aus der Erde ertönte ein dumpfes Geräusch wie das entfernte Brüllen eines erzürnten Stiers. Die einzige Glocke im ganzen Gebäudekomplex läutete, und von weitem hörte Evans die Kirchenglocken von Candia. Aus dem Hof drang das Geschrei der Leute, ein paar Kinder weinten. Gäste flüchteten aus dem oberen Teil der Villa, stürzten die Treppe hinunter und weiter ins Freie zwischen die Bäume, die so heftig schaukelten, daß es aussah, als müßten sie umfallen. Die Dächer von zwei kleinen Nachbarhäusern stürzten ein, und plötzlich erzeugte ein Luftzug einen Staubschleier, der den Vollmond fast vollständig verdunkelte. – Eine Minute später war der Spuk vorüber. Zum Glück gab es keine Opfer zu beklagen.

Das für Heraklion schwerste Erdbeben des zwanzigsten Jahrhunderts traf Arthur Evans nicht unerwartet – im Gegenteil: Er hatte schon lange mit einem solchen Ereignis gerechnet, allein schon

In der Südostecke des Palasts von Knossos stieß Arthur Evans auf herabgestürzte Mauerblöcke.

deshalb, weil er während der Ausgrabungen in Knossos verschiedene Hinweise auf Erdbebenschäden entdeckt hatte. So fand er zum Beispiel an einer Stelle der Palastmauern riesige Blöcke, die herausgebrochen worden und auf ein kleines benachbartes Gebäude gefallen waren. Auf Grund solcher Beobachtungen befaßte er sich schon seit geraumer Zeit mit Schilderungen von Naturkatastrophen. Aus einem Bericht eines französischen Geologen wußte er, daß es kaum eine zweite Region auf der Erde gibt, die so erdbebengefährdet ist wie Kreta. Das letzte große Beben in Heraklion hatte 1856 gezeigt, wie sehr menschliche Errungenschaften der Willkür der Natur ausgeliefert sind. Von den 3620 Häusern der Stadt waren nach dem Beben 3602 beschädigt oder lagen in Trümmern, und 538 Menschen hatten ihr Leben verloren. Auch die am minoischen Palast zu beobachtenden Zerstörungen überschritten nach Evans' Ansicht das Maß dessen, was Menschen verursachen konnten. Ihm schien es wahrscheinlicher, daß Naturgewalten die Schäden herbeigeführt hatten.

Während seiner Recherchen über vorangegangene Erdbeben auf Kreta stieß Evans auf einen in Latein geschriebenen Brief des venezianischen Herzogs der Insel, Girolamo Donato, in dem dieser seine persönlichen Erlebnisse während des Bebens vom 29. Mai 1508 schilderte: Die Häuser wogten »wie Schiffe in einem Sturm. Sie bewegten sich nicht nur zur Seite, sondern auch nach oben«. Der Erde entstieg ein »schauerliches Gebrüll« und ein Scheppern wie Waffengeklirr, während rundherum Gebäude einstürzten. Die Bevölkerung von Candia bahnte sich ihren Weg aus der Stadt. Priester streckten Heiligenbilder in den Himmel und teilten im Laternenschein die Hostie aus. Der Herzog selbst lief barfuß, das jüngste Kind auf dem Arm, samt seiner Familie zum Verwaltungstrakt des Palastes, wo er den Empfangssaal nur noch in Trümmern vorfand. Obwohl die Passage durch den Hof wegen der umstehenden hohen Gebäude lebensgefährlich war, gelang es der adligen Familie zu entkommen. Sie rannten durch die engen Gassen »zwischen den sich neigenden Mauern« hindurch zu einer freien Fläche, wo sie die Nacht verbrachten. Nahezu dreihundert Menschen verloren ihr Leben in dieser Nacht, aber die Stadtmauern hielten den Erschütterungen stand.

Während seiner Studien zur Erdbebengeschichte von Kreta fiel Evans auf, daß die Gegend um Heraklion durchschnittlich zweimal in hundert Jahren von einem schweren Beben erfaßt wird. Da sich das letzte große Beben 1856 ereignet hatte, war ein weiteres Mitte der 1920er Jahre längst überfällig. Außerdem stellte der Ausgräber fest, daß Zentralkreta in den sechshundert Jahren zwischen 1246 und 1856 von neun besonders zerstörerischen Erdbeben heimgesucht worden war. Die minoische Palastzeit erstreckte sich über einen ganz ähnlichen Zeitraum vor unserer Zeitrechnung – von etwa 2000 bis um 1375 v. Chr. Diese Parallele brachte Evans auf den Gedanken, daß die Einschnitte in der minoischen Besiedlungsgeschichte durch Erdbeben verursacht worden sein könnten. Im Zeitraum zwischen 2100 und 1400 v. Chr. ereigneten sich sieben solcher Einschnitte von unterschiedlicher Tragweite, die Evans in der Folge auf Erdbeben zurückführte. Er ging sogar soweit zu vermuten, daß die Erdbeben bei der minoischen Bevölkerung ein Gefühl der Unsicherheit hervorriefen und sie sich dadurch veranlaßt sah, außerhalb von Kreta nach neuen Siedlungsplätzen zu suchen; so sei es »zu einer großflächigen Kolonisation des griechischen Festlands durch Leute minoischer Herkunft« gekommen.

Evans' Vorstellungen von der verheerenden Wirkung von Erdbeben auf die minoische Zivilisation setzten Maßstäbe, die zum Teil bis heute aktuell sind. Auf der Suche nach Erklärungen für die drei tiefgreifendsten kulturellen Einschnitte des 2. Jt. berufen sich denn auch viele Archäologen auf Erdbebenkatastrophen. Zu diesen Einschnitten zählen unter anderem das Ende der Älteren Palastzeit um 1700 v. Chr., das Ende der Jüngeren Palastzeit um 1450 v. Chr. und das Ende der Spätbronzezeit um 1200 v. Chr. Vor allem im Hinblick auf das Ende der Älteren Palastzeit um 1700 v. Chr. sprechen sich die Kreta-Experten nahezu einhellig dafür aus, daß der Umbruch nur durch gewaltige Beben ausgelöst worden sein könne. Die alternative Erklärung – eine Zerstörung durch feindliche Übergriffe – findet kaum Zustimmung, schon deshalb nicht, weil man sich zu diesem frühen Zeitpunkt keinen Gegner vorstellen kann, der stark genug gewesen wäre, solche Verheerungen herbeizuführen: Die mykenische Kultur existierte noch nicht, und bei den anderen gut organisierten Staaten wie Assyrien und Ägypten geht man davon aus, daß sie zu weit entfernt lagen.

Eine 4000 Jahre alte Stadt vom Reißbrett

Im Sommer 1996 erreicht mich eine Anfrage der Universität von Kreta. Athanasia Kanta, Professorin für Ägäische Frühgeschichte, die seit langem die minoische Siedlung Monastiraki im Amari-Tal zwischen Rethimnon und Phaistos ausgräbt, ist zur Zeit bemüht, Naturwissenschaftler in die Ausgrabung einzubeziehen. Archäobotaniker und Archäozoologen hat sie bereits angeworben. Nun bittet sie mich, die Fundstätte zu besichtigen, um sie anschließend beraten zu können, wie man die Entwicklung der Landschaft in dieser Region rekonstruieren könne.

Bei dieser Einladung zögere ich keinen Augenblick. Ein Besuch in Monastiraki bietet die einmalige Gelegenheit, eine ganze Stadt aus der Älteren Palastzeit zu sehen. Monastiraki entstand um 2000 v. Chr. und existierte dreihundert Jahre lang, bis die Stadt im Rahmen der Verheerungen, die das Ende der Älteren Palastzeit um 1700 v. Chr. herbeiführten, Zerstörungen zum Opfer fiel. Weil der Ort danach unbewohnt blieb, liegen die Fundamente der prähistorischen Bauten direkt unter der heutigen Oberfläche. In den anderen Ausgrabungsstätten auf Kreta sind diese älteren Horizonte weitgehend von Siedlungsschichten aus späterer Zeit überdeckt und deswegen nur stellenweise freigelegt. Athanasia Kanta hat den Zerstörungshorizont aus der Zeit um 1700 v. Chr. in fünfzehnjähriger Geländearbeit auf großer Fläche freigelegt. Monastiraki ist also der ideale Ort, um Evans' Erdbebenszenario für den Untergang der Älteren Palastzeit mit dem archäologischen Befund zu vergleichen.

Da sich ein Abstecher nach Monastiraki problemlos mit einem meiner anderen Projekte verbinden läßt, bin ich um so dankbarer für die Gelegenheit, einmal den Westen der Insel näher erkunden zu können, als die meisten der Projekte auf Kreta, an denen ich beteiligt bin, unter der Direktion von Wissenschaftlern aus den USA stehen – und deren Forschungsinteressen konzentrieren sich seit hundert Jahren auf den Osten der Insel.

Das erste Treffen mit Athanasia Kanta findet in einem Strandcafé in Rethimnon statt. Schon beim anschließenden Geplauder stellt sich heraus, daß wir in vielen Dingen auf der gleichen Wellenlänge denken. Die Zusammenarbeit über die Grenzen von Nationen, Sprachen, Klimazonen und wissenschaftlichen Disziplinen hinweg ist meist einfacher, als man denkt – und eigentlich immer lohnend –, aber in ihrer Anfangsphase keineswegs von vornherein frei von Vorurteilen. Dies wird insbesondere verständlich, wenn man die Geschichte der Grabungsstätte Monastiraki näher betrachtet. Im Zweiten Weltkrieg hat die deutsche Wehrmacht die einheimische Bevölkerung auf Kreta erbarmungslos terrorisiert. Nachdem die Insel unter die Kontrolle deutscher Soldaten geraten war – die Evans' Villa Ariadne als Hauptquartier wählten –, rückten Archäologen aus dem Deutschen Reich nach, um griechische Fundstätten auszugraben. Unter diesen Fundstätten befand sich auch Monastiraki, das ursprünglich vom damaligen Kurator der Knossos-Grabung, John Pendlebury, entdeckt worden war; Pendlebury aber war im Alter von 36 Jahren in den ersten Stunden der Schlacht um Kreta umgekommen. Zugute halten muß man den deutschen Fachleuten, daß sie ihre Arbeit sorgfältig und umsichtig durchführten und anschließend zügig und umfassend veröffentlichten. Zugute halten muß man den griechischen Fachleuten, daß sie heute unvoreingenommen auch deutsche Spezialisten für ihre Projekte anstellen.

Von Rethimnon aus fahren wir nach Süden in die Berge – in eine Gegend, in der selbst Einheimische Gefahr laufen, sich zu verirren. Als geographische Besonderheit bildet das Amari-Tal, in dem Monastiraki liegt, eine der tiefsten Schwellen im kretischen Zentralgebirge und somit eine natürliche Verbindung zwischen der Nord- und der Südküste. Im zwanzigsten Jahrhundert nutzte allerdings kaum jemand diesen Paß. Die wenig frequentierte Straße, die heute durch das Tal in Richtung Phaistos führt, ist jüngeren Datums, und die Hauptverbindung zwischen den touristischen Zentren

Rethimnon und Agia Galini führt weitab im Westen um das Amari-Tal herum.

Die Landschaft um Monastiraki wird von den zweieinhalbtausend Meter hohen Gipfeln des Psiloritis-Massivs überragt, deren Hänge steil nach Westen abfallen. Die minoische Stadt liegt dagegen nur etwa 320 Meter über dem Meeresspiegel, und zwar in der Mitte des Amari-Tals auf einer klippenartigen Erhöhung neben dem Fluß Genianos. Wer immer die Stadt erbaut hat, bestimmte deren Lage mit meisterhaftem Können. Der Talgrund besteht fast ausschließlich aus Flysch, einem Sedimentgestein, das leicht verwittert und deswegen als Baugrund denkbar ungeeignet ist. Nur an wenigen Stellen treten Kalksteinklippen im Flysch auf. Und genau auf einem dieser Hügel aus Kalkstein errichteten die Minoer Monastiraki, und zwar auf dem, der am tiefsten ins Tal reicht. So lag der Ort direkt am Fluß und an der fruchtbaren Aue, aber zugleich leicht erhöht. Ein weiterer Vorteil dieser Lage ist die Tatsache, daß der plattenartige Kalkstein sich hervorragend als Baumaterial eignet. Dadurch entfielen lange Transportwege für Baumaterial – Stadt und Steinbruch gingen ineinander über.

Die Siedlung ist riesig; ihre Gebäude erstrecken sich nicht nur über das Plateau, sondern auch entlang der Hügelhänge. Eindrucksvolle Mauern sind dort terrassenförmig angeordnet. Ohne fachkundige Führung sagen einem die freigelegten Mauerfundamente wenig – in Begleitung der Ausgräberin hingegen vergehen Stunden wie Minuten, so viel gibt es über die Fundstätte zu erfahren.

In Monastiraki sind vor allem die Kellergeschosse der ehemaligen Häuser erhalten. Die oberen Etagen fielen entweder der Zerstörung oder nachfolgender Erosion zum Opfer. Riesige Speichergefäße füllen die Souterrains. Mit Hilfe der noch erhaltenen Pflanzen- und Tierreste fanden Botaniker und Zoologen heraus, daß die landwirtschaftliche Nutzung dieser Region schon vor viertausend Jahren der heutigen ähnlich war. Die Bauern pflanzten Getreide und Weinreben, sie hielten Ziegen und Schafe. Fast alles verbaute Holz stammt von Olivenbäumen. Die Form und Größe der Ansiedlung, die terrassenförmigen Mauern aus zyklopischen Steinen, die großen Speichergefäße dazwischen – all das erinnert mich an die Nordflanke der Burg von Mykene. Nur ist die Siedlung von Monastiraki siebenhundert Jahre älter als der erhaltene Palast von Mykene.

Warum also ging Monastiraki um 1700 v. Chr. unter, und was verursachte den gleichzeitigen Niedergang der Älteren Paläste? Hier wie dort waren es Brände, die für die eigentliche Zerstörung sorgten. Die Archäologen vermuten allerdings, daß *Erdbeben* diese Feuer entfachten; so wie in San Francisco, das im April 1906 weniger durch das Erdbeben – immerhin der Stärke 8,3 auf der Richter-Skala – als durch die anschließenden Brände schwer beschädigt wurde.

Die Bevölkerung von Monastiraki entkam jedoch dem Desaster. In den Ruinen finden sich keine Opfer der Katastrophe und auch wertvolle, tragbare Gegenstände wie Schmuck, Bronzeobjekte und Siegel sind nicht mehr vorhanden. Andererseits opferte die

Blick in das Amari-Tal von Westen. Monastiraki liegt genau in der Bildmitte.

Bevölkerung noch unmittelbar vor der Katastrophe den Göttern. Der Grabungsbefund der Zerstörungsschicht ähnelt also dem vom Ende der Jüngeren Palastzeit um 1450 v. Chr., wie er aus Zakros und den anderen minoischen Stätten entlang der Nordküste bekannt ist.

Athanasia Kanta und ihr Grabungsteam haben viele der Fundamente fein säuberlich freigelegt. Die Mauern bestehen größtenteils aus übereinandergestapelten unbearbeiteten Natursteinen von einigen Dezimetern Durchmesser. Weil in der Konstruktion kein Mörtel

Verwendung fand, nennt man sie Trockensteinmauern. Heute könnte ein kräftiger Tritt genügen, um die eine oder andere dieser Mauern zum Einsturz zu bringen. Eine von ihnen neigt sich bereits leicht hangabwärts. Aber reicht das als Beweis, daß Monastiraki Erdbeben zum Opfer fiel? Angenommen, der normalerweise feste Boden würde sich vorübergehend verflüssigen, so daß der Untergrund die Konsistenz von Wackelpudding bekäme. Sollte man nicht erwarten, daß danach kaum noch ein Stein auf dem anderen läge? In Monastiraki fehlen Anzeichen für eine Erschütterung. Wie kann die Fundstätte einem Erdbeben zum Opfer gefallen und trotzdem so gut erhalten sein?

Während unseres Besuchs brät uns die Mittagshitze zwei Stunden lang, und verständlicherweise steht uns der Sinn nach einer kleinen Erfrischung – aber die nächste Taverne ist fast eine Autostunde entfernt. Also schlendern wir zum Haus jener Familie hinüber, wo die Mitglieder des archäologischen Projekts während der Grabungskampagne untergebracht sind, in der Hoffnung dort – auch unangemeldet – Speis und Trank zu erhalten. Besonders nach letzterem steht mir der Sinn. Aus Tabellen und eigener Erfahrung wissen wir, daß man bei körperlicher Arbeit im Sommer in manchen heißen Ländern bis zu neun Liter Wasser pro Tag trinken muß. Zwei davon würden mir erst einmal genügen. Eine Archäozoologin, die uns begleitet, bereitet mich taktvoll auf ein einfaches Mittagessen vor – als hätte ich ein Mövenpick-Restaurant erwartet!

Mit den Lebensbedingungen der griechischen Landbevölkerung bin ich vertraut, aber in den Bergen von Kreta sind sie tatsächlich noch etwas urtümlicher als anderswo. Während wir später im Wohnraum des Lehmziegelhauses sitzen und die anderen Neuigkeiten austauschen, betrachte ich das einfache Haus und überlege, inwiefern es sich wohl von einem jungsteinzeitlichen Bauernhaus von vor rund siebentausend Jahren unterscheidet. Groß sind die Unterschiede sicherlich nicht. Vor gut zweitausend Jahren kamen gebrannte Dachziegel zur Grundausstattung hinzu. Und neuerdings gibt es die unvermeidlichen Fernsehapparate. Ansonsten scheint sich aber nicht viel geändert zu haben. Die Bauweise, die Einrichtung, die Ernährung – all diese Dinge sind schon seit Jahrtausenden Bestandteil der ländlichen griechischen Kultur. Die Motive auf den Heiligenbildern haben vor zweitausend Jahren zwar gewechselt, doch dürfte ihre Bedeutung wohl noch der aus prähistorischer Zeit entsprechen.

Die Bäuerin heißt uns herzlich willkommen und verspricht zum Essen Spinat. Zur Begrüßung gießt sie uns aus einer klaren Literflasche ohne Etikett eine ebenso farblose Flüssigkeit in kleine Schnapsgläser: Raki, einen etwa achtzigprozentigen Traubenschnaps und das kretische Nationalgetränk. Ich verzichte vorläufig auf die Frage nach Wasser, um unsere Gastgeberin nicht zu kränken. Da meine Konzentration – in Anbetracht der äußeren Umstände sowie der Art und Menge des Getränks – bald nachlassen dürfte, versuche ich noch schnell einen Plan aufzustellen, wie ich die Umgebung von Monastiraki untersuchen könnte.

Hier im Binnenland bestimmt vor allem das landwirtschaftliche Potential die Besiedlungsgeschichte, was bedeutet, daß auch die Qualität der Böden ermittelt werden müßte. Noch wichtiger ist jedoch der regionale Wasserhaushalt. Denn *was* in Griechenland *wo* wächst, wird vor allem durch die vorhandene Wassermenge bestimmt. Wie groß sind die durchschnittlichen Niederschlagsraten, wie ist die Verteilung der Niederschläge über das Jahr? Ich diskutiere meine Pläne mit der Ausgräberin, und wir beschließen, daß ich einige Monate später, im Herbst, zurückkommen werde, um die Gegend alleine zu erkunden. Nach den Großprojekten der letzten Jahre ist diese Aufgabe eine reizvolle Abswechslung.

Eine halbe Stunde später stellt uns die Bäuerin mit einer beiläufigen Geste und tief in das Gespräch versunken, doch noch große Wassergläser auf den Tisch. Im Stillen bin ich ihr unendlich dankbar. Dann serviert sie uns aus einer Zweiliterflasche *Rotwein*!

Wie die Fundstätten zu den Erdbeben kamen

Nachdem Arthur Evans seine Katastrophen-Theorie aufgestellt hatte, dauerte es nicht lange, bis Archäologen auch auf anderen Fundstätten Hinweise auf verheerende Erdbeben entdeckten. Viele Wissenschaftler versuchten, wie gesagt, insbesondere die Umwälzungen an der Grenze von der Bronze- zur Eisenzeit um 1200 v. Chr. auf kataklystische Naturkatastrophen zurückzuführen. Damals ereignete sich ein kultureller Umbruch, der das ganze östliche Mittelmeer erfaßte und dessen Ursachen sich bis heute nicht befriedigend erklären lassen. Im gebräuchlichen Dreiperiodensystem, das die Kulturgeschichte der Alten Welt in Steinzeit,

Bronzezeit und Eisenzeit unterteilt, markiert der tiefe Einschnitt um 1200 v. Chr. den zweiten und letzten großen Entwicklungssprung, den von der Bronze- zur Eisenzeit. Da es sich bei dem Kultureinbruch um eine aus heutiger Sicht rational schwer erfaßbare, nahezu globale Katastrophe handelte, die fast den gesamten Teil der damals bekannten Welt betraf, sich in einem kurzen Zeitraum ereignete und viele Städte in der Blüte ihrer Pracht vernichtete, drängte sich der Schluß auf, daß auch in diesem Fall eine überregionale Naturkatastrophe als Auslöser in Frage kommen könnte.

Als erster entdeckte Carl Blegen, der damalige Ausgräber von Troja, tiefe Klüfte an einigen Stellen der legendären Festung im Nordwesten der Türkei. Außerdem hatte sich ein Teil der Befestigungsmauer leicht verschoben und war nach Norden geneigt. Daraus schloß Blegen, daß auch das spätbronzezeitliche Troja einer Naturkatastrophe zum Opfer fiel und dabei weitestgehend zerstört wurde. Blegen fand auch heraus, daß ein Teil der Befestigungsmauern auf älteren Siedlungsschichten errichtet wurde. Daraus folgerte er, daß die zwischengelagerten Schichten festgestampfter Erde als eine Art Stoßdämpfer gegen Erdbebenwellen dienen sollten. – Diese Folgerung ist jedoch falsch. Die angebliche »Pufferschicht« hätte nämlich die Wirkung von Erdbebenstößen um ein Vielfaches verstärkt. Um erdbebensicher zu bauen, ist es immer ratsam, Gebäudefundamente direkt auf das Festgestein zu setzen. Daß man es in Troja damit nicht so genau nahm, weist darauf hin, daß der Erdbebenvorbeugung in der Stadtplanung keine große Bedeutung zukam. Auch treten sämtliche von Blegen beobachteten Risse in einem Sektor der Burg auf, der ohnehin zu Absackungen neigt – sie lassen sich also durch ganz normale Bodensetzungen erklären. Die Anzeichen für Erdbebenschäden in Troja VIIa sind damit eher dürftig. Auch diese Stadt fiel im übrigen nicht Erschütterungen, sondern Flammen zum Opfer.

Bald nach der Veröffentlichung der angeblichen Erdbebenschäden in Troja kam auch der Straßburger Archäologe Claude Schaeffer, Ausgräber der spätbronzezeitlichen Hafenstadt Ugarit in Syrien, zum Schluß, daß dieses wichtige Handelszentrum um 1200 v. Chr. nicht etwa – wie lange Zeit angenommen – feindlichen Überfällen, sondern der Zerstörung durch Erdbeben anheimfiel. Dies, obwohl ägyptische Tempelinschriften besagen, daß Ugarit einem Angriff der »Seevölker« zum Opfer fiel. Bei den sogenannten

»Seevölkern« handelte es sich um eine Schar gut organisierter und ausgerüsteter Streitkräfte, die um 1200 v. Chr. die Küsten des östlichen Mittelmeers unsicher machten. In Ugarit aufgefundene Schriftdokumente bestätigen sogar die Bedrohung durch feindliche Schiffe. Der letzte König der Stadt flehte seine Verbündeten um Unterstützung an, da ein feindlicher Angriff bevorstehe; ein halbes Dutzend gegnerischer Schiffe sei bereits zuvor eingetroffen und habe große Verwüstungen angerichtet. Doch der Hilferuf konnte nicht einmal mehr die Stadt verlassen, so schnell ereilte sie der Untergang. Schaeffer fand allerdings keine vernünftige Erklärung, warum die Angreifer eine blühende Handelsmetropole in Schutt und Asche hätten legen sollen, statt die Gebäude für ihre eigenen Zwecken zu nutzen. Er vertrat deswegen die Ansicht, ein Erdbeben sei die wahrscheinlichste Ursache für die Zerstörung von Ugarit. Und bald darauf vermutete er, dasselbe Naturereignis habe weitere Städte in Syrien und Kleinasien betroffen. – Nachfolgende Ausgräber von Ugarit sind jedoch von Schaeffers Interpretation wieder abgewichen. Aus heutiger Sicht gibt es keinen Anlaß, an einem feindlichen Überfall als Auslöser der Zerstörung von Ugarit zu zweifeln.

Ein weiterer bedeutender Palast aus der Spätbronzezeit, zu dessen Untergang Erdbeben beigetragen haben sollen, ist Mykene. Spyridon Iakovides, einer der Ausgräber von Mykene, ist davon überzeugt, daß einzig Erdbeben als zufriedenstellende Erklärung für den Untergang des Königshauses in Frage kommen. Kurz nach der Mitte des 13. Jh. und dann ein zweites Mal um 1200 v. Chr. traten offensichtlich an verschiedenen Stellen der Burganlage Feuer auf, Häuser stürzten ein, und mindestens ein Bewohner wurde unter den Trümmern begraben. Allerdings gibt es in Mykene auch äußerst einsturzgefährdete Bauwerke, die schon zur Zeit dieser Ereignisse bestanden und keinerlei Schäden davontrugen. Weder die zyklopische Festungmauer noch die präzise gesetzten Steine im Eingang zum Schatzhaus des Atreus weisen Versetzungen auf. Für Mykene gilt das gleiche wie für alle anderen Fundstätten: Die eigentliche Zerstörung erfolgte durch Feuer, nicht durch Erschütterungen.

Das höchst einsturzgefährdete »Grab des Ägisthus« hat alle Erdbeben in Mykene unbeschadet überstanden.

Das Löwentor in Mykene zeigt keine Anzeichen von Beschädigung durch Erschütterung.

Ganz in der Nähe von Mykene liegt Tiryns, eine weitere spätbronzezeitliche Burganlage. Ihr Ausgräber Klaus Kilian identifizierte gleich drei Erdbeben, die seiner Ansicht nach sowohl Mykene wie auch Tiryns betroffen haben. Bei seinen Untersuchungen machte er eine weitere erstaunliche Entdeckung. Er bemerkte, daß die Siedlung außerhalb der Burganlage nach der Zerstörung des Palastes größer war als davor – in der Blütezeit der mykenischen Kultur. Er folgerte daraus, daß Tiryns in der Krisenzeit zu Beginn des 12. Jh. als eine Art überregionale Zufluchtsstätte für die Überlebenden aus der ganzen Umgebung diente. Nachdem Kilian die Anzeichen für Erdbeben in Tiryns entdeckt hatte, sammelte er Hinweise auf Naturkatastrophen in anderen großen Ausgrabungsstätten und gelangte so zu der Überzeugung, daß nicht nur Mykene und Tiryns, sondern auch Pylos auf dem westlichen Peloponnes, Kastanas in Nordgriechenland, Troja in Westkleinasien, Hattusa in Zentralkleinasien

Die mykenische Burganlage in Tiryns soll unter heftigen Erdbeben gelitten haben.

und Alalach in Syrien durch Naturkatastrophen ihr Ende fanden. – Die Argumente, die für einen Erdbebenbefund in Tiryns sprechen, sind in den bisher veröffentlichten vorläufigen Grabungsberichten allerdings nicht für jedermann nachvollziehbar. Auch die Annahme, daß die Unterstadt nach dem Verfall des Palastes wuchs, erwies sich als Fehlschluß. Und von manchen der von Kilian genannten Fundstätten sind keine Hinweise für Erschütterungen, aber deutliche Spuren feindlicher Überfälle bekannt.

Midea, eine Burg, die zwischen Tiryns und Mykene liegt und von schwedischen Archäologen untersucht wird, soll ebenfalls um 1200 v. Chr. durch Erdbeben zerstört worden sein. Dies folgert zumindest der Ausgräber Paul Åström. Das Epizentrum der Beben könnte demnach in der Nähe von Mykene, Tiryns und Midea gelegen haben. Neuerdings werden auch für das weit entfernt liegende Theben Erdbeben als Ursache der Zerstörung um 1200 v. Chr. herangezogen. Die jüngsten Ausgrabungen in den dortigen Palastwerkstätten haben ergeben, daß während des Untergangs ein zweigeschossiges Gebäude zusammenbrach und die herabstürzenden Trümmer eine Frau unter sich begruben.

In den Augen der genannten Ausgräber sind die Indizien, die für eine Beteiligung von Erdbeben an den Kulturumbrüchen um 1200 v. Chr. sprechen, überwältigend. Sieben der bedeutendsten Fundstätten im östlichen Mittelmeer – Knossos, Troja, Ugarit, Mykene, Tiryns,

Midea und Theben – sind nach Ansicht dieser Prähistoriker durch Erdbeben zerstört worden. Die Archäologen, die die Erdbebenthese vertreten, zählen zu den namhaftesten Wissenschaftlern ihres Fachgebiets. Und sie fanden nicht nur ein paar simple Hinweise auf Erdbeben, sondern, wie Spyridon Iakovides betont, »grundsolide und unwiderlegbare Ausgrabungsbefunde«. Auch liegen die meisten dieser Fundstätten tatsächlich in erdbebengefährdeten Gebieten. Historische Aufzeichnungen belegen zum Beispiel, daß es allein in der nördlichen Troas in den letzten zweitausend Jahren mindestens sechs Erdbeben der Stärke 6 oder mehr auf der Richter-Skala gab. Nach Ansicht der Erdbebenbefürworter könnte also die Kulturgeschichte wie die Erdgeschichte zumindest zum Teil durch Naturereignisse bestimmt worden sein. Führten für die Saurier äußere Kräfte – in Form eines Kometen – das Ende herbei, so waren es für die spätbronzezeitlichen Königreiche Ausbrüche der Kräfte im Erdinneren.

Allerdings gibt es neben den bereits genannten noch zahlreiche andere Einwände gegen die Erdbeben-These. Viele Dokumente aus der Zeit um 1200 v. Chr. beschreiben eine drohende Gefahr durch angreifende Horden, und die Schäden in den vermeintlich erdbebengeschädigten Ausgrabungsstätten ähneln in ihrer Art den Zerstörungen an Dutzenden von Orten, die ebenfalls in den Krisenjahren um 1200 v. Chr. untergingen, aber keine erkennbaren Anzeichen für Erdbeben aufweisen. Alle betroffenen Städte gingen in Flammen auf. Bei keiner ließen sich meßbare Versetzungen der Oberfläche nachgewiesen. An keinem der genannten Orte fanden die Archäologen eine große Zahl Verschütteter. Bei den vereinzelten Funden von Opfern kann es sich auch um Personen handeln, die schon vor dem Einsturz der Gebäude verletzt oder an Rauchvergiftung gestorben waren.

Aus diesen Gründen vertritt oder vertrat bei allen oben genannten Fundstätten nur einer der meist zahlreichen Ausgräber die Meinung, Erdbeben hätten den Untergang der Paläste herbeigeführt. Bei den meisten Objekten gab es eine große Zahl von Grabungskampagnen, durch die über viele Jahrzehnte hinweg zahlreiche Fachleute mit der Fundstätte in Berührung kamen. Diese Experten kommen zu einem ganz anderen Urteil als die Befürworter der Erdbeben-These.

Für die vierzehntägige Untersuchung von Monastiraki und seiner Umgebung habe ich meine jeweilige Unterkunft so gewählt, daß ich eine Woche an der Südküste von Kreta wohne und die zweite an der Nordküste. Bei der Anfahrt in das Gebiet probiere ich fast jeden Tag neue Routen aus, um besser beurteilen zu können, wie günstig die Stadt im Hinblick auf Passier- und Handelsstraßen gelegen hat. Obwohl sich Monastiraki einige Kilometer südlich der eigentlichen Paßhöhe befindet, ist das Dorf bequemer von Norden her zu erreichen. Im Süden ist der Durchgang in der Talmitte am Fluß Platis unmöglich. Der Platis hat sich tief in das weiche Gestein eingeschnitten, und der Berg straft jeden Versuch, einen Feldweg durch die Schlucht zu legen, umgehend mit Bergstürzen. Die Verbindungsstraße nach Süden windet sich deswegen am Berghang entlang, und so benötigt man mit dem Auto fast eine Stunde, um das nur fünfzehn Kilometer Luftlinie entfernte Agia Galini zu erreichen. Eine bequeme Nord-Süd-Verbindung stellt das Amari-Tal also nicht dar – und auf mich wirkt die Lage von Monastiraki eher isoliert. Allerdings ließen sich von der Stelle aus gleich beide Nordzugänge in das Amari-Tal problemlos kontrollieren.

Die Schlucht des Platis ist unpassierbar.

Im allgemeinen stimmen die Fundstätten aus der Älteren Palastzeit nur in ihren architektonischen Grundzügen miteinander überein; was die Herstellung von Gütern betrifft, scheinen sie unabhängig voneinander gewesen zu sein. Auf Monastiraki trifft diese Regel jedoch nicht zu, denn die bei der Ausgrabung geborgenen Gegenstände entsprechen in jeder Hinsicht den in Phaistos gefundenen Artefakten. Es besteht kein Zweifel, daß Monastiraki politisch, wirtschaftlich und verwaltungstechnisch zum Palast von Phaistos gehörte. Man hat sogar den Abdruck eines persönlichen Siegels gefunden, das sowohl in Monastiraki als auch in Phaistos verwendet wurde.

Besonders faszinierend an Monastiraki ist, daß es sich um eine Art Reißbrettstadt handelt, die aufgrund eines zentralen Beschlusses künstlich hochgezogen wurde, und zwar genau zu Beginn der Älteren Palastzeit. Aus irgendeinem Grund muß es sinnvoll gewesen sein, hier oben in den Bergen nicht nur einige, sondern gleich sehr viele Menschen anzusiedeln. Die Frage, welche Interessen hinter dieser Neugründung gestanden haben mögen, beschäftigt mich lange. Vor und nach der Gründung von Monastiraki scheint diese Gegend jahrhundertelang außergewöhnlich arm gewesen zu sein.

Mein erster Gedanke geht dahin, daß Monastiraki ein Knotenpunkt des Binnenhandels gewesen sein könnte. Aber erstens gab es in der Älteren Palastzeit auf Kreta kaum Binnenhandel, und zweitens lag die Stadt nicht so günstig, wie es auf den ersten Blick scheint. Außerdem fanden die Archäologen keine ungewöhnlichen Gegenstände, wie sie häufig in Handelsstädten anzutreffen sind. Zudem waren die gelagerten Güter versiegelt und schwer zugänglich, das heißt, sie dienten als Vorräte und nicht dem Warenumschlag.

Die archäologische Fundstätte in Monastiraki (Bildmitte) im Amari-Tal

Monastiraki könnte allerdings auch gegründet worden sein, um die fruchtbaren Böden der Umgebung landwirtschaftlich zu nutzen oder bereits vorhandene landwirtschaftliche Betriebe zentral zu verwalten. Die Bauern hätten ihre Erträge in diesem Fall an die Bezirksleitung in Monastiraki geliefert, wo sie geschützt gespeichert und verwaltet wurden. Diese Art Wandel von frühbronzezeitlichen Einzelgehöften zur zentralistischen Palastadministration markiert den Auftakt der eigentlichen minoischen Zivilisation.

Es gibt aber noch eine dritte Möglichkeit, den Zweck dieser künstlich angelegten Stadt zu erklären: Es könnte sich um eine autarke Garnison gehandelt haben. Es wäre durchaus möglich, daß der König von Phaistos die Gründung dieses Vorpostens an der Grenze anordnete, um die Nordzugänge in sein Reich besser kontrollieren und schützen zu können. Wegen der langen Verbindungswege bemühte man sich um eine Anlage, die der Bevölkerung erlaubte, sich mit Hilfe ihrer eigenen landwirtschaftlichen Tätigkeit unabhängig von Warenzufuhren ernähren zu können. Für diese Interpretation spricht, daß die Menschen anscheinend nur innerhalb der Stadtanlage lebten. Bis jetzt wurden jedenfalls keine mittelbronzezeitlichen Gebäudereste in der ungeschützten Landschaft gefunden. – Sollte sich diese Interpretation bewahrheiten, dürfte sich dies nachhaltig auf das Verständnis der Älteren Palastzeit auswirken. Die mächtigen Terrassen von Monastiraki wären dann nämlich nicht nur Stützmauern, sondern zugleich auch Teil einer Befestigungsanlage gewesen. Damit aber wäre die minoische Zivilisation bei weitem nicht so friedliebend gewesen, wie sie Arthur Evans gern gesehen hätte.

Die praktische Geländetätigkeit eines Geoarchäologen schließt mit ein, daß er viel Zeit damit verbringt, auf erhöhten Aussichtspunkten zu sitzen, die Landschaft zu betrachten und über seine Beobachtungen zu grübeln. Während meiner zwei Wochen im Amari-Tal ist dies, dank der Schönheit der Landschaft, nicht nur eine reizvolle Aufgabe – sie sorgt auch für eine Reihe von Überraschungen. Eine davon betrifft die Verteilung der Siedlungen. Die wenigen modernen Dörfer liegen ganz merkwürdig – weit oben an den Talhängen. Überhaupt erscheint die Landschaft einerseits außergewöhnlich grün und daher fruchtbar, ist aber andererseits äußerst dünn besiedelt. Die Landflucht der letzten Jahrzehnte hat die Gegend noch weiter entvölkert. In manchen Dörfern ist die Bevölkerungsdichte in den vergangenen dreißig Jahren um zwei Drittel gesunken. Auch während des 3. Jt. – also vor der Gründung der minoischen Anlage – war diese Landschaft ungewöhnlich arm und dünn besiedelt. Nur zweimal in der gesamten Kulturgeschichte wurde sie intensiv genutzt: in der Älteren Palastzeit und in hellenistisch-römischer Zeit. Wie konnte dieses Tal jahrtausendelang nur eine kleine Schar, dann aber plötzlich eine sehr große Bevölkerung ernähren?

Der Schlüssel zur Beantwortung dieser Frage liegt vermutlich im Wasserhaushalt. Obwohl das Tal dicht bewachsen ist, sich reichhaltiger Niederschläge (ca. 1000 mm pro Jahr) erfreut, Dutzende sprudelnder Quellen besitzt und der Fluß Genianos, der an Monastiraki vorbeifließt, jährlich 6,5 Millionen Kubikmeter Wasser liefert, herrscht Wassermangel! Bedingt durch das zerklüftete Karstgebirge liegt der Grundwasserspiegel über dreihundert Meter tief – Grundwasser scheidet also zur Versorgung der Landwirtschaft aus. Außerdem verursachen das steile Relief, die komplizierte Topographie und die starken Niederschläge hohe Erosionsraten. Die verwitterten Gesteinsoberflächen können zwar genug Feuchtigkeit für eine Strauchvegetation binden, doch um Landwirtschaft betreiben zu können, benötigt man zusätzliches Wasser. Dieses können die reichhaltigen Quellen liefern. Sie treten an der Grenze zwischen Kalkgestein und Flysch auf, und da sich diese geologische Nahtstelle weit oben an den Hängen befindet, liegen heute auch die Dörfer dort. Das zusätzliche Quellwasser ermöglicht den Bauern sogar den Anbau vonObst – allerdings nur in einem Bereich von wenigen hundert Metern. Von der restlichen Fläche läßt sich nur ein Teil landwirtschaftlich nutzten, und zwar vor allem für Oliven.

Der Auegrund neben der minoischen Siedlung gehört heute zu einem landwirtschaftlichen Forschungsinstitut, das aber nur ein Viertel der Fläche für Ackerbau nutzt. Der Rest liegt brach – wegen Wassermangels. Was nützt die Nähe zu den Aueböden, wenn man sie wegen Wassermangels nicht bestellen kann? Da kein Grundwasser erreichbar ist, aber alle Nutzpflanzen außer Oliven während der vier bis fünf regenfreien Sommermonate Bewässerung benötigen, setzt die Ernährung einer größeren Bevölkerung in dieser Gegend vermutlich Wasserbaumaßnahmen voraus. Diese könnten auch der

Nördlich von Monastiraki erstreckt sich eine fruchtbare Aue, die kaum bewirtschaftet werden kann.

Grund sein, warum das Tal nur in minoischer und römischer Zeit dicht besiedelt war, denn zu diesen Zeiten – und natürlich heute wieder – waren Wasserbaukenntnisse besonders weit verbreitet.

Zur Zeit befindet sich auf dem Rethimnon zugewandten Nordhang der Paßstraße ein Staudamm im Bau, während auf der Phaistos zugewandten Südseite bereits ein künstliches Auffangbecken in der Nähe des Dorfes Vizari fertiggestellt wurde. Und so treffe ich mich mit Bürgermeistern, Hydrologen und Geologen, um die Details des lokalen Wasserbaus zu diskutieren. Das neue Becken faßt 550 000 Kubikmeter Wasser – also weniger als ein Zehntel der jährlichen Gesamtabflußmenge. Diese Menge genügt, um ganzjährig Landwirtschaft auf einer Fläche von der sechsfachen Größe der Genianos-Aue unterhalb von Monastiraki zu ermöglichen. Auch in minoischer Zeit wäre es vermutlich nur mit Hilfe von Wasserspeichern möglich gewesen, die trockenen Sommermonate zu überbrücken und so eine ganze Stadtbevölkerung zu ernähren.

Monastiraki liegt an der engsten Stelle des Tales. Wenn man von der minoischen Siedlung aus zum gegenüberliegenden Flußufer schaut, sieht man auch dort eine kleine Anhöhe. Ein Besuch dieser anderen Talseite zeigt, daß die Oberfläche dort ebenfalls mit Keramik übersät ist. Selbst Reste von Mauern sind an manchen Stellen erhalten geblieben. Von dieser Anhöhe zurück nach Monastiraki blickend, bemerke ich eine seichte Geländeerhebung, die sich quer durch das Tal zur minoischen Fundstätte hin erstreckt. Durch diese leichte Erhebung wird der Genianos auf die westlich Talseite abgedrängt, so daß er direkt unterhalb der minoischen Stadt entlangfließt. Ein wasserreicher Fluß wie der Genianos hätte eine solche Geländerippe eigentlich ausräumen müssen. An Talengpässen verlaufen Höhenschichtlinien nun einmal nicht senkrecht zum Fluß – es sei denn, jemand hat künstlich in die Landschaft eingegriffen. In diesem Fall könnte es sich bei der merkwürdigen Erhebung um den Rest eines Staudamms handeln. Auf der Suche nach weiteren Hinweisen entdecke ich im fast vollkommen überwachsenen Flußbett verschiedene Gesteinsblöcke mit einigen Metern Durchmesser. Sogar der Rest einer Art Dammkrone ist noch sichtbar. Wenn es im minoischen Kreta tatsächlich Wasserbauanlagen dieser Größenordnung gegeben hat, wäre dies eine Überraschung.

Während meiner Erkundungsfahrten durch das Amari-Tal suche ich auch die minoische Fundstätte in Apodoulou auf, die zunächst

Marinatos ausgegraben hat und die seit 1985 erneut von einem griechisch-italienischen Archäologenteam untersucht wird. Apodoulou liegt auf halbem Weg zwischen Phaistos und Monastiraki, stammt ebenfalls aus der Älteren Palastzeit und ist im Hinblick auf die erhaltenen Artefakte mit Monastiraki identisch. Nur die Architektur ist grundverschieden. Obwohl Apodoulou an einem recht steilen Hang liegt, gibt es dort keine zyklopischen Terrassenmauern. Dies könnte ein weiterer Hinweis darauf sein, daß die Mauern von Monastiraki, das sich an der Grenze des Königreichs befand, vor allem dem Schutz dienten, während Apodoulou, das mitten im

In Apodoulou sind die zerbrechlichen Mauern bis heute erhalten geblieben.

Königreich Phaistos lag, keine Schutzmauern benötigte. Louis Godart von der Universität in Neapel, der in Apodoulou gräbt, geht davon aus, daß Phaistos, Monastiraki und Apodoulou um 1700 v. Chr. demselben Erdbeben zum Opfer fielen, auf das anschließend ein großer Brand folgte. In Apodoulou sind die Trockensteinmauern jedoch bis zu einer Höhe von 2,5 Metern unversehrt erhalten. Erschütterungen, wie sie ein heftiges Erdbeben hervorruft, hätten diese Siedlung innerhalb weniger Sekunden in einen Schotterhügel verwandeln müssen.

Der Befund innerhalb der Zerstörungsschicht von 1700 v. Chr. ist in Phaistos, Monastiraki, Apodoulou und anderen minoischen Siedlungen ähnlich: Die eigentliche Verwüstung erfolgte durch Feuer – Opfer und wertvolle Objekte fehlen. Aus diesem Befund schließen die Ausgräber, daß sich die Erdbeben »ankündigten«, das heißt, daß Vorbeben auf ein kommendes größeres Ereignis hindeuteten und so der Bevölkerung die Möglichkeit gaben, ihr wertvolles Hab und Gut in Sicherheit zu bringen. Eine derartige Folgerung widerspricht allerdings sowohl den grundlegenden Merkmalen von Erdbeben als auch dem üblichen Verhalten der davon Betroffenen. Erdbeben sind plötzliche Spannungsentladungen, bei denen fast immer der erste Stoß die größte Gewalt ausübt. Gleich zu Beginn treten die seismischen Wellen mit der größten Amplitude auf, um anschließend fast exponentiell an Stärke nachzulassen. Erdbeben ereignen sich grundsätzlich unangekündigt – genau deswegen sind sie so gefährlich. Sie treffen alle Lebewesen und Dinge gleichermaßen: Könige, Krieger, Handwerker, Bäuerinnen, Kinder, Haustiere und das gesamte Inventar werden verschüttet – auch die Schätze bleiben an ihrem ursprünglichen Ort. In dieser Hinsicht weist der Zerstörungshorizont der Älteren Palastzeit keineswegs die Merkmale eines Erdbebenbefunds auf.

Auch das Verhalten der Bevölkerung erscheint ungewöhnlich. Ich erinnere mich an einen Abend in einem Kafenion in Olympia; ich saß auf einem dieser Gartenstühle mit einem Rahmen aus gebogenem Rohrblech und urplötzlich wankte dieser von einer Seite zur anderen. Ich dachte nur, was immer das sein mag – zuviel Arbeit, Bier, Sonne oder Erdstöße –, es wird ja wohl bald wieder aufhören. Und so war es auch. Genauso habe ich reagiert, als das Haus, in dem wir in Kalifornien direkt über der St.-Andreas-Verwerfung wohnten, von einem Erdbeben der Stärke 5,6 erfaßt wurde. Nach der kurzen

Unterbrechung schlief ich einfach weiter. Am nächsten Tag war das Erdbeben natürlich Hauptgesprächsthema im Institut. Wie sich dabei herausstellte, hatten alle Kollegen und Freunde ähnlich gelassen reagiert. Auch Arthur Evans sah sich nicht genötigt, beim Erdbeben von 1926 – immerhin dem schwersten des Jahrhunderts in einer extrem erdbebengefährdeten Region – sein Zimmer in der Villa Ariadne zu verlassen. Statt dessen ging er ans Fenster, um eine bessere Aussicht auf das Geschehen zu bekommen.

Von der minoischen Bevölkerung aber nimmt man an, daß sie sich vollkommen anders verhielt. Ausnahmslos alle Siedlungen auf Kreta müßten demnach vorgewarnt gewesen sein, daß sich in Kürze ein katastrophales Erdbeben ereignen würde. Obwohl noch kein Haus eingestürzt war und keine Mauer sich verschoben hatte, ahnten die Menschen, daß das Ende naht. Überall reagierte die Bevölkerung gleich, obwohl alle Städte gleichzeitig betroffen waren und keine Möglichkeit zum Informationsaustausch bestand: Die Leute packten ihre Sachen und verschwanden auf Nimmerwiedersehen.

Schließlich begann der Boden tatsächlich zu beben – allerdings nicht so stark, daß es wie sonst bei Erdbeben zu einer vorübergehenden Bodenverflüssigung kommen konnte. Die Erschütterungen waren nicht einmal so stark, daß Mauern versetzt wurden oder Gebäude einstürzten. Sie reichten lediglich aus, um Öllampen umzukippen. Wiederum ohne Absprache sollen nämlich die Leute an sämtlichen Orten unabhängig voneinander und aus für uns nicht nachvollziehbaren Gründen auf den Gedanken gekommen sein, beim Verlassen der Stadt ihre Öllampen in den Häusern brennen zu lassen. Die schwachen Erschütterungen, die nicht ausreichten, um bleibenden Schäden irgendeiner Art anzurichten, sorgten dann immerhin dafür, daß die Öllampen umfielen – und veranstalteten so ein einzigartiges Inferno. Und weil mit diesem Anfall von Dämlichkeit der unwiderlegbare Beweis erbracht war, daß die in Jahrhunderten aufgebaute, blühende Staatsstruktur in Wirklichkeit überhaupt nichts taugte, beschlossen die Herrscher im Anschluß an die Brandkatastrophe das gesamte Staats-, Handels-, Verwaltungs- und Gemeinwesen neu zu organisieren.

Vermutlich geht selbst die weitverbreitete Ansicht, daß Erdbeben in prähistorischer Zeit Feuersbrünste auslösen konnten, auf Arthur Evans zurück. Vor der massenhaften Verbreitung von Holzhäusern und Gaslampen um die Wende vom neunzehnten zum zwanzigsten Jahrhundert hat man jedoch Erdbeben und Feuer nicht einmal in Gedanken miteinander in Verbindung gebracht. Der römische Schriftsteller und Naturforscher Plinius der Ältere schildert zwar die Wirkung von Erdbeben in seiner Naturgeschichte, erwähnt aber Feuer mit keinem Wort. Das gleiche gilt für Aristoteles, der eine ganze Abhandlung über Erdbeben schrieb. Bisher konnte weder anhand historischer, noch moderner oder experimenteller Beispiele nachgewiesen werden, daß brennende Öllampen überhaupt in der Lage wären, in einem einstürzenden Lehmziegelhaus einen Brand auszulösen. Wahrscheinlicher ist, daß der aufgewirbelte Staub jedes Feuer sofort erstickt.

Erdbeben einst und jetzt

Natürlich haben sich auch in frühgeschichtlicher Zeit katastrophale Erdbeben ereignet. Ein besonders deutliches Beispiel ist das Ereignis im Jahr 373 v. Chr., als die Stadt Helike am Golf von Korinth innerhalb einer Minute, wie vom Erdboden verschluckt, verschwand. Allerdings blieben selbst bei dieser Katastrophe die Häuser in der nur wenige Kilometer entfernten Nachbarstadt Aigion unversehrt. Der Untergang von Helike war also ein lokal scharf begrenztes Ereignis.

Ein anderes Beispiel für ein historisch und archäologisch belegtes Erdbeben ist das Ereignis vom 21. Juli 365 n. Chr. in Kourion auf Zypern. Unter den Trümmern fanden die Archäologen unter anderem die Skelette einer ganze Familie und eines jungen Mädchens zusammen mit einem Maultier. Aber Kourion war nur eines unter Tausenden von griechischen Dörfern auf Zypern. Und auch dieses Beben verursachte keine überregionalen Schäden.

Um politische Auswirkungen auslösen zu können, müßte ein Erdbeben zunächst einmal überregional wirksam sein. Dies setzt das Vorhandensein ausgedehnter tektonischer Verwerfungen voraus, wie es sie zum Beispiel in Kleinasien gibt. Dort erstreckt sich parallel zur Nordküste des Subkontinents die aktive Verwerfungszone der anatolischen Platte, und an dieser Spalte ereignete sich im August 1668 entlang einer sechshundert Kilometer langen Bruchzone ein Erdbeben, das mit einer Oberflächenstärke von Ms 8 zu den stärksten

Beben in Kleinasien in diesem Jahrtausend zählt. Während 47 Tagen erschütterten über zweihundert Stöße die Erde. Trotzdem fielen dem Beben nicht mehr als 8000 Menschen zum Opfer – zu viele, natürlich, aber doch nicht so viele, daß das Ereignis einen Kulturzusammenbruch ausgelöst hätte. Und die Schäden an den Gebäuden waren zum großen Teil nach einem Jahr bereits wieder behoben.

Im Gegensatz zu Kleinasien sind die meisten Verwerfungen auf dem griechischen Festland und auf Kreta kurz, das heißt weniger als zwanzig Kilometer lang. Erdbeben ab der Größenordnung Ms 7 erfordern jedoch Versetzungen entlang einer Störung von mindestens vierzig Kilometern Länge. In Griechenland können so starke Beben demnach gar nicht auftreten. Von den etwas mehr als achtzig nennenswerten Erdbeben, die sich innerhalb von 2300 Jahren in Mittelgriechenland ereigneten, erreichte daher auch kein einziges eine ungewöhnliche Stärke. So hat der Parthenon auf der Akropolis in Athen über zweitausend Jahre lang alle Erschütterungen geduldig ertragen. Ernsthaft in Mitleidenschaft ziehen konnte ihn nur der Schuß eines hessischen Kanoniers während des zweiten Osmanisch-Venezianischen Krieges im Jahr 1687. Die türkischen Truppen hatten ihre Munition auf der Akropolis gelagert, so daß der Volltreffer eine gewaltige Explosion auslöste, die den Parthenon zu dem werden ließ, was er noch heute ist.

Die von Evans aufgezählten Erdbeben der letzten Jahrhunderte hatten alle nur lokale Auswirkungen – keines löste einen Kulturumbruch aus. Auch Arthur Evans war aufgefallen, daß sich der Westen von Kreta tektonisch anders verhält als der zentrale Teil. Weil im Westen viele Gebäude aus venezianischer Zeit erhalten blieben, vermutete Evans, daß es dort seltener zu Erschütterungen kommt als in Heraklion. Tatsächlich ereigneten sich die größten Erdbeben in Westkreta zu anderen Zeiten (1646, 1805, 1910, 1923) als die in Zentralkreta (1508, 1547, 1612, 1665, 1810, 1856, 1926).

Alle tiefgreifenden kulturellen und politischen Wechsel auf Kreta in den letzten dreitausend Jahren fanden ohne Beteiligung von Naturereignissen statt. Es waren vielmehr die Nationen auf dem umliegenden Festland, die das Schicksal der Insel bestimmten. Im Jahr 67 v. Chr. wurde Kreta von den Römern erobert. Später, um 395 n. Chr., fiel die Insel dem Oströmischen Reich zu. Ab 824 n. Chr. begann die arabische Herrschaft auf Teilen der Insel. 1204 fiel sie an Venedig, und 1669 eroberten türkische Streitkräfte Candia. Deren

Herrschaft endete 1898, und bald darauf (1912) wurde Kreta schließlich mit dem griechischen Festland politisch vereint. Jeder dieser Umbrüche bestimmte das politische Schicksal der Bevölkerung für lange Zeit – doch keiner stand in irgendeiner Form mit einer Naturkatastrophe in Zusammenhang. Warum soll das Schicksal der Insel nach dem Beginn der Geschichtlichkeit ausschließlich durch ihre Nachbarstaaten, davor jedoch ausschließlich durch Erdbeben geprägt worden sein?

Was wir über die Auswirkungen von Erdbeben in *historischer* Zeit wissen, hat Nicholas Ambraseys bereits vor einem Vierteljahrhundert folgendermaßen zusammengefaßt:

»In den vergangenen 2400 Jahren hatten Erdbeben, falls überhaupt, nur geringen Einfluß auf die historische Entwicklung im Nahen und Mittleren Osten. Häufig haben sie die lokale Wirtschaft ruiniert oder Krisen ausgelöst, aber niemals konnten sie einen kulturell hochentwickelten Staat oder gar eine ganze Zivilisation vernichten. Im Gegensatz zu Kriegen, Epidemien und anderen anhaltenden Katastrophen hatten Erdbeben und Vulkanausbrüche, unabhängig von ihrer Größenordnung, offenbar wenig oder gar keinen anhaltenden Einfluß auf die Menschheit.«

Diese Aussagen gelten auch für Naturkatastrophen der Gegenwart. Jahr für Jahr ereignen sich einige Hundert solcher Desaster, bei denen weltweit jährlich an die 40 000 Menschen umkommen. Die Wahrscheinlichkeit, daß ein Individuum bei einer Naturkatastrophe ums Leben kommt, beträgt jedoch nur 0,01 Prozent. Anders ausgedrückt: Von 10 000 Menschen stirbt durchschnittlich nur einer bei einer Naturkatastrophe. Verkehrsunfälle fordern sechsmal und Malariaerkrankungen sogar 25- bis 50mal so viele Opfer wie Naturkatastrophen. Jeden Tag sterben auf der Welt ungefähr so viele Kinder, wie Menschen insgesamt durch Naturkatastrophen im Jahr umkommen.

So verheerend die Zerstörung durch eine Naturkatastrophe auch sein kann, die Rahmenbedingungen für die Bevölkerung bleiben unverändert. Das Land ist weiterhin fruchtbar und das Meer reich an Nahrung. Der größte Teil der Bevölkerung überlebt, ihre Siedlungen liegen nach wie vor an geographisch günstigen Stellen, und die Handelsbeziehungen bleiben unberührt. Im Gegensatz zu Kriegen und Seuchen lassen sich Naturkatastrophen also offensichtlich leichter bewältigen, da das gesamte zerstörerische Potential mit einem Schlag freigegeben wird und danach ungehindert ein Wiederaufbau stattfinden kann. Die vielen hundert historisch belegten Erdbeben riefen daher auch fast immer die gleiche Reaktion bei den Überlebenden hervor: Die Toten wurden begraben, die Häuser wieder aufgebaut, und die Stadt existierte weiter.

Was verursachte die Kulturumbrüche?

Wenn die Kulturumbrüche um 1700, 1450 und 1200 v. Chr. nicht durch Naturkatastrophen verursacht worden sind, bleibt im Grunde nur noch eine mögliche Ursache übrig: Jemand hat die Zerstörungen mutwillig herbeigeführt. Diese Möglichkeit war unter Prähistorikern allerdings nie sehr beliebt. Arthur Evans bemerkte dazu schlicht, daß »die Zerstörungen nur schwerlich von Menschenhand herbeigeführt worden sein können«. Marinatos meinte zum gleichen Thema, daß »wir an eine Invasion aus Übersee nicht glauben können«. Denys Page war der Meinung, es wäre vollkommen sinnlos gewesen, all diese wunderbaren Bauwerke zu zerstören, statt sie sinnvoll zu nutzen. Er brachte die Ansichten seiner Forschergeneration folgendermaßen auf den Punkt:

»Sollen wir etwa glauben, daß [die Mykener] alle anderen Paläste, die Städte fernab im Osten, die großen Villen und die Hafenanlagen in der Nachbarschaft von Knossos systematisch zerstörten? Doro Levi [Ausgräber von Phaistos] bezeichnet eine solche Theorie als ›Absurdität, die jede weitere Diskussion erübrigt‹. Das Beste, was man über diese Idee sagen kann, dürfte wohl sein, daß sie sehr unwahrscheinlich ist. Falls dies alles ist, was wir tun können, sollten wir uns wohl besser etwas anderem zuwenden.«

Manche Experten führen an, daß es selbst beim heutigen Stand der Waffentechnik nicht einfach wäre, eine Insel wie Kreta zu unterwerfen. Niemand behauptet freilich, daß es früher *einfach* gewesen sei – aber unmöglich war es auch nicht. Schließlich ging die Herrschaft über Kreta in historischer Zeit oft genug in andere Hände über.

Schon während der ersten Thera-Konferenz argumentierte der britische Prähistoriker Sinclair Hood, daß die minoische Kultur ihr Ende in einem Krieg fand. In Pyrgos an der Südostküste deutet die Errichtung massiver Mauern, eines Wachturms und großer Zisternen an, daß sich die Bevölkerung auf die Verteidigung ihrer Stadt vorbereitete. In Knossos, Gournia, Mochlos und Malia versteckten die Anwohner noch schnell wertvolle Bronzegefäße – ganz so, als drohte die Gefahr eines Raubüberfalls. Immer wieder wurden Anzeichen für Vandalismus entdeckt: Zerschmissene Vasen, Kultobjekte und Speichergefäße sind aus Malia, Myrtos, Zakros, Palaikastro und anderen Fundstätten bekannt. In Myrtos und Petras konzentrierten sich die Zerstörungen außerdem vor allem auf die Residenz des Fürsten. Alles deutet daraufhin, daß die Bevölkerung unter der heraufziehenden Gefahr eines Überfalls die Städte evakuierte und den vordringenden Angreifern überließ – etwa so, wie der planmäßige Rückzug der Bewohner von Moskau im Jahr 1812, der es Napoleon und seinen Soldaten ermöglichte, die Stadt niederzubrennen.

Colin Macdonald, der derzeitige Kurator der Knossos-Grabung, und der belgische Prähistoriker Jan Driessen heben hervor, daß das Inbrandsetzen der minoischen Städte keine leichte Arbeit war und kaum durch einen Zufall herbeigeführt wurde. Im Gegenteil, es verlangte sorgfältige Vorbereitungen: Türen mußten aufgebrochen werden, um Zugluft herbeizuführen, vielleicht mußte sogar Reisig ausgestreut werden, um das Feuer zu nähren. Die dicken Aschelagen in manchen Zerstörungsschichten könnten darauf hindeuten. – So wird das ganze Konzept der friedliebenden minoischen Zivilisation allmählich hinfällig, denn Beginn und Ende ihrer eigentlichen Blüte (1700-1450 v. Chr.) scheinen durch flächendeckende kriegerische Zerstörungen herbeigeführt worden zu sein.

Vielleicht betrachten die Prähistoriker in Zukunft die Entwicklung der minoischen Kultur häufiger als bisher im Zusammenhang mit den Ereignissen in anderen Regionen rund um das östliche Mittelmeer. Nicht nur Kreta erlebte um 2000, 1700, 1450 und 1200 v. Chr. Einschnitte in seine Kulturgeschichte. Im 20. Jh., als die älteren Paläste auf Kreta entstanden, kam es auch zur Neugründung vieler Städte im benachbarten Kleinasien. Zu diesen zählt unter anderen die sechste und bedeutendste Stadtanlage in Troja. Gleichzeitig nahm der Fernhandel zwischen den Mittelmeeranrainern erheblich zu. Das 15. Jh. brachte nicht nur das Ende für die jüngeren Paläste auf Kreta – auch das Alte Reich der Hethiter in Zentralkleinasien zerfiel um diese Zeit. Außerdem stellen Beginn und Ende der Älteren Paläste auch die chronologischen Eckpfeiler für die Entwicklung des mykenischen Griechenland dar. Nach 1700 v. Chr. manifestierte sich dort erstmals eine eigenständige Kultur und ab ca. 1450 v. Chr. die Palastkultur. Die Umbrüche auf Kreta finden also ihre Parallelen in den annähernd zeitgleichen und ähnlich weitreichenden Einschnitten im benachbarten Festland.

Weil Inseln geographisch so eindeutig begrenzt sind, neigt man dazu, sie auch politisch – oder archäologisch – als eigenständige Einheiten zu betrachten. Sie täuschen allerdings eine Isolation vor, die in dieser Form gar nicht besteht. Der israelische Archäologe Avner Raban hat einmal festgestellt, daß ein Transport zu Wasser um den Faktor dreißig müheloser ist als zu Land. Wolle man die wirtschaftlich relevanten Faktoren der Verteilung von Land und Meer proportional darstellen, müßte man die Wasserwege auf einer Karte also auf ein Dreißigstel ihrer Länge verkürzen. Kreta würde dann in unmittelbarer Nachbarschaft von Italien, Griechenland, der Türkei, Syrien, Palästina, Ägypten und Libyen liegen. – Möglicherweise ist die Erklärung für die Umstürze auf Kreta in einem dieser Länder zu finden.

Vor hundert Jahren, als Arthur Evans mit seinen Ausgrabungen in Knossos begann, waren die Parallelen zur Entwicklung in den Ländern rund um das Mittelmeer noch nicht ersichtlich. Aus Mangel an Kenntnissen blieb Evans praktisch nichts anderes übrig, als die Entwicklung der minoischen Zivilisation als eigenständig zu betrachten. Das einzige damals bereits archäologisch gründlich erforschte Land war Ägypten – und mit der ägyptischen Chronologie verknüpfte Evans denn auch die Entwicklung des minoischen Reiches. Unser Wissen über die prähistorischen Kulturen im östlichen Mittelmeerraum hat sich seither vervielfacht. Nun gilt es, die von den Pionieren eingeführten Theorien im Licht der neuen Erkenntnisse sorgfältig zu überprüfen. Es gibt heute keinen Grund mehr, die einfachen Erklärungsmodelle aus der Pionierzeit der Ägäischen Frühgeschichte noch länger aufrechtzuerhalten.

Klima: Machen Kapriolen Geschichte?

»Gelehrte sind Menschen, die sich von normalen Sterblichen durch die anerworbene Fähigkeit unterscheiden, sich an weitschweifigen und komplizierten Irrtümern zu ergötzen.«
Anatole France

Verursachten Klimawechsel die Wende um 1200 v. Chr.?

Neben Tsunamis, Ascheregen und Erdbeben gelten auch drastische Klimaveränderungen als mögliche Ursache für tiefgreifende Umwälzungen in der Kulturgeschichte. Vor allem das Ende des »heroischen« Zeitalters um 1200 v. Chr. haben Archäologen und Naturwissenschaftler mit Klimawechseln und Dürrekatastrophen zu erklären versucht. Diesen Gedanken äußerte schon W. Max Müller im vergangenen Jahrhundert in seinem Buch *Asien und Europa*. Er bezog sich auf eine ägyptische Tempelinschrift, die besagt, daß Pharao Merenptah Getreide nach Zentralkleinasien liefern mußte, nachdem dort die Ernte ausgefallen war. Große Popularität erlangte die Klima-These am Ende der 1960er Jahre – etwa gleichzeitig mit Marinatos' Katastrophenszenarien. Damals veröffentlichte der Archäologe Rhys Carpenter vom Bryn Mawr College in Pennsylvania ein einflußreiches Pamphlet, in dem er die These vertrat, daß Griechenland von einer sich über mehrere Jahrhunderte hinziehenden Dürre befallen wurde, die den spätbronzezeitlichen Gesellschaften die Wirtschafts- und Ernährungsgrundlage entzog und Völkerwanderungen großen Ausmaßes auslöste:

»Nach meinem Dafürhalten – nachdem ich mich viele Jahre lang mit diesem wohl größten ungelösten Problem der Mittelmeerarchäologie beschäftigt habe – gibt es nur eine Lösung, die alle Aspekte berücksichtigt, und diese Lösung heißt: Hungersnot – ein Rückgang in der Nahrungsmittelversorgung unter das Maß des Lebensnotwendigen.«

Carpenter macht geltend, daß es keine Anzeichen für äußere Angriffe auf die mykenische Gesellschaft gebe. Alles weise darauf hin, daß die mykenische Bevölkerung ihre angestammte Heimat auf dem Peloponnes freiwillig verließ, ja die Region geradezu evakuierte. Die eindeutigen, in vielen Siedlungen angetroffenen Hinweise auf eine gewaltsame Zerstörung interpretierte er als Plünderungen von Getreide- und Nahrungsmittellagern durch die ausgehungerte Bevölkerung. Als Folge dieser Unruhen – so Carpenter – stürzten fast alle Staaten um das östliche Mittelmeer in ein tiefes, kulturell dunkles Zeitalter, während dessen vielerorts die Schriftkenntnis und die gegliederte Gesellschaft verlorengingen. Laut Carpenter trat der Klimawechsel im östlichen Mittelmeerraum um 1200 v. Chr. ein und hielt bis 850 v. Chr. an:

»Mit Hungersnot meine ich nicht etwa das Ausbleiben der Ernte während einiger Jahre, sondern den katastrophalen Einbruch der jährlichen Produktion, wie ihn nur ein anhaltender Klimawechsel verursachen kann.«

Andere Wissenschaftler griffen die These vom Klimawechsel auf. Ihrer Ansicht nach basierte der Lebensunterhalt der mykenischen Kultur auf einer einseitig auf Getreide ausgerichteten Landwirtschaft, die gegen Mißernten äußerst empfindlich war, so daß gewaltsame Eingriffe oder eine Reihe von Ernteausfällen leicht zu Unruhen und Überfällen auf Nachbarstaaten geführt und so eine Eskalation ausgelöst haben könnten.

Während der vergangenen zwanzig Jahre gewann diese Theorie bei Wissenschaftlern in den USA und in Großbritannien als eine der populärsten Erklärungen für den Kultureinbruch um 1200 v. Chr. immer größere Bedeutung. Manche Forscher entwickelten die These noch weiter. Sie gehen nun davon aus, daß sich die Dürrekatastrophe von Griechenland über Kleinasien bis nach Syrien und Palästina auswirkte und schließlich auch Mesopotamien mit einbezog.

Welche dramatischen Auswirkungen selbst kurzfristige Dürren haben können, zeigt das Beispiel der türkischen Provinz Ankara im Jahr 1874. Damals starben dort 81 Prozent der Rinder und 97 Prozent der Schafe. Durch Todesfälle und Abwanderung halbierte sich die ursprüngliche Bevölkerungsdichte dieser Region innerhalb nur eines Jahres. Auch die antike Literatur enthält unzählige Hinweise auf Dürrekatastrophen, Ernteausfälle und Unwetter, die sich zu allen Zeiten der Kulturgeschichte und in allen bekannten Regionen der Welt ereigneten. Darunter befinden sich Beschreibungen von Dürren in den dunklen Jahrhunderten – der Zeit, auf die sich Carpenter bezog. Der griechische Geschichtsschreiber Herodot (1.94) erwähnte eine Hungersnot und Seuchen auf Kreta, die im Anschluß an den Trojanischen Krieg Mensch und Vieh auf Kreta hinwegrafften, bis das Land soweit verödet war, daß es von einer neuen Bevölkerung besiedelt werden konnte. Er beschrieb auch, wie eine große Dürre in dieser Zeit Lydien in Westkleinasien befiel, achtzehn Jahre anhielt und so die Bevölkerung dazu zwang, sich aufzuteilen und neue Regionen zu kolonialisieren:

»Zur Zeit des Königs Atys herrschte in ganz Lydien große Hungersnot. Anfangs ertrugen die Lyder sie geduldig, als sie aber immer fortdauerte, suchten sie Abhilfe, und jeder erdachte etwas anderes ... So lebten sie achtzehn Jahre lang. Als die Not aber nicht nachließ, sondern immer größer wurde, da schied der König das ganze lydische Volk in zwei Gruppen und ließ das Los entscheiden; die eine Hälfte sollte im Lande bleiben, die andere sollte auswandern. Der König selber trat mit auf die Seite derer, die bleiben mußten, und gab den Auswandernden seinen Sohn namens Tyrsenos mit. Da zog denn die Hälfte, die das Los zum Auswandern verurteilte, hinab nach Smyrna, baute dort Schiffe, belud sie mit allen nützlichen Gerätschaften und fuhr aus, Lebensunterhalt und Land zu suchen.«

Selbst die uns wohlbekannte kleine Insel Santorin blieb vom Schicksal nicht verschont: »Nun aber blieb sieben Jahre lang der Regen in Thera aus, und während dieser Jahre verdorrten alle Bäume auf der Insel mit Ausnahme eines einzigen«, schrieb Herodot (4.151). In der Bibel heißt es, eine Dürre trieb Abraham nach Ägypten – als Palästina wieder fruchtbar war, kehrte er zurück. Auch zu anderen Zeiten sandte Israel seine Kinder nach Ägypten, um dort Getreide zu holen.

In manchen Fällen manifestieren sich Klimaänderungen in geographischen Namen, die aus heutiger Sicht unpassend erscheinen. So bemühte sich der Norweger Floke Vilgerdson um 865, eine Siedlung auf Island zu errichten. Unglücklicherweise fiel dieser Versuch in eine kalte Epoche, so daß Vilgerdson sein Vorhaben in einem besonders kalten Winter aufgeben mußte. Das Land nannte er »Land des Eises« oder eben »Island«. 120 Jahre später, in einer relativ warmen Epoche, entdeckte Erik der Rote ein neues Land westlich von Island, das er wegen seiner blühenden Vegetation »Grünland« nannte. Klimaschwankungen sind also daran schuld, daß die Namen von Island und Grönland genau die umgekehrte Bedeutung dessen haben, was ihnen aus heutiger Sicht zusteht. Während der günstigen Klimaverhältnisse im elften Jahrhundert gelang es auch den Normannen, Nordamerika auf dem Seeweg über Grönland zu erreichen. Zwischen 1200 und 1400 n. Chr. kam es jedoch zu einer rapiden Klimaverschlechterung, die möglicherweise auch der Grund für die Aufgabe der normannischen Siedlungen auf Grönland war. Danach ließ sich die Nordroute nach Nordamerika wegen der massiven Treibeistätigkeit nicht mehr befahren.

Entdeckung und Erforschung des »Palasts von Nestor«

Als Rhys Carpenter seine These vom rapiden Klimawechsel zum Ende der Bronzezeit aufstellte, lagen aus Griechenland kaum Daten über das Paläoklima vor – bald darauf änderte sich diese Situation. Anfang der 1970er Jahre konnten neue Daten für die Rekonstruktion des Klimas aus der Region am äußersten Südwestzipfel von Griechenland gewonnen werden. In dieser Gegend soll Homer zufolge der Palast des weisen Königs Nestor gelegen haben, einer der führenden griechischen Aristokraten vor Troja. In Homers Werken erscheint er als angesehener, verdienter Staatsmann in fortgeschrittenem Alter. Daß sein Königreich mit neunzig Schiffen

Der rekonstruierte Vorhof des Palasts von Nestor

nach jenem des Anführers Agamemnon das größte nautische Kontingent in den Trojanischen Krieg entsandte, weist auf einen mächtigen Seehandelsstaat hin. Nachdem Troja, Mykene, Tiryns, Knossos und viele andere bronzezeitliche Paläste Ende des neunzehnten Jahrhunderts entdeckt und ausgegraben worden waren, richteten manche Archäologen ihr Augenmerk nach Westmessenien, wo der verschollene Palast von Nestor gelegen haben muß –

Linear B-Tafel

und wo noch heute verschiedene Städte den Namen des bronzezeitlichen Königreiches tragen: Pylos. Der homergläubige Heinrich Schliemann reiste als erster in die Gegend, um nach den Überresten des Königshauses zu suchen, doch er mußte unverrichteter Dinge wieder abziehen.

Dem amerikanischen Archäologen Carl Blegen gelang es schließlich, 1939 den Palast doch noch aufzuspüren – er lag weiter nördlich, als man ihn zunächst vermutet hatte. Da Blegen den Palast von Nestor unmittelbar vor dem Ausbruch des Zweiten Weltkriegs fand, verzögerte sich der Beginn der Ausgrabungen bis 1950. Dann allerdings stießen die Ausgräber bereits am ersten Tag ihrer Arbeiten auf das Palastarchiv mit insgesamt über 1200 mit mykenischer Schrift beschriebenen und erhaltenen Tontafeln. Sie standen als Beweis dafür, daß die Schreibkunst auf dem griechischen Festland schon in prähistorischer Zeit etabliert war.

Kurz nach der Veröffentlichung der Schrifttafeln von Pylos konnten die Texte auch entschlüsselt werden. Der britische Architekt Michael Ventris, Hobby-Kryptologe und im Zweiten Weltkrieg Dechiffrier-Experte, fand heraus, daß die sogenannte Linear B-Schrift der Tafeln einer frühen Form des Griechischen entspricht. Zwar enthielten die Texte nur Angaben über Steuern und andere Zahlungen an den Palast, doch gerade solche prosaischen Aufzeichnungen gewähren oft wertvolle Einblicke in die Organisation und Wirtschaftsstruktur eines Königreiches. Beim Studium der Texte stellte sich heraus, daß der Palast von Nestor Zentrum eines hierarchisch gegliederten und regional organisierten Systems verschiedener Gemeinden war – also ein früher Staat. In diesem Staat lebten etwa 50 000 Menschen in zwei Provinzen mit ungefähr 200 Siedlungen und kleinen Städten. Als der Palast von Nestor um 1200 v. Chr. in Flammen aufging, zerfielen Staatsstruktur und Organisation der Verwaltung gleichermaßen. Dieser Brand verfestigte aber auch die Tontafeln mit den Linear B-Texten, die offensichtlich nur für den temporären Gebrauch bestimmt waren und ohne das Feuer

Die ausgegrabenen Fundamente des Thronsaals im Palast von Nestor

längst zerfallen wären. Alle Linear B-Texte stammen folglich aus der Zeit kurz vor der Katastrophe. Die darin enthaltenen Wirtschaftsdaten belegen, daß der Palast bis zum Schluß über reichhaltige Nahrungsmittel verfügte und der Bevölkerung im Durchschnitt 128 Prozent des täglichen Kalorienbedarfs zur Verfügung standen. Die von Carpenter aufgestellte Hypothese eines hungernden mykenischen Volkes ist demzufolge unhaltbar.

Blütenstaub und Klimageschichte

Während Carl Blegen in den 1960er Jahren den Palast von Nestor noch auf althergebrachte Weise ausgrub, widmete sich bereits ein interdisziplinäres Forscherteam der Untersuchung des Lebensraums im Einzugsgebiet des Palasts und seiner Nutzung durch die bronzezeitliche Bevölkerung. Diese sogenannte »Messenien-Expedition der Universität von Minnesota«, nach der amerikanischen Originalbezeichnung kurz UMME genannt, bedeutete für die Methodenvielfalt der Ägäischen Frühgeschichte einen großen Schritt nach vorn.

Der rekonstruierte Thronsaal

Geographie, Geologie, Metallurgie, Bodenkunde, Agronomie, Botanik, Chemie, Archäologie, Geschichtswissenschaften und Linguistik – Fachleute all dieser Spezialgebiete trugen gemeinsam zur Rekonstruktion der bronzezeitlichen Landschaft bei.

Nach der Spezialisierungsphase in der ersten Hälfte des zwanzigsten Jahrhunderts hatte der rasche technologische Fortschritt nach dem Zweiten Weltkrieg eine erneute Annäherung zwischen Geologie und Archäologie bewirkt. Die geländeorientierten Forschungsdisziplinen innerhalb der Altertumskunde richteten sich technisch aus, und die Anzahl der Naturwissenschaftler bei Ausgrabungen stieg überdurchschnittlich an. Robert John Braidwood, ein amerikanischer Prähistoriker, der ein multidisziplinäres Forschungsprojekt im Nord-Irak durchführte, schlug 1957 zum ersten Mal vor, die gemeinsamen Anstrengungen zwischen Archäologen und Naturwissenschaftlern in einer neuen Disziplin zu vereinen. Der Begriff »Geoarchäologie«, unter dem dieser Zusammenschluß schließlich erfolgte, tauchte dann erstmals in der 1972 veröffentlichten 700seitigen Untersuchung mit dem Titel *Environment and Archaeology – An Ecological Approach* von Karl Butzer auf.

Die naturwissenschaftlichen Forschungen im Rahmen der UMME lieferten neue Informationen über die möglichen Auswirkungen von Klimaschwankungen auf die frühgeschichtlichen Gesellschaften. Weil Pflanzengemeinschaften empfindlich auf Klimaschwankungen reagieren, gibt die Vegetationsgeschichte auch die Klimageschichte wieder. Die Vegetation läßt sich somit als Indikator für die Rekonstruktion des Klimas in der Vergangenheit heranziehen. Hinweise auf die Zusammensetzung der ehemaligen Pflanzendecke können sich über Jahrtausende hinweg erhalten, weil Pflanzen Jahr für Jahr sehr große Mengen an Pollen und Sporen erzeugen, die durch Wind und Insekten verbreitet werden. Da die Morphologie der Pollen für jede Art charakteristisch ist, kann anhand der Pollen die ursprüngliche Pflanze identifiziert werden. Auf diese Art erzeugt jede Pflanzengemeinschaft eine bestimmte Mischung von Pollen, die fast so charakteristisch ist wie ein Fingerabdruck.

Als organisches Material zerfallen Pollen an der Luft, das heißt, sie werden chemisch zersetzt und von Mikroben zerfressen. In der Regel löst sich ein Pollenkorn nur wenige Wochen, nachdem es sich abgesetzt hat, bereits auf. Nun gibt es jedoch manche geologische Milieus, in denen diese Zersetzung unterbunden ist. In der Wüste zum Beispiel kommt es unter günstigen Umständen nicht zur Verwesung. Deswegen finden sich dort Sauriereier sogar mit erkennbaren Embryonen. Auch im Eis unterbindet die geringe Temperatur die Bewegung von Molekülen. Lebensmittel bleiben, wie wir alle wissen, im Gefrierfach frisch, und so ähnlich können auch ganze Mammute, oder Menschen, wie der »Ötzi«, mit Haut und Haaren konserviert werden. Schließlich bleiben organische Substanzen auch im sauerstoffreien Milieu von Mooren erhalten – deswegen findet man dort die nicht verwesten sogenannten Moorleichen.

Moore, Seen und Feuchtgebiete sind auch ideale Ablagerungsgebiete für Pollen. Unter günstigen Bedingungen können sie sich dort über Jahrtausende erhalten. Botaniker durchstoßen die pollenführenden Schichten mit speziellen Bohrgeräten, die auch die Feinschichtung der Sedimente erhalten. Der prozentuale Anteil der Pollen in den einzelnen Sedimenschichten gibt die sich verändernde Zusammensetzung der Pflanzendecke während der einzelnen Zeitabschnitte der Vergangenheit wieder.

Grundsätzlich sind für alle regionalen archäologischen Projekte genaue Analysen der Vegetationsgeschichte wünschenswert, aber in den regenarmen Mittelmeerländern kommen geeignete Feuchtgebiete nur selten vor. Man muß schon etwas Glück haben, um ein Untersuchungsareal mit Seen, Lagunen, Sümpfen oder Marschgebieten zu finden, die lange Zeit feucht geblieben sind.

Den UMME-Botanikern war dieses Glück beschieden, denn am Nordende der Bucht von Navarino befindet sich ein mehrere Kilometer breiter See, die sogenannte Osmanaga-Lagune. Aus den Sedimenten dieses Feuchtgebiets konnten sie Bohrkerne ziehen, in denen sich die Pollen über Jahrtausende hinweg erhalten hatten. Die Ergebnisse der Pollenuntersuchungen sorgten für eine Riesenüberraschung. Es stellte sich nämlich heraus, daß ausgerechnet während des sogenannten »dunklen« Zeitalters – zwischen 1100 und 700 v. Chr. –, in einer Zeit, da Westmessenien als nahezu menschenleer galt, der intensivste Olivenanbau erfolgte: Bis zu vierzig Prozent der Pollen aus dieser Zeit stammen von Oliven. Allein der Natur überlassen, hätten Oliven diese Dichte nicht erreichen können. In gewisser Hinsicht warfen die UMME-Ergebnisse also mehr Fragen auf, als sie beantworten konnten.

Die Bucht von Navarino

Das regionalarchäologische Projekt von Pylos

Dreißig Jahre nach der UMME entwickelt Jack Davis, Nachfolger Carl Blegens in Cincinnati, den Plan, die Umgebung des Palastes von Nestor noch einmal zu untersuchen – und zwar mit Hilfe der neuesten archäologischen und naturwissenschaftlichen Geländemethoden. Ziel des Projekts ist ein Vergleich der aus den Linear B-Texten gewonnenen Informationen über die Siedlungsstruktur im spätbronzezeitlichen Königreich von Pylos mit den noch vorhandenen Oberflächenfunden. Als Voraussetzung dafür muß ein etwa 250 Quadratkilometer großes Areal systematisch abgesucht werden. Die erforderliche Methode – der sogenannte »archäologische Survey« oder die »Begehung« – war anläßlich verschiedener Untersuchungen in Mittelamerika entwickelt und vor rund zwanzig Jahren erstmals auch in Griechenland angewandt worden. Jack Davis ist einer der Pioniere, die diese Methode vorantrieben.

Bei archäologischen Surveys wird die Oberfläche systematisch abgesucht.

Ziel eines solchen Survey ist es, Spuren ehemaliger Besiedlung, die sich heute noch an der Oberfläche befinden, zu registrieren und dann anhand der Gesamtheit aller Hinweise die Geschichte der Besiedlung zu rekonstruieren. Während der Geländebegehung streift eine Arbeitsgruppe von fünf oder sechs Personen im Abstand von zehn bis fünfzehn Metern nebeneinander durch Felder und Wiesen – den Blick stets auf den Boden gerichtet. Sobald sie ein überschaubares Gebiet abgesucht haben – oft entspricht es gerade einem Feld – kommen sie zusammen, um ihre Beobachtungen zu vergleichen und zu notieren. Unterwegs haben sie die wichtigsten Artefakte eingesammelt und alle gesichteten Scherben gezählt. In ihren Notizen halten sie fest, wie viele Gegenstände sie im jeweiligen Survey-Abschnitt gefunden haben. Nur die bedeutendsten Artefakte bringen sie ins Grabungshaus, wo sie sorgfältig bearbeitet und registriert werden.

Archäologische Oberflächenbegehungen haben viele Vorteile. Einer davon ist der Umstand, daß *alle* Spuren der vergangenen Besiedlung aufgezeichnet werden, also auch Bauernhöfe, Wachtürme, Schäferhütten, Müllhalden, Straßen und ähnliches. Außerdem liefert ein Survey Informationen über sämtliche Perioden der Besiedlung. Die Beteiligten notieren fünfzigtausend Jahre alte Steinwerkzeuge ebenso wie Schutzanlagen aus einem Krieg in jüngerer Zeit. Surveys zeigen somit auf, wie sich die ganze Bevölkerung in einem bestimmten Gebiet im Laufe der Zeit entwickelt hat. Im Hinblick auf die Organisation und Durchführung sind sie kostengünstig und flexibel; häufig können sie innerhalb von drei Jahren abgeschlossen werden.

Vergleicht man Oberflächenfunde jedoch mit Artefakten aus Ausgrabungen, sind erstere äußerst unattraktiv. Die spektakulären Objekte, die eine große Öffentlichkeit begeistern, finden sich nämlich kaum an der Oberfläche. Auch der Wert der bei einem Survey gewonnenen räumlichen Daten ist beschränkt. Falls das Untersuchungsgebiet nicht geographisch gut abgegrenzt ist, zum Beispiel durch ein Gebirge, besteht immer die Möglichkeit, daß sich eine wichtige Ortschaft unmittelbar außerhalb der gezogenen Grenzen befand. Und selbst innerhalb des untersuchten Areals liefert ein großer Teil der Fläche nicht die gewünschten Informationen. Manchmal sind bestimmte Teilgebiete nicht zugänglich, weil sie von der staatlichen Erlaubnis ausgeklammert wurden. Andere können nicht betreten werden, weil sie hoffnungslos dicht überwachsen sind, und wiederum andere sind überbaut, erodiert oder von jüngeren Sedimenten verdeckt. Berücksichtigt man all diese Faktoren, wird ersichtlich, daß nur ein geringer Teil der prähistorischen Oberfläche heute noch ungestört erhalten ist. Deswegen müssen Archäologen mit ihren Schlußfolgerungen vorsichtig sein. Trotz dieser Einwände sind Oberflächenbegehungen heute aus der Archäologie nicht mehr wegzudenken und stellen einen selbstverständlichen Bestandteil regionalarchäologischer Feldarbeiten dar.

Das von Jack Davis konzipierte Projekt in Pylos bietet die Möglichkeit, eine Landschaft und ihre historische Entwicklung unter optimalen Bedingungen archäologisch und naturwissenschaftlich nach dem heutigen Stand der Technik zu erforschen. Mit seiner Bitte an mich, bei diesem Projekt die Federführung für die naturwissenschaftlichen Beiträge zu übernehmen, ist natürlich auch die Frage verbunden, welche Methoden konkret zum Einsatz kommen und welche Experten wir zur Teilnahme an der Untersuchung einladen sollen. Die UMME-Daten hatten gezeigt, daß die Erhaltungsbedingungen in der Osmanaga-Lagune für Pollenanalysen geeignet sind. Damit steht fest, daß wir einen Botaniker engagieren müssen, um die Vegetationsgeschichte der letzten Jahrtausende möglichst vollständig ermitteln zu können.

Doch selbst wenn die Osmanaga-Lagune der beste Standort für Pollenuntersuchungen in ganz Südgriechenland wäre, löst dies noch nicht alle unsere Probleme. Die sorgfältige Bearbeitung eines Pollenkerns verlangt sehr viel Zeit – sie entspricht etwa dem für eine Doktorarbeit erforderlichen Aufwand. Dies hat zur Folge, daß Pollenkundler – oder »Palynologen«, wie ihre wissenschaftliche Bezeichnung lautet – erstens nahezu unbezahlbar und zweitens auf Jahre hinaus ausgelastet sind. Die Resultate der vegetationsgeschichtlichen Analyse sollten jedoch nach Möglichkeit eintreffen, bevor die Auswertung der archäologischen Funde erfolgt. Wie kann ich also zu einem hervorragenden, aber erschwinglichen Pollenkundler kommen, der obendrein noch freie Kapazitäten hat? Im Gespräch mit Jack Davis ziehe ich, was politische Kommentatoren im Fernsehen vielleicht »die russische Karte« nennen würden. Die Sowjetunion, die es 1991, zum Zeitpunkt unserer Planung, noch in vollem Umfang gibt, verfügt über gut ausgebildete, hochmotivierte Forscher in den traditionellen naturwissenschaflichen Disziplinen, und dazu zählt die Palynologie. Ich schlage daher vor, einen russischen Palynologen zu engagieren – auch, weil mir daran gelegen ist, neue Methoden und Ideen in die Forschung einzubringen, was am besten mit talentierten Nachwuchsforschern gelingt.

Jack Davis ist verblüfft. Die Idee einer Zusammenarbeit mit Fachleuten aus Moskau für archäologische Studien in Griechenland erscheint ihm höchst ungewöhnlich. Im Bereich Ägäische Frühgeschichte hat es das bis zu diesem Zeitpunkt nicht gegeben. Immerhin herrscht noch Kalter Krieg, und die letzten Jahre der Reagan-Ära sind von der geplanten Aufrüstung für »Star Wars« überschattet. Natürlich ist Jack klar, daß ich ihm einen so ungewöhnlichen Vorschlag kaum unterbreiten würde, ohne schon eine konkrete Person im Auge zu haben, die bereit und imstande wäre, die palynologischen Arbeiten zu übernehmen. Und so ist es auch. Drei Jahre zuvor hatte ich in Georgien während einer Konferenz in Tiflis den begabten Botaniker Sergei Yazvenko kennengelernt, der auf der Konferenz allerdings selbst keinen Vortrag gehalten hatte. So waren die Umstände, unter denen wir ins Gespräch kamen, recht merkwürdig. Den Konferenzteilnehmern war, mit dem Hinweis, daß es keine Möglichkeit zur Projektion geben würde, ausdrücklich untersagt worden, Dias mitzubringen. Natürlich hatte ich nicht vor, mutwillig gegen die Spielregeln zu verstoßen, da mein Vortrag jedoch von Satellitenbildinterpretation in der Geoarchäologie handelte und ich mir nicht vorstellen konnte, wie man dieses Thema nur mit Worten und Handbewegungen vermitteln sollte, steckte ich kurzerhand trotzdem einige Lichtbilder ein. In Tiflis fand sich dann auf meine Anfrage hin doch ein Projektor, wenn auch ein altertümliches Modell mit einer so schwachen Glühbirne, daß es kaum mehr als zwei Meter von der Leinwand entfernt stehen durfte. Problematischer war jedoch der Mangel an Steckdosen, von denen es im ganzen Saal nur eine gab. Also mußte die – tadellos funktionierende – Simultanübersetzungsanlage während meines Vortrags außer Kraft gesetzt werden, und die Übersetzerin auf die Bühne kommen, um jeden einzelnen Satz von mir ins Russische zu übertragen. Auch der Projektor befand sich natürlich auf der Bühne, und mein zukünftiger Fachmann, Sergei, den ich zu dem Zeitpunkt noch nicht kannte, übernahm die Rolle des Diaschiebers. So wurde mein Vortrag zu einer Art audiovisuellem Happening. – Am letzten Abend der Konferenz gelang es mir, der KGB-Agentin, die man mir in Gestalt einer rigorosen »Übersetzerin« aus dem Geologie-Ministerium zur Verfügung gestellt hatte, zu entkommen und den Abend gemeinsam mit den drei anderen ausländischen Konferenzteilnehmern und einigen unserer Gastgeber und Helfer zu verbringen. Bei dieser Gelegenheit fingen Sergei und ich an, Pläne für gemeinsame Projekte zu schmieden.

Die Geldgeber des Pylos-Projekts verlangen noch eine kurze schriftliche Begründung, warum diese amerikanisch-russische Gemeinschaftsoperation sinnvoll sei, aber schließlich gelingt es Jack, auch sie von unserer ungewöhnlichen Teamzusammensetzung zu überzeugen. 1992 ist Sergei bereits mit uns in Pylos und entfaltet sein ganzes Können. Wir ziehen die ersten Pollenkerne, deren Untersuchungsergebnisse inzwischen veröffentlicht sind, und noch im gleichen Jahr erhält er ein Stipendium aus Kanada, wo er seither lebt und arbeitet.

Sergei bringt tatsächlich frischen Wind in die Methodik und probiert neue Möglichkeiten zur Lösung notorischer Probleme der Palynologie aus. Eines davon ist der Umstand, daß bestimmte Pollentypen in den Proben häufig zu stark repräsentiert sind, andere dagegen so gut wie gar nicht, dies selbst dann, wenn die entsprechenden pollenproduzierenden Pflanzen in großer Anzahl auftreten. So findet man zum Beispiel neben einem Weinberg praktisch keine

Traubenpollen. Von einer Pollenprobe läßt sich also nicht ohne weiteres auf die ehemalige Vegetation schließen. Enthält eine Probe gleiche Anteile von Kiefer- und Eichenpollen, so heißt dies keineswegs, daß Kiefern und Eichen auch zu gleichen Teilen zur Vegetationsdecke beitragen. Um das Problem zu bewältigen, sucht Sergei verschiedene Vegetationsgemeinschaften in der heutigen Landschaft und steckt darin insgesamt 34 Areale von jeweils 25 x 25 Meter Größe ab. In diesen Einzelflächen zählt er jeweils die Gewächse der größeren Pflanzenarten, die Anzahl der kleineren Arten schätzt er. Anschließend entnimmt er der heutigen Oberfläche eine Pollenprobe, um zu sehen, in welchem Verhältnis die gegenwärtige Pflanzengemeinschaft im Pollenflug repräsentiert ist. Dabei stellt sich heraus, daß eine Pollenprobe mit vierzig Prozent Eichenpollen einer Vegetation mit vierzig Prozent Eichen entspricht, eine Pollenprobe mit vierzig Prozent Olivenpollen dagegen einer Vegetation mit nur zwanzig Prozent Olivenbäumen. Aufgrund dieser Proben kann Sergei mathematische Formeln entwickeln, mit denen sich annäherungsweise berechnen läßt, wie die Vegetation tatsächlich zusammengesetzt war.

Auch unsere Pollenbohrungen in der Osmanaga-Lagune sind von Erfolg gekrönt. Sergei liefert dem Pylos-Projekt eine durchgehende Vegetationsgeschichte der letzten 7000 Jahre. Wir erfahren, daß die messenischen Bauern Landwirtschaft bis ins 3. Jt. äußerst schonend betrieben. Solange die Bevölkerungsdichte gering war, konzentrierten sie sich auf die Böden in den fruchtbaren Talauen, die sich auch ohne Pflug bearbeiten ließen. Als sich die Bevölkerung in der Frühbronzezeit vergrößerte, mußten zusätzliche Nutzflächen geschaffen werden – es kam zur Entwaldung. Um 2000 v. Chr. waren die Kiefernwälder auf einen Bruchteil ihrer ursprünglichen Größe geschrumpft; zwischen 1600 und 1400 v. Chr. – also in der ersten Hälfte der mykenischen Epoche – verschwanden sie sogar vollständig. Auch die Häufigkeit der Laubeichen nahm um die Hälfte ab. Gleichzeitig breiteten sich Steppen- und Macchie-Arten aus, bis sie rund vierzig Prozent der Gesamtfläche bedeckten. Dieser plötzliche Vegetationswechsel weist auf massive Überweidung hin.

In der zweiten Hälfte der mykenischen Zeit – zwischen 1400 und 1200 v. Chr. – schlug die Situation um. Die Steppenvegetation, die sich vorher ausgebreitet hatte, wich wieder zurück; statt dessen nahmen Nutzpflanzen, darunter Oliven, zu. Außerdem tauchten

Sergei Yazvenko bei der Entnahme von Pollenbohrkernen aus der Osmanaga-Lagune

manche Pflanzenarten erstmals auf, zum Beispiel Roggen, Walnußbäume und Platanen. Gleichzeitig stabilisierten sich die Böden, so daß die Erosionsraten drastisch sanken. Die Landschaft wurde in dieser Zeit offenbar systematisch genutzt und vielleicht sogar mit Terrassen stabilisiert.

Nach dem Zusammenbruch der mykenischen Staaten um 1200 v. Chr. war die Region dann wie entvölkert. In den dunklen Jahrhunderten wies die Pflanzendecke den geringsten menschlichen Einfluß während der gesamten letzten viertausend Jahre auf. Erst vom 8. Jh. v. Chr. an stieg der Anteil der Oliven wieder - ein Anzeichen für die wachsende landwirtschaftliche Erschließung. Zwischen 500 und 100 v. Chr. erreichte die Olivenproduktion mit einem Flächenanteil von einem Viertel ihren Höhepunkt.

Die UMME-Botaniker hatten den Höhepunkt der Olivenproduktion jedoch mitten ins dunkle Zeitalter - zwischen 1100 und 700 v. Chr. - gelegt. Offenbar handelte es sich dabei um das Maximum, das in unseren Kernen erst ein halbes Jahrtausend später auftrat. Wir hatten unsere Radiokarbondatierungen jedoch wegen verschiedener Verzerrungseffekte korrigiert. Überträgt man diese Korrekturen auch auf die UMME-Daten, fällt deren Olivenmaximum ebenfalls in die klassisch-hellenistische Zeit. So hat ein kleiner methodischer Fehler dafür gesorgt, daß dreißig Jahre lang ein falscher Wert durch die Ägäische Frühgeschichte spukte - Messenien wurde keineswegs in den dunklen Jahrhunderten für intensiven Olivenanbau genutzt.

Klima oder Mensch?

Die botanischen Untersuchungen in Pylos haben keine Anzeichen für dramatische Klimaänderungen während der letzten fünftausend Jahre ergeben. Alle einschneidenden Veränderungen der Pflanzendecke stimmen zeitlich mit politischen und wirtschaftlichen Umwälzungen überein. Demnach bestimmte vor allem der Mensch das Aussehen der westmessenischen Landschaft. Carpenters Vorstellung einer jahrhundertelang anhaltenden Dürre ist in jeder Hinsicht widerlegt.

Rhys Carpenter hätte die Einwände gegen seine Theorie schon vor dreißig Jahren selbst erkennen können. Viele der zerstörten Städte enthielten nämlich Lebensmittelspeicher, die von den Angreifern unberührt blieben und verbrannten. Wertgegenstände und Edelmetalle waren dagegen weitgehend verschwunden oder versteckt. Außerdem hätte eine ausgehungerte Landbevölkerung kaum eine Chance gegen die gut ausgerüsteten und gestählten Berufsheere der Paläste gehabt. Vielleicht sind deswegen aus historischer Zeit keine Beispiele für großflächige Zerstörungen durch hungernde Teile der Bevölkerung bekannt. Proteste in Notzeiten waren und sind üblich, so zum Beispiel auch im alten Rom, nicht aber Invasionen oder Überfälle. Im Hinblick auf das Ende der Ägäischen Bronzezeit gilt es ohnehin, zwischen dem wirtschaftlichen und demographischen Einbruch und dem vollkommenen Verschwinden der mykenischen Kultur zu unterscheiden. Die ganzen hundert Jahre zwischen 1250 und 1150 v. Chr. war in der Ägäis eine Zeit großer Probleme, in der die einzelnen Zerstörungshorizonte in manchen Fundstätten lediglich Akzente setzen.

Immer wieder haben besonders trockene Jahre Auswanderungswellen ausgelöst. In Griechenland geschah dies zum Beispiel im 8. und 7. Jh. Ausschlaggebend war jedoch die damalige Bevölkerungsdichte, die bewirkte, daß das Land bereits ausgeschöpft war. Jegliche Wetterverschlechterung vergrößerte den Druck auf die Bevölkerung. Ähnlich zu verstehen sind die Beschreibungen von Dürrezeiten in der Bibel. Israel war nicht so dicht besiedelt wie Griechenland im 7. Jh., liegt aber direkt am Wüstenrand. Jede Wetterveränderung in diesem marginalen Klima mußte sich nachhaltig auf die landwirtschaftliche Produktion auswirken.

Im übrigen gilt für Klimaschwankungen und Dürren dasselbe wie für Erdbeben: In den vergangenen viertausend Jahren haben sich Tausende von Dürrekatastrophen, Unwettern und Sturmfluten ereignet – der deutsche Geograph Richard Hennig listete sie schon im Jahr 1904 auf –, aber keines dieser Ereignisse hat erwiesenermaßen einen tiefen kulturellen Einschnitt verursacht. Und selbst wenn ein solcher Kulturumbruch mit einer Klimaveränderung zeitlich übereinstimmen würde, müßten die beiden Vorgänge nicht notwendig in einem ursächlichen Zusammenhang gestanden haben.

Zum Abschluß der Betrachtung verschiedener Naturkatastrophen läßt sich zusammenfassend sagen, daß sich die Wechselbeziehungen zwischen den Kulturen der Vergangenheit und ihrem natürlichen Lebensraum nicht auf seltene, katastrophale Ereignisse beschränken. Die stark vereinfachten, monokausalen Erklärungsmodelle der Entdecker- und Patriarchengeneration von einst besitzen heute keine Gültigkeit mehr. Das Denken der großen Pioniere entsprang einer Zeit, als die Kenntnisse über die Evolution noch nicht zum Allgemeingut gehörten und die klassische Antike als eine wie aus dem Nichts entstandene Kultur betrachtet wurde. Zudem konnten die Pioniere ihre Hypothesen nur auf dem bereits bekannten Material aufbauen – und dieses war äußerst begrenzt. Es blieb ihnen also gar nichts anderes übrig, als nach einfachen Erklärungen zu suchen.

Heute stehen der Archäologie viel mehr Daten zur Verfügung, und es gibt auch ganz andere Techniken, um nach archäologischen Fundstätten zu suchen. Im zweiten Teil des Buches kommen deshalb die Methoden von einst und jetzt, vor allem aber auch die Ergebnisse der modernen interdisziplinären Archäologie, zur Sprache. In den Vordergrund der Betrachtung rücken dabei einerseits die Wechselbeziehungen zwischen Mensch und Landschaft und andererseits die gegenseitigen Anregungen zwischen den verschiedenen Kulturen.

Archäologische Forschung im einundzwanzigsten Jahrhundert

Techniken: Altertumskunde einst und jetzt

»Die Wissenschaft fängt eigentlich erst da an interessant zu werden, wo sie aufhört.«
Justus von Liebig

Nag Hammadi

Vierzehn Stunden hat meine Zugfahrt von Kairo in Richtung Süden gedauert, als ich endlich meinen Zielort erreiche: Nag Hammadi. Während der Zug langsam auf den Ort zurollt, erkundige ich mich drei-, viermal bei ägyptischen Mitreisenden, ob dies wirklich Nag Hammadi sei, denn keine Ortstafel deutet darauf hin. Schließlich öffne ich die Waggontür. Draußen liegt die seit Stunden fast unverändert erscheinende grüne Nilaue, eine Landschaft, die trotz völligen Fehlens von Niederschlägen durch großen Wasserreichtum geprägt ist. Soweit das Auge reicht, wächst Zuckerrohr. Dazwischen ragen Lehmziegelhäuser hervor, die jeder kräftige Sturm wegfegen würde – bloß gibt es hier keine Stürme.

Im Zug sitzen nur wenige Touristen. Eine junge Holländerin, deren spärliche Reisekleidung jedem Allah-fürchtigen Moslem als Lästerung erscheinen muß, sagt, als ich aussteigen will: »Du meine Güte, das ist ja das Ende der Welt.« Gefühlsmäßig muß ich ihr recht geben. Einen Bahnhof gibt es nicht, nur rostige Gleise, zerfallene Lehmhütten, Eselskarren und Staub. Ich habe Glück und finde einen alten Wagen mit dienstlosem Fahrer. »Aluminium«, sage ich. Er nickt. »Hotel Aluminium«, wiederhole ich. Er nickt noch einmal. Gemeinsam verfrachten wir den Rucksack im Kofferraum und machen uns auf den Weg.

In den 1960er Jahren, zur Zeit der engen Kontakte zur Sowjetunion, nutzte das Land am Nil die finanzielle und technische Hilfestellung der Russen für die Errichtung des Assuanstaudamms. Passend zum Wasserkraftwerk des Dammes erhielt Ägypten damals auch eine Aluminiumhütte gigantischen Ausmaßes. Der für die Aluminium-Herstellung notwendige Rohstoff Bauxit mußte allerdings vom anderen Ende der Welt – aus Australien – herantransportiert werden. Im Gästehotel dieser »Aluminium-City« in Nag Hammadi durfte sich schließlich eine kleine archäologische Forschungsgruppe unter der Leitung von Kathryn Bard aus Boston einquartieren.

Wir überqueren die Bahngleise, vorbei an einem erschöpften Esel, der sich abmüht, einen zweirädrigen Holzkarren über die Schienen zu zerren. Die Zuckerrohrladung entspricht etwa der fünfzigfachen Größe des Esels, und im Augenblick scheint dieser dem Herzversagen näher als der anderen Seite der Gleise.

Wenige hundert Meter weiter blockiert eines der typischen Peugeot-Taxis die rechte Fahrbahn. Die französische Okkupation von Nordafrika – und der arabische Sinn fürs Praktische – haben bewirkt, daß in diesem Teil der Welt fast nur eine Automarke vorkommt, wodurch die Ersatzteilbeschaffung völlig unproblematisch ist. Besagter Vertreter seiner Peugeot-Gattung war vor einiger Zeit in einen Frontalzusammenstoß verwickelt und steht – seither um die Hälfte verkürzt, aber ansonsten ordnungsgemäß in Fahrtrichtung ausgerichtet – mitten auf unserer Spur. Es sieht ganz so aus, als hätte keiner der Insassen überlebt. Wir fahren langsam um das Wrack herum, als sei nichts geschehen.

Nach einer Weile erreichen wir die Kontrollstelle am Eingang zur monströsen »Aluminium-City«. Die künstliche Industriestadt und ihr Gästehaus sind typische Vertreter rasch hochgezogener Zweckarchitektur der 1960er Jahre. Ohne jemals richtig vollendet worden zu sein, verfallen die Gebäude schon seit langem wieder. Trotzdem gilt die Fabrik als der sicherste und komfortabelste Ort in ganz Oberägypten, wie mir eine Ärztin am Züricher Tropeninstitut bei der prophylaktischen Hepatitis-Impfung beiläufig mitteilte.

Das archäologische Team harrt bereits seit sechs Wochen in dieser Einöde aus Wüste und Industrie aus. Dankbar begrüßen sie die Abwechslung, die mein Besuch mit sich bringt. Nach langen, bis weit in die Nacht dauernden Gesprächen mache ich mich am nächsten Morgen an die Arbeit: die Suche nach archäologischen Fundstellen. Seit Jahrtausenden hat sich die Besiedlung an der Nahtstelle zwischen dem grünen Niltal und der Sandwüste orientiert. Diese Nahtstelle ist so klar begrenzt, daß man ohne weiteres mit einem Bein im Tal und mit dem anderen in der Wüste stehen kann. In der Aue selbst finden sich kaum archäologische Relikte.

Falls es sie jemals gab, sind sie von den Schlammablagerungen des Nils begraben worden.

Am Wüstenrand hingegen liegen die archäologischen Fundstellen wie an einer Perlenschnur aneinandergereiht. In diesem Saum suchen wir nach einer 6000 Jahre alten Siedlung, auf die verstreute Kleinfunde und Friedhöfe hinweisen. Wegen der intensiven Nutzung des Grenzbereichs zwischen Wüste und Fluß sind die prähistorischen Schichten jedoch weitgehend zerstört. Und die archäologischen Fundstätten, die nicht im Laufe der Jahrtausende umgewühlt und verwüstet wurden, hat bereits der Ägyptologe Sir William Matthew Flinders Petrie in riesigen Schnellgrabungen freigelegt. Der englische Gentleman verbrachte seine Flitterwochen in dieser Gegend, und zwar damit, einen ägyptischen Friedhof auszugraben.

Abdel-Moneim Mahmoud, ein junger Geologe von der Universität in Kairo, begleitet mich am ersten Tag ins Gelände. Über eine Drehbrücke passieren wir den Nil, um auf der östlichen Talseite einige Kiesgruben zu inspizieren. Moneim kennt die Stratigraphie dieser Gegend von seiner Doktorarbeit her und gibt mir eine kleine Einführung in die Regionalgeologie.

Während unserer Rückfahrt werfe ich einen Blick auf die mit grobem Strich gezeichnete und arabisch beschriftete topographische Karte. An einer Stelle ist eine kleine Erhebung mitten in der Nilaue angedeutet. Auf diesem Hügel könnten sich Reste früherer Bebauung erhalten haben, ohne daß sie von Nilsedimenten überlagert wurden. Ohne Moneim meine Vermutung zu verraten, bitte ich ihn um einen kleinen Abstecher. Freundlich übersetzt er meine Richtungsanweisungen dem Fahrer. Wir legen mehrere Kilometer auf einem Sandweg durch unebenes Gelände zurück. Fern der einzigen Asphaltstraße in der Gegend gibt es nur noch Zuckerrohr und Bewässerungskanäle. Nur gelegentlich treffen wir auf eine Lehmhütte oder einen Eselskarren. Die Landschaft wird immer unwirtlicher und gespenstiger. Moneim und der Fahrer beginnen, sich über meine merkwürdigen Wünsche zu wundern. Schließlich erreichen wir ein kleines Dorf und halten mitten zwischen den Häusern an. Wenn Nag Hammadi noch nicht das Ende der Welt ist, dies ist es bestimmt. Sofort ist unser Wagen umringt von Einheimischen. Viele tragen Karabiner. In diesem Teil Ägyptens werden Fehden noch nach den Regeln der Blutrache ausgetragen.

Jemand kennt den Namen der Stelle, nach der ich suche. Der einzige Trecker im Ort, der wie gerufen gerade über den Platz fährt, wird angehalten. Ein Ortskundiger, Moneim und ich dürfen beim Fahrer aufsteigen. Nach etwa einem Kilometer Fahrt erreichen wir das nächste Dorf, das nur noch aus drei Gehöften besteht. Eines ist mit Flugzeugen und anderen Verkehrsmitteln bunt bemalt, um anzuzeigen, daß sein Besitzer auf Pilgerfahrt in Mekka war. Am Dorfeingang steht ein Ägypter mit einer vom Gebrauch deutlich gezeichneten Kalaschnikow AK-47. Der Fahrer erklärt ihm kurz, wonach wir suchen. Er nickt. Moneim und ich steigen vom Trecker ab und folgen dem Ortskundigen und dem Mann mit dem Maschinengewehr. Wir durchqueren ein drei Meter hohes Zuckerrohrfeld. Der Bauer ist barfuß und trägt nichts außer einem kurzen Schurz und seiner Maschinenpistole. Als ein paar Hunde uns laut bellend folgen, entsichert er sie und grinst.

Plötzlich sehe ich auf dem Pfad, wonach wir suchen: eine Tonscherbe – noch eine und noch eine. Hier gab es also tatsächlich eine Siedlung. Als wir die kleine Erhebung erreichen, halten wir Ausschau und entdecken die Reste eines römischen Forts. Marmorsäulen, Straßen, Befestigungsmauern – das meiste völlig überwachsen, aber in seinen Konturen deutlich erkennbar. Der Boden ist mit Marmor- und Keramikbruchstücken übersät. Sicher hat es noch nie einen Archäologen in diese Gegend verschlagen. Selbst die Einheimischen sind nun von der Bedeutung des Ortes überrascht. Der Mann mit der Waffe freut sich mit uns. Das Metropolitan Museum solle doch jetzt hier ausgraben, schlägt er vor – in der Hoffnung auf Arbeit und Lohn.

Als wir zum »Hotel Aluminium« zurückkehren und dem Rest des Teams von der Entdeckung erzählen, teilt niemand unsere Begeisterung. Drei- bis viertausend Jahre älter hätte die Fundstätte schon sein müssen.

Ägäische Frühgeschichte von einst

Mit Erfahrung, Glück und kleinen Tricks lassen sich manchmal in völlig unbekannten Gegenden bedeutende Funde machen. Die Pioniere der Ägäischen Frühgeschichte besaßen zweifellos eine gehörige Portion Spürsinn. Manchmal benötigten sie diesen jedoch gar nicht. In vielen Fällen wiesen nämlich Reiseführer bereits auf Fundstätten hin – bevor sie von der Wissenschaft entdeckt wurden. In römischer Zeit zogen Gelehrte durch Griechenland und suchten die Ruinen der antiken Städte und Tempel auf. Die von ihnen festgehaltenen Notizen und ihre Schriften blieben zum Teil bis heute erhalten. Im achtzehnten und neunzehnten Jahrhundert folgten dann Philhellenen und Militärkundschafter den Reiserouten ihrer Vorgänger aus der Antike. Diese frühen Reisenden notierten ihre Beobachtungen ebenfalls – und in vielen Fällen waren es diese Notizen, die die Archäologen später zu den Fundstätten führten.

Heinrich Schliemanns Ausgrabung in Mykene

Die Pioniere entdeckten allerdings auch unzählige Fundstätten, die von frühen Reisenden nicht erwähnt wurden. Der Palast von Nestor und viele Gräber in dessen Umgebung gehören zum Beispiel dazu. Wie war es ihnen aber möglich, diese Schätze ausfindig zu machen? Häufig haben Sie ganz einfach Kaffeehäuser auf dem Land aufgesucht, wo sich die Bauern am Nachmittag versammelten, und sich dort gezielt erkundigt, wo auf den Feldern Topfscherben zu finden seien. Wahrscheinlich zahlten sie auch dem einen oder anderen Einheimischen ein Trinkgeld, damit er sie zu den Fundplätzen führte. Als erfahrene Archäologen konnten sie aufgrund der Oberflächenfunde natürlich meist sofort beurteilen, ob eine Fundstätte eine Ausgrabung wert war oder nicht.

Die so entdeckten Fundstätten sind nun zum größten Teil geschützt. Häufig hat eine archäologische Gesellschaft das Land, auf dem sie sich befinden, gemietet oder gekauft, und anschließend einen Maschendrahtzaun errichten lassen, der die Grenzen des

Grundstücks markiert. Diese Zäune sind natürlich ein Segen – aber nicht nur. Sie implizieren nämlich auch, daß nur das Grundstück innerhalb des Zaunes wert ist, geschützt und erforscht zu werden. So richtete sich die Aufmerksamkeit der Archäologen lange Zeit ausschließlich auf den jeweils eingezäunten Bereich. Im Laufe der Jahrzehnte kommt es jedoch durch landwirtschaftliche Bewirtschaftung zu Abtragungen im Bereich außerhalb des Zaunes, wodurch archäologische Reste in der Umgebung verlorengehen und die Möglichkeiten nachfolgender Generationen, ihr Wissen über das Leben in der Vergangenheit zu erweitern, unter Umständen auf die eng umrissenen zentralen Bereiche der bekannten Fundstätten beschränkt bleiben.

Ausgrabungen in Tiryns 1907

Und selbst bei den Untersuchungen innerhalb des Zaunes stoßen die herkömmlichen Verfahren der Archäologie unweigerlich auf Probleme. Die Altertumskunde ist nämlich möglicherweise die einzige wissenschaftliche Disziplin, die von der Zerstörung ihres Beweismaterials lebt. Der Fundzusammenhang, in dem sich die Artefakte befinden, muß schließlich während der Ausgrabung aufgelöst werden – auch wenn dabei wichtige Informationen verlorengehen. Um diesen unvermeidlichen Schaden gering zu halten, bemühen sich die Archäologen seit langem, möglichst viele Aspekte des jeweiligen Umfelds detailgetreu festzuhalten. Das wiederum macht herkömmliche Ausgrabungen aufwendig – und teuer. Wer Gelder bewilligt, erwartet jedoch eine Rechtfertigung des Aufwands, und eine solche läßt sich am leichtesten durch spektakuläre Funde erbringen. Archäologen, die ihre Ausgrabungen auf herkömmliche Weise durchführen, sind deswegen praktisch gezwungen, Orte zu wählen, an denen spektakuläre Funde zu erwarten sind. Verständlich, daß sie Paläste, Tempel und Friedhöfe mit reichen Grabbeigaben vorziehen.

Ungeachtet der heute verfügbaren Technologien erwartet die Öffentlichkeit von der Archäologie, daß sie »Schätze« entdeckt – Anthony Snodgrass, Professor in Cambridge, hat ihre Rolle mit der einer Filmschönheit verglichen, die gern *ernste* Rollen spielen würde, während ihre Verehrer eigentlich nur darauf warten, daß sie sich auszieht. Als Folge dieses Zwangs zur Sensation wissen wir heute, nach über hundert Jahren wissenschaftlicher archäologischer Ausgrabungen, mehr über das Leben in den ehemaligen Palästen als über die Gesellschaft als Ganzes.

Am besten läßt sich verdeutlichen, wie die ursprünglich in der Altertumskunde gebräuchliche Vorgehensweise erweitert werden müßte, indem man sie auf die Untersuchung einer jüngeren Epoche überträgt. Auf ihre eigene Epoche bezogen, hätten die Archäologen des neunzehnten Jahrhunderts sich dann im wesentlichen auf die Villen der Industriemagnate beschränkt, in den prunkvollen Residenzen großzügige Architektur, farbenfrohe Gemälde und wunderschön verarbeitete Möbel und Kunstgegenstände vorgefunden, die wirtschaftliche Basis der Gesellschaft und die Gesellschaft als Ganzes jedoch nicht erfaßt. Um ein genaueres Bild der Funktion führender Persönlichkeiten einer Gesellschaft zu erhalten, wären ein größeres Gebiet und weitere Aspekte in Betracht zu ziehen. Für das neunzehnte Jahrhundert hieße dies, daß man zumindest auch die Fabriken kennen müßte, von denen der Reichtum des Geldadels herrührte. Die Maschinen in diesen Fabriken würden den Stand der Technik und die verarbeiteten Rohstoffe und Endprodukte Bedarf und Geschmack der Zeit widerspiegeln. Aus dem Straßennetz, den Schulen, Kirchen, Friedhöfen und Erholungsgebieten würden darüber hinaus die ehemalige Stadtplanung und der allgemeine kulturelle Standard ersichtlich.

Früher interessierten sich die Archäologen jedoch kaum für die Infrastrukturen der vergangenen Gesellschaften. Sie richteten ihr Hauptaugenmerk auf die Bearbeitung der Artefakte. Während einer Ausgrabung müssen Tausende von Keramikfragmenten gesäubert, beschriftet, bestimmt, katalogisiert, gezeichnet und fotografiert werden. Dies erfordert Zeit – viel Zeit. Archäologische Ausgrabungen gehören daher zu den längsten wissenschaftlichen Untersuchungen überhaupt. Die Arbeiten in Olympia zum Beispiel begannen vor fast 140 Jahren und dauern noch heute an. Da der Aufarbeitung der Keramik soviel Zeit eingeräumt und ein so hoher Stellenwert beigemessen wird, könnte man geneigt sein, diese Aufgabe als den Hauptteil der wissenschaftlichen Erforschung zu betrachten. In Wirklichkeit sollte die Keramik jedoch lediglich als Instrument dienen, das uns den Zugang zur Vergangenheit erst ermöglicht. Die eigentliche wissenschaftliche Arbeit müßte in den Schlüssen bestehen, die aus den Funden gezogen werden. Die Verbreitung der Keramik allein kann allerdings kaum die Information liefern, die sich die Archäologie wünscht, da Scherben nun einmal nicht die ehemaligen Gesellschaften reflektieren – und schon gar nicht die epochalen Ereignisse, die den Gang der Geschichte bestimmen. »Könige kommen und gehen«, bemerkte eine Archäologin, »aber Töpfe bleiben.«

So, wie es abwegig erscheinen muß, den jüngsten Krieg in Bosnien mit Hilfe zerbrochener Schüsseln rekonstruieren und begreiflich machen zu wollen, so unmöglich ist es, ausschließlich mit Hilfe der Keramik-Typologie Ereignisse, die vor einigen tausend Jahren geschehen sind, verständlich zu machen.

Aspekte der Gelände-Archäologie von heute

Heute sind die äußeren Bedingungen für die archäologische Feldforschung in mancherlei Hinsicht weniger vorteilhaft als früher. In Ländern wie Albanien, Algerien, Ägypten, Libyen oder Syrien sind archäologische Feldarbeiten – wenn überhaupt – häufig nur mit bewaffneten Bewachern möglich. Viele Universitätslehrer möchten ihre Studenten und sich selbst nicht gefährden und wählen sicherere Staaten für ihre Forschungen. Aber selbst in manchen Mitglieds staaten der Europäischen Union gibt es Hemmnisse für Fachleute, die Ausgrabungen im herkömmlichen Sinne erschweren. Die Erforschung der seit langem bekannten und geschützten Fundstätten steht nur wenigen offen. Die Arbeitserlaubnis für Ausgrabungen in Griechenland teilen sich ein Dutzend verschiedene Nationen, die alle

– von Dänemark bis Australien – mit einer eigenen Vertretung in Athen repräsentiert sind. Der einfachste und in manchen Fällen einzige begehbare Weg, eine Grabung vorzunehmen, besteht darin, eine Fundstelle, die von Angehörigen der eigenen Nation bereits vor langer Zeit archäologisch bearbeitet wurde, erneut auszugraben. So wird die Forschungsarbeit auf die wenigen Orte beschränkt, wo Landsleute schon vor fünfzig oder hundert Jahren gegraben haben. Und da die Auswahl der Orte nicht ausschließlich auf wissenschaftlichen Argumenten beruht, läuft die Archäologie Gefahr, das alte Vorurteil weiter zu untermauern, wonach ihr ganzer Sinn die Bergung von Artefakten sei – und weniger die Beantwortung von Fragen.

Heutzutage werden Archäologen von der Landbevölkerung auch nicht mehr nur freundlich empfangen. Gelegentlich treten ihnen Bauern mit Flinten entgegen – und manchmal benutzen sie diese sogar. Gleichzeitig werden viele archäologische Fundstätten durch illegale Raubgrabungen geplündert – und unzählige andere durch Planierraupen und Tiefpflüge zerstört. Während des Pylos-Projekts begleitete ich eines der Survey-Teams über eine ungeschützte Fundstätte, die im nächsten Augenblick von einem gigantischen Erdbeweger plattgewalzt wurde. Der Bürgermeister des Ortes kam hinzu und schrie uns – nicht etwa dem Bulldozerfahrer – zu: »Verschwinden Sie! Dies ist eine archäologische Fundstätte. Wenn Sie nicht abhauen, werde ich den archäologischen Dienst verständigen!« Letzteres war jedoch nicht nötig, denn die offizielle Vertreterin des archäologischen Dienstes war Mitglied unseres Teams.

Eine andere griechische Archäologin gestand mir, daß sie manchmal nahe daran ist, ihren Beruf aufzugeben, weil so viele Fundstätten mutwillig zerstört werden. Seit der Zeit der großen Pioniere der Ägäischen Frühgeschichte haben die Leute auf dem Land gelernt, daß archäologische Reste auf ihren Feldern kein Segen, sondern eher eine Strafe sind. Die Entdeckung einer Fundstätte auf einem Baugrundstück führt unweigerlich zu Verzögerungen des Bauvorhabens, zu zusätzlichen Kosten und möglicherweise sogar zur Enteignung. Also sorgen die Bauern dafür, daß es auf ihren Grundstücken nichts mehr zu entdecken gibt. – Wer auch immer diese Politik eingeführt hat, kann sich keine Vorstellung von dem Schaden machen, den sie angerichtet hat.

Geländearbeiten von morgen

Weil es so schwierig ist, die Erlaubnis, sowie die nötigen Mittel für eine Ausgrabung im herkömmlichen Stil zu erhalten, aber auch wegen der begrenzten Aussagefähigkeit der Funde einer Ausgrabung, wenden sich immer mehr – vor allem junge – Archäologen neuen Techniken zu, die es ermöglichen, größere Gebiete auf Fundstätten hin abzusuchen.

Vor allem der Survey – die Oberflächenbegehung, die ich beim Pylos-Projekt vorgestellt habe –, kommt immer häufiger zur Anwendung. Allein in Griechenland finden zur Zeit etwa zwei Dutzend Projekte dieser Art statt. Surveys verursachen geringere Kosten als Ausgrabungen, und sie erfordern in der Regel auch viel weniger Zeit. Die meisten Projekte sind, wie gesagt, bereits nach drei Jahren abgeschlossen. Surveys liefern also nicht nur Informationen über große Zeitspannen der Kulturgeschichte und über relativ große Gebiete, sie liefern diese Informationen auch recht schnell.

Surveys und Ausgrabungen lassen sich gut kombinieren, so daß sowohl hochauflösende Detailstudien wie auch überregionale Untersuchungen gleichzeitig durchgeführt werden können. Die Gelände-Archäologie erfaßt mittels eines Surveys zunächst die gesamten Fundstätten einer Region und erforscht anschließend die wichtigsten Plätze im Rahmen einer Ausgrabung noch genauer. Diese Art Ineinanderschachtelung von Untersuchungsgebieten unterschiedlicher Größe mit verschiedenen Methoden ließe sich fortsetzen – nach dem Prinzip der russischen Puppe oder eines zusammenschiebbaren Teleskops. Den äußersten Rahmen einer regionalarchäologischen Untersuchung definiert in diesem Fall das Gebiet, mit dem sich die Projektbeteiligten im Rahmen ihrer Literaturrecherchen beschäftigen. Dieser Bereich sollte möglichst groß gewählt werden. Handelt es sich bei dem Untersuchungsgebiet um eine Insel, wäre es wünschenswert, auch das umliegende Festland in die Literaturrecherche einzubeziehen.

Innerhalb dieser großen, von der Literaturrecherche erfaßten Fläche wird ein kleinerer Bereich gewählt, in der Regel einige hundert Quadratkilometer. Dabei sollte es sich um eine archäologisch interessante, durch topographische Grenzen definierte Landschaft handeln. Innerhalb dieses Gebietes werden die bereits bekannten archäologischen Fundstätten aufgesucht und in einer einheitlichen Form erfaßt und beschrieben. Der fachsprachliche Begriff für diese Technik lautet »extensiver Survey«. Abgesehen von den bereits bekannten Fundstätten werden stichprobenartig auch bestimmte Stellen aufgesucht, die für eine Besiedlung überdurchschnittlich geeignet erscheinen. So läßt sich mit geringem Aufwand ein allgemeines, wenn auch nicht lückenloses Bild der Besiedlung gewinnen.

Der »intensive Survey«, also das *flächendeckende* Absuchen nach archäologischen Fundstätten, erfolgt in einem dritten, noch enger definierten Bereich. Die an der Oberfläche noch vorhandenen architektonischen Reste und Artefakte werden dabei durch systematische und engmaschige Begehung erfaßt. Und schließlich helfen die Ergebnisse des intensiven Surveys, die zentralen Bereiche der Untersuchung festzulegen, in denen anschließend Ausgrabungen stattfinden könnten.

Organisation und Voraussetzungen für die Arbeit

Archäologische Feldarbeiten werden heutzutage von einem ganzen Stab von Naturwissenschaftlern begleitet – bei manchen Projekten übersteigt deren Zahl sogar die der eigentlichen Archäologen. »Die Naturwissenschaft wird überhaupt der Schlüssel zu neuen Erkenntnissen in der Archäologie sein«, sagt der Archäobiologe Hans-Peter Uerpmann aus München. Mit Hilfe der Geo- und Biochemie läßt sich heute ermitteln, ob in vorgeschichtlichen Kochtöpfen Milch, Olivenöl oder tierische Fette verarbeitet wurden. Anhand von Spurenelementen kann man die Herkunft von Rohstoffen bestimmen. Fingerabdrücke auf Gefäßen ermöglichen es, ethnische Gruppen zu identifizieren, und selbst das Erbmaterial der Menschen von einst läßt sich aus Haaren und Hautschuppen rekonstruieren. Diese Art der chemischen und physikalischen Messungen an Artefakten bezeichnet man als »Archäometrie« – eine Forschungsrichtung, in der Deutschland international führend ist.

Beschäftigen sich die naturwissenschaftlichen Studien nicht mehr mit einzelnen Fundobjekten, sondern mit einer ganzen Landschaft, so spricht man von »Geoarchäologie«. In dieser Disziplin bildet Deutschland eher das Schlußlicht. Die Kluft zum Wissensstand in anderen Ländern ist so groß, daß manche Archäologen den

Eindruck hatten, es gäbe gar keine Geoarchäologie. Als ich mich vor sechzehn Jahren für dieses Thema zu interessieren begann, mußte ich an einer Universität in den USA weiterstudieren – heute sähe es leider noch genauso aus. Aufgrund des Standards, den internationale archäologische Projekte setzen, ist allerdings zu erwarten, daß die Geoarchäologie demnächst auch in Deutschland aktiver betrieben wird.

Im Laufe der Jahre haben sich einige Grundregeln herauskristallisiert, die sich bei der Vorbereitung und in der Logistik geoarchäologischer Projekte als hilfreich erwiesen haben. Ich möchte sie an dieser Stelle kurz aufführen, denn sie tragen dazu bei, das Engagement der Naturwissenschaftler bei regionalarchäologischen Projekten so effizient wie möglich zu nutzen.

Am Anfang jeder wissenschaftlichen Untersuchung sollte ein Problem stehen, das einer Untersuchung würdig ist. So trivial dies klingt, wird doch nur bei wenigen wissenschaftlichen Projekten, Veröffentlichungen und Vorträgen deutlich genug hervorgehoben, aus welchem Anlaß sie überhaupt zustandekamen. Besonders hilfreich kann es sein, die grundlegenden Zielsetzungen aufzuschreiben oder sogar in Form einer Projektskizze zu veröffentlichen – am besten noch bevor das Projekt begonnen hat. Mit Hilfe dieser Veröffentlichung lassen sich Ziele, Methoden und Umfang eines Projekts schnell und verbindlich vermitteln. Und genau dies ist erforderlich, wenn man die Zahl der direkt und indirekt beteiligten Personen – Behörden, Geldgeber und Forschungsinstitute – bedenkt.

Die gesteckten Ziele sind für den weiteren Verlauf des Projekts von entscheidender Bedeutung. Sie bestimmen die Wahl der Methoden, die Dauer der Arbeiten, die Höhe der Ausgaben und die Art der Spezialisten, die für das Projekt hinzugezogen werden. Spätere Veröffentlichungen sollten sich auf die ursprünglichen Ziele berufen und darüber berichten, wie weit ihnen das Projekt nähergerückt ist.

Natürlich werden die meisten Forschungsprojekte unerwartete Ergebnisse herbeiführen, die sogar über die ursprünglichen Ziele hinausgehen. Genau das macht ja die Wissenschaft so spannend. Während man sich auf eine definierte Aufgabe konzentriert, stößt man – mehr oder weniger zufällig – auf überraschende Entdeckungen, die möglicherweise von größerer Bedeutung sind als die ursprünglich anvisierten Ziele. Das Wort »Zufall« trifft allerdings nicht ganz den Kern der Sache. Diese Durchbrüche ereignen sich im

Grunde eben nicht rein zufällig, sondern dann, wenn die richtigen Leute am richtigen Ort zur richtigen Zeit den richtigen Fragen nachgehen. Jemand sucht nach einer Seehandelsroute nach Indien und findet einen unbekannten Kontinent. Entdeckungen dieser Art von vornherein voraussagen zu wollen wäre überheblich – aber das sollte uns nicht davon abhalten, sie stillschweigend anzustreben.

Der zweite Schritt gilt der Wahl des Untersuchungsgebietes. Die heute gebräuchliche Praxis bei der Vergabe einer archäologischen Arbeitserlaubnis macht die genaue Abgrenzung des Untersuchungsgebietes unumgänglich – sie sorgt aber auch häufig dafür, daß die Reihenfolge der Punkte 1 und 2 vertauscht wird. In den meisten Fällen bietet sich nämlich eine Fundstätte an, für die eine Arbeitserlaubnis möglicherweise zu erhalten wäre, und dann erst wird über Fragestellungen nachgedacht, die durch Untersuchungen an diesem Ort beantwortet werden könnten. Ein streng wissenschaftlicher Ansatz beginnt jedoch mit der Fragestellung. Vielleicht gelingt es einflußreichen Archäologen in der Zukunft, die für die Vergabe Verantwortlichen von diesem Prinzip zu überzeugen?

Es versteht sich von selbst, daß das Untersuchungsgebiet die Elemente enthalten muß, die für die Beantwortung der ursprünglichen Fragestellung zentral sind. In aller Regel zählt dazu unter anderem fruchtbares Ackerland, das zu allen Zeiten Siedler angezogen haben dürfte. Außerdem sollte die gewählte Region geographisch gut begrenzt sein. Auch die Größe des zu bearbeitenden Gebietes ist von entscheidender Bedeutung. Fällt es zu klein aus – wie die meisten eingezäunten archäologischen Fundstätten –, werden die Vororte und das Hinterland von dem Forschungsprojekt nicht erfaßt. Fällt das Untersuchungsgebiet allerdings zu groß aus, wird das Projekt undurchführbar. Erfahrungen zeigen, daß ein möglichst quadratisches oder rechteckiges Untersuchungsgebiet mit Seitenlängen zwischen 5 und 25 Kilometern gute Voraussetzungen bietet.

Anschließend gilt es, alle nur erdenklichen Informationen über das betreffende Untersuchungsgebiet zu sammeln. Dazu zählen jegliche Hinweise und Beschreibungen in der antiken Literatur, die Berichte der frühen Reisenden, die im achtzehnten und neunzehnten Jahrhundert durch die Gegend zogen, und natürlich alle vorherigen archäologischen, geologischen, geographischen und botanischen Untersuchungen. Auch Angaben über das Klima und hydrologische

Daten sind hilfreich, ebenso Aufzeichnungen über Erdbeben und häufig auch Informationen über die gegenwärtige landwirtschaftliche Produktion. Während dieser frühen Phase der Untersuchung dient dieses Material als Anker, an dem sich das noch formlose Projekt halten kann.

Ebenfalls noch vor Beginn der eigentlichen Geländeuntersuchung erfolgt die Erstellung einer topographischen Karte, die sich als Basis für die späteren Arbeiten verwenden läßt. Heutzutage geschieht dies mit Hilfe von Geographischen Informationssystemen (GIS), mit denen sich das Untersuchungsgebiet aus verschiedenen Blickwinkeln dreidimensional darstellen läßt. Deren eigentlicher Sinn besteht jedoch darin, alle landschaftsbezogenen Daten, darunter zum Beispiel auch die Ergebnisse der Surveys, digital zu speichern. Später können diese Daten nach den verschiedensten Gesichtspunkten abgerufen und ausgewertet werden. Aufnahmen aus der Vogelperspektive und Satellitenbilder sowie bereits vorhandene topographische Karten helfen schließlich, das angestrebte Modell zu vervollständigen.

Bevor die einzelnen Geländearbeiten in Angriff genommen werden, sollte das Leitungsteam das Gebiet inspiziert haben. Diese Anfangsuntersuchung dient drei Hauptzielen. Zunächst ist natürlich zu klären, ob sich das vorgesehene Gebiet überhaupt zur Beantwortung der Fragestellung eignet. Zweitens gilt es herauszufinden, welche Methoden in der ausgewählten Landschaft zum Einsatz kommen könnten. Und drittens müssen logistische Abklärungen vorgenommen werden. Dazu zählen die Wahl der Unterkünfte, die Organisation der Autovermietung, Versorgung und Einrichtung provisorischer Büros sowie der Magazine. Außerdem ist die erste Geländebegehung eine gute Gelegenheit, Arbeitshypothesen zu formulieren, die bei der Gestaltung der Projektskizzen dienlich sind.

Vergleicht man die Arbeit eines Geoarchäologen mit der eines Detektivs, entspräche die Pilotsaison dem Stadium, in dem die erste Liste der Tatverdächtigen erstellt wird. Zu Beginn kann diese Liste sehr lang sein, aber sie verkürzt sich rasch. Ein Ausgrabungsteam, das naturwissenschaftliche Fachleute zu einem Projekt einlädt, hofft natürlich, so bald wie möglich sachverständigen Rat zu ganz konkreten Problemen zu erhalten. Die Naturwissenschaftler sind zunächst jedoch in den meisten Fällen zurückhaltend, wenn es darum geht, Arbeitshypothesen zu formulieren. Oft schließen sich verschiedene Möglichkeiten nämlich gegenseitig aus. Für Außenstehende ist es jedoch besonders verwirrend, wenn sich ein Naturwissenschaftler selbst widerspricht, ist doch die Ansicht, die Naturwissenschaften seien so klar definiert wie die Gesetze der Mechanik, immer noch weit verbreitet. Zumindest für die Geowissenschaften läßt sich aber sagen, daß sie eher eine Mischung aus strengen Regeln und freien Überlegungen darstellen.

Eine umfassende archäologische Untersuchung bezieht häufig Dutzende von Fachleuten aus verschiedenen Disziplinen und Ländern mit ein. Diese Experten verlangen klare Aufgabenstellungen. Überschaubarkeit dürfte zu den Grundvoraussetzungen für möglichen Erfolg gehören. Die Ziele, Methoden und vorläufigen Ergebnisse sollten jedem der Beteiligten jederzeit bekannt und präsent sein.

In die Kategorie »Überschaubarkeit« fällt auch die Form des Untersuchungsgebietes. Wenn irgend möglich, wird ein Rechteck angestrebt, das leicht zu unterteilen und auf Karten in verschiedenen Maßstäben darstellbar ist. Auch im Hinblick auf die Hierarchie unter den Beteiligten drängt sich Klarheit auf; was natürlich nicht heißt, daß in der Pyramide einfach das Althergebrachte zum Zuge kommt, also der »Ausgrabungsdirektor«, der – wie bei den früheren Grabungen großen Stils üblich – für alle wissenschaftlichen und technischen Belange allein zuständig ist – dies würde nämlich bedeuten, daß von der Auswahl der Beteiligten bis zu der sämtlicher Verbrauchsmaterialien alle wichtigen Entscheidungen von einer einzigen Person getroffen würden. Die Erfahrung hat vielmehr gezeigt, daß ein verzweigtes System mit mehreren Verantwortlichen effizienter ist. Diese sind jeweils für Einzelaspekte des Projekts zuständig. Beim Pylos-Projekt gab es fünf Koleiter: jeweils einen für die Bearbeitung der prähistorischen und historischen Epochen, für die Begehung, für die Aufarbeitung der Artefakte und für naturwissenschaftliche Beiträge.

Im Gegensatz zu anderen naturwissenschaftlichen Disziplinen verfügt die Geoarchäologie nicht über ein Standardrepertoire an Methoden. Während die meisten Wissenschaftler darauf spezialisiert sind, eine bestimmte Methode an vielen Orten anzuwenden, beschäftigt sich die Geoarchäologie mit einem Ort und hat viele Methoden zur Verfügung – Methoden, die größtenteils in anderen Disziplinen etabliert sind. Zur Erforschung einer Landschaft stehen unzählige Werkzeuge und Vorgehensweisen bereit – und da jede Landschaft für sich genommen einmalig ist, verlangt jedes Gebiet eine unterschiedliche Kombination dieser Mittel. Zu entscheiden, welche Methoden für ein bestimmtes Gebiet am besten geeignet sind, ist in der Geoarchäologie der halbe Weg zum Erfolg.

Die Arbeitshypothesen sind eine wichtige Hilfe bei der Wahl der Methoden. So sind zum Beispiel in einer Landschaft, in der große Gebiete mit jungen Auelehm-Ablagerungen bedeckt sind, Bohrungen notwendig, um festzustellen, was sich unter dem Schwemmland befindet. Eine Landschaft, die stark erodiert ist, sollte dagegen von Bodenkundlern untersucht werden. Sie können feststellen, wieviel der ursprünglichen Oberfläche verlorengegangen ist.

Ideal wäre es natürlich, jeweils alle Methoden, die wichtig sind, um eine Landschaftsrekonstruktion durchzuführen, auch tatsächlich anzuwenden. Leider ist dies nicht immer möglich. Manchmal stellen die an einem archäologischen Projekt beteiligten Naturwissenschaftler – aus Kosten- oder anderen Gründen – nur eine mehr oder weniger zufällige Auswahl dar, so daß wichtige Aspekte außer acht bleiben.

Die Techniken müssen nicht nur im Hinblick auf die Beschaffenheit des Untersuchungsgebietes geeignet sein, sie müssen auch den Zielen der Untersuchung gerecht werden. Während man zu vermeiden versucht, nicht genügend verschiedene Methoden anzuwenden, muß man auch gleichzeitig darauf achten, sich nicht zu verzetteln – oft eine Gratwanderung. Manche spektakulären Techniken, die gerade in Mode sind, leisten vielleicht gar keinen sinnvollen Beitrag zur Beantwortung der ursprünglichen Fragen, so daß man ohne weiteres auf sie verzichten kann. Zum Beispiel wäre es sinnlos, in einem Erosionsgebiet bodendurchdringende Fernerkundungstechniken einzusetzen, um nach verschütteten architektonischen Resten zu suchen. Ebenso sinnlos ist es, mit niedrig auflösenden Satellitenbildern nach kleinen Strukturen wie Gräbern zu suchen.

Nur die Zusammenarbeit mit hochqualifizierten Fachleuten gewährleistet, daß der Forschungsstandard dem gegenwärtigen Stand der Kenntnis und Technologie entspricht. Wenn ein kundiger Geophysiker mit den empfindlichsten Instrumenten keine künstlichen Strukturen im Untergrund aufspüren kann, erübrigt sich jede weitere Suche. Käme jemand mit einem einfachen – oder sogar dem falschen – Gerät zu den gleichen Ergebnissen, ist nicht sicher, ob tatsächlich nichts vorhanden ist oder die mangelhafte Ausrüstung vorhandene Baureste nicht anzeigt.

Die besten Fachleute zusammenzurufen heißt heute in der Regel, ein multinationales Team aufzustellen. An den naturwissenschaftlichen Arbeiten in Pylos sind zum Beispiel außer dem russischen Botaniker Sergei Yazvenko, ein bayerischer Hydroingenieur, ein US-amerikanischer Bodenkundler und ein griechischer Physiker beteiligt, und für die Illustrationen engagieren wir Leute aus Kanada und Großbritannien.

Bei der eigentlichen Durchführung des Projekts beginnt man im Idealfall mit den Techniken, die es ermöglichen, das gesamte Untersuchungsgebiet abzutasten. Dabei handelt es sich vor allem um die Fernerkundungsverfahren, zu denen Satelliten- und Luftbild-Interpretation zählen. Mit Hilfe dieser niedrigauflösenden Methoden lassen sich jene Stellen am Boden identifizieren, in denen genauere Untersuchungen wünschenswert erscheinen. Hochauflösende Techniken, und dazu zählen auch die eigentlichen Ausgrabungen, finden dagegen erst am Ende der Untersuchung statt. Als Grundprinzip dient also die Vorstellung, den Grad der Auflösung langsam zu steigern.

Die Archäologie hebt ab

Welches sind nun die konkreten Methoden, die den Naturwissenschaftlern zur Verfügung stehen, um ein Gebiet von einer für regionalarchäologische Projekte durchschnittlichen Größe von rund zehn mal zehn Kilometern auf Fundstätten abzusuchen? Da alle Instrumente aus der Luft in der Lage sind, das gesamte Untersuchungsgebiet flächendeckend abzutasten und lückenlose Informationen zu liefern, beginnen unsere Erkundungen im Weltall – mit Geräten, die sich an Bord des Space-Shuttle und in Satelliten befinden. Anschließend folgen Untersuchungen von Flugzeugen und Hubschraubern aus.

Als erstes wird eine Übersicht über die wichtigsten topographischen Einheiten des Geländes benötigt. Diese Details liefert der französische SPOT-Satellit. Die SPOT-Bilder haben eine Auflösung, die rund zehn Metern am Boden entspricht. Strukturen, die größer sind als diese Einheit – dazu zählen Flußbetten, Felder, Dörfer und ausgebaute Straßen –, treten also im Satellitenbild hervor. Diese

SPOT-Satellitenbild der Ebene von Troja

Bilder können in das Geographische Informationssystem eingelesen und wie ein Tischtuch über das in der Vorbereitungsphase erstellte dreidimensionale Geländemodell gespannt werden.

Natürlich gilt die Suche aber auch Informationen, die weniger offensichtlich sind. Daten über Oberflächeneigenschaften, die zum Teil nicht sichtbar sind, liefert der Landsat-Satellit. Dazu zählen unter anderem auch Wärmestrahlungen. Als das Atomkraftwerk Tschernobyl versagte, zeigten die Landsat-Bilder sofort an, daß ungewöhnlich heißes Kühlwasser aus dem Kraftwerk entwich.

Die Auflösung der Satellitenbilder von Landsat-5 entspricht dreißig mal dreißig Metern am Boden. Ein Bodenquadrat dieser Größe entspricht jeweils einem Bildpunkt. Für jeden dieser Bildpunkte werden verschiedene Daten aufgezeichnet, die den Reflexionswerten in unterschiedlichen Wellenlängen entsprechen. Mit Hilfe von Computerprogrammen lassen sich anschließend bestimmte Stellen wie Getreidefelder oder Olivenhaine auswählen, in Oberflächeneinheiten einteilen und deren Reflexionswerte statistisch auswerten. Alle Bildpunkte mit ähnlichen Reflexionswerten erhalten die gleiche Farbe. Die wichtigsten Merkmale der Landschaft, die

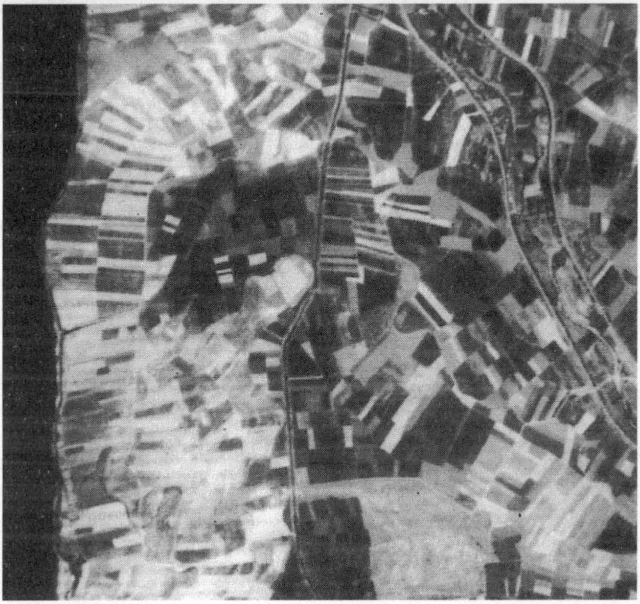

Aussschnitt aus dem Spot-Satellitenbild der Ebene von Troja. Links oberhalb der Bildmitte tritt ein verlandetes Feuchtgebiet als dunkler Fleck hervor.

Verteilung von Feldern, Wiesen, Obstbäumen, Festgesteinsarten und Gebäuden können einander mit diesem Verfahren zugeordnet und danach als Karte ausgedruckt werden. Solche Karten liefern in den meisten Fällen auch Informationen, die mit bloßem Auge kaum oder gar nicht sichtbar sind, zum Beispiel die Verbreitung der Sinkstoffe im Meer oder den Verlauf küstennaher Strömungen.

Sowohl der Spot- wie auch der Landsat-Satellit benutzen passive Empfänger. Sie arbeiten mit Licht, das von der Erdoberfläche reflektiert wird. In der Nacht, oder wenn der Himmel bewölkt ist, können sie deshalb keine Bilder empfangen. Außerdem kann keines dieser Geräte die Vegetation oder gar die Erdoberfläche durchdringen. Um diese Einschränkungen zu umgehen, hat die Europäische Raumfahrtagentur einen neuen Satelliten entwickelt, der mit einem aktiven Radarsender arbeitet – den sogenannten Earth Radar Satellite (ERS-1). Die von diesem Satelliten ausgesandten Strahlen treffen auf die Erde und dringen durch die Vegetation hindurch in den Boden ein. Dort werden sie reflektiert und zurückgestrahlt und schließlich vom Empfänger des Satelliten wieder aufgezeichnet. In Trockengebieten können Radarwellen mehrere Meter tief unter die Oberfläche »blik-

Radarsatellitenbild (ERS-1) der Dardanellen mit der Insel Imbros auf der linken Bildseite

ken«. So ließen sich mit ihrer Hilfe zum Beispiel die Flußbetten aus der letzten Eiszeit unter dem Sand der Sahara sichtbar machen.

ERS-1 hat bereits wenige Monate nach seinem Start mitgeholfen, für die archäologische Forschung einen bahnbrechenden Erfolg herbeizuführen. Radarbilder der arabischen Wüste zeigten die Routen früherer Karawanen an. Dies war möglich, weil sich der Boden entlang dieser Trampelpfade durch die Hufe allmählich verfestigt hatte, wodurch die Radarwellen weniger tief eindringen können. Mehrere solcher Kamelstraßen erstreckten sich gut sichtbar als gerade Linien über Hunderte von Kilometern und liefen an einem Punkt in der Wüste des Oman zusammen. Archäologen, die diese Stelle genauer unter die Lupe nahmen, fanden die verschollene Stadt Ubar – einst das Zentrum des Weihrauchhandels, dessen Lage seit über tausend Jahren mehr und mehr in Vergessenheit geraten war.

Um das Radargerät noch besser nutzen zu können, läßt es sich auch auf einem Flugzeug montieren. Aus einer Höhe von drei, statt 785 Kilometern liefert es natürlich Daten mit viel höherer Auflösung. Außerdem können die Radarstrahlen aus dieser geringen Höhe tiefer in den Boden eindringen. Dadurch lassen sich verlandete Flußtäler und ehemalige Straßen noch besser sichtbar machen. Ein Spezialflugzeug der Deutschen Forschungsanstalt für Luft- und Raumfahrttechnik in Oberpfaffenhofen kann ein Untersuchungsgebiet von zehn mal zehn Kilometern innerhalb weniger Stunden aufnehmen.

Die normale Luftbildfotografie, bei der architektonische Reste im Untergrund durch Unterschiede im Bewuchs aufgespürt werden,

Dornier 228 der Deutschen Forschungsanstalt für Luft- und Raumfahrttechnik

liefert in den Gebieten um die Ägäis weniger hilfreiche Daten als in Nord- und Mitteleuropa. In Griechenland und in der Türkei sind die Ablagerungsraten oft so hoch, daß Fundamente schon nach relativ kurzer Zeit zu tief verschüttet sind, um sich noch auf den Pflanzenbewuchs auszuwirken.

Inzwischen stehen weitere Verfahren zur Verfügung, die es ermöglichen besonders tief unter die Oberfläche zu blicken – bis zu 150 Meter! An der Bundesanstalt für Geowissenschaften und Rohstoffe in Hannover beschäftigt sich ein wissenschaftliches Team mit geophysikalischen Untersuchungen vom Hubschrauber aus. Der Hubschrauber zieht dabei einen sogenannten »Bird« unter sich her – ein Instrument, das aussieht wie eine riesengroße Zigarre und mit verschiedenen Meßgeräten ausgerüstet ist. Zu den Meßgeräten zählen zum Beispiel Magnetometer, die Abweichungen im Erdmagnetfeld aufspüren.

Das Magnetfeld der Erde fluktuiert zwar auf überregionalem Maßstab, doch innerhalb eines durchschnittlich großen Untersuchungsgebietes bleiben die Messungen in der Regel relativ konstant. Trotzdem treten auch dort kleinere Schwankungen auf. Sie entstehen durch Veränderungen in der Zusammensetzung des Festgesteins und des Bodens. Der Boden besteht aus einer Mischung verschiedenster Mineralien, von denen ein kleiner Teil Eisen enthält und deswegen magnetische Eigenschaften besitzt. Dieser natürliche magnetische Hintergrund wird durch die menschliche Besiedlung gestört. Tritt zum Beispiel ein Mauerfundament an die Stelle des leicht magnetischen Bodens, erzeugt es dadurch eine negative Abweichung vom magnetischen Hintergrund – eine sogenannte Anomalie. Manche Instrumente, die bei Magnetometermessungen am Boden zum Einsatz kommen, sind so genau, daß sie solche Abweichungen noch in einer Größe von 1/50000 des Erdmagnetfelds messen können. Da der Hubschrauber selbst aus Metall besteht und die Messungen stört, muß der »Bird« an einem 45 Meter langen Kabel gezogen werden. Der Pilot steuert die Maschinen bei einer Geschwindigkeit von 140 Stundenkilometern so, daß dabei nur dreißig Meter zwischen Boden und »Bird« liegen. So tastet er in parallelen Flugbahnen mit jeweils hundert Meter Abstand das gesamte Untersuchungsgebiet systematisch ab. Entsprechend fordert eine Fläche von zehn mal zehn Kilometer Größe Meßflüge von tausend Flugkilometern, was etwa einer Woche reiner Flugzeit entspricht.

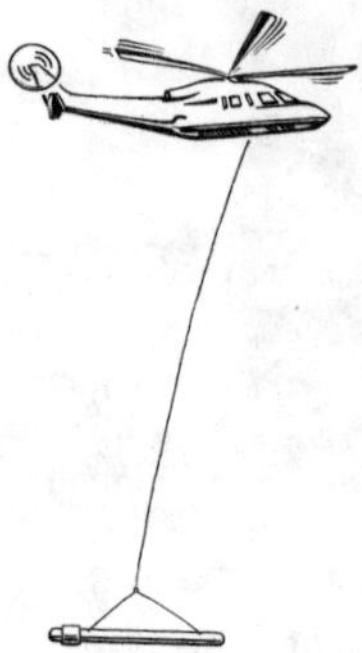

Geophysikalische Messungen vom Hubschrauber aus

Ursprünglich wurde die Hubschrauber-Geophysik entwickelt, um Erzlagerstätten in Entwicklungsländern oder Grundwasser in der Wüste aufzuspüren; heute wird sie auch verwendet, um Industrieabfälle zu lokalisieren. Für archäologische Forschungen ist die Hubschrauber-Geophysik bisher noch nicht zum Einsatz gekommen. Das Verfahren wäre jedoch optimal geeignet, um verlandete Hafenbecken, ehemalige Kanäle und verschüttete Siedlungen unter dem Sediment aufzuspüren. Deren Strukturen würden nämlich als magnetische Anomalien auf Karten und Profilen auftreten. Da die in der Hubschrauber-Geophysik gewonnenen Daten neuerdings mittels Computersimulationen in dreidimensionale Bilder umgewandelt werden können, läßt sich der Untergrund Schicht um Schicht abbilden.

Zurück zur Erde

Wenn die Fernerkundung abgeschlossen ist und die archäologischen Teams mit der Oberflächenbegehung begonnen haben, setzen die Naturwissenschaftler ihre Arbeit am Boden fort. Die bei der Fernerkundung gewonnenen Daten decken jeweils das gesamte Untersuchungsgebiet ab und stellen den Forschern wertvolle Informationen zur Verfügung – noch bevor sie auch nur einen Fuß ins Gelände gesetzt haben. Auch die nachfolgenden Untersuchungen am Boden sind darauf ausgerichtet, das gesamte Gebiet so flächendeckend wie möglich zu erfassen.

Als erstes wird die für das Projekt benötigte Karte erstellt, auf der die Verteilung der unterschiedlichen geologischen Einheiten eingetragen ist. Normalerweise kann man für diesen Zweck vorhandene geologische Karten des jeweiligen nationalen geologischen Dienstes als Grundlage benutzen und sie – wenn nötig – durch eigene Beobachtungen im Gelände anpassen. Nun können die bei der Fernerkundung gewonnenen Daten, die geologische Karte und die Ergebnisse der Geländebegehung im Geographischen Informationssystem zusammengeführt werden. In vielen Gebieten ist zusätzlich eine geomorphologische Karte mit der Verteilung der Bodenarten und Geländeformen wünschenswert.

Alle bis dahin angewandten Methoden haben die Landschaft völlig unverändert gelassen – nichts wurde zerstört, nichts aus seinem Kontext entfernt. In den USA bezeichnet man diesen Ansatz als »Zero Impact« – ein Begriff, der dort vor allem auf Bergtouren in den Nationalparks angewandt wird, wo es darum geht, daß die Landschaft beim Bergsteigen und Wandern so verlassen wird, wie sie angetroffen wurde. In Zukunft werden »Zero Impact«-Untersuchungen immer häufiger auch in der Archäologie zum Einsatz kommen.

Rotary-Bohrung für geoarchäologische Zwecke

Trotzdem drängt es sich auf, die Oberfläche im Rahmen eines geologischen Bohrprogrammes hier und dort zu durchstechen. Bohrlöcher liefern im Prinzip die gleiche stratigraphische Information wie Ausgrabungen, allerdings für ein sehr viel größeres Gebiet – dafür aber mit niedrigerer Auflösung. Bei unserer Modellstudie wird die erbohrte Stratigraphie auch herangezogen, um die in der hubschraubergestützten Geophysik gewonnenen Untergrunddaten zu überprüfen und zu kalibrieren. Die Lage der Bohrlöcher wird aufgrund theoretischer Überlegungen so festgelegt, daß sie möglichst aussagekräftig ist. Statt in der Umgebung einer bekannten archäologischen Fundstätte ziellos die Oberfläche zu durchlöchern, empfiehlt es sich, die Bohrlöcher in geraden Linien und gleichmäßigen Abständen anzulegen.

Wenn die Fernerkundungsdaten, die geologischen und geomorphologischen Karten, die stratigraphischen Informationen aus den Bohrungen sowie die Ergebnisse der archäologischen Geländebegehung und die Pollenanalysen vorliegen, ist das Projekt schon so weit fortgeschritten, daß manche der ursprünglichen Arbeitshypothesen verworfen werden und erste Interpretationen möglich sein dürften. Gleichzeitig treten bestimmte Areale im Untersuchungsgebiet hervor, an denen sich weitere, noch detailliertere Studien aufdrängen. Zum Beispiel befinden sich archäologische Fundstätten häufig auf kleinen Erhebungen in der Nähe von Flußauen. Die Verbreitung von Keramik in der Umgebung solcher Fundstätten nimmt üblicherweise am Übergang zu den Auesedimenten rasch ab. Dies könnte bedeuten, daß der untere Teil der archäologischen Fundstätte von jüngeren Ablagerungen verdeckt ist, unter denen weitere Artefakte und auch Mauerreste verborgen liegen könnten, so daß sich die ursprüngliche Größe der Siedlung nicht ohne weiteres bestimmen läßt. Es kann aber auch genau umgekehrt sein, das heißt, die Siedlung wurde erst gegründet, nachdem die Auelehme bereits abgelagert waren. Die Siedlungsschich-

Liegen die Auesedimente auf der Fundstätte – oder umgekehrt?

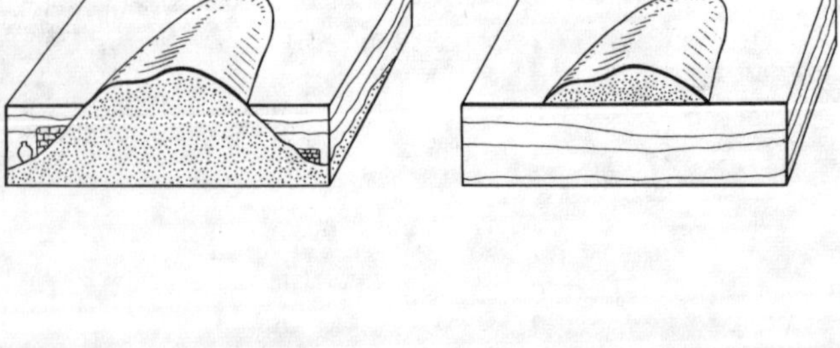

ten befinden sich in diesem Fall also *auf* den Flußablagerungen und nicht darunter. Es gibt einfache Wege, um herauszufinden, welches der beiden Szenarien zutrifft. Man bohrt ganz einfach in die Auesedimente und schaut nach, ob unter der Oberfläche Siedlungsschichten zu finden sind. Mit dieser Methode läßt sich die nähere Umgebung archäologischer Fundstätten recht zuverlässig untersuchen.

An vielen archäologischen Fundstätten finden sich große Mengen von Topfscherben an der Oberfläche, manchmal auch Mauerreste. Dann stellt sich natürlich die Frage, ob sich noch weitere Fundamente im Boden verbergen. Um diese Frage zu beantworten, stehen weitere geophysikalische Methoden zur Verfügung. Manche davon haben Ähnlichkeit mit denen, die in der hubschraubergestützten Geophysik verwendet werden. Bei den bodengestützten Messungen ist allerdings die Auflösung sehr viel höher – dafür können sie nur einen kleineren Bereich abdecken.

Falko Kuhnke von der Technischen Universität Braunschweig bei Magnetometermessungen am Palast von Nestor

Ein Magnetometer ist so kompakt, daß eine Person es bequem tragen kann. Die Messungen werden auf Computer übertragen und auf Karten ausgegeben. Bei den ersten Magnetometermessungen am Boden treten in aller Regel extrem magnetische Flecken auf – in den heutzutage üblichen Farbkarten erscheinen sie als leuchtendrote Punkte auf einem mehr oder weniger gleichmäßig blauen Hintergrund. Bei diesen Extremabweichungen handelt es sich um Nägel, Ketten, Werkzeuge und andere magnetische Objekte, die auf den Feldern verlorengingen. Sie alle müssen mit Hilfe der Koordinaten einzeln geortet und entfernt werden. Sobald das Areal bereinigt ist, wird es noch einmal magnetometrisch erfaßt.

Befinden sich tatsächlich von Menschenhand errichtete Konstruktionen im Untergrund, kann die magnetische Kartierung verblüffende Ergebnisse erbringen. Unter optimalen Bedingungen liefert sie den Bauplan ganzer Gebäude oder sogar ganzer Siedlungen, selbst wenn die Oberfläche vollkommen gleichmäßig aussieht. Aufwendige Computersimulationen ermöglichen die Ermittlung der ungefähren Größe der entdeckten Baureste wie auch deren Tiefe.

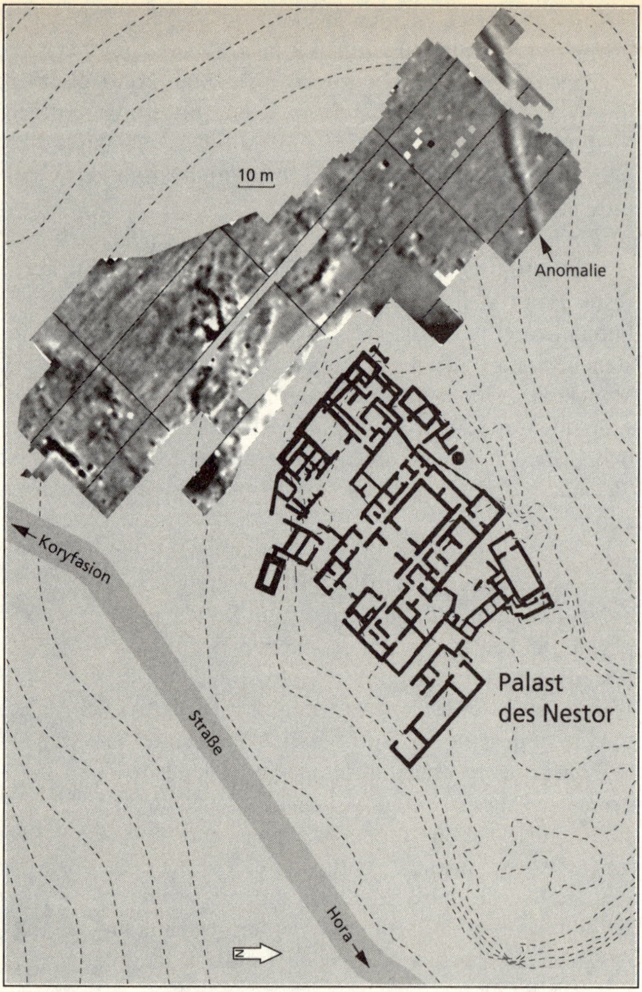

Die Ergebnisse der Magnetometer-untersuchungen am Palast von Nestor

Eine weitere sehr nützliche geophysikalische Untersuchungsmethode ist die Messung des Erdwiderstandes. Bei dieser Technik werden vier Elektroden in jeweils einem Meter Abstand auf einer geraden Linie in den Boden geschraubt und an eine Stromquelle angeschlossen. Dann werden abwechselnd die Widerstände zwischen den Elektroden gemessen und diese um einen Meter versetzt. Nach einigen tausend Messungen dieser Art erhält man eine Karte

Geoelektrische Messungen

der Leitfähigkeit beziehungsweise des elektrischen Widerstandes im Boden. In einem feuchten, und salzhaltigen Gebiet, zum Beispiel einer Salzwassermarsch, konnten mit Hilfe geoelektrischer Messungen ganze antike Siedlungen kartiert werden.

Nach Abschluß der geophysikalischen Messungen liegen detaillierte Informationen über das gesamte Untersuchungsgebiet und die wichtigsten archäologischen Fundstätten darin vor. Unweigerlich wird es nun bestimmte Stellen geben, über die man noch mehr wissen möchte. – Dies sind die richtigen Punkte, und dies ist der richtige Moment, um mit Ausgrabungen zu beginnen.

Grenzen der Technik

Bei so vielen technologischen Wundermitteln, die uns heute zur Verfügung stehen, dürfen wir allerdings weniger denn je die Gefahren außer acht lassen, die mit dem Gebrauch dieser Methoden einhergehen. Manch eine der neuen Techniken, wie die Fernerkundung oder die Geographischen Informationssysteme, wurde bei ihrer Erstanwendung in der Archäologie als das ultimative Werkzeug zur Beantwortung aller möglichen noch offenen Fragen begrüßt – bis sich herausstellte, daß auch diesen vielversprechenden Methoden ernstzunehmende Grenzen gesetzt sind.

Die Bewunderung hochtechnologischer Anwendungen geht zum Teil auf die bahnbrechenden Entdeckungen zurück, die fälschlicherweise allein diesen Methoden zugeschrieben werden. Das ist jedoch selten gerechtfertigt. So erfolgte die eingangs erwähnte Entdeckung der verschwundenen Stadt Ubar zum Beispiel nicht allein aufgrund der Interpretation der Radarsatellitenbilder, denn die Fundstätte war keineswegs unbekannt. Die in der Wüste des Oman tätigen jungen Archäologen benötigten zu Beginn ihrer Arbeiten einige praktische Erfahrungen vor Ort mit Bodenarten und Keramik. Darum entschlossen sie sich, in einer seit langem bekannten römischen Fundstätte zu Trainingszwecken einige Testgrabungen durchzuführen. Zwischen den römischen Scherben fanden die Archäologen bald auch viel ältere Keramik. Daraus schlossen sie, daß dort in vorrömischer Zeit bereits eine wichtige Stadt bestanden haben muß – und so wurde die verschwundene Stadt Ubar entdeckt. Daß ihre Vermutung anschließend durch die eindeutigen Radarbilder bestätigt wurde, war zwar hilfreich, aber sie stellten die Verwendung der neuesten Radarsatelliten-Technologie wohl vor allem deshalb in den Vordergrund, weil sie die internationale Presse für sich gewinnen wollten.

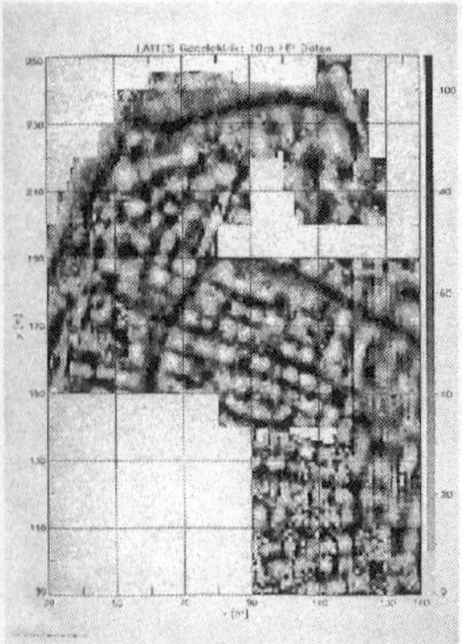

In Lattes (Südfrankreich) konnte mit Hilfe geoelektrischer Messungen eine römische Siedlung kartiert werden.

Die allein dem Einsatz modernster Techniken zugeschriebenen Erfolge sind also nicht immer nur solche. Gleichzeitig sind mit der Anwendung dieser Techniken auch Risiken verbunden. Jeder Forscher, dessen Etat es erlaubt, kann ein Gerät kaufen, um chemische Analysen durchzuführen, oder einen Computer und ein GIS in seine Ausrüstung aufnehmen, um dreidimensionale Landschaftsmodelle zu erstellen. Fraglich ist der Nutzen solcher Instrumente jedoch dann, wenn die Anwender nicht über ausreichend Erfahrung verfügen, um die Ergebnisse richtig zu interpretieren. Im Bereich außerhalb der Wissenschaft muß man, um zum Beispiel ein Schnellboot oder einen großen Laster fahren zu dürfen, eine lange Zeit lernen und üben, weil solche Maschinen in unerfahrenen Händen zu tödlichen Waffen werden können. Das Gesetz verlangt Ausbildung, praktische Übungen, Prüfungen und offizielle Diplome und Zeugnisse von Leuten, die Geräte mit Gefahrenpotential benutzen, um mögliche Schäden auf ein Minimum zu reduzieren. In der Wissenschaft sieht das ganz anders aus. Im besten Fall sind Ergebnisse, die von mangelhaft ausgebildeten Benutzern produziert werden, einfach nur unnütz. Im schlimmsten Fall können sie jedoch ganze Generationen in die Irre führen.

Die vielleicht beste Beschreibung der Gefahren, die in der wissenschaftlichen Methodik lauern, stammt aus Michael Crichtons Bestseller *Dinopark.* Hier sind einige Auszüge aus einem Monolog des Mathematikers Ian Malcolm – leider tauchen diese Worte nicht im Film auf:

»Wissen Sie, was verkehrt ist an der wissenschaftlichen Macht? Es ist eine Art ererbter Reichtum. Fast alle Arten der Macht verlangen von dem, der sie will, beträchtliche Opfer. Als Präsident einer Firma; als Träger eines schwarzen Gürtels in Karate; als spiritueller Guru; als Profisportler. Wonach Sie auch suchen, Sie müssen Zeit, Training und Anstrengungen investieren. Sie müssen eine Menge aufgeben, um es zu bekommen. Aber wenn Sie die Macht erreicht haben, gehört sie Ihnen. Man kann sie nicht weitergeben, sie ist in Ihnen. Sie ist das Ergebnis Ihrer Disziplin. Das Interessante an diesem Prozeß ist nun die Tatsache, daß jemand zu dem Zeitpunkt, da er gelernt hat, mit seinen Händen zu töten, auch die Reife erlangt hat, zu wissen, wie er diese Macht zu gebrauchen hat. Er wird sie nie unvernünftig anwenden. Diese Art von Macht besitzt einen eingebauten Kontrollmechanismus. Die Disziplin, die notwendig ist, um sie zu erreichen, verändert einen so, daß man sie nie mißbrauchen wird. - Aber wissenschaftliche Macht ist wie ererbter Reichtum: Man erreicht sie ohne Disziplin. Sie lesen einfach, was andere getan haben, und machen den nächsten Schritt. Man kann das schon in sehr jungen Jahren tun. Man kann sehr schnell Fortschritte machen. Es ist keine jahrzehntelange Disziplin nötig. Und auch keine Meisterschaft. Es gibt keine Demut vor der Natur.«

Natürlich sollen, ja müssen die hochentwickelten Technologien, die uns heute zur Verfügung stehen, zur Anwendung gelangen. Sie müssen jedoch sorgfältig ausgewählt und mit Umsicht eingesetzt werden. Keine noch so hochtechnische Maschine und kein Computerprogramm sind in der Lage, zufriedenstellende und zuverlässige Antworten zu komplizierten Fragestellungen auf Knopfdruck zu liefern. Allein die Kombination vieler verschiedener Methoden – althergebrachter und neuer – wird uns helfen, mehr Licht in die Vergangenheit zu bringen. Und selbst dann wird die eigentliche wissenschaftliche Arbeit in unseren Köpfen stattfinden müssen. Trotz aller hochentwickelten Technologien hängt der Erfolg in der

Wissenschaft noch immer weitgehend von Eigenschaften ab, die sich nicht einfach quantifizieren lassen: Zu diesen zählen Wissen, Erfahrung, Kombinationsgabe, Talent und Geschick.

Der Einsatz der verschiedenen naturwissenschaftlichen Technologien zur Beantwortung archäologischer Fragestellungen wandelt unseren Zugang zur Vergangenheit und deren Verständnis. Die Verflachung der Hierarchien wirkt sich außerdem auf die Arbeitsweise aus. Wo einst mächtige Patriarchen auf Ausgrabungen von hundert fleißigen, aber willenlosen Arbeitern umgeben waren, unternehmen heute hochqualifizierte Experten aus aller Welt selbständige Forschung. Ihr Verständnis der Archäologie ist weniger artefakt- und mehr evolutionsorientiert. Statt Skulpturen und Scherben zu beschreiben und vergangene Kulturen als isolierte, in sich mehr oder weniger geschlossene und daher statische Einheiten zu verstehen, betrachten sie Zivilisationen als Ergebnisse vielfach ineinander verschachtelter Entwicklungsprozesse. An die Stelle der dramatischen Naturkatastrophen-Szenarien der Pioniere treten nun die langfristigen, komplexen Wechselbeziehungen zwischen Menschen und Umwelt. Zu welchen faszinierenden Einsichten diese neuen Forschungsansätze führen, ist Thema des nächsten Kapitels.

Mensch und Umwelt: Das verlorene Paradies

»Wer fünftausend Jahre
Menschheitsgeschichte einigermaßen
überblickt, den wundert nichts mehr.«
Roman Herzog (1993)

Verschwundene Denkmäler der Landschaft

480 v. Chr. marschierte die persische Armee unter der Führung von Xerxes I. durch Griechenland. Der Großkönig wollte das gebirgige Landesinnere meiden und den direkten Kontakt zwischen den Fußtruppen und seinen Kriegsschiffen aufrechterhalten. Deswegen befahl er den über hunderttausend Soldaten, von Mazedonien südwärts entlang der Küste nach Attika zu marschieren. Ungefähr 150 Kilometer nördlich von Athen, in der Nähe von Thermopylae, gerieten seine Truppen in einen Engpaß zwischen den steilen Gebirgshängen und dem Meer. Glaubt man dem griechischen Geschichtsschreiber Herodot, dann war die Passage an dieser Stelle nur gerade breit genug, um einen einzelnen Wagen durchzulassen. Direkt dahinter hatte der griechische König Leonidas ungefähr tausend Elitesoldaten postiert. Ihnen gelang es trotz zahlenmäßig hoffnungsloser Unterlegenheit, den Vormarsch der persischen Truppen zwei Tage lang aufzuhalten, lange genug, damit griechische Schiffe die persischen Seestreitkräfte an einer günstigen Stelle angreifen konnten.

Wer heute den »Paß« von Thermopylae sieht, kann die Landschaft der Antike kaum noch erahnen. Eine fünf Kilometer breite Küstenebene erstreckt sich unterhalb der steilen Klippen. In der heutigen Landschaft hätten Leonidas und seine Soldaten den Vormarsch der persischen Truppen vermutlich nur um Augenblicke verzögern können.

Langsame Prozesse wie Erosion, Ablagerung, tektonische Versetzungen und Meeresspiegelschwankungen üben einen nachhaltigen Effekt auf die Landschaft aus. Auch wenn wir solche Vorgänge kaum wahrnehmen, können ihre Auswirkungen über einen langen Zeitraum viel größer sein als die plötzlicher Naturkatastrophen. Vor allem die von Menschen verursachte Umgestaltung der Landschaft hat im Laufe der Jahrtausende gravierende Folgen für das Erscheinungsbild der Landschaft. Deswegen überrascht es nicht, daß manche Naturdenkmäler von früher, wie der Paß von Thermopylae, heute kaum noch zu erkennen sind.

Beim Versuch, die Ereignisse der Vergangenheit zu rekonstruieren, stoßen die Fachleute der Archäologie und Geschichtsforschung immer wieder auf Informationen, die nicht mehr zur heutigen Landschaft passen. Es gibt unzählige Beispiele: Bronzezeitliche Fundstätten in den kargen Bergen von Nordgriechenland, in denen heute nur noch Steppenvegetation und Macchie wächst, enthalten Knochen von Wildschweinen und Hirschen – Tieren also, die in dichten Wäldern gelebt haben müssen. Fischotterknochen zeigen an, daß es früher einmal reiche Süßwasserflüsse gegeben haben muß, wo heute nur noch Trockenbetten sind. Seen und Sümpfe, von denen Reisende in römischer Zeit berichten, sind längst verschwunden. Eine Stadt wie Pella, die Hauptstadt des hellenistischen Mazedonien, verfügte über einen geschäftigen Seehafen – heute liegt sie dreißig Kilometer von der Küste entfernt im Landesinneren. In Libyen, Tunesien und Algerien findet man eindrucksvolle Siedlungsreste, landwirtschaftliche Terrassen und Aquädukte aus römischer Zeit, die von einer einst blühenden Landschaft zeugen. Heute herrscht dort unproduktive und verlassene Wüste.

Die Ausschöpfung natürlicher Ressourcen

Unser Bewußtsein für die Empfindlichkeit der natürlichen Umwelt scheint erst in den letzten Jahrzehnten geweckt worden zu sein. Nach der bitteren Hunger- und Trümmerzeit im Anschluß an den Zweiten Weltkrieg hatte der industrielle Aufschwung in den 1950er und 1960er Jahren Westeuropa das Wirtschaftswunder gebracht – und damit die sogenannte Konsum- und Wegwerfgesellschaft. Ereignisse wie der Abwurf der ersten Atombombe 1945, der Sputnik-Start 1957 und die Mondlandung 1969 verstärkten das Gefühl der uneingeschränkten Herrschaft der Menschen über die Natur. Dieser

Homo faber-Zeitgeist äußerte sich im Großen wie im Kleinen. Regierungen veranlaßten riesige, hochtechnische Projekte, ließen Ströme zu gigantischen Seen stauen, Schiffe mit Nuklearantrieb versehen, Trabantenstädte aus dem Boden stampfen und Bäche ihrer Mäander und Auen berauben und in Betonröhren zwängen. Die Bevölkerung entsorgte ihren Müll am Rande der Landstraßen, und viele wechselten das Öl ihrer Autos sorglos mitten im Wald.

Eine Trendwende vollzog sich ab 1972, als der Club of Rome mit seiner Studie *Grenzen des Wachstums* erstmals zu bedenken gab, daß ein solch verantwortungsloser Raubbau an der Natur und an ihren Gütern nachhaltige Konsequenzen für die Zukunft haben muß. Dieser Appell leitete eine neue, vom ökologischen Bewußtseinswandel geprägte Ära ein. Plötzlich erkannte man die Natur als ein empfindliches Gewebe dynamischer Gleichgewichte, das im Laufe einer langen Evolution entstanden ist, und allmählich auch, daß menschliche Eingriffe in dieses Gleichgewicht die Lebensgrundlagen zukünftiger Generationen zu zerstören drohen.

Inzwischen sind alle, auch in Industrie, Wirtschaft und Politik, von der Notwendigkeit eines ökologischen Bewußtseins der modernen Gesellschaft überzeugt. In vielen Parlamenten sind Parteien vertreten, die den schonenden Umgang mit der Natur zu ihrem zentralen Programmpunkt erhoben haben, und kein Unternehmen kann es sich mehr leisten, Nachlässigkeit im Hinblick auf die Umwelt zu demonstrieren. Umweltschutz ist zu einem Markenzeichen geworden.

Diese gesellschaftspolitische Entwicklung der letzten Jahrzehnte könnte den Eindruck erwecken, Umweltbewußtsein sei eine Errungenschaft der Neuzeit. Die Menschen haben aber schon immer in bewußter Wechselbeziehung zu ihrer natürlichen Umgebung gestanden, denn ihre Existenz ist wie die aller anderen Lebewesen von einem intakten Lebensraum abhängig. Obwohl es mit Hilfe technischer Mittel heute möglich ist, alle Bereiche der Erde zu besiedeln, ist die Verfügbarkeit von sauberer Luft, Wasser, Nahrung, Schutz und Brennstoffen nach wie vor von wesentlicher Bedeutung. Vor der Industrialisierung bestimmte das Vorhandensein dieser primären Ressourcen, ob eine Gegend überhaupt bewohnbar war oder nicht, wobei die wichtigste Voraussetzung für die Anlage dauerhafter Siedlungen die Verfügbarkeit von Wasser war. Fruchtbarer Boden stellte in aller Regel eine weitere Bedingung für erfolgreiche Siedlungen dar, da diejenigen, die die Felder bestellten, nach Möglichkeit keine großen Strecken zurücklegten. Andere natürliche Ressourcen wie Holz, Erze, Früchte, Nüsse, Wild und Meeresfrüchte waren ebenfalls wünschenswert.

Bis zum Beginn des Massengüterverkehrs hing nicht nur das Schicksal des einzelnen Menschen oder das einer kleinen Gruppe, sondern auch der politische und wirtschaftliche Erfolg ganzer Staaten weitgehend von den verfügbaren natürlichen Ressourcen ab. Vor allem die nicht-lebensnotwendigen Ressourcen wie Erze, Edelmetalle und eine günstige geopolitische Lage bestimmten, ob ein Staatswesen gedieh oder nicht. Erst die Industrialisierung brachte es mit sich, daß andere Faktoren wie Fachwissen, Innovationsbereitschaft, Arbeitskraft und Finanzstärke einen höheren Stellenwert einnehmen konnten als Rohstoffquellen.

In vielerlei Hinsicht unterscheidet sich der Mensch also nicht von den anderen Lebewesen. Wie andere bewegliche Organismen suchen wir einen Lebensraum, der unseren Erfordernissen am nächsten kommt. Form und Eigenschaft der Landschaft bestimmen, wo wir uns niederlassen. Wir genießen eine schöne Aussicht, die im Ernstfall einen strategischen Überblick gewährleistet; wir suchen eine sonnige Lage, die Nähe von Quellen, Flüssen und üppige Vegetation.

Um zu veranschaulichen, wie eng wir Menschen mit unserer natürlichen Umgebung verbunden sind, braucht man sich nur in Gedanken auf eine Bergtour durch die Rocky Mountains zu begeben. Wenn die Sonne untergeht, würden wir nach einem geeigneten Stellplatz für das Zelt Ausschau halten. In der Nähe sollte sich ein Baum befinden, wo wir die Nahrungsmittel nachts vor Bären geschützt aufhängen könnten. Außerdem sollte das Zelt leicht erhöht stehen, falls es in der Nacht zu regnen beginnt. Ein Bach in der Nähe? Um so besser, dann hätten wir Trinkwasser und könnten uns morgens waschen. Auch eine windgeschützte Feuerstelle sollte vorhanden sein. – Wenn schon so viele Aspekte der Umwelt für einen Aufenthalt von wenigen Stunden zu berücksichtigen sind, wieviel mehr Planung setzt dann die Wahl einer permanenten Siedlungsstätte voraus?

Die Vorzüge, die ein bestimmter Lebensraum bietet, haben Menschen schon immer erkannt. Sie wählten Siedlungplätze, die ihrem Interesse optimal entsprachen. Nicht umsonst nennen Grundstücksmakler als die drei wichtigsten Faktoren bei der Wahl einer Liegenschaft: Lage! Lage! Lage! Siedlungsmuster entspringen also nicht dem Zufall, sondern spiegeln ein komplexes System wider. Archäologen, die sich bemühen, Siedlungsmuster der Vergangenheit zu rekonstruieren, wollen dieses System entschlüsseln.

Während die Menschen das Angebot der Natur ausschöpften, veränderten sie gleichzeitig ihre Umgebung. In immer größerem Maße glichen sie die Landschaft ihren Vorstellungen an. Viele natürliche Rohstoffe, darunter fruchtbarer Ackerboden und Grundwasser, sind nicht erneuerbar oder benötigen sehr lange Zeiträume, um sich zu regenerieren. Andere Ressourcen, zum Beispiel Holz, verlangen sorgfältige Planung und Investitionen, um langfristig erhalten zu bleiben. Ohne vorausschauende Maßnahmen nehmen Qualität und Menge der natürlichen Rohstoffe kontinuierlich ab. Dadurch entsteht ein Ungleichgewicht zwischen Zivilisation und Ökosystem. Ebenso wie sich die Landschaft der Ausbeutung durch Menschenhand unterwarf und dementsprechend veränderte, mußten sich die Menschen allerdings auch den Veränderungen der Landschaft anpassen, die sie zum Teil selbst herbeiführten. So wurden Siedlungen verlassen, weil sie ihre ursprünglichen Vorteile eingebüßt hatten, und an ihrer Stelle neue Wohnstätten an Orten gegründet, die unter den veränderten Bedingungen größere Vorteile boten.

Ein gutes Beispiel für die wechselseitige Beeinflussung von Landschaft und Besiedlung sind Küstenlinien. Schon vor Jahrtausenden mußten die Mittelmeerwälder wirtschaftlichen Interessen weichen. Neues Acker- und Weideland wurde benötigt; das Holz als Brennstoff oder Baumaterial verwendet. Die Abholzung führte unweigerlich zu Bodenerosion; das erodierte Lockermaterial lagerte sich zu einem großen Teil an den Flußmündungen ab und verursachte so eine Verlandung. Die italienische Hafenstadt Pisa lag bei ihrer Gründung um 1000 v. Chr. direkt an der Küste. Während der griechischen Antike hatte sich diese bereits 3,7 Kilometer vorgeschoben; heute sind daraus zwölf Kilometer geworden. Ravenna, Seestadt und Kriegshafen unter Augustus, liegt heute acht Kilometer vom Meer entfernt. Adria, der griechische Seehafen des 6. Jh., ist heute 24 Kilometer, und Spina, die bedeutende Küstenstadt, sogar 25 Kilometer vom Meer entfernt. In den Hafen von Tarsus im südlichen Kleinasien konnte noch die Flotte der Kleopatra einlaufen, heute liegt der Ort zwanzig Kilometer weit vom Meer entfernt. Arles soll bei der Gründung im 6. Jh. am offenen Meer gelegen haben – heute befindet sich diese historische Stadt fünfzig Kilometer weit im Landesinneren.

Herausforderungen für die Geoarchäologie

Zu rekonstruieren, wie sich die Landschaft entwickelt hat, welche natürlichen Veränderungen sie erfuhr, wie sie die Menschen zunächst nutzten, dann ausnutzten und schließlich überbeanspruchten und wie die verschiedenen Kulturen versuchten, ihre Fehler im Umgang mit der Natur wiedergutzumachen, all dies ist die Aufgabe der Geoarchäologie. Ausgangspunkt ist dabei immer die heutige Landschaft, denn sie ist aus den Prozessen der Vergangenheit – als vorläufiges Zwischenresultat – hervorgegangen.

Zum Teil enthält die gegenwärtige Landschaft noch viele Hinweise auf ihre einstige Beschaffenheit. Die Arbeit in einer neuen Region wirft deswegen als erstes eine Reihe von Fragen auf. Was bedeutet es, wenn die Pflanzendecke heute nur aus niedrigen heideartigen Sträuchern besteht – der in den Mittelmeerländern so weit verbreiteten Macchie? Daß es auch früher in der Region keine Wälder gab – oder daß sie abgeholzt wurden? Wie ist es zu interpretieren, wenn in einer Gegend keine bebaubaren Böden vorhanden sind? Daß es auch in prähistorischer Zeit keine solchen gab – oder daß sie in der Zwischenzeit durch Erosion abgetragen wurden? Was läßt sich aus der Tatsache schließen, daß es heute in einer bestimmten Gegend keine ganzjährigen Flüsse mehr gibt? Daß es auch früher keine Oberflächengewässer gab – oder daß die Quellen versiegt sind?

Das exemplarische Untersuchungsgebiet der Geoarchäologie war von Anfang an Griechenland. Dank eines aktiven Tektonismus und einer komplizierten Küstenlinie verfügt Griechenland über eine ungewöhnlich vielfältige Landschaft. In frühgeschichtlicher Zeit war diese Region die Kontaktstelle zu den impulsgebenden Kulturen Vorderasiens und erfuhr dadurch politische und technische Umwälzungen schneller und stärker als Mitteleuropa. Außerdem ist sie außergewöhnlich gründlich erforscht. Zahlreiche Projekte in den Fachbereichen Geographie, Geologie, Archäologie und Ethnologie

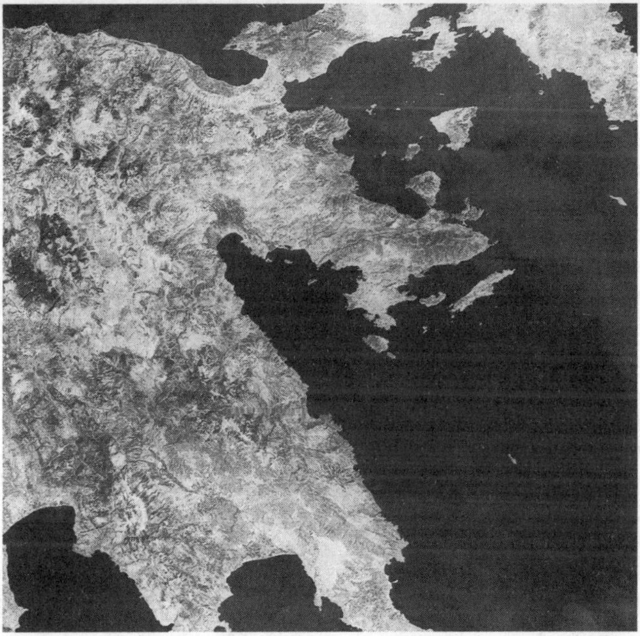

Der östliche Teil des Peloponnes vom Landsat-Satelliten aus gesehen. Der komplizierte Verlauf der Küstenlinie trägt dazu bei, daß Griechenland das exemplarische Untersuchungsgebiet der Geoarchäologie ist.

haben eine Fülle von Detailinformationen über die wechselseitigen Abhängigkeiten von Menschen und Landschaft hervorgebracht.

Weil auf uns – wie auf jeden Organismus – eine unüberschaubare Zahl äußerer Faktoren einwirkt, gestaltet sich die Untersuchung der historischen Wechselbeziehungen zwischen Menschen und Umwelt außerordentlich kompliziert. Um sie überhaupt erfassen zu können, muß der Lebensraum in Teilaspekte aufgeteilt werden. Dazu gehören zum Beispiel das Klima, die geologische Beschaffenheit der Landschaft, ihre Erzlagerstätten, das topographische Relief, die Geomorphologie, die Böden, die Wasservorräte, der Verlauf der Küstenlinie, die Tierwelt und der Pflanzenbewuchs. Die Betrachtung dieser Komponenten erfolgt zunächst einzeln. Erst zum Schluß werden die Ergebnisse der Teiluntersuchungen zusammengefügt, um ein umfassendes Bild der vergangenen dynamischen Prozesse zu erhalten.

Bei kleinen archäologischen Geländearbeiten ist manchmal nur eine Person aus dem Bereich der Naturwissenschaften vertreten. Sie muß daher die einzelnen Aspekte der Landschaft auf sich alleingestellt erfassen. Da diese Komponenten voneinander abhängig sind, empfiehlt es sich, mit einer Untersuchung der Festgesteinsgeologie zu beginnen, denn dies ist der einzige Teilaspekt der Landschaft, der keinen Veränderungen unterliegt – jedenfalls keinen, die für uns Menschen wahrnehmbar wären. Gleichzeitig bestimmt die Verteilung der Gesteine viele andere Aspekte der Landschaft, darunter das Relief. Feste Gesteinsarten erzeugen in der Regel Höhenrücken, während leichter erodierbares Material häufig zu topographischen Senken führt. Auch tektonische Verwerfungen im Festgestein können die Geländeform bestimmen – und diese hat wiederum Auswirkungen auf die Nutzung der Landschaft durch die Menschen. Steilhänge werden meist weder für Siedlungen noch landwirtschaftlich genutzt, doch gibt es auch Abweichungen von dieser Regel. So zieht sich die Landbevölkerung aus fruchtbaren Küstenebenen, die Piraterie und Überfällen ausgesetzt sind oder von fremden Eindringlingen besetzt werden, oft in unwirtliche und gebirgige Lagen zurück. Auch in anderer Hinsicht sind Landnutzung und Topographie miteinander verknüpft. So gedeihen Oliven zum Beispiel nicht oberhalb einer bestimmten Höhengrenze.

Die Verbreitung der geologischen Einheiten bestimmt auch weitgehend die Qualität der Böden. Diese wiederum sind von großer Bedeutung für die Landschaft, weil sie die Grundlage allen Lebens auf dem Festland darstellen. Für Nichtgeologen ist oft schwer zu verstehen, was der Begriff »Boden« überhaupt alles enthält – es handelt sich nämlich *nicht*, wie oft vermutet wird, um Ablagerungen. Als Bodenbildung bezeichnet man vielmehr die vielschichtigen Prozesse, die im Laufe der Zeit auf die Erdoberfläche einwirken. Dazu gehört die Verwitterung. Allein durch die Temperatur- und Feuchtigkeitsschwankungen zwischen Tag und Nacht sowie Sommer und Winter verändert sich die Oberfläche mit der Zeit. In Wasser gelöste Substanzen wandern in trockenen Gegenden an die Oberfläche und werden dort ausgefällt, während das Wasser verdunstet. In niederschlagsreichen Gebieten ist es umgekehrt, dort wäscht der Regen Partikel aus der obersten Schicht aus, die sich dann etwas tiefer im Boden anreichern. Auch Tonpartikel bewegen sich auf diese Weise innerhalb des Bodens. Im Laufe der Zeit entstehen so Horizonte, die zwar äußerlich eine gewisse Ähnlichkeit mit Sedimentschichten haben können, aber ganz anders entstanden sind, nämlich als Alterungsprozesse *nach* der eigentlichen Ablagerung der Gesteine. Während Böden sehr lange Zeiträume benötigen, um sich überhaupt entwickeln zu können, sind sie gleichzeitig auch empfindlich und können ganz schnell erodieren. Ihre Reife ist daher ein Anzeichen für ihr Alter. Und da es im Mittelmeerklima einige tausend Jahre dauert, bis sich deutlich sichtbare Bodenhorizonte bilden, zeigen intakte Böden stabile Landschaften an. Der Zustand der Böden berichtet aber nicht nur über die Vergangenheit, sondern bestimmt in mancher Hinsicht auch die Zukunft der Landschaft. Sind die Böden nämlich einmal erodiert, kann sich kaum noch eine dichte Pflanzendecke bilden.

Als »Boden« wird die dünne Krume (im Bild dunkel) über dem Festgestein bezeichnet. Dabei handelt es sich nicht um eine Ablagerung, sondern um einen Verwitterungsrückstand.

Die in den Mittelmeerländern häufig vorkommenden Kalksteingebirge entwickeln normalerweise einen tonreichen, dunkelroten Boden, der als *Terra rossa* bezeichnet wird. Wenn diese Böden bewässert werden, sind sie sehr fruchtbar, ohne künstliche Bewässerung können dagegen nur Oliven und Mandeln auf ihnen gedeihen. Außerdem sind sie häufig steinig und daher schwer zu bestellen. Leichter zu bewirtschaftende Böden treten im Hügelland und in den Senken auf. Die Minerale und Nährstoffe, die diesen Böden möglicherweise fehlen, können ihnen heutzutage mit Kunstdünger zugeführt werden. Am besten geeignet für den Ackerbau sind die Talböden. Meist gibt es dort auch genug Wasser, so daß regelrechte Gemüsegärten angelegt werden können.

Wenn alle relevanten Aspekte des Lebensraumes einzeln untersucht sind, die Botaniker, Palynologen und Paläo-Ökologen die Vegetationsgeschichte ermittelt haben, die Geoarchäologen, Geologen und Bodenkundler die Stabilität und Instabilität der Böden kennen, die Hydrologen und Wasserbau-Ingenieure den Wasserhaushalt bestimmt haben, die Archäozoologen die Entwicklung der Tierwelt rekonstruiert haben und die Archäologen alle verfügbaren Informationen über die Besiedlungsgeschichte gesammelt haben – dann ist der Zeitpunkt gekommen, die gewonnenen Daten zu einem Landschafts- und Kulturpanorama zusammenzufügen.

Ein Dasein im Garten Eden

Organismen können nur unter bestimmten klimatischen und geographischen Bedingungen gedeihen. Bleibt der Lebensraum unverändert, können sie darin über Jahrmillionen hinweg praktisch unverändert bestehen. Wenn sich jedoch die Umwelt wandelt, müssen sie sich anpassen, um zu überleben. Dabei bestimmt die Geschwindigkeit der Umweltveränderungen auch die Rate der biologischen Entwicklung. Langsame Veränderungen begünstigen Anpassung, schnelle hingegen können zur Verdrängung oder sogar zum Aussterben von Arten führen. Perioden, in denen die Erde dramatische Landschaftsveränderungen erfuhr, waren daher häufig Zeiten des Massenaussterbens von Tier- und Pflanzenarten. Gleichzeitig jedoch traten in solchen Epochen viele neue Arten erstmals in Erscheinung.

Auch die Entwicklungssprünge bei den Vorfahren des modernen Menschen stimmen mit Zeiten überein, in denen die Erde tiefgreifende Veränderungen durchlief. Als vor etwa vier Millionen Jahren die zentralafrikanischen Wälder an Größe abnahmen, mußten sich die dort beheimateten Primaten an das Leben in der Savanne anpassen – was wahrscheinlich den Anreiz zur Entwicklung des aufrechten Gangs gegeben hat. Der nächste große Schritt der Hominiden – die erste Benutzung von Steinwerkzeugen – erfolgte mit dem Beginn eines neuen Erdzeitalters, nämlich der Eiszeit, vor etwa zweieinhalb Millionen Jahren. Die Dauer der Eiszeit, in der Geologie als »Pleistozän« bezeichnet, stimmt mit der Dauer der Altsteinzeit, dem sogenannten »Paläolithikum«, überein. Während des gesamten Pleistozäns – also über zwei Millionen Jahre lang – lebten die Vorfahren der modernen Menschen auf fast unverändertem kulturellen Niveau. In den letzten 150 000 Jahren wirkten sich dann die Klimaveränderungen in den europäischen Breiten so drastisch aus, daß diese Gegenden von Menschen verlassen wurden. In den subtropischen Breiten Afrikas hingegen waren die Klimaschwankungen nicht so stark ausgeprägt, so daß sich die Hominiden dort an die neue Umwelt anpassen konnten.

Südlich der Sahara entwickelten sich vor etwa 100 000 Jahren die ersten anatomisch modernen Menschen (*Homo sapiens sapiens*). Sie erwiesen sich als die anpassungsfähigste Art der Erdgeschichte – die einzige, der es gelang, sämtliche Lebensräume, von den Sand- bis zu den Eiswüsten, zu besiedeln. Während weitere Erwärmungen die kalten zu gemäßigten und die gemäßigten zu warmen Regionen werden ließen und sich die Vegetationsgürtel dementsprechend verschoben, paßten sich die Menschen dieser natürlichen Entwicklung an. Ihren Wettbewerbsvorteil konnten sie soweit ausnutzen, daß ihre Art heute die größte Biomasse aller Lebewesen darstellt. Würde man alle Individuen einer Spezies auf einen Haufen legen, wäre keiner dieser Haufen so groß wie der von *Homo sapiens*.

Die ersten Menschen genossen eine Umwelt, die der Beschreibung des Paradieses nahekam. Die Flüsse lieferten Wasser in großer Fülle und ungetrübter Reinheit, die Pflanzendecke war dicht und entsprach der natürlichen Vegetationsgemeinschaft, die Tierwelt lieferte reichlich Nahrung. Die Menschen bedienten sich an diesem Angebot – und griffen damit in die komplizierten, von der Natur im Laufe der Evolution gebildeten Gleichgewichte ein. Mit diesen Eingriffen haben die einfachen altsteinzeitlichen Kulturen möglicherweise der Umwelt größere Schäden zugefügt als die moderne Industriegesellschaft. Jedenfalls folgt das globale Muster, dem das Aussterben der großen Landsäugetiere folgt, der Ausbreitung altsteinzeitlicher Siedlungsstätten.

Während des letzten Höhepunkts der Eiszeit, vor 18 000 Jahren, verfügten die Menschen vermutlich schon über ähnliche Fähigkeiten und Fertigkeiten wie heute, das heißt, sie wiesen die gleichen biologischen Merkmale auf, waren darüber hinaus der Sprache mächtig und besaßen Kenntnisse in Musik, Malerei, Mythologie und Medizin. Sie ernährten sich aber noch immer vom Jagen und Sammeln und mußten deswegen in kleinen Gruppen leben. Die geringe Bevölkerungsdichte ermöglichte nur wenig soziale Kontakte, Informationsaustausch fand praktisch nicht statt, und Spezialisierung war kaum möglich. Alle Zeit und Kraft mußte auf das Überleben verwendet werden.

Damals lag der Spiegel der Weltmeere etwa 120 Meter unter seinem heutigen Niveau. Die Schelfe der Kontinente lagen trocken und bildeten weite Ebenen, die den einfachen Zugang zum Wasser verhinderten. Ein solcher niedriger Meeresspiegel zwingt die Menschen, sich zum Landesinneren hin zu orientieren – jeder, der einmal versucht hat, bei Ebbe in der Nordsee zu baden, kennt das Problem.

Eiszeit und Altsteinzeit endeten etwa 11 000 v. Chr., als sich die schnellsten und tiefgreifendsten Umweltveränderungen in der Erdgeschichte ereigneten, die letztlich zum raschen Aufstieg der Zivilisation während der nachfolgenden Warmzeit führten. Die Temperaturen und der Meeresspiegel stiegen schnell an, und die Vegetationsgürtel verschoben sich. Der steigende Meeresspiegel überflutete die Küstenebenen, das Wasser drang in die Flußmündungen und Täler und führte zur Entstehung zahlloser natürlicher Häfen. Ein hoher Meeresspiegel lädt dazu ein, Boote zu besteigen und übers Meer zu fahren; dadurch beschleunigt sich der Informationsaustausch zwischen den Völkern, Kenntnisse über neue Erfindungen und Errungenschaften verbreiten sich schneller und der kulturelle Fortschritt erlebt einen Auftrieb. In der australopazifischen Region, in Nordeuropa und in der Ägäis lösten Seefahrer die binnenlandorientierten Höhlenbewohner ab.

Bald darauf traten die ersten seßhaften Kulturen auf. Vermutlich hat die mittelsteinzeitliche Seefahrerkultur, die selbst erst durch einen Impuls der Umwelt entstanden ist, bei der Entstehung der Zivilisation als Katalysator fungiert. Die Zivilisierung schritt vor allem in jenen Weltregionen voran, die miteinander einigermaßen verbunden waren. Isolierten Völkern in Südamerika, Afrika und Australien blieb jegliche technologische Entwicklung bis in die Neuzeit versagt. Die Mittelmeerländer hingegen übernahmen eine Führungsrolle in der Kulturgeschichte, weil sie über ein angenehmes Klima verfügten und sich in einer besonders vorteilhaften geographischen Position befanden. Sie bilden nach wie vor die Nahtstelle von drei Kontinenten: Europa, Asien und Afrika. Der weitreichende Austausch von Gütern und Ideen, der an dieser Stelle zusammenläuft, begünstigte die Kulturen in Mesopotamien, Syrien, Palästina, Ägypten, Kleinasien und Griechenland jahrtausendelang.

Im Inneren Griechenlands bedeckten vor rund 11 000 Jahren dichte, immergrüne Wälder die Landschaft. Bären, Füchse und Hyänen bevölkerten diese unberührten Forste. Die Menschen lebten an der Küste. Wenn sie sich weiter landeinwärts wagten, geschah dies offenbar nur, um in der Nähe von Wildpfaden und reichen Gewässern nach Antilopen und Hirschen zu jagen. Manche Tierarten, darunter Wildesel und Steinböcke, verschwanden um diese Zeit aus Griechenland. Auf provisorische Lagerplätze, an denen die Jäger ihre Steinwerkzeuge für das Zerlegen der Beute vorbereiteten, stoßen Archäologen heute noch bei ihren Geländebegehungen. So entdeckten wir während eines Projekts auf dem Peloponnes in der Nähe von Mykene einige archäologische Fundstätten aus der Mittelsteinzeit an den Hängen einer steilen Schlucht, die in ein fruchtbares, von Bergen umschlossenes Tal führte. Das Tal selbst wurde damals offenbar von Menschen nicht betreten. Nur den schmalen Zugang nutzten sie, um Tierherden zu jagen, die hier ein- und auszogen. Obwohl die von uns entdeckten Stätten offenbar nur saisonal bewohnt waren, fanden wir viele tausend Steinwerkzeuge, die dem Zerteilen der Beute dienten.

In einer Höhle an der Südküste von Zypern sind die Auswirkungen dieser mittelsteinzeitlichen Jäger auf die Säugetierwelt noch deutlicher belegt. Dort entdeckten Archäologen Steinwerkzeuge zusammen mit unzähligen Knochen von Zwergnilpferden. Offensichtlich wurden an diesem Küstenabschnitt Zwergnilpferde nicht nur gejagt, sondern auch gleich an Ort und Stelle geschlachtet, und zwar in rauhen Mengen. Seither sind diese Tiere ausgestorben. Auch in Afrika fand zwischen 15 000 und 10 000 v. Chr. – in der letzten Phase der Acheuléen-Kultur – ein Massenaussterben statt. Klimaänderungen liefern keine plausible Erklärung für solche Umwälzungen, da die Tiere einfach den Klimazonen folgen würden. Außerdem haben nicht einmal die zwei Dutzend Wechsel zwischen Eiszeiten und Warmzeiten in den zwei Millionen Jahren davor eine vergleichbare Einschränkung der Artenvielfalt herbeigeführt.

Der Schritt zur Seßhaftigkeit

Nach den Jägern und Sammlerinnen der Altsteinzeit und dem kurzen Zwischenspiel der seefahrenden Völker während der Mittelsteinzeit trat in der Neusteinzeit eine völlig neue Kulturform auf – als die Menschen auf die Idee kamen, die eine oder andere Ziege, der sie gerade nachjagten, nicht zu töten, sondern zu fangen und zu halten.

Anlaß für diese folgenreichste Idee aller Zeiten könnte gewesen sein, daß die großen Säugetiere durch Überjagung bereits so selten geworden waren, daß es kaum noch etwas zu jagen gab.

Die Haltung von Tieren verlangt Seßhaftigkeit – und diese macht es geradezu unmöglich, eine große Bevölkerung durch das Sammeln von Früchten und Samen zu ernähren, da die Umgebung einer Siedlung bald abgeerntet wäre. Deswegen verlangte die Domestizierung von Tieren auch die Kultivierung von pflanzlicher Nahrung. Früchte und Samen wurden nicht mehr nur eingesammelt, sondern ausgesät.

Da die Wildformen der Tiere und Pflanzen, die als erste domestiziert wurden, in natürlichen oder »wilden« Vergesellschaftungen nur in dem als »fruchtbarer Halbmond« bezeichneten Gebiet – von Palästina bis Syrien, über Südostkleinasien zum Irak und Iran – auftreten, kann der Ursprung von Viehzucht und Ackerbau nur dort gelegen haben. Vieles deutet darauf hin, daß die erste Domestizierung im Südosten der Türkei erfolgte – nicht in Mesopotamien und schon gar nicht in Ägypten. Zunächst hielten die seßhaft gewordenen Menschen nur Ziegen, aber schon bald auch Schafe. Noch im 8. Jt. findet man beide Tierarten zusammen. Rinder und Schweine kamen im 7. Jt. hinzu. Gleichzeitig entstanden viele bäuerliche Ansiedlungen rund um das westliche und zentrale Mittelmeer. Die materielle Hinterlassenschaft dieser Ansiedlungen sah den ersten Bauerndörfern im fruchtbaren Halbmond ähnlich. Während sich die seefahrenden Völker der Mittelsteinzeit vorwiegend entlang der Küste orientierten, suchten die ersten bäuerlichen Sippen von vornherein die fruchtbaren Ebenen im Landesinneren auf. In Griechenland wählten die neuen Siedler die ausgedehnten Ebenen von Thessalien, wo es viel Wasser und weichen Boden gab, der auch ohne Pflug bestellt werden konnte.

Die Nomaden der vorangegangenen Jahrtausende lebten in kleinen Gruppen und konnten sich nur tragbare Gegenstände zulegen. Entsprechend groß mußte auch der zeitliche Abstand zwischen den Geburten sein, da eine Familie höchstens ein Kind tragen konnte. Die Seßhaftigkeit ließ diese Einschränkungen hinfällig werden. Außerdem verringerte sie den Pro-Kopf-Platzbedarf um den Faktor 500. Fortan genügte es, wenn nur einige aus der Gemeinschaft Landwirtschaft betrieben, um die ganze Sippe zu ernähren. Der Rest konnte sich anderen Aufgaben widmen. So nahmen Tätigkeitsbereiche wie Handwerk, Kunst, Handel, Politik und Religion einen immer breiteren Raum ein. Die kontinuierliche Versorgung mit Nahrung führte außerdem zu einem Bevölkerungswachstum. Schon bald nach der Einführung der Seßhaftigkeit entstanden in Vorderasien die ersten Städte.

Ackerbau und Viehzucht brachten eine völlig andere Nutzung der Umwelt mit sich. In einer ungestörten, natürlichen Umgebung treten Hunderte von Pflanzen nebeneinander auf. Die Landwirtschaft zielt darauf ab, diese Vielfalt zu reduzieren, indem sie der für die Menschen nützlichsten Pflanzenart optimale Chancen zum Wachstum gibt, alle anderen Pflanzen in ihrem Gedeihen hingegen soweit wie möglich einschränkt, um die maximale Menge an Nahrung auf einer gegebenen Fläche zu produzieren. Die zwangsläufige Folge ist die Zerstörung der natürlichen Vegetationsgemeinschaften.

Zuerst nutzten die bäuerlichen Gemeinschaften nur die besten Böden, und das waren die fetten Auelehme in den Überschwemmungsebenen der ganzjährigen Flüsse. Dort wandten sie die einfachste Form der Landwirtschaft an. Sie bestellten jedes Feld nur so lange, wie ausreichende Erträge erzielt werden konnten; anschließend verlagerten sie den Anbau in ein anderes Gebiet. Dieser Wanderfeldbau verlangt den Menschen eine gewisse Mobilität ab und nimmt im Verhältnis zur Bevölkerungszahl zugleich ein relativ großes Gebiet in Anspruch. Das System funktioniert also nur, so lange wenige Menschen in einer Region leben und entsprechend wenig Nahrung benötigen. Erst durch die Einführung des Brachlandes war es den bäuerlichen Gruppen möglich, sich an einem Ort fest niederzulassen. Bei diesem System bleiben jährlich wechselnde Teile des Ackerlandes ungenutzt, damit sie sich regenerieren können.

Da die Landwirtschaft während des Neolithikums über Jahrtausende hinweg auf die wenigen fruchtbaren Talauen beschränkt war, verblieb die restliche Vegetation in ihrem ursprünglichen Zustand. In der Argolis zum Beispiel, der Region, die später zum Zentrum der mykenischen Kultur wurde, waren weiterhin etwa achtzig Prozent des Landes von immergrünen Eichen bewachsen. In abgelegenen Gebieten, weit weg von den Städten und Dörfern, kann man sogar heute noch Reste der Pflanzengemeinschaften vorfinden, die im Neolithikum vorherrschten. In diesen Regionen konnten sich auch die reifen *Terra rossa*-Böden erhalten, die die Grundlage für den dichten Pflanzenbewuchs bilden.

Im späten Neolithikum hatte sich in Griechenland eine blühende landwirtschaftliche Gesellschaft entwickelt. Die Bauernfamilien lebten in einfachen Häusern aus luftgetrockneten Lehmziegeln, die nur eine begrenzte Lebensdauer hatten. Weil die Häuser immer wieder neu errichtet werden mußten, entstanden im Laufe der Zeit hohe Siedlungshügel, die auch heute noch manche fruchtbare Ebene in den Ländern der Ägäis überragen.

Die Einführung der Landwirtschaft lieferte viele Anreize für technische und wirtschaftliche Neuentwicklungen. Obwohl die wilden Vorläuferinnen der Kühe höchstens ein paar Deziliter Milch pro Tag lieferten, entstand eine Milchwirtschaft. Das Resultat: Heute produziert eine Kuh in ihrem Leben bis zu 15 000 Liter Milch. Schafe wurden nicht mehr nur zur Fleischproduktion gehalten, sondern auch als Quelle für Dünger und Wolle genutzt. Damals lieferte ein Schaf etwa ein Kilo Wolle – heute bis zu zwanzig. Spinnen und Weben entwickelten sich zu wichtigen handwerklichen Tätigkeiten in der Frühbronzezeit. Außerdem begann der Anbau von Trauben und Oliven, und Ochsen wurden als Zugtiere benutzt.

Der Pflug kam in Griechenland erstmals um 3000 v. Chr. zur Anwendung. Mit seiner Hilfe konnten plötzlich sehr viel größere Flächen als zuvor bestellt werden. Mit dem dadurch verbesserten Nahrungsangebot wuchs wiederum die Bevölkerung. Um diese grössere Bevölkerung langfristig ernähren zu können, mußten bald neue Felder und Weideflächen angelegt werden. Man begann deshalb, die Eichenwälder auf den Hügeln zu roden.

Noch immer glauben nicht alle Wissenschaftler, daß diese Entwaldung wirklich stattgefunden hat – und falls doch, daß sie so große Umweltschäden ausgelöst hat. Diese Forscher führen an, daß Waldbrände ähnliche Verheerungen verursachen können, die Natur sich aber trotzdem erholt. Die von Menschen herbeigeführte Entwaldung hat allerdings ganz andere Auswirkungen als die natürlichen Waldbrände. Letztere lösen bei manchen Pflanzenarten das Wachstum der Samen aus und stimulieren die Regeneration vieler Gewächse und Kräuter. Außerdem schränken sie Insekten, Parasiten und Pilze ein. Bleiben Waldbrände ganz aus, hat dies eine zu dichte Vegetation zur Folge. Der Anteil an brennbarem Material steigt. Es treten Pflanzen auf, die Feuer gar nicht vertragen, die Vegetationsvielfalt nimmt ab, und alte Bäume überwiegen. Dadurch wird die Palette der verschiedenen Wachstumsphasen eingeschränkt. Waldbrände sind also ein natürlicher und notwendiger Faktor im Ökohaushalt. Doch selbst die von Menschen herbeigeführte Entwaldung hätte der Umwelt wahrscheinlich nicht nachhaltig geschadet – wenn nicht anschließende Weidewirtschaft auf den gerodeten Flächen die Erholung der Vegetation langfristig verhindert hätte. Statt Eichen wuchsen dort nun Kiefern, Heidekraut und Weißbuchen.

Die fortschreitende Entwaldung wirkte sich massiv auf viele andere Faktoren des Lebensraumes aus, unter anderem auch auf das Klima und die Erhaltung der Böden. Selbst wenn die Niederschlagsraten in prähistorischer Zeit nicht über denen von heute lagen, haben die Wälder eine große Verdunstung erzeugt – und damit die Luftfeuchtigkeit erhöht. Außerdem schützte die dichte Pflanzendecke die Böden vor Erosion durch Regenfälle. Die tonreichen Böden hielten die Niederschläge fest und gaben das Wasser nur langsam wieder frei. Dadurch konnten die Flüsse ganzjährig fließen. Ohne dichte Vegetationsdecke fällt der Regen jedoch direkt auf den Boden und beschädigt ihn. Bei heftigen Regengüssen kann der Untergrund das Wasser praktisch nicht aufnehmen, weil seine Poren mit Luft gesättigt sind, die nicht schnell genug entweichen kann. Das Wasser fließt daher an der Oberfläche ab. Rinnsale vereinigen sich in kleinen Senken und verwandeln sich in Bäche, die sich tief in den Boden einschneiden. Ohne den Halt von Wurzeln rutschen Hangböden Schicht um Schicht ins Tal. So werden die fruchtbaren Böden, die sich über Jahrtausende hinweg allmählich gebildet haben, davongespült. Diese Art der Erosion, die sogenannte »Bodenerosion«, hat grundsätzlich der Mensch verursacht. Ohne menschliche Eingriffe in die Natur tritt sie nicht auf.

Wer behauptet, die Menschen in urgeschichtlicher Zeit hätten im Einklang mit der Natur gelebt, hat keine Ahnung, was wirklich geschah. Welches Gebiet man auch betrachtet, die erste Phase der vom Menschen verursachten Instabilität der Landschaft war immer auch die verheerendste, weil gleich zu Beginn der meiste Boden verlorenging. Ist das Gleichgewicht erst einmal gestört, werden die Intervalle zwischen den einzelnen Bodenerosionsphasen kürzer. Dafür gerät allerdings auch immer weniger Material in Bewegung – denn der größte Teil der empfindlichen Böden ist ja bereits verlorengegangen. Die massive Ausdehnung der Landwirtschaft sorgte dafür, daß Millionen Tonnen zuvor fruchtbarer Erde in die Täler gespült und dort von den Flüssen als Auelehm abgelagert wurden. Die in Senken angelegten jungsteinzeitlichen und frühbronzezeitlichen Siedlungen verschwanden unter meterdickem Schlamm.

Unsere geoarchäologischen Untersuchungen in Griechenland haben gezeigt, daß die massiven Bodenerosionen in verschiedenen Regionen zu verschiedenen Zeiten auftraten. In den Zentren der neolithischen Landwirtschaft ging das ökologische Gleichgewicht bereits im 4. Jt. verloren. Weniger dicht besiedelte Gebiete kamen erst im 3. Jt. durch die Ausweitung der Landwirtschaft zu Schaden, noch abgelegenere Regionen sogar erst weitere tausend Jahre später.

Die Umwandlung von natürlichen Waldflächen in landwirtschaftliche Nutzflächen war vermutlich schon in der Frühbronzezeit weitgehend vollzogen. In der Spätbronzezeit zeigte die griechische Vegetation bereits eine ähnliche Zusammensetzung wie heute. Dichte Wälder mögen noch im Hinterland vorhanden gewesen sein. Dort hausten Wildschweine, Hirsche und vielleicht sogar der eine oder andere Löwe – das Vorkommen all dieser Tiere ist durch Knochenfunde bei den Ausgrabungen belegt.

Zwischen 1200 und 800 v. Chr. sank die Bevölkerungsrate in vielen Gegenden Griechenlands drastisch ab. Anschließend stieg sie wieder und erreichte schließlich in der klassischen Antike ein Maximum. Damals mußten sogar die entlegensten Felder bestellt werden, um die Bevölkerung ernähren zu können. In dieser Zeit hatten die Menschen aber bereits technische Verfahren entwickelt, um die Landschaft zu stabilisieren. Den Lauf der Flüsse bremsten sie mit kleinen Wehren; die Böden auf den Hügeln schützten sie mit

Die großen Steine sind Reste antiker landwirtschaftlicher Terrassen.

Terrassen. Mit solch einfachen Methoden konnten sie die Bodenerosion erheblich einschränken. Außergewöhnlich solide konstruierte Terrassen mit Steinblöcken von so großem Gewicht, daß sie nicht von Einzelpersonen bewegt worden sein können, treten in vielen Gegenden Griechenlands in Erscheinung. Wahrscheinlich wurden diese Terrassen in klassischer Zeit angelegt.

Es gibt jedoch auch Landstriche am Mittelmeer, die sowohl vom Raubbau an der Natur wie auch von Bodenerosion verschont

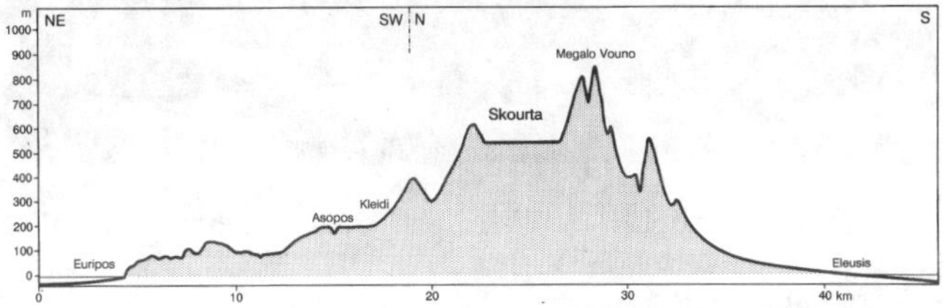

Die Skourta-Ebene liegt im Gebirge zwischen Attika und Böotien.

blieben. Eine solche intakte Landschaft ist zum Beispiel die Skourta-Ebene im Gebirgszug Parnaß auf halbem Weg zwischen Athen und Theben. Sie war während langer Phasen in der griechischen Geschichte ein Grenzgebiet zwischen den feindlichen Königreichen Böotien und Attika, wobei sie zu Attika gehörte, aber von Böotien leichter zugänglich war. Da Böotien die Region nicht nutzen durfte, von Athen jedoch kaum jemand dorthin gelangte, blieb die Landschaft von Mißbrauch verschont. Der griechische Historiker Thukydides berichtet sogar von einem Schwur der Athener und

Die Skourta-Ebene auf der Nordseite des Parnaß ist nur ganz dünn besiedelt.

Athen, südlich des Parnaß gelegen, ist eine Betonwüste.

Böotier, daß keines der beiden Völker diese Gegend bewohnen solle. Selbst heute gibt es dort kaum Dörfer.

Auf einer Höhe von über 500 Meter über dem Meeresspiegel erstreckt sich mitten in den Bergen eine ausgedehnte Ebene mit ungewöhnlich fruchtbarem und gut erhaltenem Boden. Oliven gedeihen in dieser Höhe nicht mehr, deswegen wird der Boden für den Anbau von Getreide und Weinreben genutzt. Auch auf den Bergen rund um das Tal ist der Boden noch gut erhalten. Dichte Mischwälder bedecken diese Hänge. Satellitenbilder zeigen, daß die Verbreitung der Wälder in etwa dem Verlauf der Grenze zwischen Attika und Böotien in klassischer Zeit entspricht. Als der Reisende George Wheler im siebzehnten Jahrhundert durch die Gegend kam, traf er noch Wildenten, Wölfe, Bären und Wildschweine an. Auch heute ist die Gegend durch ein für Griechenland ungewöhnlich vielfältiges Tierleben gekennzeichnet – während der Moloch Athen mit seinen vier Millionen Einwohnern nur wenige Kilometer weiter südlich liegt. Das Beispiel dieser Region am Parnaß zeigt deutlich, daß weniger das Wirken des Klimas, als das der Menschen für frühgeschichtliche Umweltzerstörung verantwortlich zu machen ist.

Heile Welt in Albanien

Nach Abschluß unserer Untersuchungen in Pylos sieht sich Jack Davis nach einem neuen Projekt um. Da sich Albanien von der kommunistischen Diktatur befreit und der Außenwelt geöffnet hat,

Von Oia im äußersten Norden der Santorin Inselgruppe läßt sich die ganze Caldera überblicken.

Der geneigte Stein auf der rechten Seite dieses Gebäudefundaments in Amnisos soll durch eine Tsunami bewegt worden sein.

Gournia an der Bucht von Mirabello ist eine großflächig ausgegrabene minoische Fundstätte.

Der minoische Palast von Kato Zakros befindet sich in einer Oase im äußerst trockenen Ostkreta

Andrew Kos und Joseph Monaghan durchbohren eine fast zehn Meter dicke Schicht nacheiszeitlicher Ablagerungen in der Nähe von Malia.

Die minoische Fundstätte Monastiraki liegt im dünn besiedelten Amari-Tal westlich des Psiloritis-Massivs. Rechts neben der Bildmitte ist das Dach über der Ausgrabung als heller Streifen zu erkennen.

Die Mauern der sechsten Stadt vor Troja – hier auf der östlichen Seite – zeigen keinerlei Anzeichen für Schäden durch Erschütterung.

Das Löwentor in Mykene überstand Jahrtausende unbeschadet.

Die spätbronzezeitliche Burganlage von Tiryns soll ihrem Ausgräber zufolge um 1200 v. Chr. ein schweres Erdbeben erlitten haben.

In der minoischen Fundstätte Apodoulou sind über zwei Meter hohe Trockensteinmauern bis heute unversehrt erhalten.

In römischer Zeit erreichte die Wasserbaukunst einen Höhepunkt. Über dieses Aquädukt wurde Karthago mit Wasser aus den Bergen versorgt.

Als die römische Kontrolle über Tunesien zusammenbrach, wurde dieses Mausoleum unter fünf Meter dicken Wadi-Ablagerungen verschüttet.

Bei archäologischen Surveys – hier in Skourta – gefundene Keramikfragmente sind in aller Regel nicht spektakulär.

Die in Ausgrabungen – hier in Akrotiri – gefundenen Keramikfragmente lassen sich manchmal zu Gefäßen zusammenfügen.

Die Reste des Palasts von Nestor befinden sich in der Baumgruppe links von der Bildmitte. Von ihrer Residenz aus hatten die Könige eine traumhafte Aussicht über die Bucht von Navarino.

Die Säuberungsarbeiten am Palast von Nestor zeigen wie wenig sich die Ausgrabungstechnik im Lauf der Zeit verändert hat.

Die auf Kalksteinböden im Mittelmeerraum entstehenden *Terra rossa*-Böden sind fruchtbar. Um landwirtschaftlich genutzt werden zu können, benötigen sie jedoch künstliche Bewässerung.

Wo sich *Terra rossa*-Böden erhalten konnten, bieten sie eine Basis für dichten Pflanzenbewuchs.

Heute sind in weiten Teilen Griechenlands die Böden vollständig abgetragen. Auf dem nackten Kalkstein kann sich keine Vegetationsdecke mehr halten.

Mit Hilfe von Terrassen werden die noch verbliebenen Reste der Bodenkrume stabilisiert.

Dieses Falschfarben-Satellitenbild zeigt deutlich die üppige Vegetation (in Braunrot) in der Argivischen Ebene.

Die Computer-Klassifizierung desselben Satellitenbildes macht zusätzliche Eigenschaften der Landschaft erkennbar. Dazu zählen der Sedimenteintrag ins Meer und die Zonierung der Küstenregion.

Die topographischen Daten eines Untersuchungsgebietes lassen sich in Geographische Informationssysteme übertragen. Das Beispiel zeigt die Umgebung des Palasts von Nestor.

Dieses klassifizierte Landsat-Satellitenbild der Ebene von Troja zeigt deutlich die in rot hervorgehobenen Feuchtgebiete in der Küstenebene

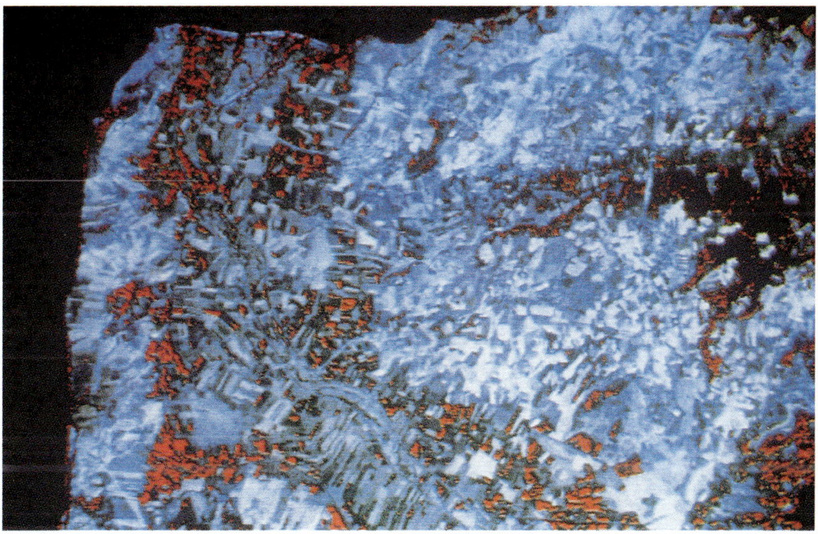

Das verlandete Hafenbecken in Pylos tritt in der Landschaft als rechteckiges Feld – hier rechts neben dem Gebäude – deutlich hervor.

Der künstliche Damm in der Nähe von Tiryns leitete den Fluß, der ursprünglich in diesem Bild von links unten nach rechts oben floß, in den Kanal auf der linken Bildseite um.

Landwirtschaft wird in Albanien noch heute in ähnlicher Form betrieben wie vor Tausenden von Jahren.

Auf Santorin erstrecken sich die Gebäude der Ortschaften zum Teil über den Rand der Caldera hinaus.

bietet es sich an, die archäologischen Schätze dieses Landes einem größeren Publikum zu erschließen. Überraschend lädt mich Jack ein, eine Woche lang ein Pilotprojekt in Albanien zu begleiten.

Einige Wochen später treffe ich ihn und sein Team am Ausgang 56 auf dem Flughafen Zürich-Kloten, und wir fliegen gemeinsam nach Tirana. Nach zwei anstrengenden Tagen mit Amtsgängen in der Hauptstadt werden wir über stark zerklüftete Straßen in die vier Autostunden – das entspricht hier hundert Kilometern – weiter südlich gelegene Ruinenstadt Apollonia gefahren. Dort haben Griechen aus Korfu und Korinth 588 v. Chr. eine Kolonie gegründet, die sich später zur wichtigen Handels- und Universitätsstadt entwickelte und annähernd tausend Jahre lang bestand. Kaum sind wir in Apollonia eingetroffen, breitet sich im Team spürbare Erleichterung aus. Ein traumhaftes Grabungshaus, mit Mitteln aus Frankreich errichtet, erwartet uns. Die Räume öffnen sich nach innen auf ein Atrium, nach außen hingegen sind sie von hohen Natursteinmauern umgeben. Der kleine Garten um das Haus ist durch schmiedeeiserne Zäune geschützt und wird nachts angestrahlt. Vor dem Zaun stehen Wachen mit Maschinenpistolen - Tag und Nacht.

Noch am ersten Abend blicke ich von der Veranda aus fasziniert über die Küstenlandschaft. Ich suche sie mit dem Feldstecher ab und entdecke dabei auf fast jedem Feld Leute. Sie sitzen in kleinen Gruppen unter Bäumen oder auf großen behauenen Steinen der antiken Ruinen und plaudern, treiben einzelne Kühe zu Weidegründen, hüten Schafe, sammeln Heu, schneiden Gras mit der Sense

Ein restaurierter Teil der Mauer von Apollonia. Die Felder dahinter werden noch von Hand bestellt.

oder jäten Gemüsebeete. Hunderte von Menschen sind bei Einbruch der Dunkelheit noch auf den Feldern. Die Landschaft lebt. Sie sieht aus wie ein Gemälde von Pieter Brueghel. So muß das Landleben vor unserer Zeit gewesen sein.

Erst einige Tage später, bei einem ausgedehnten Erkundungsmarsch durch die nähere Umgebung von Apollonia, wird mir bewußt, was mich – und vielleicht auch die albanische Landbevölkerung – immer wieder in diese Landschaft zieht. Es ist die Geräuschkulisse, die mich so fasziniert. Man hört keine einzige Maschine, kein Auto, keinen Trecker. Alle Feldarbeit wird von Hand verrichtet. Statt des üblichen geschäftigen Brummens der Städte hört man hier draußen wirklich noch Frösche quaken, Kuhglocken läuten, Vögel

In der Umgebung von Apollonia bestimmen Bunker das Bild der ansonsten intakten Landschaft.

singen, Zikaden zirpen, Esel brüllen, Schafe blöken, Pferde wiehern – Dutzende verschiedener Geräusche liegen in der Luft, und die meisten davon dringen aus der Ferne zu mir. Dazwischen erklingt hin und wieder eine Kinderstimme aus dem nächstgelegenen Dorf, wo die Frauen noch – wie zu Zeiten Homers – die Wäsche am Dorfbrunnen waschen. Ein paar Tage Landleben in Albanien kommen mir vor wie eine Kur von den allgegenwärtigen Errungenschaften der Zivilisation. – Die meisten Einheimischen mit denen ich ins Gespräch komme, scheinen auf die romantischen Seiten ihrer Heimat jedoch gern verzichten zu wollen. Sie möchten so schnell wie möglich weg.

Wie die Geräuschkulisse und die Landarbeit in Albanien die Erinnerung an das Leben vergangener Jahrhunderte wachrufen, so sind auch Böden, Pflanzenbewuchs und Tierwelt im Vergleich zum übrigen Europa ein Relikt der einstigen Vielfalt. In den albanischen Bergen gibt es noch Braunbären, Wölfe, Luchse und Schakale.

Bis vor kurzem war das Betreten der ehemaligen Akropolis von Apollonia selbst albanischen Archäologen verboten: Dieser höchste Punkt der Stadt war zum militärischen Sicherheitsbereich erklärt worden. Nun stellt sich heraus, daß die gesamte Akropolis von unterirdischen Bunkern durchzogen ist. Von hier aus sollte der albanische Generalstab die Küste überschauen, falls – wie der Diktator Enver Hodscha in den 1970er Jahren befürchtete – ein Angriff westlicher Truppen auf Albanien drohte. Abertausende solcher Bunker ließ Hodscha entlang der Küste errichten; sie verschandeln eine ansonsten einmalig intakte Landschaft.

In der von uns erforschten Gegend um Apollonia haben die Behörden weite Landstriche unter Schutz gestellt. Um unentdeckte archäologische Fundstätten nicht zu gefährden, darf in diesen Gebieten nicht einmal gepflügt werden. Die Böden sind deswegen vollständig erhalten. Selbst der empfindliche, humushaltige oberste Horizont ist noch vorhanden. Wer noch immer daran zweifelt, daß die Ausbeutung der Landschaft durch uns Menschen die Hauptursache für die Bodenerosion ist, dem sei eine Reise nach Albanien empfohlen. Wo die Felder in Handarbeit mit einfachen, seit der Jungsteinzeit verbreiteten Techniken bestellt werden, ist die Landschaft über Jahrtausende hinweg intakt geblieben.

Ingenieurkunst: Kontrolle des Wassers und Stadtplanung

> »Entgegen gutgemeinter Ratschläge habe ich darauf verzichtet, mich auf eine statische Aufzählung des derzeit Beweisbaren zu beschränken. Diese Haltung ist ebenso unanfechtbar wie unproduktiv und unwissenschaftlich; sie wird der Tatsache nicht gerecht, daß Wissenschaft als dauernder Prozeß auf neue Initiativen und Impulse angewiesen ist. Wer vor Neuland steht, muß es auch betreten.«
> Hermann Kern, *Labyrinthe* (1982)

Technische Rekonstruktionen

Als die Menschen begannen, die natürlichen Ressourcen nicht mehr nur einfach auszubeuten, sondern das in der Natur angelegte Potential optimal auszuschöpfen, hatten sie die Technik erfunden. Deren Entwicklung ist eng mit der jeweiligen Gesellschaft, Kultur, Politik und Wirtschaft verknüpft. Im Laufe der Zivilisationsgeschichte hat die Technik verschiedene Formen angenommen und Lösungswege beschritten, folgte dabei jedoch immer dem Prinzip der Zweckrationalität. Rationale Lösungen lassen sich rekonstruieren, indem man die Perspektive der Ingenieure von einst annimmt und ihre Werkzeuge und Möglichkeiten berücksichtigt. Da die Naturkräfte und -gesetze inzwischen genau bekannt sind, läßt sich an den Überresten altertümlicher Anlagen ermessen, in welchem Umfang die in der Natur vorgegebenen Parameter bereits vor langer Zeit bekannt waren. Diese Methode bezeichnet der Essener Architekt Horst Leiermann als »technische Rekonstruktion«.

Bei der technischen Rekonstruktion werden alle zur Verfügung stehenden Informationen gleichzeitig herangezogen – Dokumente, Gegenstände, selbst mythologische Überlieferungen –, ungeachtet ihrer unterschiedlichen Aussagekraft. Insofern unterscheidet sich der Forschungsansatz der Ingenieure und Naturwissenschaftler von dem der etablierten Altertumskunde. Letztere trennt streng nach der Art des erhaltenen Materials. Baureste, Texte, Artefakte und Skulpturen werden jeweils von Spezialisten unterschiedlicher Disziplinen untersucht. Zusätzlich werden die erhaltenen Relikte auch nach ihrem Ursprungsland unterschieden und in Subdisziplinen (Ägyptologie, Altorientalistik, Assyrologie usw.) bearbeitet. Bei technischen

Rekonstruktionen ist diese Aufsplitterung nicht erforderlich. Das einzige entscheidende Kriterium ist hier, wie eine Kultur – ungeachtet ihrer Herkunft und Sprache – mit den Naturgesetzen fertig wurde.

Um plausible Lösungen für die technischen Probleme der Vergangenheit zu finden, gehen Ingenieure, Techniker und Architekten von heute mit ihrer Erfahrung an die Rekonstruktion der technischen Anlagen von einst heran. In den meisten Fällen verlangt diese Methode verschiedene Arbeitshypothesen und Lösungsansätze, bis sich schließlich eine Interpretation als die einleuchtendste Lösung herauskristallisiert. Mangels Beweisen, daß eine Anlage wirklich so genutzt wurde, wie es scheint, bleibt technischen Rekonstruktionen immer nur der Rang einer Theorie vorbehalten. Sobald neue Informationen vorliegen, müssen sie möglicherweise überdacht werden. In günstigen Fällen helfen sie jedoch, weitere Komponenten der technischen Anlagen aus prähistorischer und historischer Zeit ausfindig zu machen. Werden solche Komponenten dann dort entdeckt, wo sie sich nach der Vorhersage befinden sollten, erhärtet sich die Vermutung, daß die technische Rekonstruktion zutrifft.

Wasserbau in mykenischer Zeit

Ein geradezu ideales Arbeitsgebiet für technische Rekonstruktionen stellt der Wasserbau dar. Da Wasser für die Menschen – neben Luft – die wichtigste natürliche Ressource ist, kam der Wasserwirtschaft und dem Wasserbau in den meisten Gegenden der Welt während fast aller Epochen der Kulturgeschichte eine herausragende Rolle zu. Reste von Wasserbauanlagen aus vor- und frühgeschichtlicher Zeit haben sich in den Mittelmeerländern an vielen Orten erhalten. Spätestens seit dem 4. Jt. gehörte die künstliche Bewässerung der Felder zu den allgemein üblichen Maßnahmen, und bereits im 2. Jt. entstanden in Ägypten und Griechenland komplizierte Entwässerungssysteme. Um die gleiche Zeit besaßen auch schon viele Städte in Mesopotamien, Ägypten, Kleinasien und auf Kreta ausgeklügelte Wasserver- und -entsorgungsanlagen.

Jost Knauss, Professor für Wasserbau an der Technischen Universität München, hat die Wasserbauanlagen im mykenischen

Griechenland studiert und darüber vier Bücher und über dreißig weitere Publikationen geschrieben. Seine Forschungen haben erwiesen, daß viele – wenn nicht die meisten – wichtigen mykenischen Siedlungen von künstlichen Wasserbauanlagen profitierten. Wie sich herausstellte, müssen die Kenntnisse der mykenischen Ingenieure ein erstaunlich hohes Niveau erreicht haben, denn ihre technischen Lösungen entsprachen genau den jeweiligen hydraulischen Anforderungen. Jost Knauss kommt zum Schluß, daß sie sogar den Wissensstand der klassischen Antike – tausend Jahre später – überschritten.

In den 1930er Jahren entdeckten Archäologen einige Kilometer östlich von Tiryns, der spätbronzezeitlichen Burg in der Argivischen Ebene, die das Kernland der mykenischen Kultur bildete, einen künstlichen Damm, so hoch wie ein dreistöckiges Haus und um ein vielfaches länger. Er erstreckt sich quer durch ein Flußbett und blockiert somit den natürlichen Wasserlauf, hatte also die Aufgabe, den Fluß umzuleiten. Ein 1,5 Kilometer langer künstlicher Kanal führt vom Damm zum nächsten natürlichen Wasserlauf, und an der Dammbasis sind zum Teil noch massive Mauern erhalten, die den unteren Teil zumindest auf der Wasserseite schützen sollten. Der Stil dieser Mauern ist charakteristisch für die mykenische Periode. Es war also klar, daß diese Anlage etwa um die gleiche Zeit wie die Burgen von Mykene und Tiryns in der Spätbronzezeit errichtet wurde.

Vor vierzehn Jahren begann ich im Auftrag des Deutschen Archäologischen Instituts die Landschaftsgeschichte der Argolis zu erforschen. Natürlich interessierte mich dabei besonders, warum der Fluß umgeleitet wurde. Die Vermutung lag nahe, daß dies zwangsläufig geschah, um die Unterstadt von Tiryns vor Überschwemmungen zu bewahren, denn das ursprüngliche Bett verlief direkt um die Burg. Da seit der Umleitung im Bereich der spätbronzezeitlichen Stadt praktisch keine Sedimente zur Ablagerung gelangt sein können, begann ich, den Untergrund in der Umgebung von Tiryns mit Hilfe von Hand- und Maschinenbohrungen zu erkunden. Die Ergebnisse der stratigraphischen Untersuchungen waren verblüffend. Es stellte sich heraus, daß große Teile der Unterstadt um etwa 1200 v. Chr. von Schlammströmen verschüttet wurden und heute bis zu fünf Meter tief unter der Oberfläche verborgen liegen.

Obwohl die Überschwemmungskatastrophe sich um 1200 v. Chr. ereignete – also zu dem Zeitpunkt, als die Palastgesellschaft zu ver-

Die Flußumleitung bei Tiryns – das älteste noch funktionierende Wasserbauwerk Europas

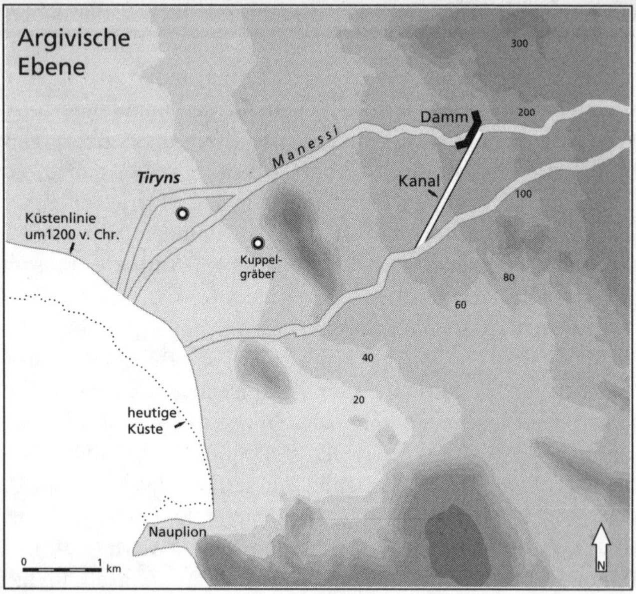

fallen begann –, stand danach offensichtlich noch genügend Sachverstand und politische Führungskraft zur Verfügung, um den Damm und den Kanal zu planen und den Bau auch auszuführen. Zweck der Anlage war offensichtlich, die Unterstadt von Tiryns für alle Zeiten vor Überflutungen zu bewahren, eine Aufgabe, der sie in jeder Hinsicht gerecht wurde. Der Damm überdauerte sogar die Besiedlung von Tiryns um ein Vielfaches. Als die letzten Bewohner siebenhundert Jahre nach dem Dammbau die Stadt verließen, erfüllte die Umleitung ihre Aufgabe noch immer. Heute, 3200 Jahre nach ihrer Errichtung, ist sie die älteste noch funktionierende Wasserbauanlage Europas.

Auch der Hydro-Ingenieur Jost Knauss beschäftigte sich mit der Flußumleitung in Tiryns. Insbesondere wies er auf die hervorragende Wahl des Standorts hin. Offensichtlich kannten die mykenischen Ingenieure die hydrologischen Parameter des Einzugsgebiets sehr genau: Die Umleitung führte über achtzig Prozent der anfallenden Abflußmenge ab.

Andere Zentren der mykenischen Kultur verfügten ebenfalls über Wasserbauanlagen. Direkt unterhalb der Burg von Mykene untersu-

Rekonstruktion der Staumauer in Mykene

chte Jost Knauss die Reste einer massiven Mauer, die sich quer durch das Bett des Chavos erstreckt. Man hielt diese Mauer für den erhaltenen Teil einer prähistorischen Brücke. Jost Knauss hingegen erkannte, daß es sich um die Reste eines künstlichen Staudamms handelt. Noch heute befindet sich in den Fugen zwischen den Steinblöcken wasserdichter Lehm. Etwas unterhalb der Staumauer gibt es runde Aushöhlungen im felsigen Untergrund, und es wäre denkbar, daß diese als Waschbecken zum Beispiel für Kleider eingesetzt wurden. Möglicherweise trat das Wasser des Stausees an bestimmten Stellen der Staumauer strahlförmig aus, so daß die Becken zugleich gefüllt und das Wasser darin in Bewegung versetzt wurde. Solche natürlichen »Waschmaschinen« werden in Griechenland zum Teil noch heute zum Reinigen von Flokati-Teppichen verwendet.

Es gibt Passagen in der antiken griechischen Literatur, die darauf hindeuten, daß zu Homers Zeiten – oder auch schon davor – in solchen Gruben gewaschen wurde. Jost Knauss bezog diese Passagen in seine Rekonstruktion der Anlage mit ein. In der *Odyssee* (6.85-87) fährt die schöne Königstochter Nausikaa vor die Stadt, um dort kostbare Gewänder zu waschen:

»Alsbald kamen sie hin zu des Flusses reizender Strömung,
Gruben für Jahre befanden sich dort, und das herrlichste Wasser
Strömte in Fülle, genug, auch den gröbsten Schmutz zu entfernen.«

Und in der *Ilias* (22.153-156) stürmt Hektor auf der Flucht vor dem wütenden Achilles vorbei an den Quellen vor Troja, eine Stelle, von der es heißt:

»Dort sind ganz in der Nähe der Quellen geräumige Becken,
Steingemauerte, schöne, darin sich die schimmernden Kleider
Immer wuschen die Frauen und lieblichen Töchter der Troer.«

An verschiedenen Orten errichteten die mykenischen Ingenieure auch Systeme, mit denen es möglich war, das überschüssige Wasser der Niederschläge im Winter und Frühling abzuleiten, beziehungsweise einen Teil davon zur Bewässerung der Felder während der trockenen Sommermonate zu speichern. In der griechischen Berglandschaft gibt es viele abflußlose Täler, die sich durch heftige Regengüsse im Winter schnell in Seen verwandeln können. Im zerklüfteten Kalkgestein findet das Wasser meist einen natürlichen Abfluß. Sind diese Klüfte jedoch blockiert, bleibt der See im Tal bestehen, möglicherweise sogar den ganzen Sommer über.

Die mykenischen Ingenieure hatten allen Grund, in diese natürlichen Abläufe einzugreifen. Unter anderem enthalten die Talbecken fruchtbare Böden, und in einem Land, das vorwiegend von kargen Kalksteinbergen beherrscht wird, sind dies kostbare landwirtschaftliche Nutzflächen. Ein großer Teil des fruchtbaren Landes kann aber nicht bestellt werden, wenn es die meiste Zeit des Jahres von stehenden Gewässern bedeckt ist. Fallen diese am Ende des Sommers trocken, ist es jedoch für die Aussaat zu spät. Die Leute schreckten auch davor zurück, ihre Höfe und Siedlungen in den Senken zu errichten; einerseits wegen der drohenden Überschwemmungsgefahr und andererseits, weil die Feuchtgebiete ideale Brutstätten für Mücken – und damit für Malaria – sind.

Die wasserbautechnische Lösung des Problems war so einfach wie wirkungsvoll: Ein Teil der Winter- und Frühlingsabflußmenge wurde in Speicherbecken zurückgehalten, damit das Wasser in den trockenen Sommermonaten für die Bewässerung der Felder zur Verfügung stand, der Rest durch künstliche Wasserläufe so rasch wie möglich abgeleitet. Um dieses System umzusetzen, mußte nur ein kleiner Teil der Ebenen mit Hilfe langer und niedriger Deiche vom

Rest des Talbeckens abgeriegelt werden. Dahinter hielt man das Wasser zurück, während der Rest der Ebene trockenfiel.

Ein besonders eindrucksvolles Be- und Entwässerungssystem entstand in der Kopais in Mittelgriechenland. In dieser abflußlosen Senke in Böotien hatten sich Feuchtgebiete und Seen gebildet, die mit 150 Quadratkilometern Fläche die fünffache Größe des Starnberger Sees erreichten. Um das fruchtbare Ackerland zurückzugewinnen und die Malaria-Gefahr einzuschränken, errichteten die Mykener zunächst ein einfaches System, wie es in ähnlicher Art gleichzeitig auch in manchen Beckenlandschaften Arkadiens zu finden ist. Im 14. und 13. Jh. ließen die mykenischen Ingenieure dieses System dann ausbauen. Am Nordrand entstand ein großer Hauptkanal von 25 Kilometer Länge, vierzig Meter Breite und zwei bis drei Meter Tiefe. Darin lief das Wasser von zwei Flüssen und vielen Bächen zusammen und einem natürlichen Abfluß auf der anderen Talseite zu. Mächtige Dämme von dreißig Meter Breite und zwei Meter Höhe trennten den Kanal vom Rest der Ebene. Für den Fall, daß überdurchschnittlich große Wassermengen auftraten, bestanden Austrittsöffnungen und Notbecken. Das gesamte System war in der Lage 700 Millionen Kubikmeter Wasser pro Jahr zu bewältigen. Der Kanal war so effizient gestaltet, daß das schon existierende Poldersystem mit seinen nur einen Meter hohen Deichen beibehalten werden konnte. In der Regenzeit leitete man das Wasser den Becken zu, um die Reservoirs zu füllen; das überschüssige Wasser floß durch den Kanal ab. So konnte man die Bauernhöfe und Städte wie auch die landwirtschaftlichen Nutzflächen das ganze Jahr über regelmäßig mit Wasser versorgen. Außerdem ließ sich der breite Kanal auch als Transportweg für die Güter vom Landesinneren Richtung Küste benutzen.

Nach dem Zusammenbruch der mykenischen Staatsstruktur verfiel auch die Trockenlegung der Kopais, so daß sich anschliessend wieder Feuchtgebiete bildeten. In römischer Zeit und schließlich im neunzehnten Jahrhundert griff man die mykenischen Versuche der Trockenlegung wieder auf. Heute ist die Kopais eine trockene Ebene, an deren Rand eine Autobahn verläuft.

Welche Konsequenzen der Zusammenbruch eines funktionierenden Landschaftskontrollsystems haben kann, läßt sich an der Wadi-Landschaft in Zentraltunesien erkennen. In römischer Zeit galt Nordafrika als »Kornkammer Roms«. Heute ist die Gegend verödet und nur von einigen Nomaden bewohnt.

Auf Einladung eines dänischen Archäologen- und Historiker-Teams unter der Leitung von Søren Dietz besuchte ich vor einiger Zeit eine Landschaft im Zaghouan-Tal in Nordosttunesien. Da an dem Projekt bereits zwei Geographen beteiligt waren, schien ich eher als eine Art Gast vorgesehen zu sein. Jedenfalls hatte ich so wenig Informationen erhalten, daß ich nicht einmal wußte, wo das Untersuchungsgebiet lag. Dies sei auch nicht nötig, sagte man mir, da ich ohnehin am Flugplatz abgeholt werden würde.

Als ich mit fünfstündiger Verspätung nachts ums eins in Tunis eintreffe, kann ich die Personen, die sich noch im Flughafengebäude befinden, an einer Hand abzählen. Ein dänischer Archäologe ist offensichtlich nicht darunter. Dafür ist der Informationsschalter noch besetzt. »Nein, wir haben keine Nachricht für sie«, heißt es dort.

Was tun? Ein Hotel für die Nacht ist zu finden – aber morgen ist der letzte Tag des Ramadan. Alle öffentlichen Einrichtungen, Botschaften, Archäologischen Institute und Ausgrabungen sind geschlossen. So irre ich am nächsten Tag durch Tunis, nehme mir ein Taxi zur Grabung in Karthago, fahre immer wieder zum Flugplatz, um mich nach Nachrichten zu erkunden – vergeblich.

Schließlich fällt mir eine beiläufige Bermerkung von Søren Dietz ein: Diesmal sei das ganze Team an der Küste untergebracht. Voriges Jahr habe es zwei Unterkünfte gegeben: eine am Meer und eine in den Bergen. Ich muß also irgendwohin, wo Berge und Meer sich nahekommen. Also nehme ich ein Taxi nach Hammamet, dem größten touristischen Zentrum am Meer, um dort ein Hotel zu suchen, ein Auto zu mieten und dann nach dem Archäologen-Team zu suchen. Vom Fahrer versuche ich zu erfahren, wie viele Hotels es in Hammamet gibt. »Über hundert«, lautet die Antwort – es wird also eine lange Suche werden.

An einer Straßenecke, wo sich gleich vier Hotels befinden, setzt der Fahrer mich ab. Eine recht vornehme Herberge ist bereit, mich für ein oder zwei Nächte aufzunehmen. Erschöpft trage ich mich ins

Gästebuch ein. Warum nicht gleich hier mit der Suche anfangen, denke ich dabei und sage zum Portier: »Sie kennen sich sicher gut aus in dieser Gegend!« – »Ja, sicher.« – »Dann haben sie vermutlich auch schon von den dänischen Archäologen gehört.« – »Klar«, sagt der freundliche Mann hinter dem Tresen. »Sie wohnen bei uns!« – »Natürlich«, denke ich mir, und laut sage ich: »Dann kennen sie sicher auch Søren Dietz!« – »Der wohnt auch hier.« Im gleichen Moment sehe ich im Gästebuch weiter oben meinen Namen stehen. Ich habe es fertiggebracht, genau das Zimmer zu mieten, das ohnehin für mich reserviert ist! Søren Dietz und sein Team begrüßen mich wie einen verlorenen Sohn.

Die Geländearbeiten im Landesinneren bergen ebenfalls eine ganze Reihe von Überraschungen. Die Survey-Teams haben weit über hundert römische Villen und Gehöfte entdeckt, die zum Teil über aufwendige Bäder verfügten; in römischer Zeit lieferten die Quellen der Zaghouan-Berge Wasser über fünfzig Kilometer lange Leitungen nach Karthago. Kleinere Flüsse wurden mit Sperrmauern gebremst und fruchtbare Böden mit landwirtschaftlichen Terrassen versehen. Die Niederschläge fingen die Bewohner zum Teil in Zisternen auf, um sie für trockene Zeiten zu speichern. Mit diesen Mitteln konnten die relativ geringen Niederschläge optimal genutzt und die Böden für die Landwirtschaft langfristig erhalten werden. Wir entdecken keine Anzeichen für Bodenerosion zwischen dem Ende der letzten Eiszeit und dem Ende der römischen Zeit.

Wadi in Nordosttunesien

Heute sieht die Landschaft ganz anders aus. In den Wadis haben sich meterdicke Schichten von Alluvium angehäuft – Sediment, das aus ehemals fruchtbaren und nun weggeschwemmten Böden hervorgegangen ist. In den Regenzeiten überschwemmen die Flüsse rund ein Viertel der Landschaft. Während der trockenen Zeiten des Jahres liegen diese ausgedehnten Landstriche unter dichtem Distelbewuchs brach. An den meisten Stellen zeigen die jungen Sedimente keine Schichtung – sie müssen also innerhalb kurzer Zeit zur Ablagerung gelangt sein. Schließlich bemerken wir ein spätrömisches Mausoleum, das vermutlich im fünften Jahrhundert direkt auf mindestens 10 000 Jahre alten Böden errichtet wurde, heute aber unter fünf Meter dicken Sedimenten verschüttet liegt. Ein Wadi hat die jungen Ablagerungen angeschnitten und das Mausoleum freigelegt. Die jüngste Keramik in den Sedimenten über dem Mausoleum stammt aus dem siebten Jahrhundert.

Unter fünf Meter dicken Wadi-Ablagerungen ragt ein römisches Mausoleum hervor.

Das Mausoleum war am Ende der römischen Zeit errichtet worden, als die Landschaft dank der zahlreichen Stabilisierungsmaßnahmen noch intakt war. Danach ging die römische Vorherrschaft über Tunesien verloren, und während der folgenden zwei Jahrhunderte zerfielen auch die Landschaftskontrollsysteme. Die Folge waren massive Bodenerosionen, durch die das Land nahezu unbrauchbar wurde.

Von Menschen und Häfen

Die Menschen haben zu allen Zeiten technische Kenntnisse genutzt, um sich wirtschaftliche Vorteile zu verschaffen. Mit ihren Drainagemaßnahmen vergrößerten die mykenischen Wasserbauer die landwirtschaftliche Nutzfläche und ermöglichten die Wasserversorgung während der trockenen Sommermonate. Doch da der eigentliche Reichtum der spätbronzezeitlichen Königshäuser – nicht nur in Griechenland und Kreta, sondern auch in Kleinasien, Syrien, Palästina und Ägypten – auf dem Fernhandel mit wertvollen Gütern beruhte, wäre es sinnvoll gewesen, wenn die mykenischen Ingenieure ihre Kenntnisse auch zur Erleichterung dieses Fernhandels eingesetzt hätten – also zur Errichtung geschützter Häfen für die Handelsflotten.

Bisher glaubte man jedoch, daß dies nicht der Fall war und daß künstliche Hafenanlagen erst viele Jahrhunderte später entstanden. Sie seien in mykenischer Zeit gar nicht benötigt worden, so die Vermutung der meisten Fachleute der ägäischen Frühgeschichte, weil die Ruderer ihre Schiffe ganz einfach auf die flachen Sandstrände ziehen konnten. Schließlich wird genau dieses Vorgehen auch von Homer in der *Ilias* beschrieben. Dazu ist allerdings zu sagen, daß es bereits in der Bronzezeit verschiedene Schiffstypen gab. Kleine Fischerboote und Handelsschiffe, die im Regionalverkehr eingesetzt wurden, wie auch schnelle, schlanke Kriegsschiffe, die bei Angriffen auf fremde Reiche zum Einsatz kamen, ließen sich sicher einfach auf den Strand ziehen. Auf die großen Seehandelsschiffe trifft dies jedoch nicht zu. Manche spätbronzezeitlichen Schiffe, zum Beispiel das Handelsschiff aus dem 13. Jh., das als Wrack bei Ulu Burun an der Südküste der Türkei gefunden wurde, konnte man nicht ohne weiteres auf den Strand ziehen. Dieses Schiff hatte allein an Metallen über sechs Tonnen Fracht geladen. Und da die übrigen Waren (unter anderem kanaanitische Amphoren, afrikanisches Schwarzholz, Steinanker, Elefantenstoßzähne, Schalen aus Straußeneiern) aus verschiedenen Ländern am östlichen Mittelmeer stammten, liegt die Vermutung nahe, daß eine Reihe von Küstenstädten über geeignete Anlegestellen für große Schiffe und entsprechende Verladeeinrichtungen für Güter verfügten.

Hinweise auf solche Einrichtungen gibt es zur Genüge. Eine massive Mole und Uferbefestigung entstand bereits im 3. Jt. im

Manche Handelsschiffe der Spätbronzezeit waren so groß, daß sie an Kaimauern angelegt haben müssen.

frühbronzezeitlichen Hafen von Limantepe in der Westtürkei. Ein rechteckiges künstliches Hafenbecken von unglaublichen Ausmaßen – einen Kilometer breit und eineinhalb Kilometer lang – ließ Pharao Amenhotep im 14. Jh. am Westufer des Nils in Theben ausheben. Fresken in El Amarna, der ägyptischen Hauptstadt des 14. Jh., zeigen syrische Schiffe, die nebeneinander an einer Kaimauer anlegen.

Gut untersucht sind die frühen Häfen an der Küste von Palästina. Der israelische Archäologe Avner Raban hat sie im Laufe der letzten Jahrzehnte studiert. Seiner Meinung nach hing die Frage, ob ein Hafen errichtet wurde oder nicht, keineswegs von den erforderlichen Kenntnissen ab – die waren ohnehin vorhanden –, sondern allein von der wirtschaftlichen Notwendigkeit. Wenn eine Stadt einen geschützten Hafen benötigte, um während des ganzen Jahres Handel betreiben zu können, dann wurde ein solcher Hafen auch errichtet. Benötigte die Bevölkerung jedoch nur Anlegestellen während der warmen Sommermonate, wäre es unsinnig gewesen, einen teuren Hafen zu bauen. Wo künstliche Häfen entstanden, gab es verschiedene Standardlösungen, je nach Hauptfunktion für Passagiere, Erze, Getreide und große Gegenstände.

Während des Pylos-Projekts gelang uns schließlich die Entdeckung der mit Abstand ältesten künstlichen Hafenanlage Europas. Das Becken dieses Hafens befindet sich etwa fünf Kilometer südwestlich des Palasts von Nestor und ist etwa zehnmal so groß wie ein Fußballfeld. Die Entdeckung dieser Anlage beweist, daß die mykenischen Ingenieure ihre Kenntnisse durchaus auch für maritime Einrichtungen nutzten – und auch in dieser Hinsicht über hervorragenden Sachverstand verfügten.

Etwa fünfhundert Meter von der Küste landeinwärts ließen die mykenischen Ingenieure ein rechteckiges Becken ausheben und durch einen Stichkanal, der einem alten Flußbett folgte, mit dem Meer verbinden. Um das Becken vor dem Verlanden zu schützen, mußte es ständig mit sauberem Flußwasser durchgespült werden. Zu diesem Zweck ließen die Konstrukteure einen in der Nähe vorbeifließenden Fluß künstlich zu einem See stauen. Darin kam das Flußwasser zum Stillstand, die von ihm mitgeführten Sinkstoffe konnten sich ablagern, und aus den oberen Seeschichten wurde schließlich

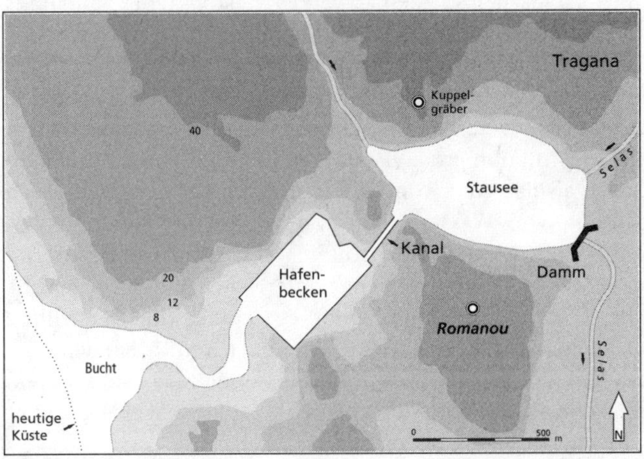

Der Hafen von Nestor und der künstliche Stausee. Heute sind beide verlandet.

sauberes Wasser durch einen künstlichen Kanal zur Spülung in das Hafenbecken geleitet. Diese Art »Sauberwasserspülung« war im Mittelalter weit verbreitet. Niemand hätte geahnt, daß der Mechanismus bereits zweitausend Jahre zuvor als wirksam erkannt und angewendet, danach aber wieder in Vergessenheit geraten war.

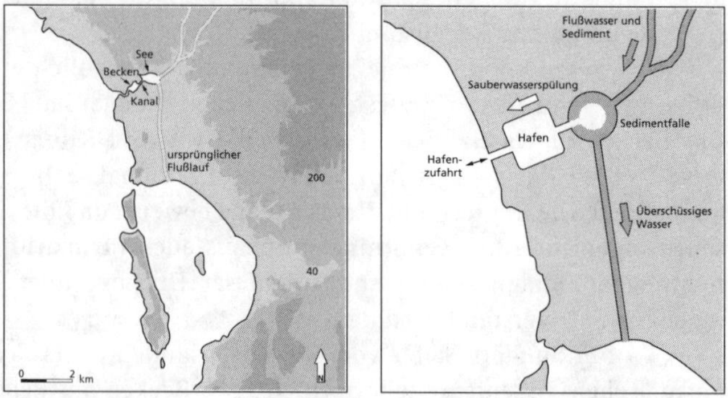

Funktionsschema des Hafens von Nestor

Homer beschreibt in der *Odyssee* ausführlich wie Odysseus' Sohn Telemachos sich zehn Jahre nach dem Ende des Trojanischen Kriegs an den Hof des weisen Königs Nestor nach Pylos begibt – daß sein Schiff in einen großen künstlichen Hafen einlaufen mußte, erwähnt er jedoch mit keinem Wort. Warum nicht? Zur Zeit Homers – vierhundert Jahre nach dem heroischen Zeitalter der Spätbronzezeit – waren die mykenischen Wasserbauwerke längst verfallen; allenfalls verlandete Becken oder funktionslose Dämme dürften noch erkennbar gewesen sein. Die griechische Bevölkerung des 8. Jh. verfügte nicht mehr über die hydraulischen Kenntnisse, die eine korrekte Einordnung der mykenischen Ingenieurleistungen gestattet hätten. Selbst die Konstruktion der mykenischen Festungsmauern erscheint in den Sagen als das Werk von Riesen, nämlich der Zyklopen. Auch die Errichtung von Wasserbauanlagen wurde Halbgöttern zugeschrieben. So dürften einige Heldentaten des Herakles einen Bezug zum Wasserbau haben. Bei seinem erfolgreichen Kampf gegen die Lernäische Hydra zum Beispiel könnte es sich um eine Darstellung der Trockenlegung des Lernäischen Sees in der Argolis handeln. Die Köpfe des Ungetüms wären dann die Flüsse, die den See speisten. Jedesmal, wenn einer dieser Flüsse vom Körper (dem See) abgetrennt wurde, tauchte wieder ein neuer auf.

Vom Städtebau

Nicht nur die Konstruktion der spätbronzezeitlichen Hafenanlagen verlangte vorausschauende Planung und ingenieurtechnisches Geschick, auch die Anlage der Städte muß eine Wissenschaft für sich gewesen sein. Um über Jahrhunderte hinweg funktionieren zu können, müssen die Städte über eine komplizierte Infrastruktur verfügt haben. Eine Stadt gleicht einem lebendigen Organismus mit verschiedenen lebenswichtigen Organen. Zu ihren wichtigsten Bestandteilen gehören die Verwaltung und die Organisation der Wasserzu- und -ableitung, die Herstellung und Anlieferung von Lebensmitteln und anderen Gebrauchsgegenständen, die kommunalen Einrichtungen, darunter die Verwaltungszentren und religiöse Stätten wie Kirchen und Friedhöfe, und schließlich die Industriebezirke. Selbst wenn manche Städte chaotisch erscheinen, muß ihr Aufbau doch einem Schema folgen. Ohne eine funktionierende Kanalisation zum Beispiel würde jeder Platzregen eine Katastrophe auslösen.

Mußte eine Stadt nach der Zerstörung durch einen Brand oder durch Feindeshand neu aufgebaut werden, lag es erst recht auf der Hand, sie so zu gestalten, daß zumindest die lebensnotwendigsten Anforderungen der Bevölkerung optimal erfüllt wurden. Zweifellos gab es schon damals verbindliche Grundregeln für den Städtebau. Einige davon führt Aristoteles (*Politik* 1326a-1327b, 1330a) später an. Er schreibt, eine Stadt müsse vor allem für Feinde schwer einnehmbar, gleichzeitig aber von der Bevölkerung leicht zu verlassen und von ihrer Lage her von überall bequem zu erreichen sein, damit Getreide und Holz herantransportiert und Nachrichten nach überallhin ausgesandt werden können. Und natürlich müsse eine Stadt über eine funktionierende Wasserversorgung verfügen. Aristoteles schrieb dies über die Städte seiner Zeit – die des 4. Jh. Aber wie sahen wohl die Städte der späten Bronzezeit, tausend Jahre zuvor, konkret aus?

Rätselhafte Labyrinthe

Im Winter des Jahres 1877 wurde in der Nähe von Rom eine Weinkanne aus dem 6. Jh. mit einigen bemerkenswerten eingeritzten Darstellungen aufgefunden. Dazu zählen zwei Reiter, sieben Infan-

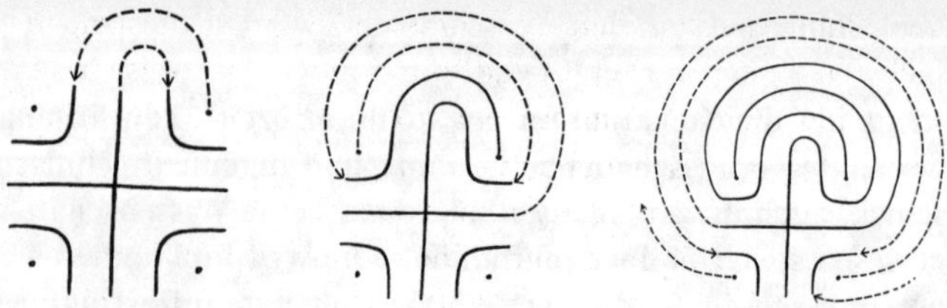

So zeichnet man ein Labyrinth.

teristen und ein Labyrinth. Im äußersten Ring des Labyrinths steht das Wort »TRUIA« für »Troja«. Dementsprechend interpretierte der Archäologe, der diese Kanne zuerst veröffentlichte, das Labyrinth als einen skizzierten Stadtplan von Troja, der spätbronzezeitlichen Handelsmetropole in der Nordwest-Türkei.

Heute stellen wir uns unter einem Labyrinth zunächst einen Irrgarten vor – ein kompliziertes, verwirrendes Netzwerk aus Passagen und Sackgassen, die es schwer oder sogar unmöglich machen, den richtigen Weg zum Ziel zu finden. Ursprünglich verband man aber mit dem Begriff »Labyrinth« eine andere Bedeutung; Wegkreuzungen und Sackgassen wurden erst vor wenigen Jahrhunderten eingeführt. In der Antike und im gesamten Mittelalter zeigen Labyrinthe immer nur einen Weg, und es gibt daher keine Möglichkeit, sich zu verlaufen. Demzufolge muß auch das Muster des Labyrinths ursprünglich eine ganz andere Bedeutung und Funktion gehabt haben als heute.

Die geometrische Figur des Labyrinths ist eigentlich nur dann sinnvoll, wenn sie als architektonischer Plan umgesetzt wird. Sie stellt also symbolisch ein Stadtmodell dar. Die Linien im Labyrinth entsprechen Grenzen und werden in der Regel durch Mauern oder Hecken dargestellt; der Raum dazwischen ist der Weg. Als Ganzes bildet das Labyrinth einen Innenraum, der von der Aussenwelt abgetrennt ist und zu dem nur ein kleines Tor den Zugang eröffnet. Wer das Labyrinth durch dieses Tor betritt, benötigt einen gewissen Grad an Reife und Mut. Der Weg vom Eingang zum Zentrum folgt schließlich der längstmöglichen Strecke, das heißt, um diesen Weg zum Zentrum zurückzulegen, wird ein Maximum an Zeit und Aufwand verlangt. Es gibt weder Kreuzungen noch Möglichkeiten für eine alternative Route.

Die Grundfigur des Labyrinths besteht aus einem Kreuz, in dessen vier Sektoren jeweils ein Winkel und darin wiederum ein Punkt angeordnet ist. Das Kreuz wird zunächst mit einem der

Winkelenden verbunden. Anschließend werden die beiden jeweils nächsten Elemente der Grundfigur immer paarweise miteinander verknüpft. Je nach dem, wie viele Winkel ineinander in das Kreuz gesetzt werden, steigert sich die Komplexität des Labyrinthes.

Die meisten Labyrinthe finden sich im Mittelmeerraum, und es ist wahrscheinlich, daß die Figur dort ihren Ursprung hat. Das Wort Labyrinthos läßt sich bis ins 3. Jt. zurückverfolgen; seine Wurzeln liegen in Westkleinasien. Die Endung *-nthos* ist charakteristisch für die luwische Sprache. Luwier und Protoluwier waren ein Volk in Westkleinasien, das während der frühen Bronzezeit großen Einfluß auf die Inseln der Ägäis und auf das Gebiet des heutigen Griechenland ausübte.

Eines der ältesten sicher datierten Beispiele für ein Labyrinth stammt aus dem Palast von Nestor in Pylos. Es wurde auf die Rückseite einer Tontafel geritzt – vielleicht zum Zeitvertreib beim Schreiben. Ein weiteres Labyrinth taucht auf dem Bruchstück eines Tongefäßes auf, das in Tell Rifa'at in Syrien gefunden wurde. Beide Labyrinthe stammen aus der Zeit um 1200 v. Chr. Und beide Städte, Pylos und Tell Rifa'at, fielen in dieser Zeit – ebenso wie Troja – Zerstörungen zum Opfer, die auch das Ende der Bronze- und den Beginn der Eisenzeit markieren. Die beiden Beispiele zeigen, daß das Labyrinth am Ende der Bronzezeit ein in den östlichen Mittelmeerländern bekanntes Muster war.

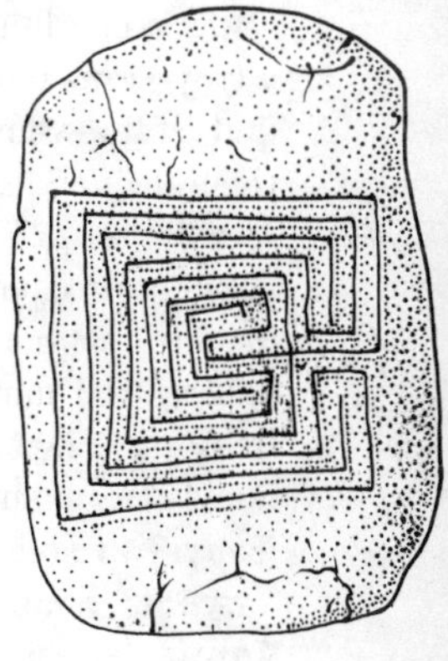

Labyrinth auf der Rückseite einer Linear B-Tafel aus dem Palast von Nestor

Was aber hat das Labyrinth mit Troja zu tun? Die Zeit der luwischen Kultur in Westkleinasien, das 3. und 2. Jt., war auch die Blütezeit von Troja. Um 3000 v. Chr. kristallisierte sich der Troische Kulturkreis als erste der bronzezeitlichen Kulturen in der Ägäis heraus. Von seiner geographischen Lage her müßte das Troja der Bronzezeit also luwisch gewesen sein – und tatsächlich ist die einzige bisher gefundene vorklassische Inschrift aus Troja in luwischer Schrift und Sprache verfaßt. Die Handelsmetropole Troja ging gleichzeitig mit Pylos und Tell Rifa'at um 1200 v. Chr. unter und war danach nur noch spärlich besiedelt. Anschließend galt der Ort als eine Art Erinnerungsstätte an das »Goldene Zeitalter«, bis er schließlich im fünften Jahrhundert mit dem Untergang des Weströmischen Reiches gänzlich verlassen wurde.

Ein magischer Tanz

Ein paar hundert Jahre nach dem Untergang von Troja taucht das Labyrinth in Form von Tanzflächen und -ritualen wieder auf. Die Zeichnungen auf der oben erwähnten italienischen Weinkanne aus Tragliatella illustrieren dieses Ritual, das in der Antike allgemein als »Troja-Tanz« bekannt war. Er wurde häufig im frühen Italien aufgeführt, dort vor allem bei Stadtgründungen, und dann bezeichnenderweise vor der Errichtung der Mauern. Bei den ausgewählten Tänzern handelte es sich oft um adoleszente Söhne aus aristokratischen Familien. Die bewaffneten Reiter und Fußsoldaten in der Zeichnung auf der Kanne haben soeben das Labyrinth verlassen und damit eine komplizierte choreographische Figur abgeschlossen. Ihre Tanzfiguren symbolisieren magische Schutzmauern, die den konkreten materiellen Schutz der Stadt ergänzen sollen. Das Labyrinth soll sowohl feindliche Angreifer wie auch böse Geister erschöpfen und verwirren, und es ihnen unmöglich machen, ins Innere der Anlage einzudringen.

Weil das Labyrinth in seiner klassischen Form während der gesamten Antike mit dem Namen der Stadt Troja verbunden war, haben Fachleute schon vor einem halben Jahrhundert die Erwartung geäußert, im Stadtplan von Troja eine labyrinthförmige Anordnung wiederentdecken zu können. Leider ist der wichtigste, zentrale Teil von Troja bei Nivellierungen in römischer Zeit abgetragen worden. Trotzdem ist offensichtlich, daß die Gebäude dieser, der sechsten Stadt von Troja tatsächlich auf ringförmigen Terrassen angeordnet waren. Im Prinzip könnte die Stadt also durchaus in Form eines Labyrinths angelegt worden sein. Als mögliche Begrenzungen kämen Mauern oder Gräben, Kanäle, natürliche Klippen, Terrassen und Holzpalisaden in Frage.

In den letzten Jahren haben nun geophysikalische Untersuchungen in der Unterstadt zwei massive Anomalien deutlich

Graffiti auf der sogenannten Weinkanne aus »Tragliatella«

werden lassen. Die darauffolgenden Nachforschungen ergaben, daß diese Störungen durch künstliche, in das Festgestein gehauene Gräben erzeugt wurden. Diese Gräben sind, ebenfalls kreisförmig, um den zentralen Tempel- und Palastbezirk angeordnet. Troja war also offensichtlich wirklich ringförmig angelegt. Daß die ganze Anlage der Stadt strikt dem Plan des Labyrinths folgte, ist allerdings kaum vorstellbar. Die täglichen Routinegänge wären viel zu zeitraubend gewesen, insbesondere für den Adel, dessen Residenzen sich im Zentrum befanden. Die Mauern oder sonstigen Begrenzungen im Labyrinth müssen also durch Tore und Brücken passierbar gewesen sein, um den alltäglichen Verkehr zu ermöglichen. Solche Abkürzungen hätten den symbolischen Schutz keineswegs gemindert. Sinnvoll geplant und angelegt, können sie die Verwirrung für fremde Besucher sogar noch steigern.

Die ringförmige Anordnung der Stadt Troja gibt auch den Aufbau des Militärs wieder. Im Nachbarstaat, im hethitischen Großreich in Zentralkleinasien, standen die Heere im 2. Jt. ebenfalls in konzentrischen Ringen, wobei die Anordnung nach dem Status der Soldaten erfolgte. Der innerste Ring um den König bestand aus Elitesoldaten und mit Speeren bewaffneten Leibgarden. Den nächsten Ring bildeten die handverlesenen Wächter vom »goldenen Speer«. Einfache Soldaten mit Bronzespeeren und anderen schweren Waffen bildeten den äußersten Ring.

Auch das Ritual des Troja-Tanzes findet im bronzezeitlichen und früheisenzeitlichen Westkleinasien seine Entsprechung. Der griechische Geschichtsschreiber Herodot (1.84) berichtet von den Sarden, einem Volk in Westkleinasien, daß sie einen Löwen um ihre Stadt schleppten, um diese von bösen Geistern zu befreien. Und der römische Philosoph Seneca stellt fest, daß ähnliche Rituale besonders in Troja vollzogen wurden, um die Stadt zu sühnen und zu segnen.

Dies könnte eine Schlüsselszene in Homers Schilderung des Trojanischen Kriegs erklären. Die *Ilias* erreicht ihren Höhepunkt im

Kampf zwischen dem griechischen Helden Achilles und Hektor, dem Anführer der trojanischen Heere. Achill tötet Hektor, bindet dessen Leichnam an seinen Streitwagen, und zieht ihn dreimal um die Stadtmauern. Möglicherweise wollte er nicht etwa den Toten schänden, sondern den magischen Schutz der Stadt Troja brechen. Deswegen muß er gegen den Uhrzeigersinn gelaufen sein – in die Richtung des Todes. Homer vermittelt hier eine tiefe Symbolik. Die Mauern der Stadt Troja haben ihren übernatürlichen Schutz verloren und werden bald einstürzen.

Tausend Jahre nach dem Trojanischen Krieg, in hellenistischer Zeit, hatte man den ursprünglichen Sinn des Labyrinths längst vergessen. Die Figur aber blieb erhalten, auch die Tanzfigur. Beide galten als irritierend und verwirrend. Weder die Tänzer noch das Publikum verstanden den Sinn der vorgeführten Figuren.

Nachdem die Bedeutung des Labyrinths in Vergessenheit geraten war, begann man, den Begriff auf einzelne imposante Gebäude mit komplizierten Gängen und Passagen anzuwenden. Die Ruinen des minoischen Palastes in Knossos gehören dazu, auch wenn dort niemals etwas gefunden wurde, was mit der ursprünglichen Figur des Labyrinths in Zusammenhang zu bringen wäre.

In römischer Zeit stand das Labyrinth noch immer in enger Verbindung zur bronzezeitlichen Stadt Troja. Es diente zur Darstellung befestigter Städte, mitsamt Schutzmauern, Türmen und Haupttor. Auch in späteren Jahrhunderten blieb der Name »Troja« untrennbar mit der Figur des Labyrinths verbunden. In Schweden gibt es Hunderte von Labyrinthen oder »Troiburgen«, wie sie dort heißen. In der Regel sind sie mit Steinen am Boden markiert oder ins Gras geschnitten. In England kennt man die gleichen Figuren unter dem Namen »Troy towns« oder »walls of Troy«.

Ausblick

Nach diesem großen Bogen von den Ausgrabungen alten Stils zu den modernen Surveys, den Methoden der Geoarchäologie, der Fernerkundung, den historischen Wechselbeziehungen zwischen Kultur und Landschaft und den Rekonstruktionen technischer Leistungen zum Wasser- und Städtebau finden wir uns also im Labyrinth wieder! Was für eine zutreffende Metapher. Trotz allen

Strebens nach Synthese stehen wir zahllosen Einzelbeobachtungen und Phänomenen gegenüber, eine scheinbar unvermeidliche Situation in der Archäologie, denn nur in dieser Form sind die frühgeschichtlichen Kulturen überliefert. Zusammenhängende Schilderungen der Ereignisse gibt es nicht. Oder doch?

Seit die großen Entdecker vor hundert Jahren die Disziplin Ägäische Frühgeschichte ins Leben riefen, sind so viele neue Erkenntnisse hinzugewonnen worden, daß heute eine kritische Überprüfung der damals geborenen Lehrmeinungen überfällig erscheint. Aber nicht nur unsere vermeintlichen »Kenntnisse« sollten wir kritisch überprüfen – auch unsere »Unkenntnisse«. Die Mittelmeerarchäologie steckt voller ungelöster Probleme, von denen manche bereits hier erwähnt wurden. Die Entstehung der minoischen und mykenischen Kulturen gehört dazu, aber auch deren Untergang. Die Frage nach der Herkunft der früheisenzeitlichen Völker, der Philister, Phönizier und Etrusker, aber auch Themen wie Atlantis, der Diskus von Phaistos, die Herkunft der »Seevölker«, die Geschichtlichkeit des Trojanischen Kriegs und viele andere mehr.

In den letzten Jahrzehnten gab es bei der Klärung dieser Probleme keinen spürbaren Fortschritt zu verzeichnen. Nicht etwa, weil die zur Verfügung stehenden Informationen nicht genügen würden, um die Fragen anzugehen, sondern weil diese nicht den Schwerpunkt archäologischen Interesses bilden – ja, in manchen Fällen geradezu zum Tabu für die seriöse Wissenschaft erklärt wurden. Auch diese Einstellung stammt aus der Frühzeit der Disziplin und ist meines Erachtens heute überholt. Würden sich Ägäische Frühgeschichtler intensiv mit den großen Problemen der Mittelmeerarchäologie befassen, wären diese vielleicht schon längst gelöst.

In den folgenden Kapiteln versuche ich, einigen dieser Fragestellungen näherzukommen. Das Hauptanliegen ist dabei nicht, »Lösungen« zu präsentieren, sondern Anreize für neue Lösungswege zu liefern. Die eingehende Beschäftigung mit den großen noch offenen Fragen könnte uns möglicherweise auch helfen, die bereits gewonnenen Einzelinformationen zu einem harmonischen Ganzen zusammenzufügen. – Wir beginnen mit dem wohl größten und leidigsten Thema der Archäologie: dem versunkenen Atlantis.

Große Rätsel der Mittelmeerarchäologie

Atlantis: Das Ende einer Legende

> »Wenn einmal die Bedingungen für eine wissenschaftliche Entdeckung oder eine technische Erfindung gegeben sind, so wird sie gemacht werden, ob von Hinz oder Kunz, ist ganz gleichgiltig.«
> Julius Beloch (1912)

Ein grausiger Fund

Wie läßt sich wohl mit einfachen Mitteln eine möglichst große Aufregung herbeiführen? Am besten vielleicht, indem man einen ungewöhnlichen Gegenstand nimmt, ihn aus seinem ursprünglichem Zusammenhang entfernt und an einer völlig neuen, unerwarteten Stelle plaziert. Nach geraumer Zeit muß ihn dort eine unbedarfte Person entdecken, die ihn unmöglich korrekt identifizieren kann. Dann wird die Öffentlichkeit informiert, und schon bald werden wilde Gerüchte ins Kraut schießen, das Ding stamme von Außerirdischen, oder es liefere den endgültigen Beweis für eine seit langem befürchtete CIA/Mafia-Verschwörung, eine drohende Umweltkatastrophe, das Jüngste Gericht oder noch Schlimmeres.

Eine harmlose Coca Cola-Flasche, am falschen Ort abgelegt, genügt, um eine solche Kettenreaktion auszulösen – und für abendfüllende Unterhaltung zu sorgen, wie der Film *Die Götter müssen verrückt sein* zeigt: Die Flasche fällt aus einem Flugzeug in die afrikanische Savanne. Eingeborene lesen sie auf und beschließen das kostbare Stück dorthin zurückzubringen, wohin es ihrer Ansicht nach zwangsläufig gehören muß – zu den Göttern.

Vor kurzem geschah etwas Ähnliches in den Vereinigten Staaten: Im St. Louis County im Bundesstaat Missouri fand die Polizei einen Zwanzig-Liter-Glasbehälter mit einer gallertartigen organischen Substanz, die aus zwei Teilen bestand. Der eine wog ungefähr sieben Pfund, war muskelähnlich und dunkel wie Lebergewebe; der andere war länglich wie eine Zunge oder ein Tentakel und wies gleichmäßige Furchen auf. Die Polizei übergab ihren mysteriösen Fund der zuständigen örtlichen Amtsstelle. Diese prüfte zunächst, ob es sich um menschliches Gewebe handelte – was nicht der Fall war –, und ließ das Objekt anschließend von Meeresbiologen untersuchen, die es aber auch nicht identifizieren konnten. Hätten die Medien von dem grausigen Fund erfahren, wären Schlagzeilen wie »Lebensformen vom Mars schon heute auf der Erde?« oder »Vertuschen Forscher Horror-Experiment?« sicher gewesen.

Die Verantwortlichen reagierten aber besonnen. Sie wandten sich selbst an die Öffentlichkeit und begegneten den Medien entsprechend souverän. Schon bald war das Rätsel gelöst, weil eine Angestellte eines französischen Restaurants den merkwürdigen Klumpen erkannte. Acht Jahre zuvor hatte sie mit Essig experimentiert und dabei den besagten Behälter in einer dunklen Kellerecke vergessen. Als sie ihn wiederfand, hatten die Essigbakterien wuchernde Zellulose produziert. Sie wollte den scheußlichen Klumpen loswerden – und so landete er durch eine Kette von Zufällen schließlich im Graben, wo ihn die Polizei fand.

Was hat diese Geschichte mit Archäologie zu tun? Nun, aus ihr lassen sich zwei Einsichten ableiten. Erstens, daß sich selbst für die merkwürdigsten Erscheinungen erstaunlich einfache Erklärungen finden lassen. Und zweitens, daß der Kreis der offensichtlichen Experten nicht immer die Personen enthält, die das Rätsel wirklich am besten lösen können.

Verloren in Raum und Zeit

Nachfolgende Generationen stehen Objekten und Geschichten aus der Vergangenheit oft ratlos und notgedrungen skeptisch gegenüber, denn im Laufe der Kulturgeschichte ist Wissen nicht nur hinzugewonnen worden, sondern auch immer wieder verlorengegangen. Jeder Entwicklungsschub läßt bewährte Verfahren zunächst veralten, dann allmählich überflüssig werden und schließlich ganz in Vergessenheit geraten. Einfachen Geräten folgten aufwendigere, manuelle Herstellungsverfahren wurden durch maschinelle verdrängt. Lichtsatz ersetzte den Bleisatz, Datenbanken den Karteikasten. Man könnte die Reihe beliebig fortsetzen. Fortschritt wird also immer von Erkenntnisverlust begleitet. Rückschritte, oder vielmehr Kultureinbrüche, verursachen allerdings noch dramatischere Wissensverluste. In Krisenzeiten wird das bereits erreichte

Niveau nicht von einem höheren abgelöst, sondern durch ein niedrigeres ersetzt. Der Sturz vom »goldenen« Zeitalter der Spätbronzezeit in das »dunkle« Zeitalter der frühen Eisenzeit ist dafür ein gutes Beispiel. Die Menschen, die während der »dunklen« Jahrhunderte in Griechenland lebten, standen ratlos vor den Wasserbauanlagen aus der Bronzezeit.

Da sich Archäologen mit allen Epochen der Kulturgeschichte und allen Regionen der Erde befassen, begegnen sie in ihrem Alltag verblüffenden Objekten und unerklärlichen Phänomenen zuhauf. Am leichtesten scheinen sich manche dieser Beobachtungen auf das Konto von Außerirdischen verbuchen zu lassen – Erich von Däniken hat dies vorgeführt. Ist die Lösung eines Problems nicht auf einen Blick ersichtlich, ziehen Amateure mit Vorliebe Planetenkollisionen, versunkene Kontinente, kosmische Katastrophen, Epidemien, »Erdbeben-Stürme« oder Invasionen mysteriöser Horden in Betracht. Auch die Katastrophentheorien, die die Pioniere dieser Fachrichtung für den Untergang der ägäischen Bronzezeit entwickelten, folgten dieser Methode. Heute kommt es zum Glück nur noch selten vor, daß sich die Archäologie auf solche Vereinfachungen beruft – egal wie spektakulär sie auch erscheinen mögen. Meist ziehen die Archäologen weitere Fachleute hinzu, bevor sie sich mit Sensationsmeldungen an die Öffentlichkeit wenden. Und häufig handelt es sich bei diesen Experten um Naturwissenschaftler. Aufgrund ihrer unterschiedlichen Ausbildung und Erfahrung, anderen Betrachtungsweisen oder noch nicht berücksichtigter Untersuchungsmethoden können sie der Lösung des Problems vielleicht näherkommen. Je größer der Aufwand für diese Untersuchungen, desto weniger spektakulär ist meist das Ergebnis. Wie in der Mathematik eine komplizierte Formel durch Ausklammern und Kürzen überschaubar – und oft erst lösbar – wird, lassen sich manchmal mit Hilfe naturwissenschaftlicher Untersuchungen auch einige unbekannte Größen aus dem Lehrgebäude der Archäologie herauskürzen.

Bei der Auswertung meiner Arbeiten in der Argolis kam mir im April 1990 ein Gedanke, der sogar zur Lösung des vielleicht meistdiskutierten Problems der Archäologie beitragen könnte. Ich hatte gerade die Flußumleitung in Tiryns untersucht und dabei festgestellt, daß Teile der Unterstadt um 1200 v. Chr. von einem Schlammstrom verschüttet worden waren. Praktisch gleichzeitig soll sich in Tiryns, dem Ausgräber Klaus Kilian zufolge, ein großes

Erdbeben ereignet haben. Ebenfalls um diese Zeit begann der Untergang der mykenischen Kultur. Überschwemmungen, Erdbeben und Untergang eines heroischen Zeitalters – diese Ereignisse erinnerten mich an das Ende des sagenhaften »Atlantis«. Ich ging der Sache nach.

Als ich zwei Jahre später die Ergebnisse meiner Überlegungen veröffentlichte, fragte eine Schweizer Rundfunk-Journalistin eine Reihe von Leuten auf der Straße, wer oder was ihrer Ansicht nach »Atlantis« sei, und erhielt ein breites Spektrum an Antworten: ein Mythos, eine Utopie, ein Hit aus den sechziger Jahren, die Suche nach Verlorenem, die Beschreibung einer Endzeithaltung, Träume von der nächsten Welt, eine sagenumwobene Stadt, die im griechischen Altertum untergegangen ist ... Die Geschichte hat sich längst von ihrem Ursprung gelöst und verselbständigt.

Atlantis ist für die meisten ein märchenhaftes, untergegangenes Land, das vor Urzeiten bei einer Naturkatastrophe im Meer versank und heute Sehnsucht nach einer vollkommenen, aber vergangenen Welt auslöst. Scharen von Wissenschaftlern und Hobbyforschern sind ausgeschwärmt, um den Ort aufzuspüren, an dem dieses Paradies gelegen haben könnte, und sie kehrten voller Entdeckungen zurück. Atlantis befand sich ihrer Ansicht nach auf Helgoland, in Uppsala und Spitzbergen, auf den Kanarischen Inseln, in der Mongolei, auf den Bahamas, in Bolivien, in Australien oder unter dem Eis der Antarktis. Existiert haben muß das verschollene Paradies auf jeden Fall, davon sind alle »Atlantologen« überzeugt – schließlich geht die Geschichte auf keinen Geringeren als den griechischen Philosophen Platon zurück.

Platons ehrgeizigstes Projekt

Wie der vergessene Essigbehälter hat auch die Geschichte von Atlantis offenbar so lange an einem dunklen Ort – in Ägypten – geruht, bis ihr Verfallsdatum längst überschritten war. Nach vielen hundert Jahren las sie dann ein Unbescholtener – der Grieche Solon – an dem fremden Ort auf. Inzwischen erschien sie völlig rätselhaft – und deswegen spektakulär. Der Entdecker trug sie übers Meer nach Griechenland und bemühte sich dort, ihren wahren Inhalt zu erschließen. Dabei tauschte er einige der ursprünglichen Begriffe aus.

Weitere Generationen vergingen, bevor die Geschichte erneut einer gutgläubigen Person in die Hände fiel, dem Philosophen Platon. Ohne ihren Sinn selbst richtig erschließen zu können, benutzte er die überlieferten Informationen, um seine eigenen politischen Ansichten zu untermauern. Diese Verkettung merkwürdiger Umstände erzeugte eines der größten Rätsel der Geschichte – eines, das sich über 2500 Jahre lang jeglicher plausiblen Lösung entzog.

Alles, was wir über Atlantis wissen, geht auf Platons Text zurück. Um 360 v. Chr. begann der Philosoph ein auf drei Bände konzipiertes Werk über den Kenntnisstand in Naturwissenschaften und Geschichte abzufassen, das Gespräche von drei, zum Teil historischen Personen während eines Festivals in Athen wiedergeben sollte. Die drei Bücher sollten jeweils nach ihren Hauptredner benannt werden (*Timaios, Kritias, Hermokrates*). Moderator und vierter Gesprächsteilnehmer war Sokrates. Die Gespräche fanden allerdings nie statt; Platon legte den Personen die Worte nur in den Mund. Solche erfundenen Diskussionen tatsächlich existierender Personen gehörten zu den damals gebräuchlichen Literaturformen. Leider hat Platon die Trilogie nie fertiggestellt; sie bricht im zweiten Band ab – kurz vor Schluß des Atlantis-Berichts. Sie ist sein einziges unvollendetes Werk, und wir wissen bis heute nicht, warum er es nicht fortsetzte. Krankheit oder Tod können ihn nicht gehindert haben, denn er schrieb mit *Die Gesetze* anschließend noch ein weiteres, umfangreiches Buch.

Gleich im Eingangsgespräch läßt Platon Kritias von Atlantis erzählen (*Timaios* 22B-25D). Dabei kündigt er an, daß diese frühe Hochkultur seiner Vorstellung vom »idealen Staat« am nächsten komme. Die eigentliche Beschreibung der Stadt paßt jedoch thematisch nicht in den ersten Band der Trilogie. Darum geduldet sich der Sprecher Kritias mit seinem Beitrag, bis er an der Reihe ist. Mit Ausnahme dieses Vorgesprächs wird der gesamte erste Band der Trilogie von Timaios vorgetragen. Er befaßt sich mit Astronomie, Physik, Biologie und Anatomie – Themen also, die für Platon eher ungewöhnlich sind. Platons Anliegen ist es, in diesem Buch den aktuellen Stand der damaligen Kenntnis in den Naturwissenschaften möglichst exakt zusammenzufassen. Er selbst war mit vielen Naturforschern befreundet und kannte ihre Schulen in Sizilien, Süditalien und Westkleinasien. Das Buch gab ihm Gelegenheit, die Leistungen dieser Freunde zu würdigen, wichtige historische Informationen ins

Licht der Öffentlichkeit zu rücken und sie dabei gleichzeitig aus der Perspektive seiner eigenen Philosophie zu deuten. Timaios ist also eine Sammlung traditioneller und neuer naturwissenschaftlicher Konzepte und als solches eine wichtige Beschreibung des Wissensstandes im 4. Jh.

Die anderen beiden Bände der Trilogie, *Kritias* und *Hermokrates*, sollten die Geschichte der Menschheit und die Entwicklung ihrer Kulturen erzählen. Da Platon nur einen Teil des Kritias fertigstellte, bleibt der Inhalt des verbleibenden Werks weitgehend der Spekulation überlassen; wir können aber davon ausgehen, daß er beabsichtigte, zwei zusammenfassende Abhandlungen nach dem gleichen Prinzip wie den *Timaios* zu schreiben. Der Inhalt der Bücher *Kritias* und *Hermokrates* sollte wohl aus einer Mischung aus mündlich überlieferten Geschichten und Berichten von Geschichtsschreibern bestehen. Obwohl einige dieser Beiträge vermutlich bereits bekannt waren, stellt die Trilogie als Ganzes Platons ehrgeizigstes Projekt dar, weil er sich mit diesem Werk bemühte, ein umfassendes, wissenschaftliches Bild der Vergangenheit zu zeichnen.

Für den Aufbau des *Kritias*, des zweiten Bandes der Trilogie, wählte Platon eine chronologische Abfolge. Er beginnt mit der Beschreibung der Geographie seiner Heimat Attika in grauer Vorzeit, wie sie sich offenbar in mündlichen Überlieferungen erhalten hatte. Wie bei unseren aktuellen Rekonstruktionen vergangener Landschaften nehmen bereits bei Platons Betrachtungen die Folgen der Entwaldung und Bodenerosion eine herausragende Stellung ein. Er vergleicht die erodierten Böden, wie sie sich schon zu seiner Zeit zeigten, mit dem Knochengerüst eines Leibes, der von einer Krankheit verzehrt wird: »Ringsum ist aller fette und weiche Boden weggeschwemmt worden, und nur das magere Gerippe des Landes übriggeblieben.« Nach einer weiteren ausführlichen Überleitung wendet sich Platon schließlich der detaillierten Beschreibung von Atlantis zu (*Kritias* 113C-120D). Als Schilderung einer frühen Hochkultur befindet sich diese in einem absolut plausiblen Zusammenhang, genau an der richtigen Stelle im chronologisch geordneten *Kritias*, denn das Hauptthema des zweiten Bandes der geplanten Trilogie ist die Geschichte Griechenlands und seiner Nachbarländer. Mit der Erzählung von Atlantis hat Platon an dieser Stelle eine umfassende Beschreibung vergangener Hochkulturen vorgelegt. Das andere für dieses Buch vorgesehene Material, darunter die Überlieferungen über das vorgeschichtliche Attika, war zwar auch interessant, aber weder so detailliert noch so spektakulär wie der Atlantis-Bericht. Außerdem hätte es vom Umfang her kaum genügt, um einen eigenen Band zu füllen. Platon war also auf die Geschichte von Atlantis angewiesen und machte sie sogar zum zentralen Bestandteil der Trilogie. Da von Atlantis gesagt wird, daß es im Atlantik – also im Westen – lag, fügte sich der Bericht obendrein harmonisch in den von Platon gewählten westlichen Tenor der Trilogie ein. Zwei der drei Redner kamen aus Sizilien und Unteritalien. Dort, und in Westkleinasien, befanden sich im 4. Jh. die meisten naturwissenschaftlichen Schulen, aus denen die im *Timaios* besprochenen Erkenntnisse stammten. In den Westen, wo Aufbruchstimmung und Entdeckergeist herrschten, zog es auch Platon immer wieder.

Platons Rolle als Übermittler

Platon erzählt, daß er zur Geschichte von Atlantis durch seinen Ahnen Solon gekommen ist. Solon war ein berühmter griechischer Staatsmann und Feldherr, der sechs Generationen vor Platon lebte. Wegen seiner Leistungen als höchster Beamter in Athen galt er als der »weiseste der Sieben Weisen«. Durch friedensstiftende Maßnahmen hatte Solon den gefährdeten Athener Stadtstaat neu ordnen können; er reformierte Verfassung, Gesetzgebung und das Maß- und Gewichtssystem. Nach seiner politischen Tätigkeit begab sich Solon auf Reisen, von denen ihn eine nach Ägypten führte – dort hörte er zum ersten Mal die Geschichte von Atlantis. Das Land am Nil erfreute sich damals anhaltender Unabhängigkeit und Stabilität. Seine Regierung war allerdings über die wachsende Stärke Babyloniens besorgt, das sich bis nach Palästina ausgedehnt hatte und somit an Ägypten grenzte. Um ein Gegengewicht zu schaffen, schloß Ägypten enge Kontakte zu Griechenland und ermutigte griechische Soldaten zur Gründung von Kolonien im Nildelta. Den Streitkräften folgten natürlich griechische Händler. Im westlichen Nildelta gründeten sie die Handelsstadt Naukratis, die zur Zeit von Solons Besuch im 6. Jh. bereits zur bedeutendsten Handelsstadt Ägyptens aufgestiegen war.

Nur sechzehn Kilometer von Naukratis entfernt lag die damalige ägyptische Hauptstadt Saïs, in der Priester die Regierung stellten.

Solons Rang als angesehenster Politiker des engsten Verbündeten von Ägypten machte einen Besuch in Saïs unumgänglich. Laut Platon empfingen die Priester ihren Gast mit großen Ehren. In entspannter Atmosphäre führten sie ausgiebige Gespräche. Thema dieser Gespräche dürften vor allem wirtschaftliche und militärische Fragen gewesen sein. Schließlich erörterte die Runde aber auch die jüngsten naturwissenschaftlichen Erkenntnisse und ihre unterschiedlichen Auffassungen von Geschichte. Die ägyptischen Priester erinnerten Solon daran, daß es in Griechenland keine fortlaufende Geschichtsschreibung gab, die sich mit der ägyptischen vergleichen ließ. Im Gegenteil – so meinten sie –, das griechische Volk sei erst vor kurzem aus einem dunklen Zeitalter erwacht. Deswegen wisse es nicht einmal, daß auf seinem eigenen Boden schon früher eine Hochkultur bestanden habe. Noch heute spreche man in Ägypten voller Bewunderung von den Leistungen und Heldentaten der Griechen von einst. Unter all diesen rage eine besonders hervor: Wie die griechischen Staaten sich einmal zusammenschlossen und in einen Krieg zogen, den sie nach langen verlustreichen Kämpfen schließlich für sich entschieden, wobei ihr Gegner das sagenhafte »Atlantis« war. Dieser Sieg Griechenlands über »Atlantis« aber habe schließlich eine drohende Gefahr von allen Mittelmeervölkern abgewendet.

Die Geschichte, die Solon anschließend in allen Einzelheiten erfuhr, hinterließ auf ihn einen so nachhaltigen Eindruck, daß er sie in seinem Reisetagebuch notierte, um sie später zu einem Epos zu verarbeiten. Nach seiner Rückkehr begann er auch tatsächlich mit der Arbeit daran. Dem damaligen Zeitgeist entsprechend, »gräzisierte« er die Eigennamen, das heißt, er setzte für ausländische Namen ein griechisches Äquivalent ein – oder das, was er dafür hielt. Vermutlich führte Solon – oder Platon – auch den Namen »Atlantis« ein, denn es handelt sich dabei um ein griechisches Wort. Der Geschichtsschreiber Hellanikos von Lesbos, der etwa zur Zeit Platons lebte, verfaßte sogar ein ganzes Werk mit dem Titel *Atlantis*. Leider ist es nicht erhalten geblieben. Ebenso gingen fast alle Schriften Solons verloren. Die Arbeit am Atlantis-Text hat er jedoch ohnehin nicht abschließen können. Platon war der Ansicht, daß ihn dieses Werk sonst wohl berühmter gemacht hätte als Homer.

Nach Solons Tod wurden seine Schriften vermutlich von der Familie aufbewahrt und von Generation zu Generation weitergereicht. Offenbar gelangten sie eines Tages auch in die Hände

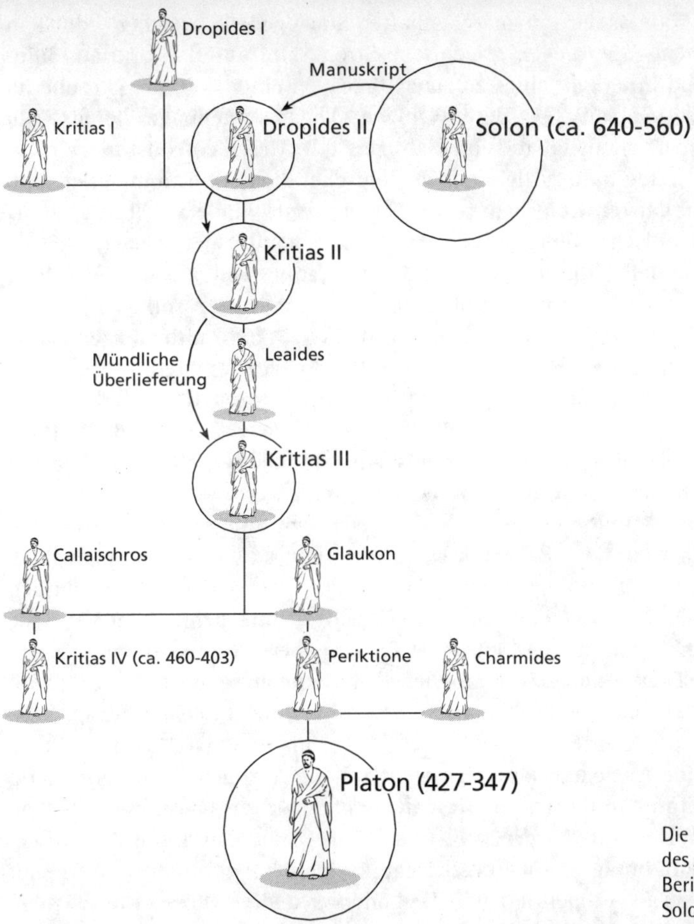

Die Überlieferung des Atlantis-Berichts von Solon zu Platon

Platons, des berühmten Direktors der Akademie. So beschreibt es jedenfalls Platon, der sich vollends überzeugt gab, einen authentischen historischen Bericht in der Hand zu haben.

Dichtung oder Wahrheit?

Platons Text beschreibt Atlantis als eine Insel von einigen hundert Kilometern Durchmesser im Atlantischen Ozean, auf der vor etwa

11 000 Jahren ein märchenhafter Staat gedieh, welcher jedoch in einem Krieg gegen griechische Streitkräfte unterlag und anschließend innerhalb eines einzigen Tages bei einer Naturkatastrophe im Meer versank. – Diese wenigen Angaben genügen bereits, um festzustellen, daß die von Platon erzählte Geschichte historisch nicht zutreffen kann. Allein aus geologischer Sicht ist es unmöglich, daß ein ganzer Kontinent über Nacht verschwindet. Selbst plattentektonische Versetzungen ereignen sich nur so langsam, daß sie innerhalb von zehntausend Jahren kaum mehr als hundert Meter betragen können. Und als Atlantis geblüht haben soll – vor 11 000 Jahren – gab es nirgendwo auf der Welt eine Kultur mit einem so hohen Entwicklungsstand, wie Platon sie beschreibt. Am allerwenigsten aber hätte sie in einen Krieg gegen Griechenland verwickelt sein können, denn zur damaligen Zeit bestand die griechische Bevölkerung nur aus einigen mit Fellschurz bekleideten Höhlenbewohnern, deren technologische Kenntnisse kaum über die Anfertigung von Steinwerkzeugen hinausgingen. Die Geschichte von Atlantis, wie Platon sie erzählt, läßt sich in keinen plausiblen Geschichtszusammenhang einordnen. Sie stimmt ganz einfach nicht, das wissen wir heute zweifelsfrei – ungeachtet aller Versuche von »Atlantologen«, uns eines Besseren belehren zu wollen.

Es gibt dafür zwei mögliche Erklärungen: Erstens könnte Platon sie erfunden haben, und zweitens könnte der Bericht eines im Kern historischen Ereignisses durch Verzerrungen entstellt worden sein. Beide Ansichten lassen sich mit soliden Argumenten untermauern. Platon könnte sich die Geschichte ohne weiteres ausgedacht haben, denn er war ein großer Erfinder von Gleichnissen und Allegorien. Wann immer es ihm angebracht erschien, hat er auf diese Weise mit Ideen experimentiert und Legenden erfunden. Diese unterscheiden sich jedoch in jeder Hinsicht vom Atlantis-Bericht. Der österreichische Sprachforscher Wilhelm Brandenstein nennt zwei Beispiele für von Platon erfundene Gleichnisse, um diese Unterschiede deutlich zu machen. Einmal hat Platon behauptet, daß Grillen früher Menschen waren, die der Gesang der Musen so hinriß, daß sie darüber Essen und Trinken vergaßen und starben. Die Musen hätten sie dann jedoch in Grillen verwandelt, welche weder essen noch trinken, sondern singen, solange sie leben. Ein anderes Mal erzählt Platon auf poetische Weise, wie die erotische Anziehungskraft der Menschen entstand. Danach war jeder Mensch ursprünglich rund,

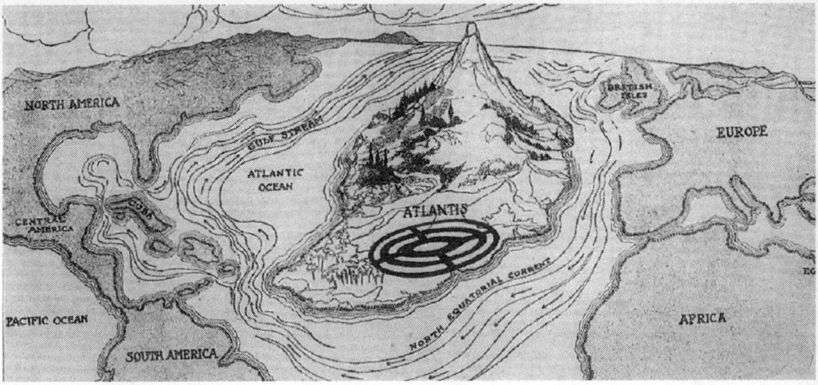

Lag Atlantis wirklich in der Mitte des Atlantischen Ozeans?

hatte vier Arme, vier Beine und einen Kopf mit zwei Gesichtern. Infolgedessen waren die Menschen so stark, daß sie nicht wußten, wo sie mit ihrer Kraft hin sollten. Als sie schließlich sogar den Himmel stürmten, entschloß sich Zeus, die Menschen zu schwächen, indem er sie mit einem Messer mitten durchschnitt – so wie man Früchte in zwei Hälften teilt. Auf der offenen Seite wurde die Haut zusammengezogen und zum Bauchnabel vernäht. Seither ist jede Hälfte mit Sehnsucht nach ihrer anderen Hälfte erfüllt, um sich zum Ganzen vereinigen zu können und so die Halbheit zu überwinden.

Was Atlantis betrifft, hätte Platon allen Grund gehabt, die für seine Zwecke nützliche Geschichte zu erfinden. Schließlich stellt er sie als eine willkommene Illustration seines »Idealstaats« vor. So überrascht es nicht, daß in verschiedenen Elementen der Einleitung und am Schluß der Atlantis-Geschichte Platons Philosophie eindeutig zum Ausdruck kommt – so eindeutig, daß der Eindruck entsteht, die langatmige Darstellung dazwischen sei nichts weiter als ein politisch-philosophischer Mythos. Wer also nicht an die Geschichtlichkeit von Atlantis glaubt, kann sich einen Satz aus der Einleitung oder dem Schluß des zwanzig Seiten langen Textes herauspicken und versuchen, aufgrund dieser Aussage die ganze Geschichte einer Literaturgattung zuzuweisen.

Solche Versuche sind jedoch allesamt gescheitert. Einzelne Aussagen mögen sich zwar einem Genre zuteilen lassen, die Geschichte als Ganzes ist dafür jedoch zu widersprüchlich. Betrachten wir als Beispiel die am weitesten verbreitete Interpretation des Atlantis-

Berichts, nämlich die als Moralparabel. Ihr zufolge sei das prähistorische Griechenland ein Musterstaat gewesen, der Atlantis für seine zunehmende Dekadenz strafte. Diese Interpretation übergeht die Tatsache, daß die Geschichte in erster Linie gar nicht von den Griechen handelt, sondern von Atlantis. Es wäre also keine Darstellung des »Idealstaats«, sondern der Gegner desselben. Außerdem leidet darin zuerst und vor allem Griechenland unter Naturkatastrophen – und es ist vollkommen unverständlich, warum ausgerechnet die »gute« Seite in einer Moralparabel zuerst bestraft werden sollte.

Auch andere Interpretationen bleiben unbefriedigend, weil sie Platons Aussagen nicht berücksichtigen oder sogar ins Gegenteil verkehren. So behauptet der französische Althistoriker Pierre Vidal-Naquet, Platon stelle die Geschichte von Atlantis »als eine Fabel, einen Mythos« vor. Dabei betont Platon jedoch genau das Gegenteil, nämlich daß die Geschichte »in jeder Hinsicht« wahr sei. Er verwendet das Wort *mythos* nicht einmal. Statt dessen benutzt er einen Begriff, den er ausschließlich zur Kennzeichnung rational erfaßbarer Strukturen reserviert hat. Er sagt nämlich, die Geschichte von Atlantis sei ein *logos* (*Timaios* 20d, 21a, 21c, 21d, 26e, 27b; *Kritias* 108c) – also eine wahre Begebenheit.

Häufig wurde auch versucht, Atlantis als »Utopie« zu klassifizieren, so zuletzt von Burchard Brentjes in *Atlantis – Geschichte einer Utopie*. Der Begriff »utopisch« findet für eine Gesellschaftsform Verwendung, die weder Ungerechtigkeit, noch Unterdrückung und monarchische Willkür kennt. Die von Platon beschriebene Stadt entspricht diesem Ideal jedoch in keiner Weise. In Atlantis herrscht ein totalitäres monarchisches Regime. Könige können umbringen, wen sie wollen – nur wenn sie es auf Gleichrangige abgesehen haben, müssen sie erst den Ältestenrat um Billigung bitten. Atlantis besitzt außerdem orientalische Charakterzüge, die Platon befremdlich findet, etwa wenn er von den »barbarisch« anmutenden Dekorationen der Tempel oder den urtümlichen Stieropferritualen spricht. Platon zollt zwar den technischen Errungenschaften der Bevölkerung von Atlantis Respekt, ihre Gesellschaftsordnung ist jedoch aus seiner Sicht – der eines aufgeklärten athenischen Demokraten – entsetzlich altmodisch. Sicher ist Atlantis kein Ort, wo Platon hätte leben wollen, und schon gar nicht ein utopischer Staat. Im Gegenteil, die von Platon beschriebene Gesellschaftsform ließe sich geradezu als »Antiutopie« einordnen.

In einer erfundenen Geschichte müßte zumindest der Ablauf stimmen, damit sie überhaupt glaubwürdig erscheint. Beim Atlantis-Bericht ist der vorgeschlagene historische Zusammenhang jedoch völlig absurd – während die Beschreibung der Stadt homogen und vollkommen plausibel erscheint. In seitenlangen Schilderungen widmet sich Platon vor allem den architektonischen Details der Palast- und Tempelanlagen, der Struktur des Militärapparates und den Wasserbaumaßnahmen. Gerade in der Wasserbaukunst übertrifft Atlantis aber den Kenntnisstand in Griechenland zur Zeit von Platon. Wie soll sich denn ein Philosoph ohne Ausbildung und Erfahrung in Städtebau, Ingenieurwesen, Handwerk und Werkstoffkunde eine so komplexe, exotische Stadt *ausgedacht* haben? Um die große Anzahl von Elementen in Atlantis in dieser Weise zu einem harmonischen Ganzen zusammenzufügen, hätte Platon Stadtplaner oder Ingenieur sein müssen.

Viele andere Argumente sprechen dafür, daß Platon sich auf eine bereits vorhandene Schilderung einer historischen Stadt stützte. Entscheidend ist dabei, daß er die Gültigkeit seines Modells vom »Idealstaat« mit einer *fiktiven* Geschichte nicht glaubwürdiger hätte machen können. Man stelle sich vor, der Präsident eines Staates appelliert an das Volk, einer »idealen Gesellschaft« nachzuleben – um dann als Beispiel das kleine (uns wohlbekannte) Dorf zu nennen, in dem Asterix und Obelix lebten. Sein Aufruf wäre die größte Peinlichkeit aller Zeiten. Würde sich der Appell jedoch auf einen *historischen* Staat berufen, zum Beispiel auf das antike Athen, wäre er dagegen angebracht und nicht einmal ungewöhnlich. Nur mit Hilfe eines realen Beispiels hätte Platon also den Wert seiner Vorstellungen verdeutlichen können – und dabei deutet alles darauf hin, daß er den Inhalt des Berichts selbst gar nicht in den richtigen historischen Zusammenhang einordnen konnte. Vielleicht, weil er der ersten Zeitungsente der Weltgeschichte aufgesessen war?

Außer den genannten gibt es noch eine Reihe weiterer Indizien, die darauf hinweisen, daß der Bericht nicht frei erfunden ist, sondern die verzerrte Wiedergabe eines historischen Ereignisses darstellt. So betont Platon mehrfach, daß es sich bei der Geschichte – ungeachtet ihrer Merkwürdigkeiten – »keineswegs um ein erdichtetes Märchen, sondern um eine in jeder Hinsicht durchaus wahre Geschichte« handle. Zusätzlich untermauert er diesen Anspruch, indem er sich auf zahlreiche Autoritäten bezieht, darunter Solon, den »weisesten der sieben Weisen«, die Göttinnen Athene und Neith, den Bruderstaat Ägypten, den verehrten König Amasis und dessen ehrwürdige Priester. Darüber hinaus enthält Platons Geschichte solide wissenschaftliche Beobachtungen, zum Beispiel über die Folgen der Bodenerosion für die Hydrologie und die Landwirtschaft, die in einer fiktiven Geschichte reichlich unpassend wären. Zudem befindet sich der Atlantis-Bericht in einem Lehrbuch über Astronomie, Physiologie und Urgeschichte – als frei erfundene Parabel könnte er gar nicht unpassender plaziert sein. Er ist auch viel zu lang, um als Anschauungsbeispiel hilfreich zu sein, und er ist mit viel zu vielen belanglosen Details gespickt, die von Platons angeblichen Anliegen nur ablenken. Die echten, von Platon erfundenen Gleichnisse sind immer kurz und bündig, wunderschön harmonisch und vor allem deutlich als Gleichnisse gekennzeichnet.

Kommen wir zu den Widersprüchen. Atlantis wird von griechischen Streitkräften vernichtet und bekommt zusätzlich auch noch eine Naturkatastrophe aufgeladen! Obwohl Atlantis am Atlantischen Ozean liegt, trifft die gleiche Naturkatastrophe auch Griechenland – am anderen Ende der Welt! Atlantis soll an der Straße von Gibraltar gelegen haben, aber nichts weist darauf hin, daß sich in dieser Gegend die Verteilung von Land und Meer in prähistorischer Zeit einschneidend verändert hat! Beim Untergang von Atlantis soll soviel Schlamm entstanden sein, daß die Meerenge unpassierbar wurde. Die Straße von Gibraltar ist aber fast dreihundert Meter tief und seit Millionen von Jahren passierbar! Einer der Priester in Saïs erklärt, Ägypten besitze die älteste Kultur – nur um kurz darauf zu gestehen, daß die griechische Kultur tausend Jahre älter ist! Hätte Platon wirklich ein Gleichnis erfinden wollen, wäre ihm mit Sicherheit etwas Besseres eingefallen. Schließlich bricht die Geschichte mitten im Satz ab, ja, Platon gab die Arbeit an der Trilogie sogar ganz auf. Ein erfundenes Gleichnis hätte doch gewiß ideal in Platons Konzept gepaßt und keinen Anlaß zum Abbruch gegeben. Es gibt also viele Gründe, die dafür sprechen, daß Platon Atlantis nicht erfunden hat, und eigentlich nur einen Grund zu glauben, daß er sich die Geschichte ausgedacht hat: das Fehlen einer einleuchtenden Erklärung, wo und was Atlantis gewesen sein könnte.

Dabei darf man nicht übersehen, daß die Lehrmeinung, wonach Platon Atlantis erfunden habe, bereits Mitte des neunzehnten Jahrhunderts entstand. Zu einem Zeitpunkt also, da es auf der ganzen

Welt noch keine einzige wissenschaftliche Ausgrabung gab. Pompeji und Olympia, Santorin, Troja, Mykene, Tiryns, Knossos - all diese Entdeckungen lagen noch in ferner Zukunft. Das Vorhandensein prähistorischer Kulturen - wie sie der Atlantis-Bericht schildert - war für die Altertumskundler der damaligen Zeit undenkbar! Folglich war es ihnen nicht einmal möglich, das von Homer beschriebene, »goldene« Zeitalter überhaupt in einen geschichtlichen Rahmen einzuordnen. Kaum verwunderlich, daß sie auch Troja ins Reich der Sage verwiesen. Nach der damals vorherrschenden Ansicht gaben Homers Gesänge einen Sonnenmythos wieder, in dem die Griechen für die Sonne und die Trojaner für die düsteren Wolken standen. Diese Vorstellungen sind so tief verwurzelt, daß manche Experten bis jetzt nicht eingestehen wollen, daß die archäologische Fundstätte in Troja mit der von Homer besungenen Stadt identisch ist. So schreibt Burchard Brentjes, daß »bis heute nicht einmal bewiesen ist, daß es ein ›Troja‹ gab«.

Wo aber bleibt der Erkenntniszuwachs der letzten 150 Jahre? Heute wissen wir, daß es schon tausend Jahre vor der griechischen Antike hochentwickelte Schriftkulturen in Mesopotamien, Ägypten, auf Kreta, dem griechischen Festland und in Kleinasien gab. Es gilt die Interpretation von Platons Atlantis an diesem *heutigen* Stand der Kenntnis zu messen und nicht den Zeitgeistströmungen des neunzehnten Jahrhunderts anzupassen.

Erklärungen von gestern und heute

Die bisherigen Versuche, einen historischen und geographischen Rahmen für Atlantis zu finden, stützen sich fast alle auf das markanteste Ereignis des Berichts: die Beschreibung der Naturkatastrophe, der Atlantis zum Opfer gefallen sein soll. Wenn es wirklich in den vergangenen Jahrtausenden ein Naturereignis dieser Größenordnung gegeben hat - so vermuten die Interpreten des Atlantis-Berichts -, müßten sich doch weitere Hinweise darauf oder Erinnerungen daran bewahrt haben. Dabei übersehen sie allerdings, daß unsere heutige Vorstellung vom Untergang von Atlantis und Platons Beschreibung wenig gemeinsam haben - so wenig, daß viele »Atlantologen« vorsorglich darauf verzichten, die entsprechende Passage des Textes zu zitieren. Dort heißt es nämlich:

»In der darauffolgenden Zeit aber gab es gewaltige Erdbeben und Überschwemmungen; es kam ein schlimmer Tag und eine schlimme Nacht, da eure ganze Streitmacht mit einem Male in der Erde versank, und ebenso versank auch die Insel Atlantis ins Meer und verschwand darin.«

Platon gibt hier die Worte eines ägyptischen Priesters wieder. Zu seinem griechischen Gesprächspartner gewandt, sagt der Priester, daß die ganze griechische Streitmacht mit einem Mal in der Erde versank, nachdem die Griechen von ihren Angriffen auf Atlantis zurückgekehrt waren. Die Naturkatastrophen ereigneten sich folglich in *Griechenland.* Wollte man also Atlantis anhand der Naturkatastrophen ausfindig machen, müßte man nach den Spuren von »gewaltigen Erdbeben und Überschwemmungen« in *Griechenland* suchen! Atlantis wird nur beiläufig erwähnt, und die Behauptung, daß die Insel »ebenso versank« überzeugt wenig – sie war ja zuvor schon vom griechischen Heer vernichtend geschlagen worden. Wir messen also der Naturkatastrophe eine viel größere Bedeutung bei, als Platon dies tat. Er hat für das angeblich weltbewegende Ereignis nur ein paar Worte übrig. Da der gesamte Atlantis-Text etwa zwanzig Druckseiten umfaßt, bleiben also über 99 Prozent der von ihm übermittelten Informationen ungenutzt, wenn man Atlantis nur mit Hilfe des Katastrophenszenarios zu lokalisieren versucht. Eine Interpretation der Geschichte aus archäologischer Sicht müßte aber darauf abzielen, möglichst viele Übereinstimmungen zwischen dem ganzen Inhalt der Geschichte und dem heutigen Stand der *archäologischen* Kenntnisse aufzuspüren.

Viele Geisteswissenschaftler, die Platons Text als die verzerrte Beschreibung eines historischen Ereignisses interpretieren, haben diesen Weg gewählt. Nur welches Ereignis – und welcher Ort – sich hinter Atlantis verbirgt, darüber herrscht Uneinigkeit. Ein Gelehrter erkennt an, daß Platon niemals Fakten im Interesse seiner Gedankengebäude verzerrt hätte (G. R. Morrow). Ein Ägyptologe findet Hinweise, daß die Geschichte tatsächlich aus Ägypten stammt (J. G. Griffiths). Ein anderer Forscher erkennt, daß Platons Atlantis perfekt in die Bronzezeit paßt (F. Gidon). Manche Experten glauben auch, daß Atlantis mit Helike identisch gewesen sein könnte, der Stadt, die bei einem Erdbeben 373 v. Chr. verschwand (A. E. Taylor, P. Frutiger, H. Herter, A. Giovanni). Andere erkennen in dem Konflikt zwischen Griechenland und Atlantis den Persischen Krieg (J. B. Skemp,

W. Welliver). Manche sehen Parallelen mit der sizilianischen Stadt Syrakus, die Platon einige Male besucht hatte (O. Rudberg, U. Wilamowitz-Moellendorff, C. Corbato). Ein Gelehrter hält den Bericht für ein Echo des Eleusinischen Krieges (O. Kern), ein anderer findet Hinweise auf Karthago (E. D. Philips) und viele glauben, daß sich Atlantis im minoischen Kreta wiederfinden läßt (K. T. Frost, J. V. Luce, S. Marinatos, W. Brandenstein, M. Pallottino).

Allerdings hatte keiner dieser Vorschläge nachhaltige Auswirkungen auf die Archäologie. Auch die populärste historisierende Erklärung – daß der Ausbruch von Santorin seinen Niederschlag in der Atlantis-Geschichte gefunden haben könnte – lieferte der Altertumskunde kaum hilfreiche Anregungen. Die Städte auf Santorin fielen einem Vulkanausbruch zum Opfer – Atlantis aber Erdbeben und Überschwemmungen. Diese traten wiederum beim Santorinausbruch nicht auf. Santorin verfügt weder über ausgedehntes fruchtbares Ackerland, noch über große Holz- und Metallvorkommen, wie sie für Atlantis charakteristisch sind. Wir kennen aus Akrotiri keine Festungsanlagen, keine Schutzmauern und keine Wachtürme, erst recht keine schiffbaren Kanäle. Santorins Bevölkerung zeigte auch keine Neigung zur Waffenschau und Kriegsführung wie die von Atlantis. Es war weder ein »barbarisches« Land, noch ein Gegner von Griechenland und wurde schon gar nicht in einem Krieg geschlagen. – Die Idee, Santorin mit Atlantis gleichzusetzen, erscheint also mindestens ebenso weit hergeholt wie die, den Santorinausbruch für den Untergang der minoischen Kultur verantwortlich zu machen.

Das prähistorische Griechenland in Platons Text

Da die Zeit- und Ortsangaben in Platons Text nicht glaubhaft sind, könnte Atlantis theoretisch überall auf der Welt und zu jeder Zeit existiert haben. Darum steht es »Atlantologen« frei, in Indien oder unter dem Eis der Antarktis nach der versunkenen Kultur zu suchen. Der Schlüssel zur Lokalisierung von Atlantis liegt auch nicht in der Beschreibung der versunkenen Stadt, er liegt vielmehr in der Schilderung der *griechischen* Kultur, die gegen Atlantis in den Krieg zog – auch wenn diese nicht im Zentrum von Platons Beschreibung steht. Im Fall der griechischen Gegenmacht von Atlantis erübrigt sich nämlich die Suche – schließlich wissen wir, wo sie sich befand; lediglich der Zeitpunkt ihrer Existenz muß noch bestimmt werden. Steht die von Platon beschriebene Kultur erst einmal glaubhaft mit unseren archäologischen Kenntnissen des prähistorischen Griechenlands in Einklang, braucht man nur noch einen geeigneten Gegner ausfindig zu machen – und wäre damit der Lokalisierung des verschwundenen Inselreichs einen großen Schritt nähergerückt.

Im Einführungsgespräch des *Timaios* liefert Platon zahlreiche Informationen über die griechische Gesellschaftsordnung zur Zeit des großen Krieges. Die ägyptischen Priester in Saïs schildern ein heroisches Zeitalter, als der athenische Staat »eine in jeder Hinsicht vorzügliche Verfassung« besaß: »Ihm werden die herrlichsten Taten und besten Staatseinrichtungen von allen uns bekannten unter der Sonne zugeschrieben.« Die Priester vergleichen die Verfassung des prähistorischen Griechenland mit der von Ägypten. Priester, Handwerker, Hirten, Jäger und Bauern repräsentierten jeweils eigene Stände, unter denen die Handwerker wiederum nach Berufsgruppen unterteilt waren. Auch die Krieger bildeten eine eigene Gruppe. »Nach dem Gesetze besteht ihre einzige Tätigkeit in der Sorge für das Kriegswesen«, bemerkt der Priester. Die Ausrüstung der Soldaten ist für die Datierung der griechischen Kultur besonders hilfreich. Im Text erwähnt werden Bronzewaffen, von Pferden gezogene Streitwagen und mit Schilden ausgerüstete Bogenschützen sowie Stein- und Speerwerfer. Ein besonders herausragendes Merkmal der frühen griechischen Hochkultur war allerdings die Kenntnis der Schrift.

Mit Hilfe dieser Angaben fällt es nicht schwer, ein antikes Ebenbild in Griechenland zu finden. Die Beschreibung deckt sich perfekt mit dem, was wir heute über die mykenische Kultur wissen. In mykenischer Zeit gab es gut organisierte Staaten mit einer hierarchisch gegliederten Gesellschaft in Griechenland. Die Waffen bestanden aus Bronze; Speere, Schilde und Streitwagen gehörten zur üblichen Ausrüstung. Im 14. und 13. Jh., als die Königshäuser von Mykene, Tiryns, Pylos, Argos, Theben und Athen im Zenit standen, herrschte also in Griechenland eine Kultur, die in jeder Hinsicht der von Platon beschriebenen glich. Selbst die Schriftkenntnis besaßen die Mykener – was Platon unmöglich wissen konnte. Das für uns bis heute *herausragendste* Ereignis der mykenischen Epoche war der Trojanische Krieg. Auch der ägyptische Tempelpriester in Platons

Bericht kommt bald auf das Ereignis zu sprechen, das wir sofort mit der mykenischen Kultur in Verbindung bringen:

»Unter allen Großtaten eures Staates, die wir bewundernd in unseren Schriften lesen, ragt aber eine durch Größe und Heldenmut hervor: unsere Schriften berichten von der gewaltigen Kriegsmacht, die einst durch euren Staat ein Ende fand, als sie voll Übermut ... gegen ganz Europa und Asien zu Felde zog.«

Die vereinigten griechischen Streitkräfte führten einen Krieg außerhalb Griechenlands, den sie letztlich für sich entscheiden konnten – und die Angaben über dieses Ereignis decken sich mit dem, was wir vom Trojanischen Krieg wissen. Bei Homer sind es die Griechen, die 1186 Schiffe in den Krieg führen – bei Platon ist es der Gegner, der eine Flotte von 1200 Schiffen besitzt. Nur heißt der Gegner der Griechen in Platons Bericht »Atlantis« – während wir ihn heute »Troja« nennen. Ist Atlantis also gleich Troja? Haben die ägyptischen Tempelpriester einfach eine etwas andere – nämlich *ihre* Version – der Geschichte vom Trojanischen Krieg erzählt?

Die großen Umbrüche zur Zeit des Trojanischen Krieges um 1200 v. Chr. hatten erhebliche Auswirkungen auf die Kultur und die Wirtschaft in Ägypten – insofern wäre es durchaus möglich, daß sich Erinnerungen an diese einschneidenden Ereignisse bewahrt haben. Natürlich dürfen wir nicht erwarten, daß die ägyptische Version mit der in Griechenland überlieferten Fassung in jeder Hinsicht vollkommen identisch war. Mit Sicherheit hätten sich die Ortsnamen und die Maßeinheiten unterschieden. Allein schon diese Abweichungen könnten dazu geführt haben, daß der eigentliche Inhalt der Geschichte verborgen blieb.

Der ägyptische Priester betont, daß sich im Anschluß an den Krieg zwischen Griechenland und Atlantis ein Kultureinbruch ereignete, bei dem die hervorragenden Kenntnisse der Griechen wieder verlorengingen. »Oft und auf vielerlei Arten sind die Menschen zugrunde gegangen und werden sie zugrunde gehen, am häufigsten durch Feuer und Wasser, doch auch durch tausenderlei andere Ursachen«, bemerkt er. Auf das »goldene« Zeitalter folgte also ein »dunkles« Zeitalter. Nur die der Schrift Unkundigen und Ungebildeten, »die Bergbewohner, die Rinder und Schafhirten« blieben am Leben; die Städte hingegen zerfielen. Der ägyptische Priester faßt die Folgen dieses Kultureinbruchs so zusammen:

»Ihr wißt nicht, daß das herrlichste und beste Geschlecht der Menschen in eurem Lande gelebt hat, von denen du und alle Bürger eures jetzigen Staates abstammen, indem ein kleiner Stamm von ihnen übrigblieb. Dies alles blieb euch fremd, denn eure Vorfahren lebten viele Geschlechter hindurch ohne die Sprache der Schrift.«

Er vermittelt damit eine Beschreibung des Kultureinbruchs im 12. Jh. und des nachfolgenden »dunklen« Zeitalters, wie man sie sich präziser kaum wünschen könnte. Als die mykenischen Zentren untergingen, verfiel allmählich auch die ganze Kultur. Nur die Landbevölkerung lebte – auf kulturell niedrigerem Niveau – weiter. Viele der erworbenen Kenntnisse gingen verloren und mußten anschließend wieder neu erworben werden. Eine treffendere Charakterisierung der Geschichte Griechenlands hätte man von einem Ägypter des 6. Jh. kaum erwarten können.

Warum aber hat man die Parallelen zwischen Atlantis und Troja nicht schon viel früher erkannt, wenn das alles so einfach ist? Dafür gibt es verschiedene Gründe. Durch die Übertragung der Ortsnamen und Maßeinheiten vom Altägyptischen ins Altgriechische haben sich Fehler in den Text eingeschlichen. Im Grunde sind nur vier Wörter völlig falsch übersetzt oder interpretiert worden, aber dies genügte, um den historischen Inhalt der Geschichte zu verschleiern. Außerdem konnte eine Gleichsetzung von Atlantis mit Troja natürlich erst erfolgen, nachdem die spätbronzezeitlichen Kulturen der Ägäis bekannt waren – was ab etwa 1905 der Fall war. Anschließend sahen tatsächlich viele den Schlüssel zum Atlantis-Bericht in der ägäischen Bronzezeit. Sie versuchten darin aber die minoische Hochkultur auf Kreta – und nicht die mykenische auf dem Festland – wiederzuerkennen.

Nicht zuletzt wurde die Interpretation von Platons Bericht erschwert, weil sich der Text in keine der heute üblichen Fachdisziplinen einfügen läßt. Platon hat ihn im 4. Jh. niedergeschrieben – und Dokumente aus dieser Zeit fallen üblicherweise in den Verantwortungsbereich der Altphilologie, Alten Geschichte oder Philosophie. Der Atlantis-Bericht beschreibt aber Ereignisse, die tausend Jahre zuvor stattfanden – der Inhalt müßte also im Grunde von *Prähistorikern* auf seine Glaubwürdigkeit hin beurteilt werden. Diese beschäftigen sich aber normalerweise nicht mit klassischen Texten. Eine sorgfältige Erforschung der Geschichte von Atlantis setzt deshalb eine Bearbeitung durch ein interdisziplinäres Team voraus. Leider ist ihr diese Aufmerksamkeit nie zuteil geworden, und so blieb ihre Beurteilung der Initiative Einzelner überlassen.

Entscheidende Übersetzungsfehler

Während sich der im Atlantis-Bericht beschriebene griechische Staat problemlos mit dem mykenischen Griechenland korrelieren läßt, ist die Identifizierung von Atlantis mit Troja aus den allgemeinen Angaben im Dialog *Timaios* keineswegs sofort ersichtlich. So soll sich der Krieg zwischen Griechenland und Atlantis 8000 Jahre vor dem Gespräch zwischen Solon und den Priestern in Saïs zugetragen haben – der Trojanische Krieg hingegen müßte um 1200 v. Chr., also nur etwa 640 Jahre vor Solons Besuch in Ägypten stattgefunden haben. Atlantis soll auf einer Insel im Atlantischen Ozean gelegen haben und größer als Asien und Libyen gewesen sein – Troja dagegen ist keine Insel, liegt östlich von Griechenland und war sicher nicht größer als Asien und Libyen zusammen. Die Orts- und Zeitangaben im *Timaios* stimmen also mit dem, was wir vom Trojanischen Krieg wissen, überhaupt nicht überein.

Tatsächlich haben sich alle Übersetzungsfehler, die den Text für so lange Zeit unkenntlich machten, in diesen einen Absatz eingeschlichen. Deswegen führte der bisherige Ansatz, die Eckdaten des Berichts herauszugreifen und sich mit ihrer Hilfe an eine Lokalisierung heranzutasten, zwangsläufig in die Irre. Genau diese Eckdaten sind nämlich während der Überlieferung verzerrt worden. Andererseits unterstreicht gerade die Art der Verzerrungen die Authentizität des Berichtes.

Betrachten wir einmal den Zeitpunkt. Atlantis soll 8000 Jahre vor Solons Besuch in Ägypten existiert haben – also etwa 11 000 Jahre vor heute. Die Gegner eines historischen Atlantis vermuten, Platon habe das Gleichnis absichtlich in die graue Vorzeit verlegt, um deutlich hervorzuheben, daß es sich nicht um eine historische Begebenheit, sondern um einen Mythos handle. So schrieb Franz Susemihl im Jahr 1855:

»Zugleich aber wird durch die Versetzung des Mythos in jene ungeheuer entlegene Zeit, bis zu welcher keine geschichtliche Erinnerung, und sei es auch die der Ägypter, zurückreicht, dem

Mißverstand gewehrt, als ob hier eine wirklich geschichtliche Thatsache zu Grunde läge ...«

Fünf Generationen – und 150 Jahre Forschungsgeschichte – später stützt sich die Altphilologie noch immer auf die Argumente aus dem (vor)letzten Jahrhundert. So schreibt der Tübinger Alexander Slezák:

»Es gehört schon einige literarische Ahnungslosigkeit dazu, zu übersehen, daß diese [Zeit]Angaben ... dazu da sind ..., die möglich werdenden Frage nach einem etwaigen historischen Gehalt der Geschichte spielerisch auszuklammern.«

Betrachtet man aber die Aussagen von *Historikern* aus Platons eigener Zeit, so stellt sich heraus, daß sie dieselben Zeitangaben verwendeten. Die Vermutung, sie beabsichtigten, »die möglich werdende Frage nach einem etwaigen *historischen Gehalt*« ihrer Aussagen »spielerisch auszuklammern«, wird also kaum jemand überzeugen. Herodot, der »Vater der Geschichtsschreibung«, stellt zum Beispiel fest, daß die Pharaonen seit 11 340 Jahren regierten. Diese Aussage beruht – wie die von Solon – auf Gesprächen mit ägyptischen Tempelpriestern, die behaupteten, ihre schriftlichen Aufzeichnungen deckten diesen gesamten Zeitraum ab.

Auch bei Platon kommt eine ganz ähnliche Zeitangabe in einem anderen Werk vor, nämlich in den später verfaßten *Gesetzen*. Dort sagt der Philosoph, daß die ägyptische Kultur 10 000 Jahre alt sei – und in diesem Fall ist völlig ausgeschlossen, daß die Angabe in einem mythologischen Zusammenhang steht. Einer, der es am besten wissen muß, weil er selbst Tempelpriester in Ägypten war, ist schließlich der Geschichtsschreiber Manetho. Auch er beziffert das Alter der ägyptischen Zivilisation auf 11 000 beziehungsweise 11 985 Jahre – Angaben also, die mit denen von Platon und Herodot nahezu identisch sind. Manetho sagt aber auch ganz klar – und dies gleich dreimal – wie diese scheinbar unverständlichen Zahlen zustandekommen:

»Wir können davon ausgehen, daß es sich bei den Jahresangaben um Mondjahre handelt, die aus dreißig Tagen bestanden: Was wir heute als ›Monat‹ bezeichnen, nannten die Ägypter früher ein ›Jahr‹.«

»Insgesamt waren es 11 000 Jahre, bei diesen handelt es sich jedoch um Mondjahre, also Monate.«

»So kam es also, daß die Zeiten der Götter, die unter ihnen sechs Generationen lang in sechs Dynastien herrschten, in Jahren gerechnet wurden, von denen jedes ein Mondjahr bestehend aus dreißig Tagen war. Die Gesamtdauer in Mondjahren betrug 11 985 oder 969 Sonnenjahre.«

Bei den unverständlich hohen Angaben von Manetho, Herodot und Platon handelt es sich demnach um Mondjahre – also Monate. In Ägypten waren nämlich verschiedene Kalender gleichzeitig im Gebrauch, und die Tempelpriester pflegten vor allem den ursprünglichen Mondkalender zu benutzen. Um die hohen Werte in unsere heute übliche Chronologie zu übertragen, müssen sie durch 12,37 geteilt werden.

Teilt man aber den von Platon angegebenen Wert von 8000 Jahren durch 12,37, so fallen die im Atlantis-Bericht beschriebenen Kulturen auf einen Zeitpunkt 647 Jahre vor Solons Besuch in Saïs, also um 1200 v. Chr. Diese Datierung stimmt genau mit dem von Platon beschriebenen kulturellen Entwicklungsstand überein. *Nur* zu dieser Zeit blühte in Griechenland eine Kultur, die gleichzeitig über Bronzewaffen, Streitwagen, Festungen und Schriftkenntnisse verfügte, sich im Handwerk, in der Kunst und im Kriegswesen auszeichnete und von der noch Jahrhunderte später Heldensagen kursierten. Der Krieg zwischen dieser prähistorischen griechischen Kultur und Atlantis fällt genau in die Zeit des Trojanischen Kriegs. Die Gegenmacht der Griechen kann also im Grunde nur Troja gewesen sein, denn die griechischen Streitkräfte haben kaum an zwei Orten gleichzeitig gefochten und anschließend in Griechenland den einen und in Ägypten den anderen Sieg feiern lassen.

Auch der zweite Fehler – daß Atlantis eine Insel gewesen sei – ist charakteristisch für Übersetzungen von ägyptischen Hieroglyphentexten. Das hieroglyphische Zeichen für »Insel« steht nämlich nur für ein »fremdes Land«. Im Neuen Reich bezeichnete man in Ägypten die gesamte Ägäis mitsamt ihren Festlandküsten als »die Inseln«. Selbst die insellose nordafrikanische Küste nannte man »Inseln des Westens«. Atlantis muß demnach keine Insel im heutigen Sinne gewesen sein, vielmehr handelt es sich einfach nur um ein fremdes Land an einer fernen Küste.

Der dritte Übersetzungsfehler betrifft einen Lokalnamen, der bei der Beschreibung der Lage von Atlantis erwähnt wird. Die ägyptischen Priester schildern die Umgebung von Atlantis recht genau:

»Denn damals konnte man das Meer dort noch befahren, es lag nämlich vor der Mündung, die bei euch ›Säulen des Herakles‹ heißt, eine Insel, größer als Asien und Libyen zusammen, und von ihr konnte man damals noch nach den anderen Inseln hinüberfahren und von den Inseln auf das ganze gegenüberliegende Festland, das jenes in Wahrheit so heißende Meer umschließt. Erscheint doch alles, was innerhalb der genannten Mündung liegt, nur wie eine Bucht mit engem Eingang; jener Ozean aber heißt durchaus mit Recht also und das Land an seinen Ufern mit dem gleichen Recht ein Festland.«

Atlantis soll demnach vor einer Mündung gelegen haben, die »bei euch«, in Griechenland also, »Säulen des Herakles« heißt – ein Begriff, der in der klassischen Antike auf die Straße von Gibraltar angewandt wurde. Daraus schloß man, daß Atlantis im Atlantischen

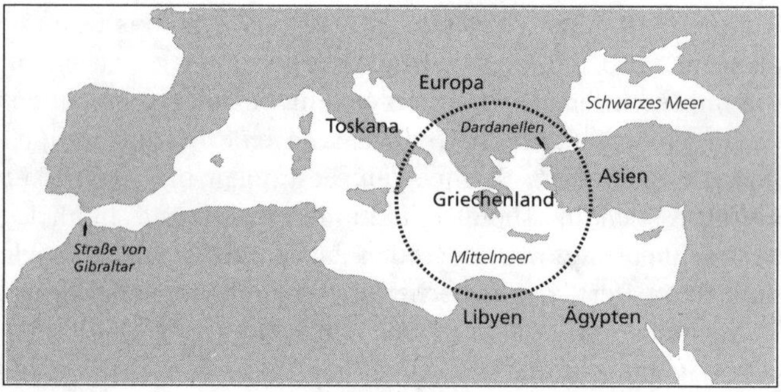

Die im Atlantis-Bericht erwähnten geographischen Regionen liegen alle im Ostmittelmeerraum – nur die Straße von Gibraltar fällt aus dem Rahmen

Ozean gelegen habe – wobei sich der Name des Ozeans von dieser Annahme, also von Platons »Atlantis« ableitet und nicht umgekehrt. In Wirklichkeit sagt der Text jedoch, daß sich Atlantis vor der Wasserstraße befand und nicht dahinter. Der sagenhafte Staat muß also im Bereich der Mittelmeerländer gelegen haben – weiter reichte der Einfluß der Griechen ohnehin selbst zu Solons Zeiten noch nicht. Ein Staat außerhalb des Mittelmeeres konnte schon deswegen nicht als Bedrohung für Griechenland empfunden werden, weil die Griechen davon ja nichts gewußt hätten.

Die ganze Charakterisierung der Lage von Atlantis scheint im übrigen auch gar nicht auf die Straße von Gibraltar anwendbar zu sein. Letztere ist keineswegs eine »Mündung« und war auch niemals unbefahrbar. Der Bereich der Wasserstraße erscheint nicht »wie eine Bucht« und hat auch keinen »engen Eingang«. Es gibt keine »Insel« in der Nähe der Straße von Gibraltar – erst recht keine, die »größer als Asien und Libyen zusammen« wäre. Zu welchen anderen »Inseln« hätte man von Gibraltar aus fahren sollen – und warum? Wie hätte man auf die Idee kommen sollen, daß der Atlantische Ozean von einem Festland »umschlossen« sei? Und wo soll sich in Spanien eine Naturkatastrophe zugetragen haben, bei der ein Subkontinent im Meer verschwand? Für diese Diskrepanzen gibt es zwei mögliche Erklärungen. Entweder stimmt die Beschreibung nicht, oder der Name »Säulen des Herakles« erscheint in einem falschen Zusammenhang.

Auch in diesem Fall zeigt sich, daß Angaben aus einem über dreitausend Jahre alten Text nicht ohne weiteres in die heutige Zeit übertragen werden können. Atlantis existierte in einer Epoche, die lange vor Solons Besuch in Saïs lag. Folglich muß auch das in der Geschichte geschilderte Weltbild der Ursprungszeit des Textes angepaßt, das heißt *verkleinert* werden. Um 1200 v. Chr. erstreckte sich der Einflußbereich griechischer Schiffe bestenfalls über das zentrale und östliche Mittelmeer – jedoch noch nicht bis zur Straße von Gibraltar. Aus diesem Grund waren viele Archäologen auch bereit, Santorin als mögliche Kandidatin für Atlantis anzuerkennen. Die Vermutung, daß sich das Reich des einstigen Gegners an den Ufern der Ägäis erstreckte, ist plausibler als jede andere Erklärung.

Läßt man die Erwähnung der »Säulen des Herakles« einmal außer acht, stimmt die Lage von Atlantis durchaus mit der Lage von Troja und der geographischen Situation am Hellespont, dem Zugang zu den Dardanellen und dem Schwarzem Meer, überein. Das Schwarze Meer ist ein echter »Ozean«, der von einem »Festland« umschlossen wird, und sein Zugang lag im Aktionsradius der mykenischen Schiffe. In der Spätbronzezeit »konnte man das Meer dort noch befahren«, anschließend gingen die Kenntnisse, wie die starke Strömung in den Dardanellen zu bewältigen sei, jedoch für einige Jahrhunderte verloren. Troja liegt – wie Atlantis – »vor der Mündung«. Von der engen Einfahrt in die Dardanellen, die wie eine Bucht wirkt, konnte man zu anderen fremden Ländern im Bereich des Marmarameeres hinüberfahren und von dort weiter zu den Festlandküsten, die das ganze Binnenmeer umschließen. In Platons Originaltext sind die Übereinstimmungen zwischen der Beschreibung der Lage von Atlantis und dem Zugang zum Schwarzen Meer sogar noch deutlicher, denn Platon verwendet für den »Ozean« genau den gleichen

Begriff, den die Griechen dem Schwarzen Meer vorbehielten: *Pontos*. Für die Griechen besaß dieses Meer einen viel höheren Stellenwert als der Atlantik. In der Spätbronzezeit gelangten vom Schwarzen Meer wichtige Güter – vermutlich vor allem Pferde und Metalle – in die Ägäis, und in klassischer Zeit erstreckten sich an dessen Küste viele griechische Kolonien. So erstaunt es nicht, daß Herodot (4.85) sagt, es sei »das Meer, das vor allen anderen Bewunderung verdient«.

Bleibt also die Frage, warum der Begriff »Säulen des Herakles« in Platons Text auftaucht, wenn doch anscheinend der Zugang zum Schwarzen Meer gemeint war? Der griechische Geograph Strabo vermutet, daß Homer manche Ortsnamen vom Schwarzen Meer ins Mittelmeer verlegte, weil sich zwischen dem 12. Jh. – also der in seinen Epen geschilderten Zeit – und seiner eigenen Zeit (dem 8. Jh.) das griechische Weltbild erweitert hatte. Der russische Geograph Abraham Sergejewitsch von Noroff beschrieb dies bereits 1854 mit folgenden Worten:

»Strabo sagt, von den geographischen Kenntnissen der homerischen Zeiten sprechend, daß man damals überhaupt das Pontische Meer für einen anderen Ocean betrachtet hätte und der Meinung gewesen wäre, die Schiffahrt auf demselben ginge in ebenso weite Ferne wie jenseits der ›Säulen des Hercules‹. Da die Griechen den *Pontus* für das größte der ihnen zugänglichen Meere gehalten, so hätten sie es vorzugsweise das ›Meer‹, wie Homer vorzugsweise den ›Dichter‹ genannt. Sich der allgemeinen Ansicht anbequemend hätte denn auch Homer pontische Örtlichkeiten auf den Ocean übertragen.«

Diese Worte faßte ein deutscher Gelehrter im gleichen Jahr in der Aussage zusammen, daß »unter den ›Säulen des Herkules‹ in der von Platon im *Timaios* mitgetheilten Erzählung nicht die gegenwärtige Meerenge von Gibraltar, sondern der thrakische Bosporus zu erkennen sei.« Eine ähnliche Feststellung ist bereits aus römischer Zeit überliefert. Damals bemerkte der Grammatiker Servius: »Durch die ›Säulen des Herakles‹ fahren wir im Schwarzen Meer wie auch in Spanien.«

Mit den »Säulen des Herakles« im Atlantis-Bericht könnte also durchaus auch der Zugang zum Schwarzen Meer gemeint gewesen sein – die Region, in der sich Troja befindet und die genau der Beschreibung im Atlantis-Text entspricht. Vielleicht ging auch dieser Begriff erst später mit der zunehmenden Ausdehnung des griechischen Weltbildes auf die Straße von Gibraltar über.

Die griechischen Schiffe vor Troja – und die Säule am Eingang zum Hafen, nach einem Relief, das die Geschichte der *Kleinen Ilias* in Bildern nacherzählt.

Bleibt nur die Frage, wie denn der Begriff »Säulen des Herakles« überhaupt entstanden sein könnte. Weder am Hellespont noch an der Straße von Gibraltar treten topographische Merkmale auf, die an Säulen erinnern würden. Woher kommt also die Idee mit den Säulen? Nun, bereits in den frühen Tagen der Seefahrt markierten Säulen Anlegestellen und Hafenanlagen. Eine der nichthomerischen Beschreibungen des Trojanischen Krieges, die *Kleine Ilias*, erwähnt solche Säulen als ein besonderes Merkmal des Hafens von Troja. Auf einem Relief aus römischer Zeit, das die griechischen Schiffe bei der Belagerung von Troja zeigt, ist eine dieser Säulen deutlich zu erkennen. So ließen sich also die »Säulen« erklären – aber warum »Herakles«? Man hat manche prähistorische Wasserbauanlage den magischen Kräften dieses Halbgottes zugeschrieben – nirgendwo aber war Herakles so aktiv wie in Troja. Der Sage nach hat er dort ganze Flüsse umgeleitet. Die Säulen, die den Eingang zum Hafen des bronzezeitlichen Troja markierten, könnten also am Ursprung des Begriffes »Säulen des Herakles« gestanden haben.

Der vierte und letzte Übersetzungsfehler betrifft die Ausdehnung von Atlantis. Im *Timaios* wird gesagt, der Staat sei größer als Asien und Libyen zusammen gewesen. Im *Kritias* heißt es dann, die Ebene unterhalb der Hauptstadt sei 3000 x 2000 Stadien groß gewesen, was etwa 540 x 360 Kilometer und damit der Fläche von Irland entspricht. Offenbar sind diese riesigen Ausmaße durch eine Verwechslung der Maßeinheiten zustandegekommen. Zu solchen Mißverständnissen kam es häufig, weil es in der Antike keine ausreichend einheitlichen Maße gab. Platon selbst unterbricht an einer Stelle die Erzählung, um einzuflechten, daß sich der Umfang der Wasserbauarbeiten nicht mit der Größe von Atlantis vereinbaren lasse; er folge trotzdem seiner Pflicht und berichte über die Gegebenheiten, so wie sie ihm überliefert worden seien.

Und die Naturkatastrophe? Betrachtet man den gesamten Atlantis-Text, so ist die Naturkatastrophe von völlig untergeordneter Bedeutung. Sie wird nur einmal beiläufig erwähnt, offenbar, um die Geschichte der damaligen Kulturen zu einem plausiblen Abschluß zu führen. Für Atlantis dürfte die Katastrophe ohnehin keine gravierenden Folgen gehabt haben, denn die Stadt lag ja bereits in Trümmern, nachdem griechische Streitkräfte sie zerstört hatten. Irgendeine Form plötzlicher oder anhaltender Landschaftsveränderung dürfte sich jedoch ereignet haben, sonst hätten die Priester wohl kaum gerade auf diese Erklärung zurückgegriffen.

Vielleicht handelte es sich bei diesen Landschaftsveränderungen gar nicht um Naturkatastrophen im eigentlichen Sinn. Die hochentwickelten Wasserbauten in der Umgebung der bedeutendsten spätbronzezeitlichen Paläste hatten die Königreiche verwundbar gemacht. Angreifern boten die hydraulischen Anlagen die Möglichkeit, mit geringem Aufwand große Verheerungen anzurichten. Als um 1200 v. Chr. Mykene, Tiryns, Pylos, Gla, Troja und viele andere Städte in Flammen aufgingen, verschwanden auch Teile der Unterstadt von Tiryns unter meterdicken Schlammablagerungen. Anderswo brachen die Wasserbauanlagen plötzlich zusammen. Der Hafen von Pylos füllte sich mit Flußschotter. Wer kann ausschließen, daß nicht auch diese technischen Einrichtungen feindlichen Einwirkungen zum Opfer fielen? Gewaltige Erdrutsche und Überschwemmungen wären die Folge gewesen.

Zusammenfassend läßt sich sagen, daß auch die Gleichsetzung von Atlantis mit Troja keine hundertprozentige Übereinstimmung zwischen Text und archäologischen Erkenntnissen ermöglicht. Trotzdem unterscheidet sie sich vorteilhaft von den bisher gewählten Lösungswegen, bei denen eine Zuweisung lediglich anhand herausgepickter Einzelaussagen vorgenommen wurde. Nach dieser bisherigen Methode ließ sich nur ein verschwindend kleiner Teil des vielschichtigen Textes interpretieren. Mit der *archäologischen* Zuweisung des Inhaltes können wir dagegen über 99 Prozent des Berichts in ein plausibles Geschichtsbild einordnen. Der verbleibende Rest beschränkt sich auf wenige Wörter, die für Übersetzungsfehler vom Altägyptischen ins Altgriechische charakteristisch sind. Platons Geschichte von Atlantis unterscheidet sich also weder von seinen anderen Werken noch von anderen Geschichtsdarstellungen des Altertums. Kaum ein antiker Text dürfte von Übertragungsfehlern vollkommen frei sein – und einen Wahrheitsgehalt von über 99 Prozent zu erzielen, schafft nicht einmal ein heutiger Nachrichtentext.

Merkmale von Atlantis

Die bisher besprochenen Passagen aus Platons Atlantis-Bericht, in die sich Übersetzungsfehler eingeschlichen haben, stammen alle aus dem kurzen allgemeinen Einführungsgespräch zu Beginn des *Timaios.* Als Solon die ägyptischen Priester ungeduldig um weitere Einzelheiten über die ruhmreiche griechische Vergangenheit bittet, sagt einer der Gastgeber: »Genauer wollen wir dies alles ein andermal mit Muße an der Hand der Schriften miteinander besprechen.«

Die eigentliche Beschreibung von Atlantis folgt dann im *Kritias*, dem zweiten Band von Platons unvollendeter Trilogie. Die dort wiedergegebene Schilderung ist so reich an Einzelheiten, daß es sich durchaus um eine übersetzte Abschrift des ägyptischen Originaltexts handeln könnte. Computeranalysen haben in der Tat gezeigt, daß der Stil des *Kritias* von dem der anderen Werke Platons so stark abweicht, als wäre dieser Band nicht seiner Feder entsprungen.

Wie verhält es sich nun mit den präzisen Informationen aus dem *Kritias* in bezug auf die Hypothese, wonach Atlantis Troja sein könnte? Die bisherigen Lokalisierungsversuche von Atlantis haben sich darauf beschränkt, allgemeine Gemeinsamkeiten zwischen Platons Text und einem beliebigen Ort auf der Welt hervorzuheben. Die Formel *Troja=Atlantis* erreicht jedoch eine andere Qualität: Jede einzelne Angabe in Platons *Kritias* trifft auf Troja zu – den »Schicksalsberg der Archäologie«, wie Journalisten die Fundstätte gern nennen. Selbst die einzigartigen Eigenschaften von Troja – und davon gibt es einige – werden auch im Atlantis-Bericht erwähnt und ihrer Bedeutung entsprechend hervorgehoben.

Beginnen wir unseren Vergleich gleich mit dem Namen der Stadt: »Atlantis«. Dieses Wort ist griechischen Ursprungs, dürfte also nicht aus dem ägyptischen Originaltext stammen. Vielleicht hat sogar Platon den Namen eingeführt, weil zu seiner Zeit gerade ein Werk des Hellanikos mit diesem Titel im Gespräch war. »Atlantis« leitet sich vom Titanen Atlas ab und bedeutet soviel wie »Tochter des Atlas«. Dies deutet daraufhin, daß Atlas und seine Tochter die legendäre Stadt »Atlantis« gegründet haben.

Atlas und seine Tochter sollen aber auch Troja erbaut haben. Der vollständige Stammbaum Trojas bis zum Trojanischen Krieg lautet: Atlas, Elektra, Dardanos, Erichthonios, Tros, Ilos, Laomedon und Priamos. Laut Homer führte Priamos im Krieg die Gegner der Griechen an, und sein Vater Laomedon ließ die Festungsmauern errichten. Homer hielt Erichthonios für den reichsten Mann der Welt; Trojaner, Ilier und Dardaner sind Völker, die im Kampf um Troja den Griechen gegenüberstanden. Somit hat Homer die Namen von sechs der insgesamt acht legendären Gründer verarbeitet. Nicht verwunderlich, daß es noch ältere Überlieferungen gibt, die bis zum ursprünglichen Gründer der Stadt und seiner Tochter »Atlantis« zurückreichen. Ihretwegen verwendeten englische Historiker, darunter Jacob Bryant und William Gell, noch bis ins neunzehnte Jahrhundert die Bezeichnung *Atlantians* für die Trojaner.

Gell beruft sich auf Herodot, wenn er sagt, die *Atlantians* in Westkleinasien seien äußerst geschickt in den Wissenschaften gewesen. Herodot ist es auch, der berichtet, daß sich die Ägypter immer für das älteste Volk der Erde gehalten hätten, bis eine Nachforschung der Priester von Saïs – wenige Jahre vor dem Besuch von Solon – ergab, daß die Völker Westkleinasiens noch älter sind. Diese Erkenntnis kommt in der Atlantis-Geschichte zur Sprache, wenn die Priester einerseits voller Stolz auf ihre lange Tradition zurückblicken und andererseits eingestehen, daß es noch ältere Völker gibt.

Die Wurzel des Wortes »Atlas« liegt, so Wilhelm Brandenstein, vermutlich in *antlos* – einem Begriff, der viel älter ist als der Name des Titanen. *Antlos* bezeichnet eine besonders starke Strömung. Im gesamten Mittelmeerraum tritt die stärkste Strömung am Hellespont auf, wo sich das überschüssige Wasser aus dem Schwarzen Meer in die Ägäis ergießt – und wo Troja liegt. Bedenkt man, daß die meisten anderen Staaten zu Troja mittels Schiffahrt Kontakt hielten, wird verständlich, warum das Vorhandensein einer besonders starken Strömung von namensgebender Bedeutung gewesen sein könnte. Der Name des Titanen »Atlas« scheint also aus der ursprünglichen Ortsbezeichnung hervorgegangen zu sein und nicht umgekehrt.

Im antiken Griechenland wurden Landschafts- und Ortsnamen häufig nach mythologischen Gründungsgestalten vergeben. So nannten die Griechen den Peloponnes nach Pelops, einem Enkel des Zeus und Stammvater der Pelopiden. War ein Name für eine Region oder eine Stadt bereits etabliert, hatten sie aber auch keine Hemmungen, eine Gründerfigur zu erfinden; in dieser Weise leiteten sie beispielsweise »Kreta« von einem fiktiven Kres ab, dem Sohn einer Nymphe des Ida-Gebirges und des Zeus. Für Atlantis scheint sich demnach die Reihenfolge 1. *Antlos*, 2. Atlas, 3. Atlantis, 4. Atlantik zu ergeben.

Ein besonderer Segen für Atlantis war das Vorhandensein zweier Quellen, die eine warm, die andere kalt. Poseidon, der Schutzpatron von Atlantis, hatte dies eigens so eingerichtet:

»Diesen Hügel, der so zu einer Insel geworden war, stattete er aufs beste aus, was ihm als einem Gott keine Schwierigkeiten bereitete: Er ließ zwei Quellen, die eine warm, die andere kalt, aus der Erde emporsteigen.«

Poseidon war auch der Schutzpatron von Troja. Als Gott des Meeres und der Pferde – den beiden Wahrzeichen von Troja – wachte er eifersüchtig über das Schicksal seiner Stadt. Als sie schließlich unterging, strafte er Odysseus für seine List mit dem Trojanischen Pferd. Aber nicht nur das. Troja verfügte als einzige Stadt der Antike über eine heiße und eine kalte Quelle – genau wie Atlantis. Homer (*Ilias* 22.149–152) beschreibt dieses Quellenpaar folgendermaßen:

»Eine nämlich entfließt mit warmem Wasser, und wallend
Hebt sich ein Rauch aus ihr gleichwie aus brennendem Feuer.
Aber die andere fließt so kalt wie der Hagel im Sommer
Oder im Winter der Schnee und Eis von gerfrorenem Wasser.«

Ein weiteres, besonders charakteristisches Merkmal von Troja sind die starken Nordwinde, die noch heute Ausgräber und Besucher der Fundstätte plagen. Troja ist der einzige Ort der Bronzezeit, von dem es heißt, er sei »windig« gewesen. Homer verwendet dieses Adjektiv häufiger als alle anderen, um die Metropole zu charakterisieren. – Und natürlich werden die Nordwinde ebenso im Atlantis-Bericht erwähnt. Die fruchtbare Ebene unterhalb der Stadt erstreckte sich – wie in Troja – nach Süden und war deswegen vor den »Windstößen aus dem Norden« geschützt.

Die Thronfolge in Atlantis ist ein weiteres herausragendes Charakteristikum, weil sie recht verwickelt war. Nicht etwa der älteste Sohn des jeweiligen Königs, sondern das älteste Mitglied der gesamten königlichen Sippe hatte Anrecht auf den Thron. Auf den verstorbenen Herrscher konnte also auch ein Bruder oder Cousin des vorherigen Königs folgen. Außerdem stand dem König von Atlantis ein Ältestenrat zur Seite. Einen solchen Senat gab es auch in Troja. In Atlantis hatte der Ältestenrat zehn Mitglieder – in Troja auch. Die österreichische Archäologin Siegrid Deger-Jalkotzy schreibt:

»Die Institution dieses Ältestenrates neben dem König ist ein weiteres Charakteristikum der trojanischen Sozialstruktur. Gemeinsam mit dem König bestimmen die Ältesten über die öffentlichen

Rekonstruktion von Atlantis

Angelegenheiten sowie über die politischen und kriegerischen Aktionen der Stadt. Zwar ziehen sie selbst nicht in den Krieg, doch haben sie den Oberbefehl über das Heer inne, gemeinsam mit Priamos.«

Platon beschreibt Atlantis als außerordentlich wohlhabende Stadt, mit prächtigen Häusern, Parkanlagen, Sportstadien und belebten Märkten, auf denen Händler aus aller Welt zusammenkamen. Der König und sein Senat residierten im zentralen Tempel- und Palastbezirk der Stadt. Vergleicht man diese Beschreibung von Atlantis mit dem, was über den Anblick von Troja überliefert ist, wird deutlich, wie sich die beiden Städte gleichen. – So sah der Palastbezirk von Atlantis aus:

»Inmitten stand ein Tempel, der Kleito und dem Poseidon geweiht war. Er durfte nur von Priestern betreten werden und war von einer goldenen Mauer umschlossen. In ihm war einst das Geschlecht der zehn Fürsten erzeugt und geboren worden. Ferner erhob sich dort ein Tempel des Poseidon, sechshundert Fuß lang, dreihundert Fuß breit und entsprechend hoch, in einer etwas fremdländischen Bauart. Die ganze Außenseite des Tempels war mit Silber überzogen,

die Zinnen mit Gold. Im Inneren war die Decke von Elfenbein, verziert mit Gold und Messing, die übrigen Mauern, Säulen und Fußböden mit Messing bekleidet.«

Und so sah, nach der Beschreibung von Raoul Lefèvre in *Sammlungen Trojanischer Geschichten* aus dem Jahr 1464 Troja aus:

»Damals gab es auf der ganzen Welt keine Stadt, die so groß und so schön umschlossen war ... Sie besaß reiche Paläste ohne Zahl, die schönsten, die es je gegeben hat, und die schönsten Häuser, wohlhabend und prächtig umschlossen. In vielen Teilen der Stadt befanden sich Parkanlagen und Sportplätze für Wettkämpfe und Spiele. In der Stadt verkehrten Händler und Handwerker aller Art, die aus allen Teilen der Welt kamen oder dorthin gingen. Mitten durch die Stadt zog sich der große Fluß, auf dem Schiffe fuhren und der den Bürgern große Annehmlichkeiten bereitete ... Es gab auch viele Spiele und Unterhaltung, zum Beispiel das Schachspiel, das Würfelspiel und viele andere. Am eindrucksvollsten Ort, auf einer Bergklippe, hatte König Priamos seinen opulenten Palast errichtet. Er hieß Ilion und war einer der gewaltigsten und üppigsten Paläste, die es je auf der Welt gegeben hat. Seine Höhe betrug fünfhundert Schritt, das heißt ohne die Türme, von denen es sehr viele gab, die sich so hoch erstreckten, daß es von weitem aussah, als wenn sie in den Himmel reichten. Und in diesem reichen Palast hatte König Priamos die reichsten Säle erstellt, die es damals auf der Welt gab. Darin befand sich sein kostbarer Thron, der Tisch, von dem er aß und an dem er mit seinen Fürsten und Edelmännern Staat hielt. Und alles darum war aus Gold und Silber, aus Edelsteinen und Elfenbein.«

Die beiden Passagen klingen wie die Beschreibung ein- und derselben Stadt aus zwei verschiedenen Blickwinkeln. Die Türme, die Paläste, die Sportstadien – alle diese Einrichtungen gab es hier wie dort. Leider läßt sich heute der Anblick des zentralen Palastbereichs der sechsten Stadt Troja mit Ausgrabungen nicht mehr ermitteln, denn dieser Bereich wurde in römischer Zeit planiert.

An den Stellen, an denen der unglaubliche Reichtum von Atlantis zur Sprache kommt, klingt Platons Bericht geradezu märchenhaft: Atlantis, das war ein Land, in dem Überfluß herrschte. Nun hat es in 5000 Jahren Kulturgeschichte immer wieder Städte gegeben, denen es gelang, vorübergehend unsagbare Reichtümer anzuhäufen. Meist konnte deren Oberhaupt wertvolle Lagerstätten ausbeuten lassen oder die vorteilhafte geopolitische Lage des Reiches nutzen, um den internationalen Handel zu kontrollieren. Beispiele für Personen mit solchen unvorstellbaren Vermögen waren manche ägyptischen Pharaonen, die Königin von Saba oder der weise König Salomon. Warum also sollte sich in der Beschreibung des steinreichen Atlantis nicht ein historischer Staat verbergen, dessen Regierung die internationale Wirtschaftslage eine Zeitlang zu ihrem Vorteil ausnutzen konnte? Auch der Atlantis-Bericht hebt hervor, daß viele Objekte aus fernen Ländern in die Stadt kamen – ohne allerdings genauer zu spezifizieren, ob es sich dabei um Waren, Steuern, Spenden, Geschenke, Bestechungsgelder oder Opfergaben handelte und ob diese von den Königen von Atlantis einfach nur entgegengenommen, erworben oder gefordert wurden. Allein die Tatsache, daß viele der Güter von weither kamen, muß sie ungewöhnlich wertvoll gemacht haben.

Abgesehen von den Importen bot die unmittelbare Umgebung von Atlantis alle Produkte, die die Bevölkerung für den Lebensunterhalt benötigte. Auch diese Aussage in Platons Bericht gibt eine

Konstellation wieder, die für die blühenden Gesellschaften der Spätbronzezeit typisch war. Die Bevölkerung konnte sich problemlos vom fruchtbaren Land ernähren – legendärer Reichtum hingegen, wie wir ihn aus dem ägyptischen Theben, aus Troja und Knossos kennen, setzte zusätzlich funktionierenden Fernhandel voraus. Dabei waren die Handelsgüter meist charakteristisch für ihre Ursprungsländer: Ägypten lieferte Gold, Mykene produzierte feine Keramikgefäße und wertvolle Öle, Kreta sandte kostbare Steinvasen und der Libanon nützliches Zedernholz.

Die wohl wichtigsten Handelsgüter von allen waren jedoch Metalle. Falls es einen Faktor gab, der die Länder am östlichen Mittelmeer in der Zeit zwischen 3000 und 1200 v. Chr. miteinander verband, dann war dies ihr reges Interesse am Rohstoff Metall. Nicht umsonst nannte man die Epoche später *Bronzezeit.* Die ersten bekannten Zinnbronzen der Welt traten gegen Ende des 4. Jt. auf – und zwar in Troja, dessen Geschichte als einflußreicher Handelshafen haargenau mit der Dauer der Bronzezeit übereinstimmt. In der nordöstlichen Ägäis konkurrierten anfänglich noch verschiedene Städte miteinander um die Kontrolle des Metallhandels, darunter Poliochni auf Lemnos und Thermi auf Lesbos. Damals entstanden in dieser Region auch die ersten urbanen Siedlungen. Schließlich gelang es Troja, das Monopol an sich zu reißen und als einzige dieser Städte während der gesamten Bronzezeit zu florieren – und dabei immer größere Reichtümer anzuhäufen.

Die für die Herstellung von Bronze entscheidenden Zinnvorkommen waren offenbar vor allem über das Schwarze Meer erreichbar. Mit dem Eingang zum Schwarzen Meer kontrollierte Troja auch den Austausch von Metallen und anderen Waren zwischen Mitteleuropa, dem Baltikum, Sibirien und Zentralasien auf der einen Seite und den Kykladen, dem griechischen Festland, Kreta, Ägypten, Libyen und dem zentralen Mittelmeer auf der anderen Seite. Die Stadt entwickelte sich zur Welthandesmetropole, hier wurden Rohstoffe und die verarbeiteten Produkte gehandelt. In Zeiten politischer Spannungen nahm diese Kontrolle des Fernhandels einen hohen strategischen Stellenwert ein. Kein bronzezeitlicher Staat konnte ohne Beteiligung am Metallhandel reich werden: Zugang zu Erzvorkommen, Erfahrung in Abbau und Aufbereitung, Handel und Verarbeitung – das waren die Wirtschaftsfaktoren der Spätbronzezeit. Troja hätte also seine Gegner mit Handelsembargos strafen

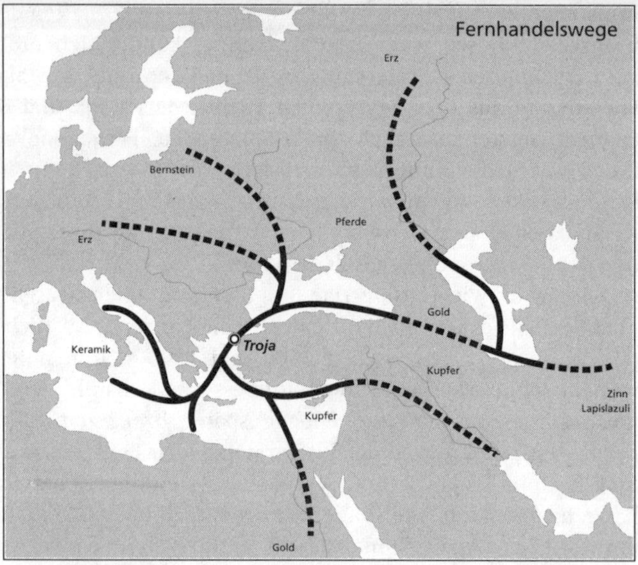

In Troja liefen viele Fernhandelswege zusammen.

können. Vielleicht ist die Stadt deswegen in ihrer zweitausendjährigen Geschichte rund fünfzig Mal zerstört worden.

Von Atlantis heißt es, daß es nicht nur importierte Erze, sondern auch eigene Lagerstätten im Überfluß besaß – und genau dies trifft auch auf die Gegend von Troja zu. Im trojanischen Hinterland treten vielfältigere Bodenschätze auf als in jeder anderen Region im östlichen Mittelmeerraum. Es gibt dort Vorkommen von Blei, Kupfer, Zink, Arsen, Quecksilber, Antimon, Gold und Eisen.

Neben den üblichen Metallen erwähnt der Atlantis-Bericht ein weiteres rätselhaftes Material, das offenbar nur in Atlantis vorkam. Platon bemerkt, zu seiner Zeit habe man sich nur noch an dessen Namen erinnert: *Orichalkos*. Früher, als Atlantis blühte, habe es jedoch wahrhaftig existiert und in Atlantis sei es gar an vielen Stellen direkt aus dem Boden gefördert worden. *Orichalkos* war also keine künstliche Legierung – galt aber als wertvoller als alles andere außer Gold. Wieder eine Aussage, die nach Phantasterei und Märchen klingt. Und tatsächlich regte die Erwähnung des mysteriösen Metalls auch die Phantasie mancher »Atlantologen« an. Für sie stand *orichalkos* für die übersinnliche Kraft, die verlorenging, als die Stadt versank. Der russische Okkultist Dimitrij Mereschkowskij betrachtete *orichalkos* als die magische Formel, die den Ursprung aller Dinge darstellt. Eine ähnlich weithergeholte Interpretation tauchte im Dritten Reich auf, als nationalsozialistisch eingestellte Ideologen und Wissenschaftler von der Idee ganz angetan waren, Atlantis auf deutschen Boden zu verlagern. Da es nicht allzu viele Erzvorkommen an den Küsten der Nord- und Ostsee gibt, erklärten sie das Metall *orichalkos* kurzerhand zu Bernstein!

Mysteriöse Metalle wie Orichalkos sind allerdings in antiken Texten keine Seltenheit. Der ägyptische Begriff für Elektrum (*asem*), einer Legierung aus Gold und Silber, entwickelte sich zu *asimos*, woraus später *asima* wurde. Letzteres bedeutet soviel wie »das Unbekannte«. Ein anderes geheimnisumwobenes Metall mit ähnlichem Namen (*asium*) stammte aus der Gegend Asia in Westkleinasien, war allerdings mit einem Exportverbot belegt. Ein Händler landete im Gefängnis, weil seine Karawane *Asium* schmuggelte. Vielleicht war Asium ein anderer Name für das ominöse Orichalkos?

Die Art und Weise, wie Orichalkos verwendet wurde, läßt diesen Rohstoff noch unwirklicher erscheinen. So bestanden die Ornamente im Inneren des Palastes aus Orichalkos, das kunstvoll mit Gold, Silber und Elfenbein verwoben war. Auch bestimmte Außen- und Innenmauern, Säulen und Podeste sollen mit Orichalkos überzogen gewesen sein. Von ihnen heißt es, daß sie in der Sonne funkelten wie Feuer. – Mauern mit Metallüberzügen? Das klingt schon wieder wie im Märchen. In Wirklichkeit handelt es sich aber um eine in der Bronzezeit beliebte Technik. Ägyptische Goldschmiede verkleideten nicht nur wertvolle Holzobjekte mit Bronze, sie bestrichen auch das oberste Ende der Obelisken mit Gold oder Elektrum, so daß diese im Licht der ersten Strahlen der Morgensonne funkelten wie Feuer. Noch heute tragen die beiden größten Obelisken der Welt im Tempel von Karnak solche Elektrumanstriche.

Metallüberzüge für Mauern waren ebenfalls nichts Ungewöhnliches. Hesiod spricht von »Häusern aus Bronze«, »Bronzetoren« und »einer Mauer aus Bronze«, wie auch Homer eine »durchgehende Mauer aus Bronze« erwähnt. Herodot beschreibt die westiranische Stadt Ekbatana als von ringförmigen Mauern umgeben, wobei jede Mauer eine unterschiedliche Farbe besaß und die beiden innersten mit Silber und Gold überzogen waren. Platons Darstellung von Atlantis fügt sich also auch in dieser Beziehung in das Bild, das andere Autoren von den Metropolen der Vergangenheit vermitteln.

Das gleiche läßt sich über eine weitere Verwendungsform von Orichalkos in Atlantis sagen. Die Stele, auf der sich die Gesetzestexte der Stadt befanden, soll ebenfalls aus dem mysteriösen Metall bestanden haben. Tatsächlich hat man Texte von besonderer Bedeutung in der Spätbronzezeit auf Metalltafeln festgehalten. Ein Friedensabkommen zwischen dem Großkönig von Hatti und Pharao Ramses II. – vermutlich einer der wichtigsten Verträge der damaligen Zeit – wurde zum Beispiel auf Silbertafeln fixiert. Kürzlich haben deutsche Archäologen bei ihren Ausgrabungen in der Hauptstadt des hethitischen Reichs ein vergleichbares Dokument auf einer Bronzetafel entdeckt; es handelt sich dabei um ein Abkommen zwischen dem Großkönig und einem entfernten Verwandten. Gesetzestexte auf Metalltafeln festzuhalten oder auf Stelen auszustellen war in frühgeschichtlicher Zeit gang und gäbe – das bekannteste Beispiel ist die Gesetzessäule des Hammurabi. Daß solche Säulen manchmal auch aus Orichalkos bestanden, schreibt sogar Aristoteles. Platon konnte also weder das Metall noch seine Verwendung erfunden haben.

Säule mit Inschrift

Was sich wirklich hinter Orichalkos verbirgt, wo es auftrat und wie es verarbeitet wurde, weiß der griechische Geograph Strabo zu berichten:

»Nah bei Andeira gibt es einen Stein, der zu Eisen wird, wenn man ihn brennt, und dann, wenn man ihn mit einer bestimmten Erde in einem Schmelzofen erhitzt, Zink absondert, und dies unter Zufügung von Kupfer ergibt die ›Mischung‹, wie man sagt, die von manchen Orichalkos genannt wird.«

Strabo beschreibt die Herstellung einer Legierung aus Zink und Kupfer – mit anderen Worten die Herstellung von Messing. Orichalkos ist also nichts anderes als Messing – und im Neugriechischen steht der Begriff selbst heute noch für diese Legierung. Auch das Mineral, in dem Zink und Kupfer vergesellschaftet sind, heißt international noch heute »Aurichalcit«.

Die Herstellung von Orichalkos beschränkte sich offenbar auf jene Gegend, von der Strabo spricht – und diese befindet sich, erwartungsgemäß, in unmittelbarer Nähe von Troja. Andeira lag ungefähr achtzig Kilometer südöstlich von Troja. – Vor kurzem ließ sich auch nachweisen, daß Messingartefakte nicht erst in römischer Zeit, wie bisher vermutet, sondern bereits 2000 Jahre früher produziert wurden. Chemische Analysen enthüllten, woher das dabei verwendete Erz stammte: natürlich aus der Troas.

Zum Abschluß sei noch ein letztes Beispiel vollkommener Übereinstimmung zwischen Atlantis und Troja angeführt. In Atlantis gab es ein höchst urtümliches Stieropferritual, das die Könige abwechselnd alle fünf und sechs Jahre vollzogen. Es wird folgendermaßen beschrieben:

»Sie veranstalteten unter den Stieren, die frei im Heiligtum des Poseidon weideten, eine Jagd ohne Waffen, nur mit Knüppeln und Schlingen, und flehten zu dem Gotte, es möge ihnen gelingen, das ihm wohlgefällige Opfertier einzufangen. Den gefangenen Stier brachten sie dann zu der Säule und opferten ihn dort auf dem Knauf derselben, unmittelbar über der Inschrift. Auf dieser Säule befand sich außer den Gesetzen eine Eidesformel, die gewaltige Verwünschungen über den aussprach, der ihnen nicht gehorchte. Wenn sie nun nach ihren Bräuchen beim Opfer dem Gott alle Glieder des Stieres geweiht hatten, dann füllten sie einen Mischkrug und gossen in ihn für jeden einen Tropfen Blut, alles übrige aber warfen sie ins Feuer und reinigten die Säule ringsherum. Darauf schöpften sie mit goldenen Trinkschalen aus dem Mischkrug, gossen ihre Spenden ins Feuer und schworen dabei, getreu den Gesetzen auf der Säule ihre Urteile zu fällen und jeden, der einen Frevel begangen habe, zu bestrafen, in Zukunft keine jener Vorschriften absichtlich zu verletzen und weder anders zu herrschen noch einem andern Herrscher zu gehorchen als dem, der nach den Gesetzen des Vaters regierte. Wenn dann ein jeder von ihnen dies für sich selbst und für sein Geschlecht gelobt hatte, trank er und weihte darauf die Schale als Geschenk für den Tempel des Gottes.«

Man hat die Erwähnung von Stieren bei kultischen Handlungen oft als ein Anzeichen für Gemeinsamkeiten zwischen Atlantis und dem minoischen Kreta gedeutet. Im Palast von Knossos zeigen Fresken Jugendliche, die über einen Stier springen. Diese Art Spiel oder Wettkampf und das oben beschriebene Opferritual sind jedoch grundverschieden. Auch wurden Stiere nicht nur auf Kreta, sondern schon viel früher in Mesopotamien, Syrien/Palästina, Ägypten und Kleinasien verehrt. In Platons Bericht beschützten die Stiere den heiligen Bezirk des Tempels gegen unberechtigten Zutritt und Entweihung. Als heilige Tiere durften sie sich frei im Tempel bewegen. Ihre göttliche Kraft übertrug sich somit auf den Tempel und seinen Gott, Poseidon, der selbst aus einem Stier entsprungen war. Die zehn Könige von Atlantis trafen sich in regelmäßigen Abständen zu einem Ritual, bei dem einer der Stiere mit Knüppeln und Schlingen gefangen wurde. Die einfachen Waffen sollten verhindern, daß die Haut des Tieres verletzt wird. Kein Teil seines Blutes durfte entweichen, denn das Blut symbolisierte die mystische Kraft, und diese mußte vollständig auf die Säule und die Gesetzestexte übertragen werden. Schließlich durften auch die Könige an der Kraft teilhaben, indem sie von dem Blut tranken.

In Troja gefundene Münze mit der Darstellung des im Atlantis-Bericht beschriebenen Stieropferrituals

In einem umfassenden Werk über griechische Religion, das zu Beginn des zwanzigsten Jahrhunderts erschien, bezeichnet Jane Harrison, eine Wissenschaftlerin aus Cambridge, das von Platon geschilderte Ritual als »reine Magie«: Ein so urtümliches Ritual dürfte sich Platon kaum ausgedacht haben, denn es wäre zu seiner Zeit vollkommen bedeutungslos gewesen – also müsse es historisch sein. Diese Aussage konnte Harrison mit archäologischen Funden untermauern. Es gibt nämlich Münzen aus römischer Zeit, auf denen das bizarre, im Atlantis-Bericht beschriebene Stierritual abgebildet ist. Eine dieser Münzen zeigt die Göttin *Athene Ilias* in Menschengestalt, wie sie vor einer Säule steht, an der ein Stier, zum Opfern bereit, hängt. Dem Stier soll offensichtlich die Kehle durchgeschnitten werden, aber nicht über der Kopffläche der Säule, sondern an der Seite. Woher stammen diese Münzen? Natürlich aus Troja. Sie wurden dort bereits bei den Ausgrabungen unter der Leitung von Heinrich Schliemann entdeckt. Der deutsche Archäologe Hans von Fritze, der die Münzen als erster beschrieb, wunderte sich darüber, wie die Trojaner wohl dazu gekommen seien, ein solch ungewöhnliches Ritual abzubilden. Er vermutete, daß eine uralte lokale Sage den Anlaß dazu gab – eine Sage, wie sie auch in der Geschichte von Atlantis überliefert ist.

Am Ende seiner Geschichte scheint schließlich auch Platon bemerkt zu haben, wovon der Bericht wirklich handelt. Nachdem er die Gemeinsamkeiten zwischen Atlantis und Troja erkannt hat, führt er im letzten Absatz des *Kritias* unvermittelt moralische Maßstäbe ein, an denen Atlantis angeblich gescheitert sei – ein gängiges Klischee der Antike für die Beziehung zwischen Hellas und Troja. Jahrhundertelang hatten die Griechen ihre orientalischen Nachbarn in Troja bewundert und mit ihnen offenbar friedlich kooperiert, bis schließlich »die menschlichen Wesenszüge die Oberhand bekamen, da vermochten sie ihren vorhandenen Reichtum nicht mehr zu ertragen und entarteten«. Platon bemüht im letzten vollständigen Satz sogar das Mittel Homers und beruft die Götterversammlung ein, mit der die *Ilias* beginnt. Doch der Versuch, die Trilogie zu retten, mißlingt. Der große Denker bricht zum ersten und einzigen Mal ein Buch ab – mitten im Satz. Wie könnte ein auf den fortschrittlichen Westen ausgerichtetes Werk auch die Glorifizierung einer orientalischen Metropole in grauer Vorzeit zum zentralen Bestandteil haben? Erfahren und eitel genug, niemals etwas zu vernichten, in das er so viel Arbeit gesteckt hatte, legte Platon das Manuskript nur beiseite.

Obwohl fast alle der genannten Eigenschaften von Atlantis einmalig erscheinen – der Krieg gegen Griechenland, die Lage an der engen Wasserstraße zum *Pontos*, die 1200 Schiffe, der Name, die Doppelquelle, die Nordwinde, das politische System, der Palast, das geheimnisvolle Metall Orichalkos, der Stierkult – ist es möglich, *einzelne* Attribute anderswo wieder zu entdecken. So führte auch Persien einen Krieg gegen Griechenland, Byzantion lag an einer engen Wasserstraße zum *Pontos*, Xerxes zog mit 1207 Schiffen gegen Griechenland, der Name »Atlas« taucht in Nordafrika wieder auf usw. Es hilft uns allerdings nicht, wenn solche einzelnen Charakteristika überall auf der Welt und über viele Epochen verteilt identifiziert werden können. Sie müssen an *einem* Ort und zu einer Zeit vorhanden gewesen sein. *Alle* fünfzehn typischen Eigenschaften von Atlantis sind aus Troja belegt – dreizehn durch den archäologischen Befund und zwei aus den Schilderungen Homers. Was also bleibt an »Phantastischem« von Platons Geschichte übrig? Im Grunde nichts.

Trotzdem gibt es keine absolut *objektive* Methode, die Gültigkeit einer Theorie zu beurteilen – am ehesten wird man verschiedene Experten um ihre Meinung bitten. Aber gerade diese haben manchmal Mühe, den Wert richtungweisender Neuerungen zu erkennen, vor allem dann, wenn sie der herrschenden Lehrmeinung diametral entgegenstehen. Beispiele dafür gibt es zuhauf. So war bereits 1800 Jahre vor Kopernikus bekannt, daß sich die Erde um die Sonne dreht – und nicht umgekehrt. Aristarchos von Samos hatte es herausgefunden, aber keiner der großen Astronomen, schon gar nicht Hipparch, konnte sich für die Idee begeistern, und so geriet sie wieder in Vergessenheit – bis Nikolaus Kopernikus sie aufgriff. Amüsanter sind die Fehlurteile der Neuzeit. Als Louis Pasteur erklärte, daß Bakterien Krankheiten übertragen könnten, taten Kollegen dies als »lächerliches Hirngespinst« ab! Lord Kelvin, der Präsident der Royal Society in London, bemerkte nur acht Jahre bevor Orville und Wilbur Wright in Kitty Hawk zum ersten Mal mit einem Flugzeug vom Boden abhoben: »Maschinen, die schwerer sind als Luft, werden niemals fliegen können!« Und als 1927 der Tonfilm eingeführt wurde, fragte Harry Warner, einer der Gründer der Produktionsfirma Warner Brothers: »Wer zum Teufel möchte Schauspieler *reden* hören?«

Je kategorischer solche Urteile gefällt werden, desto unzutreffender sind sie meist – und umgekehrt. Ein von Eigeninteressen möglichst freies Urteil können wir zur Zeit vielleicht am ehesten von Maschinen erwarten – sofern wir sie »richtig« füttern. Tatsächlich kennt die Mathematik dafür die »Monte-Carlo-Methode«, ein Verfahren für Näherungslösungen, das helfen soll, Ungewisses gegen Ungewisses abzuwiegen. Es kommt heute unter anderem in sogenannten Entscheidungsanalyseverfahren (*decision analysis*) zur Anwendung. Dabei zerlegt man ein kompliziertes Problem zunächst in überschaubare Teilprobleme, von denen jedes einzeln beurteilt wird. Danach werden die Teilergebnisse sinnvoll strukturiert und zusammengefügt.

Das amerikanische Militär benutzt dieses Verfahren, um die günstigsten Standorte für mobile Fernraketen ausfindig zu machen – eine Fragestellung, die sich nicht fundamental von der Frage nach dem wahrscheinlichsten Ort des verschwundenen Atlantis unterscheidet. Ich habe mir dieses Programm besorgt und mit über tausend Daten zum Thema Atlantis gefüttert. Dahinter stand der Hauptgedanke, die Gültigkeit verschiedener Atlantis-Theorien mathematisch erfaßbar zu machen. Dafür nahm ich die 36 wichtigsten Merkmale der von Platon beschriebenen Stadt und verglich sie mit 26 verschiedenen Atlantis-Lokalitäten. Aber auch die Idee, daß Platon Atlantis nur erfunden haben oder daß Atlantis eine abstrakte Vorstellung des damaligen Athen sein könnte, gingen in die Analyse ein. Die 36 Merkmale der Stadt habe ich zunächst in sechs Gruppen zusammengefaßt, und zwar: Hauptmerkmale des Berichts, Beschreibung der Naturkatastrophe, Geographie, Stadtplanung, kulturelle Errungenschaften und besondere Kennzeichen.

Zur Gruppe »Geographie« gehörten zum Beispiel die acht Merkmale Größe, Lage an einer Wasserstraße, Säulen des Herakles, Inselcharakter, Landschaft, Quellen, Wind und Wälder. Trifft ein Merkmal auf einen Ort zu, erhält es den Wert 100 für völlige Übereinstimmung. Ist ein Merkmal gar nicht vorhanden, erhält es einen Wert von 0, und sonst einen Wert dazwischen, der allerdings vom Anwender bestimmt werden muß und deswegen subjektiv ist. So erhielt Troja im Feld »Größe« den Wert 0 und Helgoland im Feld »Inselcharakter« den Wert 100.

Am Ende gab das Programm eine Rangliste der verschiedenen Orte aus, wo Atlantis gelegen haben könnte. Das Ergebnis wird dabei als sogenannter »Nutzwert« ausgedrückt, der wiederum zwischen 0 und 100 liegt. Am untersten Ende der Skala lag Yukatan, immerhin noch mit einem »Nutzwert« von 2. Die meisten Vorschläge für eine Lage von Atlantis außerhalb des Mittelmeers erreichten nur Werte unter 7. Ausnahmen sind Helgoland (10) und die Scilly-Inseln (16) westlich von Südengland. Erstaunlich gut schnitt der Vorschlag ab, daß Atlantis Bestandteil des antiken Athen war (32), aber auch, daß Platon Atlantis erfunden hat (42). Die besten Werte für ein historisches Atlantis erhielten Santorin (39) und Kreta (52). Troja stellt allerdings alle anderen Theorien und Lokalisationsversuche in den Schatten – mit einem Wert von 91! Die Berechtigung des Konzepts *Atlantis=Troja* läßt sich also auch mathematisch nachweisen – mit einem Ergebnis, das über jeden Zweifel erhaben ist.

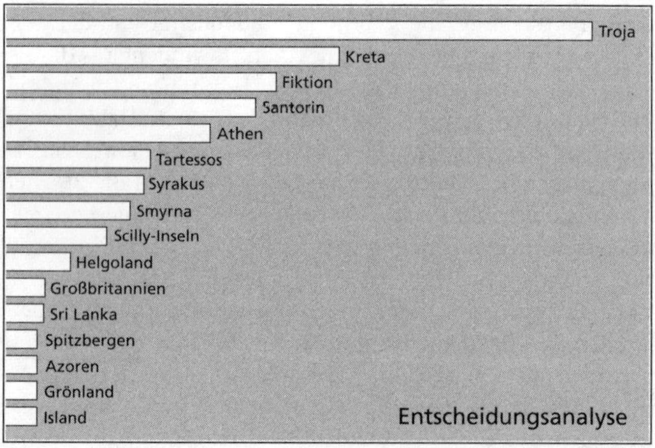

Das Entscheidungsanalyseverfahren ermittelt Troja als den wahrscheinlichsten Ort für Platons Atlantis

Troja: Die Kreisschalenstadt

»Wer verstehen will, was sich in der Welt des Wissens ereignet, muß eine sorgfältig balancierte Passage finden, die zwischen der Skylla des trockenen Rationalismus und der Charybdis des schwärmenden Mystizismus hindurchführt.«
Ernst Peter Fischer (1998)

Zurück ins Labyrinth

»Mag Atlantis auch Troja sein, welche Rolle soll das schon spielen?« haben mich Archäologen schon häufig gefragt. Nun, der Sinn der Identifikation liegt natürlich darin, Anregungen und neue Perspektiven für zukünftige Forschungsvorhaben zu schaffen und so unser Wissen über die Ägäische Frühgeschichte zu erweitern. Diese Anregungen betreffen erstens die Erforschung der Landschaft um Troja; zweitens die Bedeutung der spätbronzezeitlichen Kulturen in der Nachbarschaft von Troja; und drittens unser Verständnis der Ereignisse nach dem Trojanischen Krieg. Die folgenden Kapitel widmen sich je einem dieser Themen.

An erster Stelle steht die Erforschung von Troja. Von nun an heißt es, die uns von Platon im Atlantis-Bericht übermittelten Informationen im Interesse der Archäologie optimal auszuschöpfen. Dazu kehren wir die Vorgehensweise um und wenden nun die Beschreibung von Atlantis auf Troja an – um mehr über die spätbronzezeitliche Stadt zu erfahren. Der Atlantis-Bericht liefert uns wertvolle Hinweise, wie die nicht mehr erhaltenen oder noch unbekannten äußeren Bezirke der Stadt ausgesehen haben könnten. Diese Anregungen lassen sich nach den Regeln der technischen Rekonstruktion für neue Arbeitshypothesen nutzen, um dann im Gelände ganz gezielt nach erhaltenen Elementen des rekonstruierten Stadtbilds suchen zu können. Entdeckt man sie dort, wo sie der Voraussage nach sein sollten, dürfte das *Atlantis=Troja-Konzept* so gut wie bewiesen sein.

Eine ganz wesentliche Anregung, die von diesem Konzept ausgegangen ist, betrifft die Größe der bronzezeitlichen Stadt. Seit

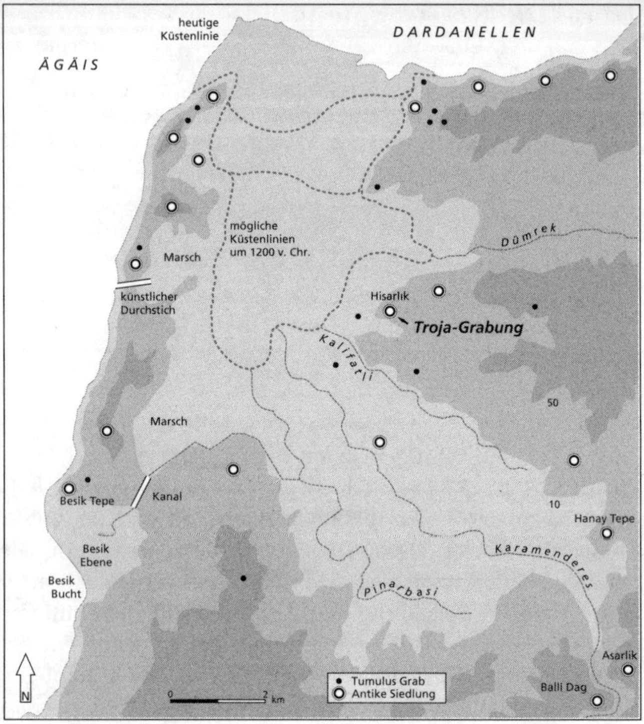

Die Ebene von Troja mit den beiden künstlichen Einschnitten und Vorschlägen für den Verlauf der Küstenlinie um 1200 v. Chr.

den ersten Ausgrabungen unter Heinrich Schliemann in den 1870er Jahren galt Troja als ein unbedeutender und isolierter Vorposten in Westkleinasien. Der britische Archäologe John Bintliff hielt es noch in den 1990er Jahren für ein Fischerdorf mit maximal hundert Einwohnern. Andere ägäische Prähistoriker bezeichneten es als »Piratenfestung«. Die bekannte Fläche der bronzezeitlichen Stadt beschränkte sich bis vor kurzem auf 15 000 Quadratmeter – und entsprach damit etwa der Größe eines Fußballfeldes.

Damit stand unsere Vorstellung des prähistorischen Troja in krassem Gegensatz zu dem von Platon minutiös überlieferten Bild des glorreichen Atlantis. Soll die Gleichsetzung der beiden Städte berechtigt sein, müßte allerdings »Troja als ein überprächtiges antikes Venedig erstehen« schrieb *Der Spiegel* 1992. Tatsächlich hat sich das Bild von Troja in den letzten Jahren von einem Extrem zum anderen gewandelt: Die bekannte Fläche der bronzezeitlichen Stadt hat sich *verzwanzigfacht*! Und es sind noch nicht einmal Grenzen dieses »Wachstums« absehbar. Schon jetzt gilt Troja nicht nur als orientalische Handelsmetropole, sondern überhaupt als eine der größten Städte der damaligen Zeit – und hat damit genau den Stellenwert eingenommen, den Platon Atlantis zuschreibt.

Eine weitere Anregung, die von der Identifikation Trojas mit Atlantis ausgeht, betrifft die Anordnung der Gebäude und die Anlage der Stadt. Zu den zentralen Merkmalen von Atlantis zählte nämlich der kreisschalenförmige Aufbau. Die Stadt war in konzentrischen Ringen um den zentralen Palast- und Tempelbezirk angelegt. Auch die Verteilung der Soldaten erfolgte kreisförmig entsprechend ihrem Status und ihrer Zuverlässigkeit – genauso, wie es auch von den hethitischen Streitkräften der damaligen Zeit überliefert ist. Albrecht Mann, Fachmann für Baugeschichte in Aachen, hält fest, daß »die kreisgestaltige, vor allem in Schalen aufgebaute Stadt« in den mittelmeerischen Kulturen des 3. und 2. Jt. auftrat und vor allem »dem neuen gesellschaftlichen Zweck der erhöhenden Darstellung und Beherbergung des Monarchen« diente. In der Kreisform kommen also vermutlich nicht einfach nur verteidigungstechnische Aspekte zum Ausdruck, sie könnte auch Abbild eines ideologischen Programms und der theokratisch strukturierten Gesellschaft sein. Albrecht Mann hält sie für das »Siegel der zentralen, gottgebunden-gottgegebenen und somit der absoluten Königsherrschaft«. – In Platons Bericht heißt es:

»Um die Rennbahn herum lagen die Wohnungen für die meisten Mitglieder der Leibwache. Die zuverlässigeren von ihnen waren auf dem kleineren, der Burg näher gelegenen Erdwall als Posten verteilt, wer sich aber ganz besonders durch Treue hervortat, der wohnte auf der Burg selbst in nächster Nähe des Palastes.«

Daß der innere Bezirk von Troja ebenfalls kreisförmig aufgebaut war, haben wir bereits bei der Besprechung des Labyrinths gesehen. Die königlichen Residenzen der sechsten Stadt – bezeichnenderweise von *mehreren* Adligen – standen auf ringförmigen Terrassen. Weitere Informationen kann uns der archäologische Befund zur Zeit noch nicht liefern.

In Atlantis sollen allerdings auch die Wasserbauanlagen unterhalb der Stadt kreisförmig gewesen sein. Die Einwohner von Atlantis hatten ihre Stadt mit Kanälen und künstlichen Häfen umgeben, so daß sich Ringe aus Land und Wasser miteinander abwechselten. Ein radialer Stichkanal verband die Wassergräben untereinander und führte weiter zum Meer.

»Atlantologen« haben die von Platon beschriebene Anordnung von Kanälen im sogenannten »Kreuz von Atlantis« symbolisch dargestellt. Dieses Symbol veranschaulicht zwar den prinzipiellen Aufbau der Stadt, gibt allerdings Platons Beschreibung keineswegs korrekt wieder. Vor allem ist im Atlantis-Bericht nur von *einem* Stichkanal die Rede, nicht von vier, wie sie das »Kreuz von Atlantis« wiedergibt. Korrigiert man das Symbol dementsprechend, so entsteht eine Figur, die einem »Ur-Labyrinth« entspricht: ein schalenförmig aufgebauter Kreis mit einem radialen Stichkanal. Dieses Zeichen gab es tatsächlich; es ist seit spätestens 2000 v. Chr. durch Felsritzungen archäologisch belegt.

Allmählich beginnt sich also der Kreis zu schließen. Der Atlantis-Bericht gibt offenkundig eine vereinfachte Form des Labyrinths wieder – also der seit Jahrtausenden mit Troja in Verbindung ge-

Das »Kreuz von Atlantis«

Ur-Labyrinthe auf einer Felsoberfläche in Nordengland

brachten Symbolfigur. Entweder folgte die Anordnung der Stadt dem »Ur-Labyrinth«, oder sie hatte sogar die Form des klassischen Labyrinths. Dies wäre allerdings nur aus der Vogelperspektive ersichtlich gewesen. Aus jedem anderen Blickwinkel hätte das Stadtbild ausgesehen wie ein System konzentrischer Ringe – genauso also, wie es im Atlantis-Bericht beschrieben wird.

Nach dem Zusammenbruch der spätbronzezeitlichen Staaten besaßen die meisten politischen Führer weder die Macht noch das Vermögen, um ganze Städte von Grund auf zu gestalten – so wie es Troja viele Male erfahren hatte. Die Siedlungen blieben deswegen weitgehend sich selbst überlassen und entfalteten sich nach ihren eigenen Spielregeln. Folglich konnte das Labyrinth als Stadtanlage nicht mehr umgesetzt werden. Es hat sich jedoch in der kompakteren, symbolischen Form eines Tanzbodens erhalten, der dem Modell einer Stadt entsprach.

In noch kleinerem Maßstab erscheint das Labyrinth auch in Form von Felsritzungen, die sich meist auf Inseln oder an unbewohnten Küsten und dort wiederum auf offenen Steinflächen befinden. Im Nordwesten von Spanien und in Cornwall haben diese Labyrinth-Ritzungen einen eindeutigen Bezug zu Zinnvorkommen. Allem Anschein nach verwendeten Erzsucher und Bergleute das Zeichen als kultisches Symbol. Die Assoziation mit Zinnvorkommen entspricht einem der Hauptmerkmale von Troja. Viele der Labyrinthe in Spanien entstanden in der Zeit nach 1200 v. Chr. Stammen sie vielleicht von verstreuten Seefahrern aus Westkleinasien, auf der Suche nach neuen Rohstoffquellen oder einer neuen Heimat?

Der Hafen von Troja

Die wohl wichtigste Anregung, die sich aus dem Atlantis-Bericht für die Untersuchung der Landschaft von Troja gewinnen läßt, betrifft die Lage des Hafens. Tatsächlich konnte der Hafen von Troja trotz intensiver Suche bis heute nicht gefunden werden. Manche vermuten sogar, daß Troja gar keinen Hafen besaß, und die Schiffe einfach nur auf einen Sandstrand an der Ägäisküste gezogen wurden. Wendet man jedoch die Beschreibung von Atlantis auf Troja an, müßten sich innerhalb der Ebene am Küstenhöhenrücken entlang verschiedene künstliche Hafenbecken befunden haben. Muldenförmige Vertiefungen sind dort noch immer deutlich im Gelände erkennbar – genau wie beim Hafen von Nestor. Die Bedeutung des letzteren habe ich damals überhaupt erst erkannt, weil ich wenige Tage zuvor die charakteristischen Becken in Troja gesehen hatte.

Nachfolgende Bohruntersuchungen in Troja haben ergeben, daß es sich bei den Vertiefungen tatsächlich um verlandete Becken handelt. Insofern wäre die Rekonstruktion anhand der Angaben aus dem Atlantis-Bericht bestätigt. Allerdings läßt sich nicht ohne weiteres sagen, ob diese Becken natürlichen oder künstlichen Ursprungs sind. Für sich allein helfen diese Beobachtungen deshalb kaum weiter.

Es gab jedoch in Atlantis weitere Komponenten der künstlichen Hafenanlagen, die noch heute in der Landschaft zu erkennen sein müßten. Ein Bauwerk wird besonders hervorgehoben: der künstliche Stichkanal, der als Zufahrt für die Schiffe durch das Festgestein gehauen wurde:

»Zunächst führten sie vom Meere aus einen dreihundert Fuß breiten, hundert Fuß tiefen und dreißigtausend Fuß langen Kanal bis zu dem äußersten Ring und ermöglichten dadurch die Einfahrt in ihn von der See aus wie in einen Hafen und machten ihn genügend breit, so daß auch die größten Schiffe einlaufen konnten ... Diesen Durchstich überbrückten sie dann wieder, so daß man mit den Schiffen darunter durchfahren konnte, denn die Ränder der Erdwälle waren hoch genug, um über das Meer hervorzuragen.«

Der künstliche Durchstich war also hundert Meter breit, dreißig Meter tief und soll sich über einige Kilometer von der Küste bis zur Königsburg erstreckt haben. Ein Bauwerk dieser Größenordnung müßte auch nach über 3000 Jahren in der Landschaft noch erkennbar sein. Und tatsächlich ist es auch in Troja vorhanden. Westlich

Luftbildaufnahme des künstlichen Durchstichs an der Küste von Troja

der Königsburg befindet sich ein künstlicher Durchstich durch die Steilküste an der Ägäis – genau wie es der Atlantis-Bericht beschreibt –, und dieser Durchstich hat sogar genau die Ausmaße, die im Atlantis-Bericht genannt werden: Er ist hundert Meter breit, dreißig Meter tief und liegt einige Kilometer von der Königsburg entfernt direkt am Meer. Vor allem aber führt er direkt zu einem der verlandeten Becken!

Damit nicht genug. Es gibt noch einen zweiten Kanal, etwas weiter südlich, der ebenfalls den Küstenhöhenzug durchzieht. Und auch bei diesem Einschnitt befindet sich auf der landeinwärtigen Seite ein ausgedehntes, scharf begrenztes Feuchtgebiet, das aussieht wie ein ehemaliges Becken. Die Kanäle erwecken also den Eindruck, als handle es sich um künstliche Zugänge zu inzwischen verlandeten Hafenbecken in der Ebene von Troja. Allerdings ist der südliche der beiden Durchstiche viel zu schmal, um eine Schiffspassage zu ermöglichen, und der nördliche reichte niemals tief genug, um überhaupt Wasser geführt haben zu können. Der Sinn dieser eindrucksvollen Konstruktionen entzieht sich also bis auf weiteres unserer Kenntnis.

Das gleiche gilt auch für das Alter der Bauwerke. Der schmale südliche Kanal leitete noch im neunzehnten Jahrhundert Wasser aus der Ebene zur Ägäis hinab und trieb dabei eine Mühle an. Man könnte also mutmaßen, daß der Kanal für diesen Zweck angelegt wurde und deswegen nicht älter ist als die Mühle – also rund zweihundert Jahre. Die Nutzung als Zuleitung für eine Wassermühle steht jedoch in keinem Verhältnis zur Größe des Bauwerks. Der Kieler Geograph Peter Wilhelm Forchhammer, der Mühle und Kanal

Mitte des neunzehnten Jahrhunderts noch in Betrieb sah, hoffte deswegen auch, daß »niemand auf den Einfall käme, diesen Canal für das Werk eines Türken zu halten, der ihn sollte angelegt haben, damit er das Rad einer ärmlichen Wassermühle bewege«.

Forchhammer war der Meinung, daß der künstliche Kanal sehr viel früher angelegt worden sein müsse, sich dann im Laufe der Jahrhunderte mit Sediment gefüllt habe und anschließend für den Antrieb der Mühle wieder freigeräumt wurde. Mit Sicherheit ist der Kanal viel älter als die Mühle, denn bereits im achtzehnten Jahrhundert stritten sich die Experten über sein Alter. Ein schwedischer Ingenieur, der die Anlage um 1790 begutachtete, kam zum Schluß, daß »jeder, der nur das Geringste vom Ingenieurwesen verstehe, diesen Kanal für ein altes Bauwerk halten müsse«. Der Ingenieur datierte es auf die Zeit des Trojanischen Krieges.

Leider lassen sich solche Eindrücke nicht durch Messungen erfassen – was vielleicht überhaupt das größte Problem geoarchäologischer Landschaftsrekonstruktionen ist. Einerseits verlangt die Erforschung menschlicher Eingriffe in die Landschaft viel Erfahrung und Gespür, um die »Handschrift« der Ingenieure von einst lesen und in den richtigen zeitlichen Rahmen einordnen zu können, andererseits verbleiben die geoarchäologischen Erkenntnisse in vielen Fällen letztlich auf dem Niveau eines Überredungsversuchs. Ein Arzt kann anhand des Gangs eines Patienten eine Diagnose erstellen, diese in eine komplexe Fachsprache fassen – und man wird sein Urteil akzeptieren. Ein Archäologe kann eine Keramikscherbe aufgrund des verwendeten Tons, der Verarbeitung, Form und Bemalung einer Epoche zuordnen – und man wird sein Urteil akzeptieren. Ein Geoarchäologe kann einen Kanaleinschnitt aufgrund der Größe des Vorhabens, des Grades der Erosion, selbst des Flechtenbewuchses auf den bearbeiteten Gesteinsoberflächen einer bestimmten Periode zuordnen – aber er kann nicht unbedingt damit rechnen, daß man sein Urteil ernst nimmt. In der Wissenschaft sieht man in erster Linie das, was man sehen möchte – und die Disziplin »Geoarchäologie« ist zu jung, um ihren Urteilen die erforderliche Autorität verleihen zu können.

Man kann also die künstlichen Einschnitte in Troja als »bloße Laune der Natur« betrachten, wie es die Theaterwissenschaftlerin Birgit Brandau vorschlägt, oder als Elemente einer ausgeklügelten Wasserbauanlage, wie der Bestsellerautor Gisbert Haefs. Er nutzte die Geschichte vom Trojanischen Krieg als Hintergrund für einen historischen Roman, in dem auch der verlandete Hafen von Troja zur Sprache kommt. Im Roman entdeckt ein junger kaukasischer Erfinder namens Tsanghar einige Stellen im Gelände, die seltsam regelmäßig, wie zugeschüttete Becken, wirken und erkennt darin Reste eines Netzes von Kanälen und inneren Hafenbecken, die über künstliche Durchstiche in der Hügelkette mit dem Meer verbunden waren. Der griechische Held Odysseus mustert Tsanghar daraufhin, »als ob er weitere geheimnisvolle Sinnesorgane vermutete, wo gewöhnliche Sterbliche keine haben«.

Von schwebenden Schiffen

Troja ist häufig zerstört worden, und bei jedem Wiederaufbau der Stadt muß darauf geachtet worden sein, daß ihr wichtigstes Gut, nämlich die Wasserversorgung und die Hafenanlagen, optimal funktionierte, um möglichst hohe Gewinne im Handel zu erzielen. Wohl deswegen galt die Ebene von Troja zu allen Zeiten als Inbegriff der Wasserbaukunst. Selbst der berühmte Fluß Skamander, der die Ebene durchzieht, deutet mit seinem Namen Eingriffe des Menschen in die natürlichen hydrologischen Verhältnisse an. »Skamander« bedeutet nämlich soviel wie »von Menschenhand erzeugter Schaum«. Und daß der römische Geograph Plinius einen »Altskamander« erwähnt, deutet daraufhin, daß das Flußbett schon vor 2000 Jahren nicht mehr das ursprüngliche war.

Wenn die Menschen künstlich in die Wasserläufe der Ebene von Troja eingegriffen haben, sollten die uns inzwischen vorliegenden Informationen im Grunde genügen, um eine technische Rekonstruktion dieser Wasserbauanlagen durchzuführen. Immerhin verfügen wir über die Anregungen aus dem Atlantis-Bericht, eine Reihe von Beobachtungen im Gelände, die Ergebnisse der Bohruntersuchungen, die bereits vorhandenen Erkenntnisse über die Funktionsweise spätbronzezeitlicher hydraulischer Anlagen und besonders über die beim Hafen von Nestor gewonnenen Erfahrungen.

Die beiden Durchstiche durch den Küstenhöhenrücken sprechen für das Vorhandensein einer komplizierten Anlage. Wie aber hätte sie funktionieren sollen, wenn einer der beiden Verbindungskanäle für eine Schiffszufahrt zu schmal war und der andere zu hoch lag?

Die Form der beiden Durchstiche spricht eine deutliche Sprache. Der eine ist schmal und tief, der andere breit und flach. Der schmale, tiefe Kanal mußte ganz offensichtlich Wasser abführen – und zwar von der Ebene zum Meer; da sind sich alle einig. Der breite, flache dagegen hatte mit Sicherheit eine ganz andere Funktion. Seine Ausmaße weisen daraufhin, daß er dazu diente, sehr großen Dingen – Dingen so groß wie Schiffe – über den Höhenrücken zu helfen. Wenn der Boden dieses Durchstichs niemals unter die Wasseroberfläche reichte, so kann das nur heißen, daß die Konstrukteure nicht *wollten*, daß er jemals unter die Wasseroberfläche reicht. Wir müssen uns von der Vorstellung lösen, daß die Menschen vergangener Zeiten mit unglaublichen Anstrengungen tiefe Löcher buddelten, ohne zu begreifen, wozu sie dies taten. Die Fähigkeiten spätbronzezeitlicher Ingenieure reichten sehr weit; vermutlich übertrafen ihre Leistungen zum Teil unser heutiges Vorstellungsvermögen. Jedenfalls wußten sie die technischen Möglichkeiten ihrer Zeit *optimal* auszuschöpfen.

Wer einen 500 Meter langen und 30 Meter tiefen Durchstich bis knapp über die Wasseroberfläche anlegen kann, der könnte auch noch ein bißchen tiefer graben, um die Verbindung zum Meer ganz herzustellen. Offensichtlich wollte man jedoch genau dies nicht. Warum? Weil durch eine offene Verbindung Salzwasser in die Ebene dringen und dies den fruchtbaren Ackerboden verderben würde. Weil sich der Durchstich ohnehin innerhalb eines Jahres mit Sediment füllen würde, das die küstenparallele Strömung unablässig an seinem Eingang vorbeiführt. Weil die Becken in der Ebene hinter dem Hügelzug mit Süßwasser gefüllt sein sollten, um die hölzernen Schiffsrümpfe von Würmern und Algen freizuhalten ... Es gibt unzählige Gründe, warum der Durchstich gar nicht tiefer hätte sein dürfen.

Wenn dieser Durchstich also kein Wasser enthielt, aber dennoch dem Transport von Schiffen diente, kann das nur heißen, daß die Schiffe über Land gezogen werden mußten. Die meisten Prähistoriker haben darin ohnehin bis zur Entdeckung des Hafens von Nestor die damals einzige gebräuchliche Methode vermutet. Mit größeren Schiffen ließ sich dies jedoch nicht ohne weiteres bewerkstelligen. Sie verlangten künstliche Einschnitte, denen entlang die Schiffe gezogen werden konnten. Ein gewisser Ingenieur und Major namens Müller weiß davon Genaueres zu berichten. Bei seiner Untersuchung der Ebene von Troja im Jahr 1798 merkte er folgendes an:

Die Fahrrinne des Schiffstransportwegs über die Landenge von Korinth in einer Aufnahme von Walter Werner im September 1978

»Allein bey steilen, wenn gleich nicht hohen Ufern, war es eines Theils unmöglich, Schiffe von nur etwas beträchtlicher Grösse, so geradezu aus dem Wasser auf's Gestade zu ziehen, andern Theils würden selbige dabey sehr gelitten haben. Es wurden also Vorrichtungen erfordert, welche ersteres erleichterten, letzteres verhinderten. Dazu dienten Gräben, welches eigentlich in's Ufer gemachte Einschnitte waren, die allmählich (*en pente douce*) bis zum Wasser abliefen, und wodurch die Schiffe leicht, und ohne ihnen Nachtheil zuzufügen, heraufgezogen werden konnten.«

Daß Überland-Schiffstransporte bereits in der Spätbronzezeit durchgeführt wurden, deutet die durch Apollonius von Rhodos

So könnte der künstliche Durchstich durch den Küstenhöhenrücken als Zufahrt zu den Häfen von Troja genutzt worden sein.

überlieferte Argonauten-Sage an. Die griechischen Helden sollen ihr Boot über weite Strecken getragen haben. Und in klassischer Zeit gab es an der Landenge von Korinth sogar eine zwölf Kilometer lange »Schleifbahn« für Schiffe – die Passage in Troja wäre hingegen nur 500 Meter lang gewesen. Auf mehrachsige Wagen verladen hätten die Schiffe diese Strecke problemlos überwinden können.

Auf diese Weise ließe sich also der Sinn des breiten, flachen Durchstichs erklären, aber wozu benötigte man den zweiten künstlichen Kanal? Um zu verhindern, daß das Hafenbecken verlandete! Künstlichen Häfen in Küstenebenen droht unweigerlich Verlandung, nicht durch Meeresströmungen, sondern durch Flußablagerungen. Wie verhindert man das? Die Lösung des Problems kennen wir bereits vom Hafen von Nestor her, der in der gleichen Zeit und in einem ganz ähnlich sedimentreichen Milieu entstand wie die hydraulischen Anlagen von Troja. Um von Sinkstoffen frei zu bleiben, benötigte auch das Hafenbecken in Troja eine »Sauberwasserspülung«. Dazu führte man die beiden Flüsse, die in die Ebene mündeten, zusammen und staute sie künstlich auf, wodurch sich das mitgeführte Sediment im Stausee sammelte. Dann wurde dem See sauberes Wasser entnommen und in das künstliche Hafenbecken geführt. So blieb dieses mit Süßwasser gefüllt, selbst wenn es im Norden eine direkte Verbindung zum Meer besaß; denn das ständig nachfließende Süßwasser hinderte das Salzwasser am Vordringen

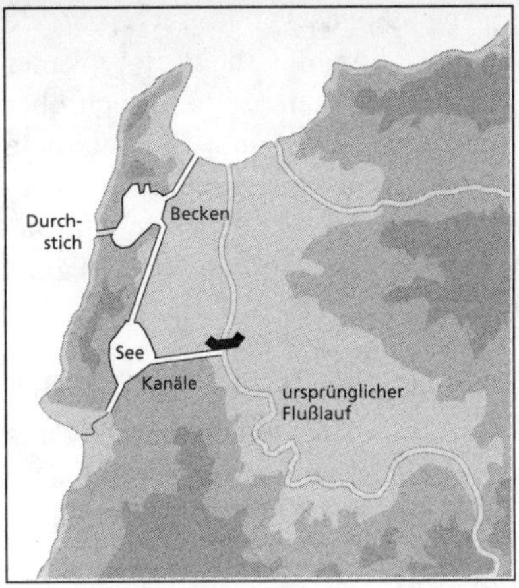

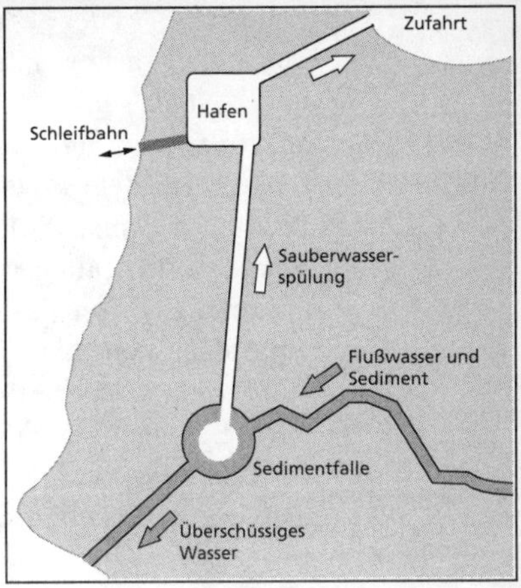

Mögliches Funktionsschema der Hafenanlage in Troja

und Ablagern von Sedimenten. Blieb noch das Ableiten von überschüssigem und sedimentreichem Flußwasser ins Meer; dies war die Aufgabe des schmalen, tiefen Kanals.

Die künstliche Hafenanlage bot Troja unschätzbare Vorteile. Die Boote lagen in der Ebene gut geschützt vor Wind, Sicht und Angreifern – konnten im Ernstfall also auch verteidigt werden. Die Hafenzufahrten ließen sich optimal kontrollieren, und für den Sonderdienst des Überland-Transports konnte man obendrein einen Extra-Obulus verlangen. Vermutlich nutzten die Trojaner auch die Nordküste an den Dardanellen als Hafen – vielleicht für Schiffe aus dem Osten, die durch die Dardanellen kamen. Die Schleifbahn für die Schiffe wäre dann ein zusätzlicher Ein- und Ausgang gewesen, der je nach Windverhältnissen oder Segelkurs genutzt werden konnte und im Kriegsfall als Notausgang diente, um eine Belagerung der Nordküste umgehen zu können. Falls das Ufer im Norden für den Osthandel und das künstliche Becken in der Ebene für den Westhandel verwendet wurde, hätte man die Preise der Transitgüter auf der kurzen Strecke von einem Hafen zum anderen vervielfachen können.

Der »Mythos Troja«

Als vielleicht wichtigste Konsequenz ergibt sich aus der Identifizierung von Atlantis eine Aufwertung von Troja – und die war längst überfällig. In der gesamten abendländischen Kulturgeschichte galt Troja über Jahrtausende hinweg als Sinnbild und Prototyp einer glorreichen Stadt schlechthin. Frithjof Hallman, der ein Buch über *Das Rätsel der Labyrinthe* geschrieben hat, führt auf, wo überall die Fliehenden nach dem Ende des Trojanischen Krieges neue Niederlassungen nach dem Vorbild von Troja gegründet haben sollen. Dazu gehört natürlich allen voran Rom, dessen einflußreichste Familien, darunter die von Cäsar und Augustus, ihren Ursprung direkt aus Troja ableiteten. Laut Hallman sollen sich aber auch London, Bonn und viele andere Städte in Italien, Frankreich, Deutschland, Österreich, Belgien und Skandinavien von Troja ableiten. Auch Paris soll von versprengten Trojanern gegründet worden sein – und deswegen später den Namen eines trojanischen Königssohns erhalten haben.

Auch im Mittelalter stand Troja jahrhundertelang im Mittelpunkt des gesellschaftlichen Interesses. Dieser »Mythos Troja« war bisher vollkommen unverständlich. Warum sollten die Griechen zehn Jahre lang gegen ein unbedeutendes und isoliertes Nest angerannt sein?

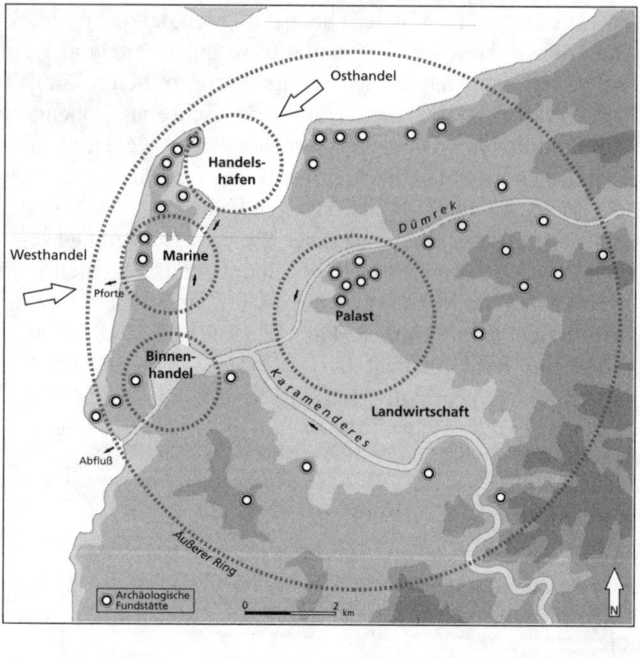

Technische Rekonstruktion der Stadt Troja und ihrer Außenbezirke

Warum soll ihr Sieg eine so herausragende Leistung gewesen sein? Warum wurde ausgerechnet der *Verlierer* des Trojanischen Krieges jahrtausendelang verehrt? Mit Hilfe der archäologischen Untersuchungen vor Ort ließ sich der Mythos Troja bisher nicht erklären. Die Identifizierung mit Atlantis aber hat dafür gesorgt, daß Troja nun mit anderen Augen betrachtet werden kann. Vielleicht hat der Mythos ja seine Berechtigung? Vielleicht stimmt unser Bild der Spätbronzezeit nicht mit den wahren Gegebenheiten überein? Vielleicht lassen sich jetzt, nachdem der Atlantis-Bericht entschlüsselt ist, noch ganz andere große Rätsel der Mittelmeerarchäologie lösen?

Westkleinasien: Der Gordische Knoten

»Die Zeit wird kommen, da unsere
Nachkommen sich wundern,
daß wir so offenbare Dinge nicht
gewußt haben.«
Seneca

Eine Karawane zieht durch Zentralkleinasien

Im Jahr 1800 führte Großbritannien seine Verfassung ein, Friedrich Schiller schrieb *Maria Stuart*, Goya malte das Gruppenbild *Die Familie Karls IV.*, Beethoven komponierte das dritte Klavierkonzert und der italienische Physiker Alessandro Volta entdeckte die Gesetze der Wechselspannung. Napoleon hatte noch kein Jahr regiert und seine Position bereits erheblich gestärkt; in Italien und im Rheintal drängten seine Streitkräfte die österreichischen Armeen zurück. – Im selben Jahr marschierte eine Karawane mit fünf tatarischen Kurieren durch das phrygische Hochland im Herzen Kleinasiens. In Begleitung der Edelleute, die offenbar im Auftrag des Sultans unterwegs waren, befanden sich Boten, Gesandte und Bedienstete, so daß die ganze Kolonne fünfunddreißig Pferde und Packtiere ausmachte. Unter den Gewändern der türkischen Tataren verbargen sich jedoch englische Offiziere, die während der Napoleonischen Kriege von Istanbul aus quer durch Kleinasien nach Ägypten reisten. Die Eindrücke dieser Reise hielt einer der Militärattachés, Hauptmann William Martin Leake, in einem Reisetagebuch fest. Ganz besonders interessierte er sich für archäologische Monumente.

Auf dem Weg von Seyit Gazi nach Hürevpasa Han durchquerte die Karawane ein Tal namens Doganlu, wo die Männer auf Kammergräber und in den Fels gehauene Reliefs stießen. Ein besonders imposantes Relief an einer senkrechten Felswand sah aus wie eine nachgebildete Hausfassade, die über und über mit geometrischen Mustern bedeckt ist. Leake fertigte eine Zeichnung davon an und kopierte die Inschriften darin. In seinem Tagebuch vermerkte er:

»Von allen Wörtern sind das zweite und vierte der oberen Inschrift die bemerkenswertesten. In Griechisch geschrieben lauten sie ›MIDAI FANAKTEI‹ oder ›Für König Midas‹. Sie vermitteln den Eindruck, daß das gesamte Monument zu Ehren eines phrygischen Königs aus dem Hause des Midas errichtet wurde.«

Vor dieser Entdeckung galten die Geschichten, die sich um das Reich des sagenhaften König Midas rankten, als reine Märchen. Die griechische Mythologie erzählt, daß König Midas die Gabe erhielt, alles, was er berührte, in Gold zu verwandeln. Die Erfüllung dieses Wunsches brachte ihn allerdings an den Rand des Hungertodes, da sich auch seine Nahrung in Gold verwandelte. Erst ein Bad im Fluß Paktolos erlöste ihn – und seither führt der Paktolos Gold.

Leakes Entdeckung und viele weitere, später gefundene Inschriften belegen, daß es einen Herrscher dieses Namens tatsächlich gab. Antiken Quellen zufolge lenkte er in der zweiten Hälfte des 8. Jh. von Phrygien aus weite Gebiete Kleinasiens. In der Zeit begann Griechenland gerade, eine eigene Identität zu entwickeln; die griechische Schrift entstand, Homers Epen fanden Verbreitung, die Olympischen Spiele etablierten sich, und griechische Seeleute machten sich auf, die Küsten des Mittelmeeres und des Schwarzen Meeres zu erkunden und zu kolonisieren. Im Rahmen dieser Expansion kamen sie mit vielen fremden Völkern in Berührung. Den nachhaltigsten Eindruck hinterließen dabei ihre Nachbarn in Westkleinasien. Von dort drang die Sage von König Midas und seinem unermeßlichen Reichtum nach Griechenland. Midas war der

Karawane durch Kleinasien

Das sogenannte »Grab des Midas«

erste den Griechen namentlich bekannte König von Phrygien – und auch schon wieder der letzte. Es heißt, er habe sich umgebracht, als Heerscharen aus Nordosten sein Land überfielen und das Reich zerfiel.

Auch Midas' Vater Gordios ist eine berühmte geschichtliche Gestalt. Der Sage nach verknüpfte er Deichsel und Joch seines Wagens mit einem höchst komplizierten Knoten und ließ wissen, wer in der Lage sei, diesen zu lösen, werde Herrscher über ganz Asien sein. Fünfhundert Jahre nach seinem Ableben, war der Knoten allerdings noch immer nicht gelöst. Zu diesem Zeitpunkt stieß Alexander der Große mit seiner Armee gegen die Persischen Heere vor und passierte auf seinem Feldzug auch die einstige Hauptstadt von Phrygien, die inzwischen den Namen Gordion trug. Der mazedonische Feldherr stellte sich der Aufgabe und löste den Gordischen Knoten – es heißt, er habe in mit dem Schwert durchschlagen.

Einige Generationen später gelang es einem anderen Herrscher in Westkleinasien, so große Reichtümer anzuhäufen, daß sein Name noch heute gleichbedeutend ist mit unvorstellbarem Wohlstand. Er hieß Krösus und war der letzte unabhängige Herrscher in Westkleinasien. Nach ihm fiel die Region an Persien.

Leakes Entdeckung konfrontierte die archäologische Forschung mit einem Widerspruch, der wenig Beachtung fand: Wie konnten diese unvorstellbar reichen Staatsmänner das *Ende* einer Jahrhunderte währenden kulturellen Blüte markierten, wo doch die klassische Antike erst viel später *begann*?

Das Besondere an Kleinasien

Kleinasien liegt an der Schnittstelle von drei Kontinenten und vier Meeren. Jahrtausendelang diente der Subkontinent daher als Brücke zwischen Europa und Innerasien sowie als Durchzugsgebiet für zahlreiche Völker. In friedlichen Zeiten erhielt die Region unzählige Impulse und Anregungen von außen – in Krisenzeiten hingegen prallten dort feindliche Strömungen aus Ost und West aufeinander. Von der einen Seite strömten nacheinander die Indoeuropäer, die Assyrer, die Perser, das Christentum und die türkischen Seldschuken ins Land, von der anderen kamen die Heere der Griechen, der Römer und der Kreuzfahrer.

Auch die komplexe Topographie des Brückenkontinents begünstigte eine vielfältige kulturelle Entwicklung. Mit etwa zweitausend Kilometern Länge und Bergzügen von drei- und viertausend Höhenmetern, tief eingeschnittenen Flußtälern und endlosen Hochebenen stellt der Subkontinent eine der abwechslungsreichsten Regionen der Erde dar. Im Landesinneren erstreckt sich zwischen den Randgebirgen im Norden und Süden ein weites, größtenteils abflußloses Hochplateau mit zahllosen Salzseen. Die glutheißen Sommer haben dort eine einförmige, baumlose Halbwüste mit nackten, versengten Bergen geschaffen. Die Randgebirge im Süden und Norden trennen diese Hochebene von den Meeren ab. Die Küsten sind entsprechend steil, und die Flüsse können aufgrund des Reliefs nur auf kurzen Strecken befahren werden. An der Ägäisküste im Westen hingegen erstrecken sich ideale Siedlungsräume. Die komplizierte Gliederung der Landschaft hat zur Bildung zahlreicher natürlicher Häfen, fruchtbarer Ebenen und weit ins Landesinnere schiffbarer Flüsse geführt. Außerdem ist der Landstrich an der Ägäisküste klimatisch besonders angenehm. Der griechische Geschichtsschreiber Herodot, der selbst aus der Gegend stammte, hielt dieses Klima für das beste der Welt.

Die komplizierte Geographie des anatolischen Subkontinents förderte die Bildung von kleinen und unabhängigen Gemeinschaften, in denen die Bevölkerung sich in Gemeinden, Stadtstaaten und Fürstentümern organisierte. Die daraus resultierende politische Zersplitterung prägte die Gegend lange Zeit – bis zur griechischen Kolonisierung und den persischen Eroberungszügen in der Mitte des ersten vorchristlichen Jahrtausends. Auch danach blieben der

Region gesamtanatolische Staatsgründungen bis ins hohe Mittelalter versagt. Von wenigen Ausnahmen abgesehen, lassen sich daher die Kulturen Kleinasiens nicht als überregionale Einheiten erfassen, wie sie die Archäologie in aller Regel zu identifizieren versucht. Dies förderte den Eindruck, Kleinasien sei nur eine Art kultureller Nährboden gewesen, auf dem Bauern- und Hirtenvölker ein einfaches Leben fristeten, bis Fremde sie von außen zu höheren Leistungen anregten.

Tatsächlich sorgten Einwanderungswellen immer wieder für eine Vereinheitlichung der einheimischen Mischkultur – und machten dadurch den außergewöhnlich hohen Stand der altkleinasiatischen Zivilisationen erst sichtbar. Selbst wenn sich die neueingewanderten Gruppen und die einheimische Bevölkerung zunächst bekämpft hatten, vermischten sich die Kulturen im Laufe der Zeit, und aus der Vermischung erwuchsen allmählich neue Staatswesen.

Auch wenn sich die Kleinstaaten *freiwillig* zu politischen Bündnissen zusammenschlossen, wurden sie archäologisch leichter erfaßbar. Dies geschah durchaus häufig und meist als Folge einer Bedrohung durch äußere Feinde. Die bekannten kleinasiatischen Kulturen der späten Bronzezeit und der frühen Eisenzeit stellen im wesentlichen solche Blockbildungen dar. Vom Moment ihres Auftauchens an verfügten die Bündnisse über ein außerordentlich hohes technisches und kulturelles Niveau und oft auch über sagenhaften Reichtum, wie die Beispiele der Königreiche Phrygien und Lydien zeigen.

Fortschritt in der Steinzeit

Nach heutigem Kenntnisstand vollzog sich der Übergang von nomadischen zu seßhaften Jagd- und Sammelgemeinschaften zuerst in der Südosttürkei. Dort, am Ufer des Euphrats, liegt Nevali Cori. Vor rund 10 000 Jahren entstanden, ist sie eine der ältesten dauerhaften Siedlungen der Welt. Die Ausgrabungen in den 1980er Jahren unter der Leitung des deutschen Prähistorikers Harald Hauptmann brachten unter anderem einen 15 x 15 Meter großen Tempel mit einem Mosaikboden ans Tageslicht. Der Ort dürfte ein Zentrum für religiöse Handlungen gewesen sein, aber auch als Speicher für Nahrungsmittel gedient haben.

In den letzten Jahren sind noch verschiedene andere neolithische Siedlungen ausgegraben worden. Dazu zählt auch Çayönü, ein Ort, der im 7. Jt. bewohnt war, als die Menschen noch keine Töpfe herstellen konnten, aber bereits mit Metallen experimentierten. Die bekannteste neolithische Fundstätte der Türkei ist jedoch nach wie vor Çatal Hüyük, wo seit einigen Jahren unter der Leitung von Ian Hodder aus Cambridge gegraben wird. Çatal Hüyük bildet einen ausgedehnten Hügel nahe der Südgrenze der zentralanatolischen Tiefebene. Der gesamte, nur aus Siedlungsschichten entstandene Hügel wird von einem Fluß durchschnitten, der vom Taurus im Süden nach Norden in die Salzebene fließt; eine der beiden Hügelhälften mißt allein bereits 500 x 300 Meter. Zunächst hatte dieser Siedlungshügel gar keinen Namen. Da er sich in der Nähe einer Straßenkreuzung befindet, nannten die Einheimischen ihn dann einfach »Hügel an der Kreuzung« oder, auf Türkisch eben, »Çatal Hüyük«.

Çatal Hüyük war von der Mitte des 8. bis zur Mitte des 7. Jt. bewohnt und ist eine der ältesten Städte der Welt. Die Häuser bestanden aus luftgetrockneten Lehmziegeln und bildeten in sich geschlossene Räume wie Honigwaben. Die Bewohner gelangten nicht durch Türen, sondern durch Öffnungen im Dach in ihre Wohnräume. Einige der Innenwände trugen Bemalungen, die den altsteinzeitlichen Höhlenmalereien ähnlich sehen. Die Bevölkerung ernährte sich von der Landwirtschaft. Auf den Feldern wuchsen Weizen und Gerste, und Rinder, Ziegen und Schafe grasten auf den Weiden. In der Ausgrabung gefundene Knochen von Hirschen und Wildschweinen legen nahe, daß die damalige Umgebung der Siedlung dicht bewaldet war. Meeresmuscheln und Metalle weisen darauf hin, daß schon in dieser frühen Zeit – vor fast 10 000 Jahren – weitreichende Handelsbeziehungen bestanden.

Auch die an Çatal Hüyük anschließende spätneolithische Kultur kennen wir, und zwar zum Beispiel aus Hacılar. Als diese Siedlung um 5700 v. Chr. bewohnt war, hatte Keramik – die ab 6500 v. Chr. auftritt – schon weite Verbreitung gefunden. Zusätzlich zu Weizen und Gerste wurden nun auch Erbsen und Linsen angebaut. Künstliche Bewässerung erleichterte die Landwirtschaft, während der Umfang der Jagd auf Hirsche, Auerochsen und Wildschafe langsam abnahm.

Im 6. Jt. entstanden auch bereits die ersten Festungen. Von ungefähr 5200 v. Chr. stammt das sorgfältig geplante und konstruierte Fort in Mersin in Kilikien. Es besaß eine durchgehende Schutz-

Rekonstruktion von Çatal Hüyük

mauer mit schlitzartigen Fenstern und schematisch angeordneten Soldatenunterkünften. Steinmauern schützten auch die Stadt Poliochni auf der Insel Lemnos, während Dörfer wie Demircihüyük sich durch eine kreisförmige Anordnung ihrer Häuser nach außen abschotteten.

Anscheinend ereigneten sich in der Jungsteinzeit keine großen Umstürze oder Völkerwanderungen. Bis 3000 v. Chr. scheint sich die Kultur kontinuierlich entwickelt zu haben, ohne daß tiefere Einschnitte in die Siedlungsgeschichte offenkundig wären.

Das Zeitalter der Metalle und Festungen

Im 3. Jt. erreichte eine neue Einwandererwelle Kleinasien. Sie breitete sich schnell aus und besiedelte weite Teile des Landes. Aus der Verschmelzung mit der kleinasiatischen Urbevölkerung entstand eine vielschichtige Kultur mit einer einheitlichen, in verschiedenen Dialekten gebräuchlichen Sprache, die zwischen dem 20. und dem 7. Jh. in fast ganz Kleinasien gesprochen wurde. Diese Sprache bezeichnen wir heute als »Luwisch«. Schon vor hundert Jahren konnte nachgewiesen werden, daß die Namen griechischer Städte, die auf *-nthos* (z. B. Korinthos) oder *-ssos* (z. B. Knossos) enden, nicht griechischen Ursprungs sind, sondern aus einer früheren Zeit stammen, als im Südbalkan noch kein Griechisch gesprochen wurde. Heute wissen wir, daß diese Namen luwischen Ursprungs sind. Viele der Orte mit luwischen Namen waren bereits in der frühen Bronzezeit wichtige Siedlungsplätze. Daraus schließen heute manche Experten, daß im 3. Jt. eine proto-luwische Bevölkerung die Ägäis einschließlich Griechenland bevölkert haben könnte. Griechisch wäre demnach nicht die erste in Griechenland gesprochene indoeuropäische Sprache gewesen. In jedem Fall ist die luwische Kultur Kleinasiens die älteste, wenn auch leider nur wenig erforschte indoeuropäische Schriftkultur überhaupt.

Den Übergang zur Frühbronzezeit um 3000 v. Chr. begleiteten entscheidende technische Veränderungen. Die Einführung des Pflugs sorgte für beschleunigtes wirtschaftliches Wachstum. Segelschiffe erleichterten den Fernhandel und erhöhten die Geschwindigkeit der Kommunikation. Das Rad half beim Transport und bei der Herstellung von Keramik. Trauben und Wein bereicherten das Nahrungsangebot. Der rasche technische Fortschritt veränderte die Art und Weise, wie die Menschen zusammenlebten und miteinander kommunizierten – als Ergebnis dieses Prozesses entstanden die ersten urbanen Stadtstaaten.

Auslöser des technischen Wandels um 3000 v. Chr. könnten die dramatischen Fortschritte in der Metallverarbeitung gewesen sein. Damals tauchten die ersten Werkzeuge aus Bronze auf; sie waren sehr viel härter und haltbarer als ihre Vorgänger aus Kupfer. Außer den Bronzebestandteilen Kupfer und Zinn gewannen die Bergleute auch Silber, Gold, Elektrum, Blei, Eisen und Halbedelsteine wie Karneol, Jaspis und Nephrit. Gesteinsformationen, in denen diese Erze und Mineralien vorkommen, sind in Kleinasien reichhaltig vorhanden – gleichzeitig sind sie aber in den Ländern östlich und westlich von Kleinasien selten. Die Einführung der Bronze und die zunehmende Abhängigkeit von Erzlagerstätten bewirkte also, daß sich viele Länder nicht mehr selbst versorgen konnten. So entstand eine Nachfrage für Rohmetalle und fertige Metallprodukte, die wiederum den Abbau stimulierte.

Um die Erzminen mit den Verarbeitungszentren, den Hafenstädten und den Verbrauchermärkten effizient zu verknüpfen, mußten Handelsrouten eingerichtet werden. Der Fernhandel erlangte den Rang eines Markenzeichens der bronzezeitlichen Kulturen – vor allem, weil das für die Bronze erforderliche Zinn von weit her herangeschafft werden mußte. Wahrscheinlich kam das Zinn aus Zentralasien. In Troja gefundener Lapislazuli aus Afghanistan belegt, wie weit die Handelsnetze reichten.

Die Kontrolle des Handels unterlag in aller Regel den lokalen Regenten. Im Laufe einiger Generationen konnten diese Fürstenfamilien erstaunliche Reichtümer anhäufen. Hortfunde, wie der sogenannte »Schatz des Priamos« aus Troja bezeugen den Wohlstand der höheren Gesellschaftsschichten. Um diesen Wohlstand zu hüten und gleichzeitig den Austausch mit fremden Ländern intensivieren zu können, sahen sich die herrschenden Kreise veranlaßt, gut organisierte – und vor allem gut geschützte – Städte errichten zu lassen. Deren Verwaltungs- und Tempelbezirk befand sich normalerweise auf einem zentralen Hügel, manchmal in Form einer Zitadelle. In Troja zum Beispiel sicherten massive Steinmauern mit zusätzlichem Lehmziegelaufbau die Akropolis mit den Königshäusern. Der Zugang zum zentralen Bezirk der Stadt erfolgte durch gut geschützte, von Wehrtürmen flankierte Tore. Zusätzliche Mauern schützten jeweils auch die Unterstadt unterhalb der Zitadelle. Überhaupt deuten Anzahl und Formenreichtum der Waffen (Dolche, Schwerter, Speere, Kriegsäxte) darauf hin, daß die bronzezeitlichen Kulturen eine Neigung zu Waffenschau und Kriegsführung besaßen.

Manche Siedlungen in Westkleinasien nahmen am Ost-West-Handel regen Anteil. Leider sind bisher nur wenige von ihnen archäologisch erforscht. Eine davon ist die von dem britischen Prähistoriker James Mellaart ausgegrabene Stadt Beycesultan auf dem zentralanatolischen Plateau an einem Zufluß des Mäander rund zweihundert Kilometer landeinwärts von der Ägäisküste. Die Stadt bestand vom 5. bis zum 1. Jt. und war in der Frühbronzezeit durch eine mächtige Mauer geschützt. Die Häuser in Beycesultan hatten große Mittelhöfe mit Veranden an beiden Stirnseiten. Auch runde Feuerstellen und Tonhörner, die an kretische Kulte erinnern, befanden sich dort – allerdings sehr viel früher als auf Kreta.

In der Umgebung von Izmir widmet sich zur Zeit eine Ausgrabung der frühbronzezeitlichen Hafenstadt Limantepe, die vom 4. Jt. bis zum 14. Jh. bewohnt war. Die Fundstätte liegt auf einer Erhebung, die sich ins Meer hinaus erstreckt. In klassischer Zeit gehörte diese Halbinsel zur griechischen Handelskolonie Klazomenai. Bei den Grabungen stellte sich heraus, daß es hier schon Jahrtausende zuvor eine große Stadt mit eigenem Hafen gab. Den zentralen Teil dieser frühbronzezeitlichen Siedlung umgab eine massive Verteidigungsmauer in Form einer Bastion. Teile dieser Anlage reichten sogar bis unter Wasser, wo sie einen Wellenbrecher bildeten, der einen Hafen umschloß. Außerhalb der Akropolis erstreckte sich eine ausgedehnte Unterstadt.

Um 2300 v. Chr. fielen die meisten Städte in Kleinasien gewaltsamen Zerstörungen zum Opfer. Auch in Zentralgriechenland und auf dem Peloponnes ereigneten sich Umwälzungen. Manche Städte blieben im Anschluß an die Zerstörungen verlassen. Um 1900 v. Chr. kam es schließlich zu einem neuen Besiedlungs- und Entwicklungsschub. Neugründungen von Städten nahmen zu, und die einzelnen Regionen um die Ägäis gingen engere Verbindungen ein als je zuvor. Auch Innovationen und die Verbreitung neuer Waren beschleunigten sich in einem nie dagewesenen Ausmaß.

Assyrische Händler, die vor allem Metalle und Minerale erwerben wollten, bauten eine Handelsroute auf, die sich von Assur in Mesopotamien bis in die zentralanatolische Hochebene erstreckte. Die politische Zersplitterung von Anatolien in viele Kleinstaaten erleichterte den Aufbau dieses Handelswegs. Die lokalen kleinasiatischen Regenten gestatteten den assyrischen Händlern, ihre Stationen in den Vororten der bestehenden Städte einzurichten. Natürlich verlangten sie dafür einen Anteil vom Profit – und so nahmen Reichtum und Bedeutung der Städte entlang der Handelswege rasch zu.

Die wohl wichtigste Handelskolonie hieß Karum. Sie befand sich neben der einstigen Stadt Nesa, dem heutigen Kültepe, und gedieh zwischen 1920 und 1780 v. Chr. Im Rahmen archäologischer Ausgrabungen konnten über 15 000 Dokumente in akkadischer Keilschrift gefunden werden. Diese Texte bekunden das assyrische Interesse an Silber, Gold und Kupfer. Sie beleuchten auch das Verhältnis zwischen den ausländischen Händlern und den Einheimischen. Die Schreiber der Handelsstädte benutzten auch Rollsiegel, die sie mit lokalen anatolischen Motiven verzierten. Die Verwendung von Siegeln hatten die Sumerer in Mesopotamien im 4. Jt. eingeführt. In der Zeit zwischen 2000 und 1500 v. Chr. fanden solche Siegel entlang den Handelsrouten regen Gebrauch – später auch auf Kreta.

Am Ende des 18. Jh. unterbrach das erstarkte Mitanni, ein Staat im ostanatolischen Bergland, den assyrischen Handel mit Zentralkleinasien. Der Zusammenbruch des Fernhandels schwächte Assyrien so sehr, daß es bald von Babylonien einverleibt werden konnte. Auch innerhalb Kleinasiens verursachte die Unterbrechung des Fernhandels eine Wirtschaftskrise. Die Dynastie des lokalen Regenten im zentralkleinasiatischen Stadtstaat Kussara nutzte diese Krise zu ihrem Vorteil und erweiterte ihr Königreich. Nach einigen Generationen übernahm ein König namens Tabarna den Thron in Kussara. Er kam zum Schluß, daß die Hauptstadt zu weit im Osten und damit dem mächtigen Mitanni zu nahe lag. Deshalb verlegte er seine Residenz – und damit auch seinen politischen Einflußbereich – um 1600 v. Chr. nach Hattusa, einer verlassenen Stadt am Fluß Kızıl Irmak und legte sich den Namen »Mann von Hattusa« (»Hattusili«) zu – er gilt heute als Gründer des hethitischen Großreichs.

Das Großreich der Hethiter

Das hethitische Reich entstand demnach aus einer altanatolischen Kultur heraus und steht nicht für die Regentschaft einer indoeuropäischen Herrscherkaste, wie man dies früher annahm, denn die eingewanderten indoeuropäischen Stämme und die anatolische Urbevölkerung hatten sich schon Jahrtausende zuvor miteinander vermischt.

Die hethitische Hauptstadt befand sich in einer der wenigen Gegenden Zentralkleinasiens, in denen Wasser in großer Fülle vorkommt. Auf einem nach Norden gewandten Hang lag die Stadt zentral und günstig – solange sich die hethitischen Interessen vor allem auf die Region am Schwarzen Meer erstreckten. Später tauchte jedoch ein neuer – feindlich gesinnter – Staat im Norden auf: Kaska. Bei den Kaskäern handelte es sich um ein lockeres Bündnis halbnomadischer Reiterstämme, von dem der hethitische Großkönig Mursili II. sagte, daß es die Herrschaft eines einzelnen nicht kannte – also offenbar kein Oberhaupt hatte. Sie beanspruchten eine vormals hethitisch kontrollierte Region. Hatti mußte seine territorialen Interessen daraufhin nach Süden und Südosten, Richtung Palästina und Babylonien, ausrichten. Damit lag Hattusa weniger günstig, denn mehrere Bergrücken behinderten die komplizierte Route nach Süden.

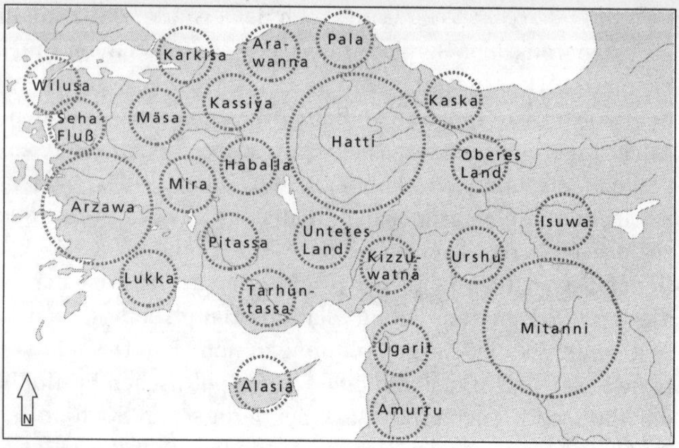

Vermutliche Lage der wichtigsten spätbronzezeitlichen Staaten in Kleinasien

Auch der Zugang zu den Märkten an der Donau und am Schwarzen Meer war weitgehend versperrt. An den Ägäisküsten im Westen Kleinasiens lag Arzawa, ein Staat, der bereits lange bevor das Hethiter-Reich entstand, in assyrischen Urkunden Erwähnung fand. Bei Arzawa handelte es sich um einen föderalistischen Zusammenschluß von Klein- und Stadtstaaten mit schwer zu bestimmenden Grenzen. Manche der Bündnisstaaten zählten zum eigentlichen Arzawa, während andere als sogenannte Arzawa-Länder nur im weiteren Sinne dazugehörten. Sicher ist, daß Arzawa über die Dardanellen, den Bosporus und die Donau Kontakte zu Mitteleuropa knüpfen konnte.

Konkret versuchten die Großkönige von Hatti häufig mit militärischem Druck die ihr Reich umgebenden Kleinstaaten zu Vasallen zu machen, um sie als Puffer gegen größere, entferntere Gegner einzusetzen. Gleich der erste Großkönig des Hatti-Reiches zog mit seinen Heeren gegen Westkleinasien. »Die politische Aktivität der Hethiter war jedoch im großen Ganzen nach Osten gerichtet«, sagt der deutsch-amerikanische Hethitologe Albrecht Goetze. »Im Westen haben sie sich im wesentlichen darauf beschränkt, die dort sitzenden Völkerschaften in Schranken zu halten.«

Nicht immer waren die strategischen Bemühungen der Hethiter von Erfolg gekrönt. Im 14. Jh. konnten Arzawa und Kaska dem Hatti-Reich die Vorherrschaft über Kleinasien abringen und es vorübergehend zur Bedeutungslosigkeit verurteilen. Anschließend galt Arzawa für Ägypten eine Zeitlang sogar als Hauptansprechpartner in Kleinasien. Die Arzawa-Regenten betrachteten sich damals als gleichrangig mit dem ägyptischen Königshaus, und selbst ein Provinzfürst wie der des Arzawa-Landes Mira konnte sich erlauben, direkt mit dem ägyptischen Pharao zu korrespondieren.

Daß die Arzawa-Staaten rein demographisch gesehen von erheblicher Größe gewesen sein müssen, wird aus den in Hattusa gefundenen Angaben über Kriegsgefangene deutlich. In einem Fall berichtet der Großkönig von Hatti, daß sein Heer 91 Städte in Arzawa überfallen

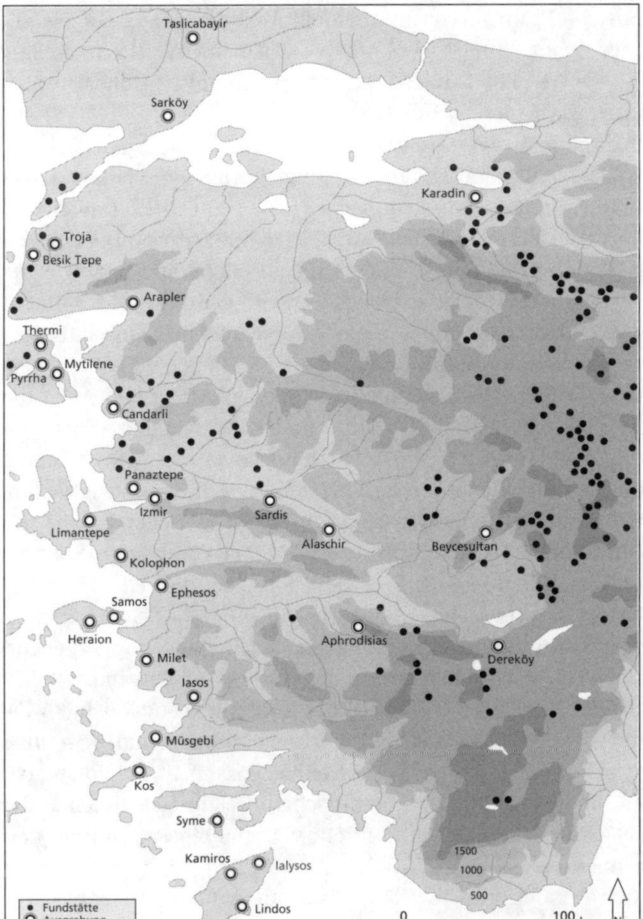

Bereits bekannte Siedlungs- und Grabstätten in Westkleinasien, die Aufschluß über spätbronzezeitliche Kulturen geliefert haben.

und dabei 166 000 Soldaten abgeführt habe. Aus den Beschreibungen der Feldzüge kennen wir auch die Namen von Flüssen, Städten und Staaten in Kleinasien, was ermöglicht, die spätbronzezeitliche politische Geographie annäherungsweise zu rekonstruieren. Danach scheint sich das Kerngebiet der hethitischen Kultur auf den Bogen des Kızıl Irmak, der in der Antike Halys genannt wurde, beschränkt zu haben. Jedenfalls darf der Sammelbegriff »hethitisch« für die mittel- und spätbronzezeitliche Keramik in Zentralkleinasien keinesfalls auf Staats- oder Sprachgrenzen bezogen werden, was die amerikanische Prähistorikerin Machteld Mellink bereits vor vierzig Jahren hervorhob. Rund um Hatti, vor allem im Westen und Südosten, blieben einige Dutzend kleinerer und mittelgroßer Königreiche unter Kontrolle luwischer Regenten.

Auch innerhalb des eigentlichen Hatti-Reiches dürften sich die ursprünglichen altanatolischen Volkszugehörigkeiten erhalten haben. Nur die Organisation von Verwaltung, Industrie, Handel und Militär erfolgte zentral durch die Aristokratie in Hattusa. Die Zentren des Kunsthandwerks, der Religion und des Fernhandels sowie die Bibliotheken blieben in der Nähe des Palastes. Gleichzeitig bemühten sich die Machthaber allerdings, viele Elemente der altkleinasiatischen Kultur zu übernehmen, darunter vor allem die Namen von Orten, Personen und Gottheiten sowie andere Aspekte der Religion. Auch die Tatsache, daß die Schreiber nicht nur die verwandten Sprachen Hethitisch und Luwisch sondern auch sechs weitere beherrschten, deutet an, daß die altanatolischen Elemente im Einheitsstaat weiterlebten. Die zentralistische Organisation des hethitischen Reichs hat daher vermutlich die Vielfältigkeit der in ihm vereinigten Stämme nur überdeckt. Die damalige Situation läßt sich vielleicht mit Vielvölkerstaaten wie dem ehemaligen Jugoslawien oder Georgien vergleichen, wo die ethnologische Komplexität ebenfalls vorübergehend unter einem zentralistischen politischen System verschwand.

Im Grunde bildeten das Alte (1680-1450) und Neue Reich (1380-1200) der Hethiter also nur relativ kurze und regional begrenzte Zwischenspiele in der Geschichte Kleinasiens im 2. Jt. Vor, nach, zwischen und während der hethitischen Reiche beherrschte die luwische Urbevölkerung mit ihrer vielschichtigen Kultur den größten Teil Kleinasiens. Die luwische Kultur ist jedoch aufgrund der politischen Zersplitterung archäologisch kaum wahrnehmbar.

Anders verhält es sich mit der hethitischen Kultur. In Hattusa finden seit hundert Jahren Ausgrabungen statt, die von Anfang an Textdokumente lieferten und deswegen in der archäologischen Forschung einen hohen Stellenwert einnehmen. Inzwischen gibt es über zehntausend Texte und Fragmente, die einen tiefen Einblick in die Gesellschaft der damaligen Zeit gewähren. Die große Bedeutung, die wir heute dem Hatti-Reich – im Vergleich zu seinen luwischen Nachbarvölkern – beimessen, dürfte deshalb zum Teil auch forschungsgeschichtlich bedingt sein.

Der Nullte Weltkrieg

Die endgültige Zerschlagung des Hethiter-Reichs vollzog sich ganz ähnlich wie die zeitweilige Unterbrechung seiner Vormachtstellung im 14. Jh. Um 1200 v. Chr. kam es fast im gesamten östlichen Mittelmeerraum zu internationalen Spannungen und anschließend zu Überfällen und Zerstörungen. In diese Konflikte scheint Hatti von Anfang an tief verwickelt gewesen zu sein, denn die Zentralmacht mußte von den Vasallen alle verfügbaren Landstreitkräfte und Schiffe zur Unterstützung anfordern. Die vermutlich letzte offizielle Inschrift eines hethitischen Großkönigs beschreibt, wie das Land seine erste und letzte Seeschlacht ausfocht, bei der es um die Kontrolle der zuvor annektierten Insel Zypern ging. Anschließend stand der Gegner den hethitischen Einheiten auch auf dem Festland gegenüber. Schließlich rollte aber eine Zerstörungswelle vom Nordosten – und nicht von Zypern im Süden – auf die Hauptstadt zu.

Um 1190 v. Chr. fielen feindliche Angreifer in Hattusa ein, plünderten die Palastanlage, zerstörten alle offiziellen Bauwerke und setzten sie schließlich in Brand. Wer diese Zerstörungen verursacht hat, ist nicht mit Sicherheit bekannt. Interne Zwiste zwischen verschiedenen Familienmitgliedern des Königshauses sind eindeutig belegt, jedoch weist die Verachtung aller religiösen und politischen Symbole, die in der vorsätzlichen Vernichtung zum Ausdruck kommt, eher auf einen äußeren Feind hin. Viele Experten vermuten daher, daß das ohnehin geschwächte Hattusa zum zweiten Mal einem Ansturm seiner Feinde aus dem Norden, den Kaskäern, zum Opfer fiel. Mit der Hauptstadt und mehreren anderen Zentren fand auch das Großreich ein Ende. Zwar blieb die Landbevölkerung von den Kriegswirren offenbar relativ unbehelligt, doch genügte die Zerschlagung der aristokratischen Oberschicht und die Zerstörung der zentralen Infrastruktur, um die politische und wirtschaftliche Organisation des Staates für alle Zeiten zu ruinieren. Über dreitausend Jahre lang blieb das fünfhundert Jahre währende hethitische Intermezzo vollkommen vergessen.

Der Untergang des hethitischen Reichs um 1200 v. Chr. war kein losgelöstes Ereignis – vielmehr erlitten alle Staaten am östlichen Mittelmeer einen tiefen Kultureinbruch, einen der einschneidendsten in der Geschichte der Menschheit. Troja ging damals in Flammen auf und sank anschließend zur Bedeutungslosigkeit herab. In Griechenland zerfiel die mykenische Palastkultur, die Hafenstadt Ugarit fiel einem Angriff zum Opfer, und zahlreiche weitere Handelsstädte in Syrien, Palästina, auf Zypern und in Kleinasien erlitten das gleiche Schicksal. Der Untergang der politischen Zentren und Handelsstädte ließ natürlich auch die Fernhandelsbeziehungen und Wirtschaftsstrukturen vollkommen zusammenbrechen. Eine Krise erfaßte den gesamten östlichen Mittelmeerraum – wobei sich heute schwer feststellen läßt, ob die wirtschaftlichen Zusammenbrüche Folgen oder Auslöser der Kriegswirren waren.

Die Gesellschaft war mit der Neuartigkeit von Handesmonopolen überfordert. Bei den Kulturen der vorangegangenen Jahrtausende hatte es sich um Agrarstaaten gehandelt. Sie waren autark und langlebig und führten lediglich lokale Kriege. Die Spätbronzezeit war hingegen die erste große Ära des Fernhandels und der einflußreichen Handelsmächte. Der Handel führte einerseits zu Wettbewerbsvorteilen, andererseits aber auch zu Kontrollen, Monopolen und gegenseitigen Abhängigkeiten. Diese wiederum verursachten Spannungen, Auseinandersetzungen und weitreichende bewaffnete Konflikte. So kam es zu einer Arten »Nulltem Weltkrieg«, wie er nur unter Handelsmächten denkbar ist.

Verschiedene voneinander unabhängige Texte aus Kleinasien, Syrien und Ägypten, die in den Krisenjahren entstanden, berichten von einer akuten Bedrohung durch äußere Feinde oder sogar von Schlachten, die sich bereits ereignet hatten. Diesen Dokumenten zufolge hatten sich einige kleinere Völker zusammengeschlossen und damit begonnen, den Nahen Osten und Ägypten vom Meer her zu überfallen. Diese Angreifer werden heute als die »Seevölker« bezeichnet. Sie traten zum ersten Mal um 1208 v. Chr. in Erscheinung.

Seevölker-Invasionen am Totentempel Ramses' III.

Damals kämpften ägyptische gegen libysche Heere, wobei letztere Unterstützung durch die »Seevölker« aus dem Norden hatten – die meisten von ihnen kamen offenbar aus der Ägäis.

Einige Jahre später kehrten die Seevölker noch einmal zurück. Ihre Schiffe versammelten sich an der Südwestecke von Kleinasien und fielen von dort über die Küsten von Südostkleinasien, Zypern, Syrien und Palästina her. Damit standen sie an der Grenze zu Ägypten. Pharao Ramses III., an dessen Totentempel die Inschriften und Darstellungen der Seevölkerschlachten noch heute zu sehen sind, behauptet, die Angreifer überwältigt und ihnen anschließend die Möglichkeit eingeräumt zu haben, sich auf ägyptischem Territorium friedlich niederzulassen.

Die Invasionen der Seevölker begleiteten einen unvergleichlichen Absturz von den kulturellen Höchstleistungen des »goldenen« Zeitalters auf das Niveau einfacher Bauern- und Hirtenvölker. Die Bevölkerung wandte sich wieder ihrer ursprünglichen unabhängigen und dezentralen Lebensweise zu, oder sie verließ ihre angestammte Heimat und versuchte, neue Gebiete zu erschließen. Im Laufe der Zeit füllten neue Zuwanderer die entstandenen Leerräume, wodurch es zu einer tiefgreifenden Vermischung und gegenseitigen Befruchtung verschiedenster Völker kam, die schließlich zur Bildung völlig neuer Zentren und Kulturen führte. Aus diesen Völkerwanderungen gingen zum Beispiel die Philister, die Israeliten, die Phönizier und die Etrusker hervor.

Die Grenze zwischen der Bronze- und der Eisenzeit darf aus diesem Grund *nicht nur* als ein Kultureinbruch gesehen werden.

Denn die politischen Systeme der späten Bronzezeit waren außerordentlich einfach, um nicht zu sagen primitiv. Rivalisierende Stadt- und Kleinstaaten, die sich gegenseitig kontrollierten und bekämpften, bestimmten die politische Karte. Haupteckpfeiler der Wirtschaft war der Ackerbau, und der internationale Handel beschränkte sich im wesentlichen auf Luxusgüter. Reichtum kannten nur die eigentlichen Machthaber, die sich letzten Endes an Tributen der Landbevölkerung schadlos hielten. Vom kulturellen Fortschritt profitierte denn auch nur diese oberste Schicht der hierarchisch gegliederten Gesellschaften. Die Schriftsysteme, allen voran das an den griechischen Palästen gebräuchliche Linear B, waren hochkompliziert und für Nichteingeweihte geradezu undurchschaubar. Fast einhundert Silbenzeichen und zahlreiche zusätzliche Symbole und Ideogramme verhinderten deren Verwendung als Gebrauchsschrift. Eine weiterführende kulturelle Entwicklung, die Entfaltung einer Volksbildung und die Entstehung schöngeistiger Literatur wären mit dem bronzezeitlichen Staatsgefüge kaum möglich gewesen.

Unter diesen Voraussetzungen hatten die Mittelmeerkulturen im 13. Jh. vermutlich das Optimum ihrer kulturellen Entwicklung erreicht. Jeder weitere Fortschritt setzte die Zerstörung der bestehenden Strukturen und einen völligen Neubeginn voraus. Die Krisenjahre des 12. Jh. waren also – so gewaltsam sie sich auch auswirkten – wie ein klärendes Gewitter, das die Grundlage für einen umfassenden politischen und wirtschaftlichen Neuanfang schuf. In vielen Regionen des Mittelmeerraumes, zum Beispiel auf Rhodos, Euböa, Zypern und in Palästina, beschränkte sich das nachfolgende »dunkle« Zeitalter ohnehin höchstens auf einige Jahrzehnte. Diese Gebiete, wie auch Sizilien, Sardinien und weite Teile Italiens, profitierten sogar bald vom Zerfall der bronzezeitlichen Supermächte. Entscheidend für die kulturelle Entwicklung waren also nicht nur die Invasionen und Zerstörungen der Krisenjahre, sondern ebenso die Ereignisse im Anschluß daran.

Viele kulturelle Entwicklungen, die noch heute für unsere Gesellschaft von fundamentaler Bedeutung sind, kamen schon bald nach den Krisenjahren in Gang. Zu den Ergebnissen zählen der Glaube an einen einzigen Gott, die Münzprägung und die meisten zur Zeit gebräuchlichen Schriftsysteme sowie die ältesten bedeutenden Texte der abendländischen Kultur, darunter das Alte Testament und die homerischen Epen. Es ist nicht verwunderlich, daß die tiefgreifenden politischen, wirtschaftlichen und kulturellen Umbrüche an der Wende von der Bronze- zur Eisenzeit zum Teil auch in diesen Schriften ihren Niederschlag fanden.

Das sogenannte »dunkle« Zeitalter in den Jahrhunderten nach 1200 v. Chr. war demnach in Wirklichkeit eine Zeit des Aufbruchs, in der neue Rohstoffquellen erkundet, neue Produktionstechniken erfunden und neue Märkte erschlossen wurden, in der man aber auch neue Kontakte zu fernen Ländern knüpfte und in der Neugierde und Aufgeschlossenheit gegenüber fremden Ideen und Philosophien herrschten. Warum wird diese Geburtsstunde der abendländischen Kultur dann als »dunkles« Zeitalter bezeichnet? Auf Griechenland bezogen – und nur auf Griechenland – mag dieser Begriff zutreffen, denn der kulturelle und technische Fortschritt blieb dort zwischen 1200 und 800 v. Chr. auf ein Minimum beschränkt. Auf Kleinasien, Zypern oder Palästina angewandt, ist er jedoch irreführend.

Wo ist das Problem?

Der heutige Kenntnisstand hinsichtlich der kulturgeschichtlichen Entwicklung vom Beginn der Seßhaftigkeit bis zum Aufkommen der klassischen Antike erscheint lückenlos und schlüssig. Die archäologischen Feldarbeiten der vergangenen dreißig Jahre haben ergeben, daß die bedeutendsten kulturellen Impulse von Kleinasien nach Griechenland kamen. Von dort gelangten zu Beginn der Jungsteinzeit die ersten seßhaften Kulturen nach Westen. Sie brachten die Kenntnis von Ackerbau, Viehzucht und einer Lebensweise in festen Häusern und dörflichen Gemeinschaften mit sich, die bis heute Bestandteil auch unserer Kultur sind. Auch der nächste Schub in der kulturellen Entwicklung zu Beginn der Bronzezeit verlief von Osten nach Westen. Ebenfalls aus Kleinasien kamen damals der Pflug, die Bronzeverarbeitung, die hierarchisch gegliederte Gesellschaft und der Fernhandel. Später setzte sich dieser Trend fort: Zu Beginn der Eisenzeit kamen die Impulse einmal mehr aus dem Osten. Diesmal brachten sie die politische Form des Stadtstaats, das Alphabet, die Religion, die Kunst, das Münzwesen, die Astronomie und das Gewichtssystem nach Europa. Alles weist darauf hin, daß diese Hauptverbreitungsrichtung kultureller und technischer Innovationen bis zur persischen Machtübernahme im 6. Jh. bestand.

Nach unserem heutigen Kenntnisstand müßte es jedoch eine wesentliche Unterbrechung dieses Wissensstroms gegeben haben – und zwar in der Zeit, als die minoische Kultur auf Kreta, die mykenische auf dem griechischen Festland und die hethitische in Zentralkleinasien ihre Blüte erlebten: Im 2. Jt. erscheint Westkleinasien als Vermittler zwischen Asien und Europa bedeutungslos. Zumindest taucht die Region in unseren Rekonstruktionen der Vergangenheit nicht auf. Das neueste Lehrbuch über den entsprechenden Zeitabschnitt, mit dem Titel *Die ägäische Bronzezeit*, das der britische Prähistoriker Oliver Dickinson verfaßt hat, widmet dem kleinasiatischen Ufer der Ägäis denn auch kaum ein Wort.

Dabei ist Westkleinasien das Gebiet mit der größten zusammenhängenden landwirtschaftlichen Nutzfläche im gesamten östlichen Mittelmeerraum, mit den meisten natürlichen Häfen und den besten Zugängen zu Handelsrouten. Vor allem aber befinden sich in Westkleinasien Bodenschätze wie nirgendwo sonst – und der Metallhandel bestimmte das Schicksal der Nationen in minoischer und mykenischer Zeit. Warum also sollte ausgerechnet diese Region nahezu unbewohnt geblieben sein?

Tatsächlich weisen die in der hethitischen Hauptstadt Hattusa gefundenen Dokumente darauf hin, daß in Westkleinasien mindestens zwei Dutzend Staaten bestanden, die auch – zumindest zeitweise – politisch und militärisch bedeutsam waren, weshalb die Sicherung der Westgrenze von den Großkönigen in Hattusa mehr militärische Anstrengungen als irgendeine andere Grenze verlangte. Auch die Korrespondenz aus Ägypten macht deutlich, daß es in Westkleinasien Staaten gab, die zeitweise sogar wichtiger waren als das hethitische Großreich. Einmal hielt ein Pharao um die Hand einer Königstochter aus Arzawa in Westkleinasien an – weil von Hatti nichts zu erwarten sei, wie der Ägypter feststellte: »Das Land von Hattusa ist zerborsten.«

So, wie wir die ägäische Bronzezeit heute sehen, müßte das mykenische Griechenland nach der Zerschlagung des minoischen Kreta um 1450 v. Chr. über die alleinige Kontrolle der Ägäis verfügt haben. Wenn also vorderasiatische Dokumente rätselhafte Völker aus dem Westen erwähnen, sind wir aus Mangel an Alternativen stets gezwungen, dahinter Mykene zu vermuten. So schreiben wir Mykene die Kontrolle des Seehandels in der Spätbronzezeit zu, vermuten, daß Mykene sich hinter dem mysteriösen, in hethitischen Dokumenten erwähnten Land »Ahhiyawa« verbirgt, und sehen in der mykenischen Bevölkerung die »Seevölker«, Vorfahren der Philister und – in Verbindung mit den Kanaanäern – auch der Phönizier.

Gegen eine solche herausragende Bedeutung des spätbronzezeitlichen Griechenland sprechen allerdings sowohl der archäologische Befund wie auch die in antiken Texten übermittelten Informationen. So ist unser Bild der mykenischen Kultur wesentlich geprägt von den zyklopischen Festungen. Diese entstanden jedoch in recht kurzer Zeit und offenbar als Ergebnis einer großangelegten Gemeinschaftsaktion. Die normale Architektur der mykenischen Palastzeit ist unspektakulär. Läßt man die zyklopischen Burganlagen außer acht, bleibt von der mykenischen Kultur – trotz einzigartiger Forschungsanstrengungen – nicht viel Beeindruckendes übrig. Alles erhaltene Gold der »goldenen« mykenischen Epoche wiegt nur etwa siebzehn Kilogramm. Ähnliche Mengen Gold in ähnlich hochwertiger Verarbeitung finden sich in Troja bereits tausend Jahre früher, in Georgien zweitausend Jahre früher und in Bulgarien sogar dreitausend Jahre früher. Auch die weite Verbreitung der mykenischen Keramik beschränkt sich im wesentlichen auf die kurze Zeitspanne zwischen etwa 1325 und 1250 v. Chr. und belegt eigentlich nur, daß eben auch griechische Produkte in den Fernhandel miteinbezogen wurden. Wie untergeordnet deren Bedeutung war, zeigt die Fracht der spätbronzezeitlichen Schiffswracks, denn diese hatten vor allem Metalle geladen und nur ganz wenig Feinkeramik. Außerdem haben in den letzten Jahren durchgeführte petrographische Analysen gezeigt, daß die angeblich »mykenische« Keramik in Wirklichkeit in den fremden Ländern vor Ort hergestellt wurde – also nur einem mykenischen Modediktat folgte.

Ein deutliches Argument gegen ein übermächtiges mykenisches Griechenland liefert auch die griechische Geschichtsschreibung. Der Historiker Thukydides (1.3) sagt, was man vom mykenischen Griechenland zu halten habe:

»Vor dem Troischen Krieg nämlich hat Hellas offenbar nichts gemeinsam unternommen, ja mich dünkt, es trug noch nicht einmal diesen Namen als ein Ganzes ... Diese einzelnen Völker also, erst Stadt um Stadt, soweit sie einander verstanden, später insgesamt Hellenen genannt, haben vor dem Troischen Krieg in ihrer Ohnmacht und ohne Verkehr miteinander nichts gemeinsam vollbracht.«

Selbst bei den griechischen Geschichtsschreibern galten die einzelnen mykenischen Staaten also als »ohnmächtig«. Verkehr und

Austausch unter ihnen waren eingeschränkt, und nichts weist darauf hin, daß Mykene eine überregionale Herrschaft oder Kontrolle ausübte. Der griechische Geograph Strabo behauptet sogar, nicht einmal die so charakteristischen zyklopischen Festungen seien von Griechen errichtet worden; Ingenieure aus Kleinasien hätten die Bauarbeiten beaufsichtigen müssen. Bestätigt wird diese Aussage durch die Architektur selbst: Der »zyklopische« Baustil findet sich vor allem in Kleinasien, und das Halbrelief über dem Löwentor in Mykene ist das einzige seiner Art im prähistorischen Europa – in Kleinasien hingegen gibt es Hunderte davon.

Wie aber entstand unser offenbar überhöhtes Bild des mykenischen Griechenland? Als Heinrich Schliemann anhand der ersten systematischen Ausgrabungen im ägäischen Raum nachwies, daß Hochkulturen lange vor der klassischen Antike bestanden hatten, brachte er die etablierte Altertumskunde in Verlegenheit, denn außereuropäische und vorklassische Kulturen waren dort nicht vorgesehen. Es gab deshalb auch weder Lehrmeinungen noch Experten und schon gar keine Ausbildungsgänge für eine neue Fachrichtung. Also übertrug man einfach die Prinzipien der Klassischen Archäologie auf die Ägäische Frühgeschichte: Griechenland war demnach nicht erst in der klassischen Antike Schrittmacher des kulturellen Fortschritts, sondern bereits in der Bronzezeit. Die europäische Kultur hatte damit nach wie vor ihren Ursprung in Griechenland genommen – nur eben schon in minoischer und mykenischer Zeit. Aus dieser Perspektive betrachtet, untermauerte die Entdeckung der frühgeschichtlichen Kulturen sogar die bestehenden Lehrmeinungen.

Was man dabei allerdings übersah, war die Tatsache, daß sich zwischen der mykenischen und der klassischen Epoche ein einschneidender Wechsel vollzogen hatte. Bald nach dem Zusammenbruch der letzten selbständigen Staaten in Kleinasien und der Eroberung von Lydien durch das Perserreich war der östliche Mittelmeerraum *hellenistisch* geprägt, das heißt, der Kulturstrom von Ost nach West, der zehntausend Jahre lang bestanden hatte, kehrte sich plötzlich um. Die Verhältnisse ab Mitte des 6. Jh. lassen sich aber nicht auf frühere Epochen übertragen.

Noch heute steckt die Mittelmeerarchäologie voller großer Rätsel, und es drängt sich die Frage auf, ob manche dieser Rätsel deshalb nicht gelöst werden konnten, weil die Forschung von einem falschen Ansatz ausging. Zu den ungelösten Problemen zählen unter anderem die Frage nach der Entstehung der minoischen, mykenischen, phönizischen und etruskischen Kultur, nach dem Untergang der spätbronzezeitlichen Staaten, der Historizität des Trojanischen Kriegs, sowie nach der Herkunft und dem Verbleib der sogenannten »Seevölker«. Versuche, auf diese Fragen eine Antwort zu finden, stützten sich anfänglich meist auf die Vorstellung, kulturelle Umbrüche seien vor allem durch Impulse aus Mitteleuropa in den Süden und Osten übermittelt worden. Die Heimat der indoeuropäischen Gemeinschaften vermutete man in Norddeutschland, die »Seevölker« sollten mittel- und südosteuropäischen Ursprungs gewesen sein, die »dorische Wanderung« erfolgte von Norden nach Süden, und auch die Entstehung der etruskischen Kultur führte man auf Impulse aus Mitteleuropa zurück. Keines dieser Konzepte ließ sich jedoch mit archäologischen Befunden untermauern. Mit der Erkenntnis, daß auch diese Impulse möglicherweise von Vorderasien ausgingen, erlosch das Interesse an den großen Fragen der Mittelmeerarchäologie. Könnte es sein, daß manche dieser Fragen sich lösen ließen, wenn dem Westen der Türkei mehr Aufmerksamkeit zuteil würde?

Wenn dies auch nur ansatzweise zutrifft, dürften sich die Impulse, die vom Konzept *Atlantis=Troja* ausgehen, nicht nur auf die Rekonstruktion der trojanischen Landschaft auswirken, sondern auf unser gesamtes Verständnis der Ägäischen Bronzezeit, denn sie verhelfen uns zu der Erkenntnis, daß in unserem Wissen eine, möglicherweise folgenschwere, forschungsgeschichtlich bedingte Lücke besteht. Wir wissen viel zu wenig über die Verhältnisse in Westkleinasien während des 3. und 2. Jt. und können die dort beheimateten Kulturen deshalb auch nicht in unseren heutigen Modellen berücksichtigten. Vielleicht hatte der »Mythos Troja« ja seine Berechtigung? Vielleicht galt Troja zu Recht als ebenbürtiger Gegner Griechenlands? Vielleicht war die Verehrung, die man Troja im Römischen Reich erwies, begründet? Vielleicht stammten die »Seevölker« aus Westkleinasien? Oder die Etrusker? Oder die Phönizier? Zur Zeit können wir diese Fragen zwar stellen, aber nicht beantworten.

Das dunkle Zeitalter: Woher der Stier kam, der Europa trug

»Eine ungefährliche Idee ist nicht wert, eine Idee genannt zu werden.«
Oscar Wilde

Die Staaten Kleinasiens

War Westkleinasien also die große unbekannte Macht, die so viele Rätsel der Mittelmeerarchäologie bis heute ungelöst ließ? War es das Zentrum einer bis heute unbekannt gebliebenen »Großmacht«, in Stärke und Einfluß vergleichbar mit Ägypten? Diese Ansicht vertrat der deutsche Linguist Helmut Bossert in einer Untersuchung über die Herkunft des Namens *Asia*. Ursprünglich wurde dieser Name nur auf Lydien angewandt; später bezeichnete er einen ganzen Kontinent. Dies führt Bossert darauf zurück, daß in der Erinnerung der Bewohner Westkleinasiens ein einst größeres *Asia* fortlebt, ein Land, das zeitweise fast die gesamte Westküste von Kleinasien umfaßte:

»Es war ein als Großmacht anzusprechender Staat, der rege Handelsbeziehungen mit dem fernen Ägypten unterhielt und Waffengänge mit dem hethitischen Reich nicht scheute ... Die mykenischen Griechen, deren Einwanderung nach Westkleinasien etwa um 1500 v. Chr. begann, hörten den Namen ›Asia‹ von den Einheimischen noch zu einer Zeit, als er ein großes Reich bezeichnete, dessen Ausdehnung nach Osten die zunächst in Meeresnähe siedelnden Griechen gar nicht abzuschätzen vermochten. Nach dem Zusammenbruch *Asias* infolge der Völkerverschiebungen des beginnenden 12. Jh. wird zwar der *Asia*-Begriff zwangsläufig auf das spätere Lydien, wohl das Kernland Groß-*Asias*, eingeengt worden sein. Anzunehmen, daß die Kunde von dem einst viel umfangreicheren *Asia* erlosch und daß die ionischen Geographen den Namen für einen gewaltigen Erdteil von einem verhältnismäßig unbedeutenden Landstrich *Asla* ableiteten, scheint [jedoch] aller Logik und Erfahrung zu widersprechen.«

Daß der Westen Kleinasiens weder vollkommen unbewohnt, noch Bestandteil des mykenischen Griechenland oder des hethitischen Großreichs war, ist unbestritten. Eine »Großmacht«, wie Bossert sie vermutete, dürfte dort jedoch kaum bestanden haben. Die hethitischen Dokumente weisen darauf hin, daß Westkleinasien während der Spätbronzezeit in kleinräumige politische Einheiten gegliedert war. Diese Klein- und Stadtstaaten lagen außerhalb des vom zentralistischen Hatti-Reich kontrollierten Gebiets. Im Laufe der Jahrhunderte dürfte es sowohl Zeiten gegeben haben, in den sich diese Splitterstaaten gut miteinander vertrugen, wie auch andere, in denen sie sich stritten und einander bekämpften. Im Fall einer massiven Bedrohung von außen wären sie jedenfalls gut beraten gewesen, die Zersplitterung zu überwinden, um dem drohenden Feind ein vereintes Heer entgegenstellen zu können.

Früheisenzeitliche Kulturen in Kleinasien

Im Prinzip war Westkleinasien in der Spätbronzezeit also wohl ähnlich beschaffen wie die mykenischen und minoischen Staaten. Für uns fällt die Region allerdings primär nicht wegen ihrer tatsächlichen politischen Macht ins Gewicht, sondern ganz einfach weil dieser Baustein in unserem Geschichtsbild bisher fehlte. Das dritte Bein an einem Hocker ist nicht wichtiger als die beiden anderen – jedoch für die Stabilität zwingend erforderlich. Das Lenkrad an einem Auto ist nicht wichtiger als Motor oder Räder – man wird aber die Funktionsweise des Fahrzeugs nicht wirklich erfassen können, wenn man nichts von der Existenz des Lenkrads weiß.

In Ermangelung veröffentlichter Ausgrabungen wissen wir so gut wie nichts über die altkleinasiatischen Kulturen der Spätbronzezeit im Westen der heutigen Türkei. Über die Zeit in den Jahrhunderten danach wissen wir allerdings noch viel weniger! Erst vom 8. Jh. an wird die Situation wieder klarer. Auf dem Boden des früheren hethitischen Großreichs hatten sich damals verschiedene kulturelle Regionen herausgebildet. Dazu zählten Urartu, das sich östlich des oberen Euphrat im Gebiet des Van-Sees befand, Altphrygien in Westkleinasien, die sogenannten »hethitischen Kleinstaaten« im Südosten bis nach Nordsyrien und ein Staat namens Tabal im Süden.

Die gut erforschte Kultur von Urartu in Ostkleinasien liefert ein anschauliches Beispiel dafür, wie die ethnologische und politische Situation in den dunklen Jahrhunderten ausgesehen haben könnte. Ein assyrisches Heer drang im 13. Jh., also noch zur Blütezeit des Hatti-Reiches, nach Ostanatolien vor, um den Hethitern wichtige Kupferminen abzuringen. In der Beschreibung dieses Vorstoßes erwähnte dessen Anführer eine Region namens »Uruatri«, in der er angeblich acht Länder und einundfünfzig Städte überfallen hat. Er benutzte den Namen für dieselbe Gegend, die auch unter der Bezeichnung Berg Ararat bekannt ist, auf dem der Schöpfungsgeschichte zufolge Noahs Arche nach der Sintflut strandete. Bei der Bearbeitung des hebräischen Bibeltextes hatten jüdische Gelehrte den nur mit Konsonanten geschriebenen Eigennamen *'rrt* mit »Ararat« übersetzt, denn an die Stelle eines fehlenden Vokals wird üblicherweise ein A gesetzt. Inzwischen weiß man aus assyrischen Keilschriftdokumenten, daß sich hinter dem hebräischen *'rrt* der in ganz Vorderasien verwendete assyrische Begriff »Urartu« verbirgt. Er bezeichnet eine von verschiedenen Klein- und Stadtstaaten besiedelte Bergregion, in der ein weiterer assyrischer König gegen sechzig lokale Regenten angekämpft haben will. Offenbar als Reaktion auf solche Überfälle schlossen sich die betroffenen Bergstämme zu einem Bündnis zusammen. Sie selbst nannten sich »Biaini«. Für rund siebzig Jahre, von etwa 810 bis 740 v. Chr., war dieses Bündnis die einflußreichste Macht in Vorderasien.

Das Zentrum des Reiches lag etwa 1300 bis 1700 Meter über dem Meeresspiegel im Grenzgebiet der heutigen Staaten Türkei, Armenien, Iran und Irak. Die hochgelegenen Talkessel dieser Region sind von den abflußlosen Salzwasserbecken des Van-Sees und des Urmia-

Sees und des süßwasserführenden Sevan-Sees geprägt. Dort entspringen auch die mächtigen Ströme Euphrat und Tigris sowie viele ihrer Nebenflüsse. Das Staatenbündnis Urartu bestand aus vielen, von eindrucksvollen Mauern geschützten Städten. Burgen und Festungen wurden zum Teil in den Fels gehauen, zum Teil mehrstöckig aus Quadern aufgebaut. Ausgedehnte künstliche Bewässerungsanlagen und Kanäle erleichterten die Landwirtschaft und den Gartenbau. Die fruchtbaren Bergweiden boten ausreichend Platz und Nahrung für die Aufzucht von Rindern, Schafen, Ziegen, Schweinen und Pferden. Auf den Feldern gedieh Weizen, Gerste, Roggen, Hirse, Sesam, Flachs und Wein. Das Land lieferte auch reiche Bodenschätze, darunter Kupfer, Eisen und Blei. Bemerkenswert ist die Masse der Bronzeprodukte, deren Gewicht Tausende von Kilogramm beträgt. Woher Urartu das Zinn zur Herstellung der Bronze nahm, ist ungeklärt.

Mit Hilfe einer konsequenten Expansionspolitik konnten die Bündnisstaaten von Urartu bereits Ende des 9. Jh. die politische Führung in Vorderasien übernehmen, wodurch sie die Interessen Assyriens empfindlich einschränkten. Die urartäischen Könige hinterließen Berichte über erfolgreiche Eroberungszüge bis nach Südgeorgien, Aserbaidschan und Aleppo in Nordsyrien. Als Beweis für ihre territorialen Gewinne brachten sie Keilinschriften und Reliefskulpturen in ihrem charakteristischen Stil an den Palasteingängen an. Das strategische Ziel der Expansion bestand darin, Kontrolle über wirtschaftlich interessante Gebiete, wie fruchtbare Ebenen und die rohstoffreichen Berggebiete, zu erlangen; einen Zugang zum Meer hat Urartu dagegen nie gesucht.

Die Entwicklung in Phrygien und Lydien

Westkleinasien scheint nach dem heutigen Stand der Kenntnis nach dem Ende der Bronzezeit praktisch entvölkert gewesen zu sein. Diese Situation haben Volksgruppen, die außerhalb von Kleinasien ansässig waren, zur Einwanderung in das rohstoffreiche Gebiet genutzt. Einer unter mehreren zuwandernden Stämmen waren die Phryger. Als Sitz ihrer Hauptstadt wählten sie das spätere Gordion, eine Stadt, die an einer wichtigen, bereits in der Spätbronzezeit intensiv genutzten Ost-West-Verbindung lag. Das nach seinem Gründer benannte Gordion gilt als die einzige, umfassend untersuchte einflußreiche Stadt dieser Zeit. Bei Ausgrabungen wurden drei Schichten mit unterschiedlicher Keramik entdeckt. Die unterste enthielt die typische Keramik aus der Hethiter-Zeit. Sie geht ohne erkennbare Anzeichen einer Katastrophe in eine Schicht mit handgeformten Töpferwaren über, die ihrerseits von der obersten Schicht abgelöst wird, in der sich mit Drehscheiben gefertigte Ware eines frühen phrygischen Typs findet. Die handgeformte, also ohne Töpferscheibe produzierte Keramik wird üblicherweise den neuen Einwanderern zugeschrieben, kommt aber auch in zeitgleichen Schichten in Griechenland und Troja vor.

Die Zuwanderer verdrängten die ursprüngliche Bevölkerung nicht vollständig, sondern ergänzten sie lediglich. Auch hielten die eingewanderten Phryger offenbar den Kontakt zu ihrem Stammland auf dem Balkan aufrecht, was zu dem großen wirtschaftlichen Erfolg des Reiches beigetragen haben könnte. Das phrygische Reich bestand vermutlich – wie Urartu – aus einer Koalition oder Konföderation verschiedener Fürstentümer. Die amerikanische Prähistorikerin Machteld Mellink bezeichnet die westphrygische Kultur als »sagenhaft mächtig« und vertritt die Meinung, daß viele ihrer erfolgreichen Errungenschaften auf die vorangegangene – beinahe unbekannte – Kultur der Spätbronzezeit zurückgehen.

Neue Umbrüche ereigneten sich am Ende des 8. Jh. Um 714 v. Chr. drangen die Skythen in Südrußland ein und verdrängten das dort ansässige nomadische Volk der Kimmerier. Dieses wanderte anschließend über den Kaukasus nach Süden, schwächte dort Urartu, zog dann weiter nach Westen, zerschlug das phrygische Reich und trieb dessen letzten König Midas in den Tod. Nach dem Untergang Phrygiens nutzte das Nachbarland Lydien, ein anderer traditionsreicher Staat in Westkleinasien, das neu entstandene Machtvakuum und schwang sich mehr und mehr zum Vermittler zwischen dem asiatischen Osten und dem europäischem Westen auf. Der Geschichtsschreiber Herodot behauptet, die lydischen Dynastien hätten über zweiundzwanzig Generationen hinweg 505 Jahre lang regiert, als ihr letzter Herrscher – der unselige Krösus – den Thron bestieg. Der Beginn dieser Dynastien würde damit in die Zeit um 1200 v. Chr. fallen. Die von Herodot beschriebene Genealogie beruht aber wohl eher auf Sagen als auf historischen Tatsachen.

Die Hauptstadt des lydischen Reichs war Sardis im Tal des Flusses Hermos. Sie lag ebenfalls an einer wichtigen Ost-West-Verbindung, und zwar jener, die sich von Ephesos an der Ägäisküste bis zum 2500 Kilometer entfernten Susa am Persischen Golf erstreckte. Entlang dieser Straße strömten Waren und mit ihnen wohl auch erhebliches Wissen von Babylon nach Westkleinasien und von dort weiter zu den Küstenstädten der Ägäis. Die erhaltenen Architekturdenkmäler und Felsfassaden in Lydien stellen denn auch eine eigenwillige Mischung aus orientalischen und ägäischen Traditionen dar. Neben dem florierenden Ost-West-Handel beruhte der ungewöhnliche Reichtum von Lydien in erster Linie auf den reichhaltigen Bodenschätzen, aber auch auf einem hochstehenden Kunsthandwerk, der Herstellung feiner Stoffe und auf großen Viehbeständen.

Ausgrabungen amerikanischer Archäologen in Sardis belegen, daß eine Siedlung an diesem Ort mindestens seit dem 3. Jt. bestand und daß spätbronzezeitliche Traditionen in den sogenannten dunklen Jahrhunderten der frühen Eisenzeit weiter gepflegt wurden. Die Namen der lydischen Könige (Sadyattes, Alyattes) gehören sprachlich zum gleichen Typus wie die der westkleinasiatischen Dynasten (Maduwattas) aus der Zeit der letzten Hethiterkönige. Darin kommt erneut zum Ausdruck, daß die früheisenzeitlichen Staaten in Westkleinasien an spätbronzezeitliche Traditionen anknüpften.

Der lydische König Alyattes mußte sich vor allem gegen die Meder im Osten zur Wehr setzen. Dabei handelte es sich um ein westiranisches Volk, das bereits Assur und Ninive erobert und damit dem assyrischen Reich ein Ende bereitet hatte. Die Meder kontrollierten die östliche Hälfte von Kleinasien und standen am Halys den lydischen Einheiten gegenüber. Die Schlacht zwischen beiden Heeren am 28. Mai 585 v. Chr. verlief unentschieden. Anschließend schlossen Lydien und Medien Frieden, wobei Nebukadnezar II. von Babylon als Vermittler fungierte, denn er hatte ein Interesse, der weiteren medischen Ausdehnung ein Ende zu setzen. Babylon war also um 600 v. Chr. aktiv in die Geschicke Westkleinasiens verwickelt.

Der Nachfolger von Alyattes war Krösus, der letzte König von Lydien. Krösus entzog den inzwischen entstandenen griechischen Küstenstädten in Kleinasien die Selbständigkeit und band sie mit Verträgen an Lydien. Er schloß außerdem Bündnisverträge sowohl mit dem griechischen Festland wie auch mit Babylon und Ägypten, denn er hoffte, daß diese internationale Verbindung ihn in die Lage versetzen werde, seinem Gegner im Osten einen entscheidenden Schlag zu versetzen. Dort hatten sich persische Stämme gegen die Meder erhoben und innerhalb kürzester Zeit ganz Medien einschließlich der Hauptstadt Ekbatana erobert. Nun stand deren König Kyros II. mit seinem Heer in Zentralkleinasien an der Grenze des lydischen Reichs. In der entscheidenden Schlacht wurde der lydische König von seinen Truppen getrennt, nach einer Niederlage in Sardis eingeschlossen und bei der Eroberung der Stadt schließlich festgenommen. Lydien wurde zur persischen Provinz. Als die Perser auch die Küstenstädte bedrängten, flüchtete sich die griechische Bevölkerung in großer Zahl in ihre Kolonien in Thrakien, Sardinien und Sizilien wie auch zurück ins Mutterland.

Kontaktstelle karische Küste

Das Ägäisufer von Kleinasien bildete die eigentliche Kontaktstelle der Griechen zu Westkleinasien. Das Gebiet südlich des Mäander, an dessen Mündung Milet liegt, heißt Karien. Die gebirgige Küstenlandschaft dieser Region bietet natürliche Häfen im Übermaß, ist dafür aber nur unvorteilhaft mit dem Binnenland verbunden. Mit Ausnahme des Xanthos und Indos entwässern die meisten Flüsse zum Mäander und nicht zur Küste, so daß nur wenige fruchtbare Talauen und Küstenebenen vorhanden sind. Trotzdem war Karien in der Antike Knotenpunkt wichtiger Handelswege. Um diese Südwestecke Kleinasiens führt nämlich der Seeweg vom Orient in die Ägäis, dem nicht nur in der Neuzeit, sondern schon vor mehreren Jahrtausenden große strategische Bedeutung zukam. In Milet stieß dieser Seeweg auf den Endpunkt einer wichtigen Landverbindung von und nach Persien.

Sowohl Herodot wie auch Strabo behaupten, die Karer hätten früher Leleger geheißen, Homer dagegen unterscheidet zwischen Karern und Lelegern, die beide auf der Seite von Troja kämpften. Laut Homer siedelten die Leleger ursprünglich in der südlichen Troas, wo offenbar Pedasos ihre Hauptstadt war. Nachdem das kleinasiatische Bündnis den trojanischen Krieg verloren hatte, wanderten die Leleger Richtung Süden und ließen sich schließlich im karischen Gebiet um Halikarnassos nieder. Laut Strabo gründeten sie dort acht Städte, deren Ruinen ein charakteristisches Mauerwerk aufweisen und zum Teil heute noch sichtbar sind. Eine dieser Siedlungen trägt den Namen Pedasa, offensichtlich in Anlehnung an die alte Hauptstadt Pedasos. Im 6. und 5. Jh. war Pedasa sogar bedeutender als die Nachbarstadt Halikarnassos, aus der Herodot stammte.

Die Karer werden häufig mit den Phöniziern in Verbindung gebracht. Karisch und phönizisch scheinen bei Homer und Herodot gleichbedeutend zu sein mit fremdländisch und orientalisch. Die Karer galten als unternehmungslustig, tapfer und seefest. Ihre Leistungen in der Seefahrt waren so berühmt, daß man sie als »Meerleute« bezeichnete – was an die »Seevölker« der ägyptischen Tempelinschriften erinnert. Der griechische Kirchenschriftsteller Eusebios von Caesarea erwähnt sogar eine »karische Thalassokratie«, also eine karische Herrschaft über das Meer während des späten 8. Jh. – ohne jedoch näher auf die Leistungen oder Anführer dieser Macht einzugehen.

Die Metropole von Karien war Milet, das im vermeintlich »dunklen« Zeitalter eine der blühendsten Städte im östlichen Mittelmeerraum gewesen sein muß. Die Ausgrabungen der vergangenen Jahrzehnte bezeugen die Existenz einer ausgedehnten spätbronzezeitlichen und früheisenzeitlichen Stadt. Im 13. Jh. bestand in Milet eine Befestigungsanlage mit Mauern von mehreren Metern Dicke. Zahlreiche Siedlungshorizonte belegen, daß die Befestigungs- und Hafenanlagen über viele Generationen stetig genutzt und ausgebaut wurden.

Laut dem griechischen Geschichtsschreiber Herodot (1.146) waren bei der Gründung der griechischen Kolonien in Westkleinasien keine Frauen aus Griechenland beteiligt; es seien nur Männer gekommen, und diese hätten sich mit karischen Frauen verheiratet. Berühmte griechische Bürger karischer Städte, wie Thales und Herodot, waren also halbe Karer und hatten karische Vorfahren. Insofern überrascht es nicht, daß Herodot das karische Volk als das »bei weitem geachtetste in der ganzen Welt« betrachtete. Obwohl die karischen Küstenstädte zu seiner Zeit von griechischer Hand regiert wurden, war weiterhin ein großer Teil der Bevölkerung altkleinasiatischer Abstammung und benutzte nach wie vor die eigene Sprache. Zur Zeit von Solons Besuch in Saïs standen karische

Söldner im Dienst Ägyptens. Ihre Graffiti in karischer Schrift und Sprache, die sie unter anderem auf den Beinen der Ramseskolosse im großen Felsentempel von Abu Simbel hinterließen, sind noch heute erhalten.

Die Situation in Griechenland

Auch in Griechenland brach die Besiedlung mit den Verheerungen am Ende der Spätbronzezeit an vielen Orten ab, während an anderen, zum Beispiel in Mykene, Tiryns, Athen, Theben, Delphi und Iolkos ein Wiederaufbau erfolgte. In diesen Städten bestand die mykenische Kultur im 12. Jh. noch weiter, doch die Anzahl der bewohnten Siedlungsplätze schrumpfte insgesamt so drastisch, daß sich dahinter ein allgemeiner Bevölkerungsrückgang verbergen muß. In manchen Randgebieten des mykenischen Einflußbereichs stieg die Bevölkerungsdichte allerdings auch. Dies war zum Beispiel an der Ostküste von Attika, auf Euböa, Chios, Kreta und Zypern der Fall.

Im 11. Jh. setzte die sogenannte »Ionische Wanderung« ein, in deren Verlauf griechische Sippen die Inseln der Ägäis und die Westküste Kleinasiens besetzten und besiedelten. Dabei handelte es sich offenbar um einzelne, autonome Gemeinschaften, die jeweils von einem Fürsten angeführt wurden; letztere gingen als Gründungsväter der ionischen Städte in die Geschichte ein. Die altkleinasiatischen Namen der meisten dieser Städte weisen allerdings darauf hin, daß sie schon vor der griechischen Kolonisation bestanden. Obwohl diese Siedler aus allen griechischen Stämmen und Regionen stammten, behauptet Thukydides (1.12), daß sie zum größten Teil aus Athen kamen, unter der Führung der athenischen Königsfamilie. Tatsächlich war Athen eine belebte und aktive Stadt – selbst in den dunkelsten Jahren zwischen 1200 und 1000 v. Chr.

Im 10. Jh. nahm der Austausch zwischen den einzelnen Siedlungen in Griechenland wieder spürbar zu. Die Keramik wurde einheitlicher und die Technik der Eisenbearbeitung breitete sich aus. Bis zur ersten Hälfte des 9. Jh. herrschte jedoch auf dem griechischen Festland offenbar weiterhin spürbare Armut. Die Häuser waren einfach gebaut, und weder Architektur noch Grabbeigaben weisen auf eine ausgeprägte soziale Differenzierung hin. Erst um 850 v. Chr. treten reichere Gräber in Lefkandi auf Euböa und in Attika auf. Goldschmuck und Bernsteinketten, Fayence- und Bronzegefäße sowie eine zyprische Streitaxt deuten auf zunehmenden Seehandel hin. Etwa um die gleiche Zeit dürfte sich die Landwirtschaft von der Viehzucht zum Ackerbau verlagert haben. Die Bevölkerungsdichte nahm zunächst allmählich und schließlich im 8. Jh. dramatisch zu.

Um die Mitte des 8. Jh. v. Chr traten Korinth und Sparta als neue Kräfte in Griechenland hervor. Immer mehr Händler und Siedlungswillige drängten von dort zu den kleinasiatischen Kolonien in den Osten. Weil die lydischen Könige eine strenge Politik gegen die griechisch verwalteten Küstensiedlungen führten, hatten sie zunächst keine Möglichkeit, weiter ins Landesinnere zu expandieren und mußten immer neue Kolonien gründen. So zogen sie von den kleinasiatischen Küsten nach Thrakien, an die Dardanellen, an den Bosporus und in den gesamten Schwarzmeerraum. Schließlich schloß Krösus Frieden mit den griechischen Städten an der Küste, so daß sich deren Handel weiter nach Osten bis nach Sardis ausdehnen konnte. Dadurch erhielten sie Zugang zu mesopotamischen Waren und Kenntnissen. In dieser Zeit entstand die griechische Philosophenschule in Milet, nacheinander repräsentiert durch Thales, Anaximander und Anaximenes.

Einflüsse aus dem Orient

Westkleinasien war für Griechenland ein großer Markt und die Nahtstelle zum Orient. Zahllose Entdeckungen und Anregungen – von der Kunst über die Architektur, das Militärwesen und die Religion bis hin zur Literatur – kamen auf diesem Weg vom Orient oder von Kleinasien nach Europa und verschmolzen dort zu dem, was wir griechische Kultur nennen. Der deutsche Archäologe Georg Karo hielt es »für eine der bedeutendsten und zugleich schwersten Aufgaben antiker Kultur- und Kunstgeschichte, den ältesten Einfluß des Orients auf Griechenland nachzuspüren«. Eine Aufgabe, der er sich allerdings nur in seinen jungen Forscherjahren widmete.

Das Konzept des für die klassische Antike so charakteristischen Stadtstaates, der *polis*, beruht im wesentlichen auf der spätbronzezeitlichen und früheisenzeitlichen Regionalpolitik in Altkleinasien. Der Berliner Sachbuchautor Helmut Uhlig, der sich mit der Bedeutung der altkleinasiatischen Kulturen befaßte, hält dazu fest:

»Hier haben wir einen der Gründe, daß es in Griechenland niemals zur Ausbildung einer Staatsidee gekommen ist. Isolierte griechische Städte, wie sie zwischen 1000 und 800 v. Chr. an der kleinasiatischen Küste entstanden sind, wie sie aber auch anatolischem Lebensstil entsprachen, waren nicht geeignet, eine Staatsidee aufkommen zu lassen oder gar eine Staatsform auszubilden.«

Er verweist auch auf den Münsteraner Gelehrten Hans Erich Stier, der 1950 eine Liste der Elemente anfertigte, die allein in der griechischen Kunst aus dem Orient übernommen wurden:

»Fast die gesamte dekorative Ornamentik, die die geometrische ablöste und schließlich verdrängte, Palmette, Volute, Flechtband, Lotus usw., die Figurendarstellung statt mathematisch-abstrakter Formen, Metallschalen und Bronzeschilder, Helmraupe, Schildwappen und Schildgriff, in der Malerei Tierfriese, Tierkampfszenen, antithetische Figurenkompositionen, Heldenkämpfe zu Wagen und zu Fuß, Bildmotive wie die der Arkesilasschale und der Busirisvase, archaische Trachten, die Unterscheidung der Geschlechter durch dunkle und helle Tönung, die Plastik mit ihren Grundthemen seit der Überwindung des ›Spreizstils‹ durch den ›Blockstil‹, die Kolossalität ältester Statuen, stehende und Sitzfigur, Tierplastiken, Löwentypen, bei denen der vorderasiatisch-schreckhafte mit geöffnetem Rachen neben dem ägyptisch-majestätischen steht, Figuren im ›Knielaufschema‹, das Relief, orientalische Fabelwesen wie die Sphinx u. a., das Motiv der Karyatiden, figurale Steinbecken usw. usw., die Lampe, die an Tell-Halaf-Skulpturen und ähnliche erinnernden langgestreckten Hälse der ältesten Figuren vom Mantiklosapollon bis zur stehenden attischen Göttin, Armhaltungen und Beinstellung, die an assyrische Gepflogenheiten erinnernde Wiedergabe der Muskulatur (z. B. bei den sportlichen Darstellungen der Basisreliefs von einem Grabmal im Athener Museum), das Motiv des Kalbträgers, des Löwenbezwingers und ähnliche, die Grabstele usw., ferner die Tempelarchitektur und in ihr vor allem die Säule – und zwar sicherlich nicht nur die ionische mit

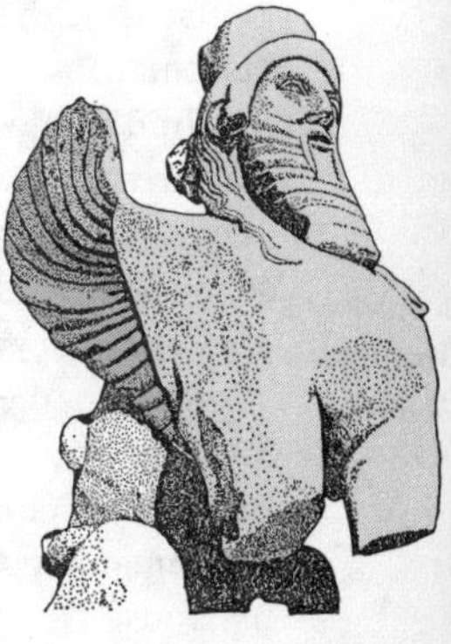

Griechisch-karisches Fabelwesen

ihren Abarten –, schließlich Musikinstrumente wie Leier und Aulos, die Herkunft bedeutender Sänger wie Alkman aus dem Orient (Sardes) und andere – alles Dinge, deren morgenländische Herkunft teils erwiesen, teils mit beachtlichen Erwägungen vertreten worden ist und im Lichte der Feststellungen über den Helmbusch an Wahrscheinlichkeit gewinnt.«

Nach dieser beeindruckenden Aufzählung fährt Stier fort: »Angesichts dieser Sachlage wäre es durchaus nicht als abwegig zu bezeichnen, wenn man fragte, was im archaischen Hellas eigentlich nicht aus dem Orient herstammte.«

Über die Kriegsausrüstung berichtet Herodot, daß die Griechen die Verzierung ihrer Schilde mit Wappenzeichen, die Verwendung von Helmbüschen und von Schildgriffen aus Westkleinasien übernahmen; vorher wurden die Schilde an Riemen über der Schulter getragen. Wie sich die Aneignung der Religion zutrug, wußte der deutsche Althistoriker Julius Beloch schon vor hundert Jahren zu berichten:

»In die griechischen Kolonien an den Küsten der Barbarenländer sind fremde Kulte natürlich schon sehr früh eingedrungen. Im 5. Jh. begannen dann auch die Handels- und Industriestädte des griechischen Mutterlandes sich mit Orientalen zu füllen; da gab es lydische, phrygische, syrische, ägyptische Kaufleute in Menge, und die Sklavenmassen, die immer mehr anschwollen, stammten in ihrer grossen Mehrzahl aus den Ländern des Ostens oder aus Thrakien. Alle diese Barbaren hielten zäh fest an ihrem heimischen Kultus; die einzelnen Landsmannschaften schlossen sich in Korporationen zusammen, um im Hause eines der Mitglieder die heilige Handlung zu begehen. Das Fremdartige dieser Ceremonien, das Geheimnis, mit dem sie sich meist umgaben, konnte nicht verfehlen, einen tiefen Eindruck auf die griechische Bevölkerung zu machen; fromme Gemüter, denen der Staatskultus für ihr religiöses Bedürfnis keine Befriedigung bot, glaubten hier, den Weg zum Heil gefunden zu haben. So machten die fremden Religionen zahlreiche Proselyten, und besonders waren es, wie immer in solchen Fällen, die Frauen, die sich dazu herbeidrängten.«

Ein anderes anschauliches Beispiel dafür, wie Errungenschaften der blühenden Kulturen Westkleinasiens von den Griechen aufgegriffen und verbreitet und auf diese Art bis zum heutigen Tag zum Bestandteil unserer Kultur wurden, ist die Entwicklung des Münzwesens. In der Spätbronzezeit und der frühen Eisenzeit basierte Handel im Prinzip auf Tauschgeschäften, wobei Edelmetalle in jeder Form, vor allem aber als Barren und bohnenförmige Kügelchen, sogenannte Pellets, als Währungsersatz dienten. Aus diesen Pellets heraus entwickelten sich die Münzen in drei Stufen. Zunächst wurden die Pellets mit einer Metallstange geschlagen, wodurch eine tiefe Kerbe entstand, die anzeigte, ob es sich um massives Metall handelte oder nicht. Später wurde das Kügelchen mit dünnen Strichen markiert, damit die Abnutzung besser kontrollierbar war. Schließlich markierte man die Pellets mit einem Emblem, das seinen Wert und seine Herkunft garantierte – so entstanden die ersten Münzen. Diese Entwicklung fand im 7. Jh. in Lydien statt. Der Grund waren vermutlich die reichhaltigen Vorkommen von Elektrum, einer Legierung aus Gold und Silber, im Nordwesten Kleinasiens. Da die Anteile von Gold und Silber in den Pellets schwankten, mußte eine zentrale Kontrolle eingeführt werden, die den Wert der Zahlungsmittel garantierte. König Gyges standardisierte also die Elektrummünzen und garantierte ihren Wert. Ab 650 v. Chr. erhielten höhere Werte einen Löwenkopf aufgestempelt, niedrige hingegen eine Löwentatze. Um 625 v. Chr. wurde die Erfindung der Münze von den griechischen Städten Milet und Ephesos übernommen, auf das europäische Festland übertragen und von dort weiter verbreitet. Krösus entwickelte schließlich die Idee weiter, indem er Münzen aus reinem Silber und reinem Gold anfertigen ließ.

In den Kolonialgebieten an der kleinasiatischen Westküste stießen die griechischstämmigen Gemeinschaften demnach auf eine höhere und facettenreichere Kultur, als sie sie von ihrem Mutterland her kannten. Noch im 7. Jh. waren die griechischen Industrieerzeugnisse im Vergleich zu denen des Orients zum Teil recht unvollkommen. Erst im 6. Jh. – nachdem die altkleinasiatischen Königreiche von persischen Streitkräften überrollt worden waren – löste sich Griechenland von der Abhängigkeit des Orients. Den Griechen der nachfolgenden klassischen Antike war vollkommen bewußt, daß ihre Kultur auf fremden Einflüssen und Komponenten gründete. Platon (*Epinomis* 9I7 D) bemerkte dazu allerdings lakonisch: »Was immer die Griechen von den Barbaren übernommen haben, sie haben Schöneres und Vollkommeneres daraus hervorgebracht.«

Der Stand der Wissenschaften

Die Ambivalenz des 6. Jh. wird auch am Stand der Wissenschaften deutlich. Thales von Milet, mit dem allgemein der Beginn der griechischen Kosmologie, Geometrie und Philosophie in Verbindung gesetzt wird, war ein Zeitgenosse von Krösus, aber auch von Solon und zählte wie dieser zu den Sieben Weisen. Seine herausragenden praktischen Fähigkeiten stützten sich auf die für Kleinasien so typische fruchtbare Verbindung von überliefertem Wissen mit neuen Erkenntnissen aus Ägypten und Babylonien. Auch im Fall von Thales – wie bei Solon – läßt sich nicht beweisen, daß er Ägypten wirklich besucht hat. Es ist aber überaus wahrscheinlich, denn Naukratis, die bedeutendste Handelsniederlassung in Ägypten, war eine Gründung seiner Mutterstadt Milet.

Überhaupt erinnert das aufklärende Wirken von Thales sehr an den Inhalt der Gespräche zwischen Solon und den Priestern in Saïs. Zuvor hatte man in Griechenland Naturereignisse wie Erdbeben auf den Zorn Poseidons, des »Erderschütterers«, zurückgeführt, während Thales eine rationale Erklärung dafür zu finden versuchte. Er war der Ansicht, die Erde schwimme auf Wasser, und Erdbeben entständen aufgrund von Turbulenzen dieses Mediums.

Während des Kriegs zwischen Lydien und Persien sagte Thales für den 28. Mai 585 v. Chr. eine Sonnenfinsternis voraus, die dann auch tatsächlich eintrat und den unentschiedenen Kampf am Halys beendete. Erst vierzig Jahre später wurde Lydien endgültig unterworfen. Mit dem Untergang der letzten altkleinasiatischen Staaten war die Reihe der legendären Könige Gordios, Midas und Krösus beendet – denn für Nachfolger gab es keine Reiche mehr. Für die Geistes- und Naturwissenschaften blieben die Rahmenbedingungen allerdings weiterhin günstig, denn die Kontakte nach Babylonien und Ägypten waren intensiver als je zuvor. So überrascht es nicht, daß praktisch alle Kapazitäten der Naturforschung und Philosophie (Thales, Anaximander, Anaximenes, Xenophanes, Heraklit, Eudoxos, Anaxagoras, Empedokles), der Dichtung von Homer bis Sappho (Semonides, Hipponax, Kallinos, Mimnermos, Alkaios), aber auch Geschichtsschreiber wie Herodot oder der Geograph Hekataios aus dem Osten stammten. Erst mit Sokrates und Platon verlagerte sich die Philosophenschule nach Athen.

Die Eroberung des Lyderreiches durch die Perser 546 v. Chr. führte auch zur Unterwerfung der griechischen Küstenstädte. In großen Scharen verließen griechische Gemeinschaften ihre dortigen Kolonien und versuchten, sich eine neue Existenz weit im Westen, in Sizilien und Unteritalien, aufzubauen. So kam es, daß sich die Wiege der griechischen Geistes- und Naturwissenschaften an zwei Orten zugleich befand, nämlich in Sizilien und Westkleinasien – aber nicht auf dem griechischen Festland.

Auch Pythagoras stammte aus Samos, einer Insel vor der kleinasiatischen Küste, wo er um 570 geboren wurde. Mit 28 Jahren verließ er seine Heimat aus Protest gegen die dort herrschende Tyrannis und zog nach Unteritalien. Der ihm heute noch zugeschriebene berühmte Lehrsatz stammt allerdings gar nicht von ihm, denn er war bereits seit Jahrhunderten in Babylonien in praktischem Gebrauch. Pythagoras steht also nur das Verdienst zu, ihn nach Griechenland übermittelt zu haben.

Der – an Umfang und Vielseitigkeit seines Werks gemessen – überragendste griechische Philosoph des sich anschließenden 5. Jh. war Demokrit aus Thrakien. Über ihn schreibt Werner Ekschmitt in seinem Buch *Weltmodelle* bezeichnenderweise:

»Demokrit hat ein eigenes Buch *Über die Planeten* geschrieben, eine erstaunliche Nachricht. Woher nahm ein Grieche den Stoff zu einem solchen Buch? Wenn Demokrit als erster eine solche Monographie vorlegen konnte, dann hat das eigentlich zur Voraussetzung, daß damals die Erkenntnisse der babylonischen Astronomie zum erstenmal in größerem Umfang in Griechenland bekannt wurden.«

Die vermutlich wichtigste kulturelle Errungenschaft, die Griechenland aus dem Osten übernahm, war die Schrift. Bekanntlich entwickelte sich das griechische Alphabet aus der phönizischen Schrift. Ob es aber auf direktem Weg von Phönizien nach Griechenland übertragen wurde, ist eine andere Frage. In der Entstehungszeit des griechischen Alphabets waren Schriftkenntnisse in Kleinasien – der Hauptkontaktstelle Griechenlands zum Osten – bereits seit über 1000 Jahren ununterbrochen vorhanden. Die zur Zeit früheste aus Kleinasien nachweisbare Schrift ist die babylonisch-akkadische Keilschrift. Sie war aus Mesopotamien zusammen mit den altassyrischen Handelskolonien um 1870 v. Chr. nach Kleinasien gelangt. In der hethitischen Hauptstadt nutzte man sie für Aufzeichnungen in acht verschiedenen Sprachen, im wesentlichen jedoch für hethitische und luwische Texte. Außer der Keilschrift benutzten die Hethiter auch die sogenannte luwische Hieroglyphenschrift, die in Anatolien entstanden ist und dort möglicherweise schon vor der Keilschrift, also im 3. Jt. in Gebrauch war. Dabei handelt es sich um eine Schrift mit deutlich bildhaften Symbolen, deren Schreibrichtung – wie bei der frühesten griechischen Schrift – von Zeile zu Zeile wechselt. Sie fand vor allem auf Steindenkmälern und Siegeln Verwendung und war auch noch nach den Umstürzen der Krisenjahre einige Jahrhunderte lang in Gebrauch.

Zwischen dem 16. und 14. Jh. wurde an verschiedenen Orten in Syrien und Palästina die erste reine Buchstabenschrift gebräuchlich. Ihre Symbole gingen zum Teil auf ägyptische Hieroglyphen zurück, waren aber einzelnen Lauten zugeordnet. Die sogenannte »phönizische Schrift« existierte also bereits, bevor sich die eigentliche phönizische Kultur gebildet hatte. Auch die ugaritische Schrift, die mit dem Untergang von Ugarit um 1200 v. Chr. aufgegeben wurde, hatte viel Ähnlichkeit mit der späteren phönizischen Schrift. Bereits im 11. und 10. Jh. wurden in Syrien und Palästina gleichartige Schriften verwendet, aber erst im 9. Jh. fand eine Art Normierung statt. In Ostkleinasien trat diese phönizische Buchstabenschrift nach 900 v. Chr. neben den hieroglyphen-luwischen Inschriften auf.

In Westkleinasien entwickelte sich aus dem phönizischen das phrygische Alphabet, das dem griechischen im Stil entsprach, aber über zusätzliche Zeichen verfügte – was eher auf eine Früh- als auf eine Spätform hinzudeuten scheint. Nahezu zeitgleich trat dann die allerfrüheste griechische Schrift auf Kreta und auf geometrischen Vasen aus Attika auf. Rein geographisch gesehen wäre eine Verbreitung der Schrift von Phönizien über Kleinasien nach Griechenland plausibler als der Rösselsprung über Europa zurück nach Inneranatolien. Zwar *müssen* die Schriftkenntnisse nicht auf diese Art über kleinasiatische Vermittler nach Griechenland gelangt sein – es überrascht aber, daß sich offenbar noch nie jemand mit dieser Möglichkeit auseinandergesetzt hat.

Der Aufstieg der etruskischen Kultur

Wenn Westkleinasien im 12. und 11. Jh. nahezu menschenleer war, stellt sich natürlich die Frage: Wo ist die Bevölkerung geblieben? Die einfachen Waffen der Spätbronzezeit hätten kaum ganze Volksgruppen auszulöschen vermocht; die Bevölkerung muß ihre Heimat also verlassen haben – aber wo gingen die Leute hin? Wenn sie nach Westen gegangen wären, also nach Italien, hätten sie die etruskische Kultur mitbegründet und in Syrien die phönizische, in Palästina wären aus ihnen die Philister geworden und in Ägypten die »Seevölker« – alles Rollen, die zur Zeit kaum jemand aus Anatolien zugewanderten Gruppen zuschreiben will. Die Archäologen vor Ort ziehen es in aller Regel vor, die Bedeutung der einheimischen Kulturen zu betonen – nicht die der Einwanderer –, und die europäischen Fachleute favorisieren noch immer gern griechische Einflüsse.

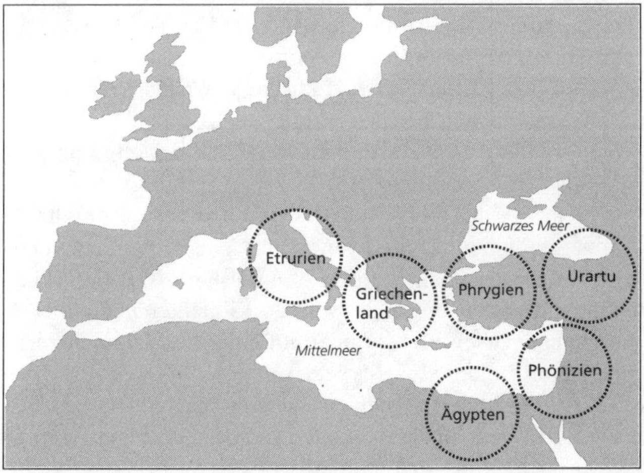

Früheisenzeitliche Kulturen im Mittelmeerraum

Doch es gibt verschiedene Hinweise darauf, daß westkleinasiatische Stämme an manchen Völkerwanderungen beteiligt waren. So berichtet Herodot, die Gründung der späteren etruskischen Siedlungen in Mittelitalien sei durch Auswanderer aus Lydien erfolgt, die Kenntnisse der Seefahrt, des Handels und des Kunsthandwerks mit sich brachten und damit die Basis für die etruskische und die anschließende römische Kultur bildeten.

Tatsächlich hat man auf der Troja vorgelagerten Insel Lemnos eine Anzahl beschrifteter Keramikscherben und eine Grabstele aus dem 6. Jh. gefunden, deren Inschriften bezeugen, daß die dort gesprochene Sprache sowohl in der grammatischen Struktur wie auch im Wortschatz mit dem Etruskischen weitgehend übereinstimmt. Die im antiken Griechenland weitverbreitete Ansicht, wonach die Etrusker ursprünglich aus Nordwestkleinasien stammten, läßt sich also mit archäologischen Funden untermauern. Die etruskische Sprache scheint zwar nicht mit dem Luwisch-Anatolischen verwandt zu sein, aber es ist mit hoher Wahrscheinlichkeit anzunehmen, daß in Nordwestkleinasien verschiedene Sprachen gesprochen wurden.

Nicht nur die Sprache, auch die künstlerische Hinterlassenschaft der Etrusker macht deutlich, daß sie sich von allen Völkern Italiens unterschieden. Der in Helsinki ansässige deutsche Sprachforscher Harald Haarmann hat einen ganzen Katalog von insgesamt 36 Komponenten zusammengestellt, die sowohl in der etruskischen Kultur als auch in den »ägäischen« Kulturen anzutreffen sind. Besonders zur monumentalen Grabarchitektur und zu den Grabbeigaben – Traditionen, die ausgesprochen langsam aufgegeben werden – gibt es eindeutige Parallelen in Kleinasien; die mächtigen Totenhügel in Mittelitalien weisen eine frappierende Ähnlichkeit mit den ausgedehnten Tumulus-Feldern in der Umgebung der alten phrygischen und lydischen Hauptstädte auf.

Weitere Elemente der etruskischen Kultur erinnern ebenfalls an die spätbronzezeitlichen Zivilisationen der Ägäis. Für die neugegründeten Städte des 9. Jh. wurden zum Beispiel strategisch günstige Standorte gewählt, die meist wenige Kilometer landeinwärts auf einem hochgelegenen Plateau oder auf einer Bergkuppe lagen – ganz so wie zuvor Troja, Pylos, Mykene und Knossos. Die einzelnen etruskischen Städte bildeten auch – wie ihre spätbronzezeitlichen Vorläufer – nie ein Gemeinwesen, sondern blieben als eigenständige Stadtstaaten bestehen, die sich allenfalls zu einem lockeren Städtebund zusammenschlossen.

Auch die etruskische Ingenieurkunst entspricht den Leistungen der Spätbronzezeit. In Italien widmeten sich ganze Schulen eigens dem Unterricht im Wasserbau. Die Absolventen waren so geschickt, daß sie – selbst nach der Unterwerfung Etruriens – noch von den Römern zu schwierigen technischen Bauten heranzogen wurden. Die Hauptaufgabe bestand darin, Feuchtgebiete in Talauen und Küstenebenen trockenzulegen und das überschüssige Wasser mit Hilfe komplizierter Kanalsysteme dorthin zu führen, wo Wassermangel herrschte. Bei Orbetello wurde eine einzigartige Küstenregulierung angelegt, die noch heute funktioniert. Ausgeklügelte Konstruktionen künstlicher Kanäle und Tunnel leiten Strömungen und Gegenströmungen abwechselnd so, daß eine Verlandung der Anlage unterbunden wird. Eine andere imposante Wasserbauanlage gab es bei Porto San Clementino. Sie bestand aus einem Kanal, über den sich ein zehn Meter hohes, aus Steinblöcken erbautes Tonnengewölbe spannte. Erst im Zweiten Weltkrieg wurde diese Konstruktion zerstört.

Vermittler in Raum und Zeit

Auch die phönizische Kultur, die sich im Anschluß an die Krisenjahre entfaltete, soll nach Ansicht verschiedener griechischer und römischer Geschichtsschreiber durch Zuwanderung ausgelöst worden sein – wenn sie auch auf Strukturen basierte, die bereits in den kanaanäischen Stadtstaaten der Spätbronzezeit vorhanden waren. Schon damals betrieben die Städte an der palästinensischen Küste, darunter Byblos, Tyros, Sidon und Beruta, das heutige Beirut, regen Handel mit Ägypten, Zypern, den Ländern um die Ägäis und dem Zweistromland.

Die Völkerwanderungen im Anschluß an die Krisenjahre müssen jedoch den entscheidenden Impuls für die Herausbildung der eigentlichen phönizischen Kultur geliefert haben. Einer der wichtigsten Volksströme in Syrien/Palästina war damals die Einwanderung von Nomadenstämmen aus dem Sinai. Deswegen schloß ein Historiker, die Phönizier könnten aus der Verbindung von Nomaden und kanaanitischen Ansässigen in den Küstenstädten hervorgegangen sein. Dieser Vorschlag überzeugt jedoch nicht, denn nur durch das Vorhandensein von Bauholz für Schiffe werden aus Nomaden noch keine Pioniere der Seefahrt. Populärer und plausibler ist die Idee, daß Teile der ominösen »Seevölker« sich mit der kanaanitischen Bevölkerung verbanden und so die große phönizische Seefahrerkultur entstand. Wie die Abbildungen an den Wänden des ägyptischen Totentempels in Medinet Habu erkennen lassen und wie aus zahlreichen Dokumenten hervorgeht, siedelten die »Seevölker« tatsächlich in Kanaan. Sie waren ausgewiesene Experten in Nautik und Schiffbau, und die Kombination nautischer Sachverstand und Draufgängertum auf Seiten der »Seevölker« und solides Handwerk und Ausrichtung auf maritimen Handel auf kanaanitischer Seite wäre prädestiniert gewesen, ein Volk wie das phönizische hervorzubringen. Woher aber kamen die Seevölker?

Wie so oft, wurde des Rätsels Lösung lange Zeit bei den Griechen gesucht. Einer der Seevölkerstämme, die Peleset, siedelte in Palästina – aus ihnen gingen die späteren Philister hervor; Palästina heißt daher auch »Land der Philister«. Nun ist zum einen die Keramik der Philister der zeitgenössischen griechischen Keramik sehr ähnlich, und zum anderen heißt es im Alten Testament, daß die Peleset aus Kreta stammten. Da das mykenische Griechenland ohnehin als Herrscher über die spätbronzezeitliche Ägäis gilt, scheint also alles perfekt zusammenzupassen: Die Seevölker müßten – zumindest zum Teil – mykenische Griechen gewesen sein.

Unbeachtet bleibt dabei, daß die Peleset in den fruchtbarsten und wertvollsten Gegenden Palästinas siedeln durften, die bis dahin unter ägyptischer Kontrolle gestanden hatten. Ägypten ließ die Ansiedlung der Peleset nicht nur zu, sondern übertrug ihnen sogar Verantwortung und Rechte. Es ist völlig undenkbar, daß die Macht am Nil diese Vorzüge einem Barbarenvolk eingeräumt hätte, das sie erst kurz zuvor heimtückisch überfallen hatte. Eine griechische Teilnahme an den Seevölker-Invasionen paßt einfach nicht zu den allgemein freundschaftlichen Beziehungen zwischen dem Neuen Reich in Ägypten und Mykene. Wie sich die Ereignisse damals wirklich zugetragen haben, vermag heute niemand zu sagen – allerdings scheint auch kaum jemand über *neue* Lösungswege nachzudenken.

Die phönizische Kultur ist unter anderem durch das fast vollständige Fehlen eines territorialen Königreiches gekennzeichnet. Ein schmaler, von eingeschnittenen Flußtälern zerklüfteter Streifen entlang der syrisch-libanesisch-israelitischen Mittelmeerküste reichte als Mutterland aus. Begrenzt durch das Meer im Westen und die Berge des Libanon im Osten, erstreckte sich der phönizische Machtbereich von Arwad im südlichen Syrien bis etwa Akko im heutigen Israel. Was heute als Phönizien bezeichnet wird, war allerdings keine politische Einheit – und hieß auch nicht Phönizien. Die Bewohner der Region betrachteten sich in erster Linie als Bürger der einzelnen Städte. Ihre Heimat bezeichneten sie als »Kanaan«. Ihre Städte hatten einen eigenen, ausgesprochen maritimen Charakter. Sie lagen zum Teil auf felsigen Halbinseln, die nicht nur Schutz, sondern auch gleich zwei natürliche Häfen boten: einen im Süden und einen im Norden der Halbinsel. Auch kleine Inseln vor der Küste wurden als Siedlungsstätten gewählt, offensichtlich weil sie leicht zu verteidigen waren.

John Manuel Cook, ein britischer Archäologe und Experte für antike Geographie, erkannte, daß die Küste des Libanon und die Lage der Hafenstädte große Ähnlichkeit mit der ägäischen Küste Westkleinasiens aufweisen. In beiden Fällen sind die städtischen Siedlungen an der Küste nicht nur vom Binnenland, sondern auch voneinander relativ isoliert.

In der Regel finden vergangene Kulturen vor allem durch architektonische Überreste und zeitgenössische Schriftdokumente ihren archäologischen Ausdruck. Von den Phöniziern ist jedoch weder das eine noch das andere in ausreichendem Maß überliefert. Während im Nachbarstaat Israel zahllose archäologische Ausgrabungen durchgeführt wurden, ist bis heute noch keine der phönizischen Heimatstädte im Libanon freigelegt. Der Grund dafür liegt darin, daß diese Städte schon in der Antike zerstört und ihre Überreste anschließend größtenteils als Baumaterial abgetragen wurden. Verbliebene Reste liegen unter meterhohem Kulturschutt begraben oder sind durch moderne Gebäude verdeckt. Was wir heute aus archäologischen Befunden über das phönizische Volk wissen, stammt aus Ausgrabungen in fremden Ländern, wo es Handelsstützpunkte errichtet hatte.

Die spätere Entwicklung des Abendlandes wäre ohne die phönizische Kultur nicht denkbar, und trotzdem gilt, daß ihre ungemein wichtige Geschichte und Funktion vermutlich erst durch das Fehlen militärgewaltiger Supermächte möglich und vor allem auch sichtbar wurde. In einer geschichtlichen Hochphase wie der Spätbronzezeit, als mehrere Supermächte miteinander rivalisierten, wäre eine Kultur wie die phönizische so sehr in den Hintergrund gedrängt worden, daß sie archäologisch kaum noch faßbar wäre. Andererseits hätten starke Großmächte der Entfaltung eines an Gütern und Einfluß außerordentlich reichen, aber militärisch wenig gerüsteten Volks vermutlich auch nicht tatenlos zugesehen. Genau aus diesem Grund könnten die spätbronzezeitlichen Kulturen in Westkleinasien bisher übersehen worden sein. Beim gegenwärtigen Stand der Kenntnis wäre es durchaus möglich, daß dort eine territorial wenig bedeutende, aber im internationalen Handel einflußreiche Kraft – vergleichbar mit der phönizischen Kultur der frühen Eisenzeit – bisher unerkannt blieb.

Nach den Zerstörungen und Reformen der Krisenjahre um 1200 v. Chr. nutzten die Phönizier zunächst die wenigen ihnen zur

Verfügung stehenden Rohstoffe für den Handel. Die Wälder des Libanon lieferten wertvolles und begehrtes Bauholz, in den Bergen fand man Eisenerze und Marmor, das Land lieferte Wein, Honig und Oliven, und dem Meer entnahm man Fisch, Krustentiere und die Purpurschnecke. Bald erkannten die Phönizier, daß sich mit der kunstgewerblichen Veredelung von Rohstoffen besonders hohe Profite erzielen ließen. Daraufhin entstanden phönizische Textilien, Möbel, Elfenbeinschnitzereien, Glas- und Metallwaren, die im ganzen Vorderen Orient und Mittelmeerraum geschätzt waren. Auch fernab der großen Städte vollzogen sich tiefgreifende technische Veränderungen. Neue Errungenschaften, wie landwirtschaftliche Terrassen und verputzte, ins Festgestein getriebene Zisternen sowie dauerhafte Silos, ermöglichten eine weitaus intensivere Nutzung der Ackerbauflächen als zuvor.

Von größter Bedeutung waren offensichtlich Metalle, sowohl edle und halbedle als auch unedle. Gemeinsam mit Luxusartikeln und Gewürzen wurden sie über die größten Entfernungen transportiert. Im 12. und 11. Jh. trat Eisen allmählich an die Stelle der Bronze als Hauptgebrauchsmetall. Der Grund dafür lag vermutlich zunächst darin, daß das für die Herstellung von Bronze erforderliche Zinn nicht mehr zur Verfügung stand. Eisen bot im übrigen zahlreiche Vorteile gegenüber der Bronze: Es war häufiger, billiger und härter. Andererseits hatte es auch viele Nachteile, man benötigt bis zu fünfmal mehr Holzkohle, um Eisen zu schmelzen, was die Verarbeitung verteuert. Außerdem ist Eisen nicht so leicht formbar wie Bronze und korrodiert sehr viel leichter.

Auch in Hinblick auf die Edelmetallverarbeitung setzten phönizische Kunsthandwerker neue Maßstäbe. Sie perfektionierten die bereits vorhandenen Bearbeitungstechniken und schufen wertvolle Objekte, die im ganzen Mittelmeergebiet geschätzt wurden. Eine weitere Technik, die die Phönizier vorantrieben, betraf die Glasverarbeitung. Auch in diesem Fall haben sie die Technik der Herstellung nicht erfunden, trugen aber erheblich zu deren Verbreitung bei. Glas wurde bereits in der Mitte des 2. Jt. in nennenswerten Mengen hergestellt. Den Phöniziern fiel die Glasproduktion umso leichter, als sie die dafür erforderlichen Silikate an den Küsten des Libanon in großem Umfang vorfanden.

Seine Hauptaktivität entwickelte dieses kulturell einflußreiche Volk jedoch nicht in der Erzeugung von Waren, sondern im Handel damit. Aus Phönizien erhielt Griechenland zum Beispiel Papyrus, der in Ägypten hergestellt und von dort zum Weiterverkauf nach Gebal transportiert wurde. Byblos, der griechische Name dieser phönizischen Stadt, wurde nicht umsonst zum Synonym für Papier. Noch heute heißt Buch auf Griechisch *biblio*, und das Buch der Bücher wird weltweit die »Bibel« genannt.

Auch im Hinblick auf internationale Handelsrouten war die Lage der phönizischen Städte gut gewählt. Sowohl der Landweg von Norden nach Süden wie auch der Seeweg von Westen nach Osten werden im Bereich der libanesischen Küste unterbrochen. Gebirgsvorsprünge verhinderten lange Zeit den Bau von Küstenstraßen. Personen und Güter, die sich auf dem Weg von der Stromoase des Nil nach Kleinasien – oder in umgekehrter Richtung – befanden, mußten zwangsläufig auf Schiffe verladen werden, um ihre Reise fortzusetzen. Aber auch die Schiffspassage von den Küsten der Mittelmeeranrainer zum Euphrat und von dort flußabwärts nach Babylon wird in Syrien durch einen breiten Landstreifen unterbrochen, so daß die Güter auf dieser Transitroute ebenfalls auf andere Transportmittel umgeladen werden mußten. Schon während des 2. Jt. profitierten die Küsten- und Handelsstädte in Syrien und Palästina von dieser Schlüsselposition. In der frühen Eisenzeit aber, als sich die Handelswege bis Spanien und Indien erstreckten, konnte der Nahe Osten seine geopolitisch vorteilhafte Position in nie gekanntem Umfang ausschöpfen.

Um möglichst große Abschnitte dieser Handelswege kontrollieren zu können und zuverlässige Anlaufstellen an den Küsten zu haben, gründeten die phönizischen Städte maritime Stützpunkte, die sich schließlich zu Manufakturen und Handelsfaktoreien entwickelten. Im Gegensatz zu den griechischen Kolonien, die im 7. Jh. in wachsender Konkurrenz zu den phönizischen Handelszentren angelegt wurden, waren die phönizischen Ansiedlungen in der Regel keine Brückenköpfe, die der Eroberung und Landnahme dienen sollten. Sie nutzten vielmehr die Zwischenräume außerhalb des Einflußbereichs der Landmächte.

Der phönizische Seehandel folgte Routen, die bereits in der späten Bronzezeit vorgezeichnet waren. Sein primäres Interesse galt den Erzlagerstätten in Zypern, Sizilien, Sardinien, Etrurien und Südspanien sowie verschiedenen Inseln in der Ägäis. Durch den Warenverkehr profitierten die phönizischen Händler mindestens im gleichen Maße wie die Staaten, deren Güter und Informationen sie weitergaben. Ganz auf den Zweck der Förderung des Fernhandels ausgerichtet, hatten die phönizischen Ansiedlungen ihren eigenen maritimen Charakter, der den Interessen der Kaufleute und Seefahrer entsprach. Der Hamburger Phönizienexperte Hans Georg Niemeyer faßt die Kriterien für die Standortwahl phönizischer Niederlassungen ungefähr folgendermaßen zusammen: In politisch schwachen Regionen, aber in der Nähe wichtiger Erzlagerstätten und anderer Rohstoffquellen suchte man nach begrenzten, nicht zu großen Siedlungsflächen, die nach Möglichkeit keine Zugänge zum Hinterland hatten. Alternativ dazu wählte man den Küsten vorgelagerte Inseln oder leicht zu verteidigende Landzungen. Gewünscht war außerdem eine Hafenlage mit windgeschützten Schiffsländen und Reeden sowie deutlichen Landmarken als Navigationshilfe.

Auch die Phönizier waren hervorragende Wasserbauer. Bei Dor findet man noch heute Kaianlagen aus gesägten Natursteinen und gepflasterte Plattformen aus der Zeit zwischen dem 13. und 11. Jh. In der nördlich von Haifa gelegenen Hafenstadt Achsiv haben sie aus flachen, weit ins Meer hinausragenden Abrasionsplattformen halbkreisförmige Becken gemeißelt, um künstliche Häfen zu erhalten. Und in Sidon entwickelten sie ein ausgeklügeltes hydraulisches System aus Becken und Kanälen, in dem weitgehend der Wind die Wasserzufuhr bestimmte. Es diente der Einleitung sedimentfreier Wassermassen in die Becken, um das Verlanden der Häfen zu verhindern.

Schriftliche Informationen über das phönizische Volk sind uns fast nur aus anderen Kulturen überliefert worden, wobei das Alte Testament die ergiebigste Quelle darstellt. Wenn aber die Beschreibung eines Kulturvolks ausschließlich auf fremde Quellen zurückgeht, können sich um so leichter damals gebräuchliche Vorurteile einschleichen und in die Neuzeit übertragen werden. Bereits die *Ilias* und die *Odyssee* trugen dazu bei, solche Klischees zu produzieren. In der *Ilias* gelten die Phönizier als begütertes, kunstfertiges Volk, das kühne und erfahrene Seeleute hervorgebracht hat, wie auch Handwerker, die kunstvoll verzierte Gefäße aus wertvollen Metallen herstellten. In der *Odyssee* hingegen werden sie vorwiegend als gerissene Sklavenhändler und Gauner charakterisiert.

Europa, der Name unseres Erdteils, geht auf eine phönizische Königstochter zurück, in die sich Zeus verliebte, als er sie und ihre

Freundinnen am Strand spielen sah. Er näherte sich ihnen in Gestalt eines weißen Stiers, legte sich nieder und ließ sich von ihnen streicheln. Europa bedrängte ihn mit den Blumenkränzen ihrer Gefährtinnen und schwang sich auf seinen Rücken. Daraufhin erhob sich das Tier und trug sie fort ins Meer, bis nach Kreta, wo sie sich liebten und sie drei Söhne zur Welt brachte, unter ihnen den sagenhaften kretischen König Minos. – Die griechische Mythologie und der Name des Kontinents haben so für immer eine Erinnerung daran bewahrt, woher die entscheidenden Impulse kamen, die unsere Kultur geformt haben.

Die Zukunft der Vergangenheit

Archäologie: Gestern, heute, morgen

»Es nützt aber wenig, wenn ein Sack immer voller und voller wird, dann aber keiner vorhanden ist, der ihn von Zeit zu Zeit ›zubindet‹, der also von Zeit zu Zeit – auch mit mancher intellektueller Kühnheit – die Quersumme wagt ... und seine Erkenntnisse auch den Vertretern anderer Disziplinen zugängig macht.«
Roman Herzog (1993)

Das Weltbild der Philhellenen

Die Archäologie steht heute an einem Scheideweg. Die schrumpfenden Budgets der 1980er und 1990er Jahre wirken sich besonders verheerend im Kulturbereich aus, weil dort zum einen keine einflußreiche Lobby Ansprüche geltend machen kann und zum anderen der praktische Nutzen von Subventionen nur sehr langfristig ersichtlich wird. In wirtschaftlich schwierigen Zeiten werden Arbeitsplätze gestrichen und Risiken gemieden. Je weniger offene Stellen es gibt, desto eher werden sie nur an diejenigen vergeben, die sich den bestehenden Strukturen optimal angepaßt haben. Hohe Arbeitslosenraten fördern notgedrungen Political Correctness. Nur die können wirtschaftlich überleben, die keinen Anstoß nehmen und an denen kein Anstoß genommen wird. Damit geht unweigerlich ein Profilverlust einher. Die Entscheidungselite, die einerseits Anpassung verlangt, beklagt gleichzeitig diesen Profilverlust und damit paradoxerweise auch die Tatsache, daß alle so angepaßt sind. Ein Phänomen, das besonders im Hochschulwesen auftritt, aber auch in Politik, Wirtschaft und Sport zu beobachten ist. Der derzeitige Trainer der deutschen Fußballnationalmannschaft ist ein Beispiel von vielen. Er straft alle Nonkonformisten mit Verachtung, erzieht den verbleibenden Rest – immerhin Weltstars – wie eine Truppe pubertierender Pfadfinder und beklagt sich anschließend, daß es keine Spielerpersönlichkeiten mehr gibt!* Das Problem besteht darin, daß zur Zeit keine Spielerpersönlichkeiten gefördert werden – wenig im Sport, kaum in der Politik, fast gar nicht in der Wirtschaft und ganz und gar nicht in Kultur und Wissenschaft.

*Kurz vor Drucklegung des Buches ist er zurückgetreten.

Forschung gehört jedoch zu den Bereichen, die auf Andersdenkende und Unruhestifter angewiesen sind. Ein Übermaß an Konformität läßt sie stumpf und langweilig werden – und im internationalen Vergleich schnell ins Hintertreffen geraten. Genau da liegt das Problem: Obwohl sich alle im einzelnen wie auch das ganze System absolut korrekt verhalten, geht es nicht weiter. Es fehlt die Kontroverse, die Spannung, die erst zum Nachdenken anregt und damit einen Entwicklungsprozeß in Gang setzt. Eine Synthese setzt schließlich immer eine bestehende These *und* eine Antithese voraus. *Wo ist die Antithese?* Ohne sie erlahmen Wissenschaft und Kultur, werden also noch weniger ergebnisreich, als sie ohnehin schon erschienen – und damit noch weniger förderungswürdig. Es kommt zu einer Spirale, die kontinuierlich nach unten führt.

Von diesem Syndrom ist die Archäologie stärker betroffen als fast alle anderen Disziplinen. Dafür gibt es eine Reihe von Gründen. Erstens wird Archäologie als von staatstragender Bedeutung betrachtet und entsprechend streng geführt. Das Deutsche Archäologische Institut – ohne dessen Unterstützung kaum ein deutscher, im Ausland tätiger Archäologe in diesem Jahrhundert eine Karriere durchlaufen haben dürfte – untersteht direkt dem Außenminister! Zweitens liegt die Entscheidungsgewalt in der Archäologie wie bei kaum einer anderen Disziplin in den Händen einer kleinen konservativen Elite. Diese bestimmt über die Vergabe von Forschungsgeldern, Arbeitserlaubnissen und Lehrstühlen, aber auch über Stipendien, Auszeichnungen, Veröffentlichungen in Fachzeitschriften und Vortragseinladungen für Konferenzen. Meinungspluralismus wird so unterbunden. Welche Folgen das hat, steht im Brockhaus (unter dem Stichwort »Utopie«): »Ein System, das einer kleinen Elite das Wahrheits- und Politikmonopol zugesteht, ist unfähig, auf neue Herausforderungen innovativ zu reagieren. Tatsächlich werden neue Einsichten immer nur von Minoritäten außerhalb der bestehenden Machtapparate vertreten. Wer sie unterdrückt, entzieht innovativen Ideen und damit jeder Weiterentwicklung den Boden.«

Der dritte Grund, warum die Archäologie von den immer rascheren Zeitgeistfluktuationen überdurchschnittlich strapaziert wird, liegt in ihrer Geschichte begründet. Die Altertumskunde entstand Ende des achtzehnten Jahrhunderts als Begleiterscheinung einer neuen europäischen Geistesströmung. Auslöser der damaligen Entwicklung waren die nationalen Konflikte zwischen Frankreich und den deutschen Ländern einerseits und zwischen Europa und dem Türkischen Großreich andererseits. Bis etwa 1700 hatte sich das Osmanische Reich durch ganz Nordafrika von Gibraltar bis Ägypten und durch Südosteuropa von Wien über den gesamten Balkan bis zum Kaspischen Meer und zur arabischen Halbinsel erstreckt. Die ursprüngliche Aufgabe der Altertumskunde bestand darin, dem sich damals neu formierenden Europa eine historische Identität zu verleihen, die ihm helfen sollte, diesem übermächtigen Osmanischen Reich als eine ebenbürtige Macht gegenüberzutreten.

Der Interessensbereich der damaligen Altertumskunde beschränkte sich *per definitionem* auf die Erforschung des griechisch-römischen Kulturkreises. Nach dem damaligem Selbstverständnis mußte der Ursprung der abendländischen Kultur im antiken Griechenland und Rom liegen. Phrygien, Lydien und Phönizien, die Könige Gordios, Midas und Krösus, sie alle lebten erstens vor der klassischen Antike und zweitens in Asien – und damit sowohl zeitlich wie auch geographisch außerhalb der »zivilisierten« Welt. Das angeblich »dunkle« Zeitalter ist also vor allem auch deswegen dunkel geblieben, weil es zeitlich vor der hellenistischen Welt lag und deswegen aus der Sicht der traditionellen Altertumskunde bedeutungslos war. Mit dieser Einstellung übernahm die Archäologie bestehende Gegensätze zwischen Europa und Asien und akzentuierte sie. Der kanadische Historiker Bruce Trigger spezifiert die Ziele der ursprünglichen Altertumskunde in seinem vielgerühmten Lehrbuch *Die Geschichte archäologischen Denkens* genauer. Er unterscheidet drei Arten von Archäologie und ihre entsprechenden Aufgaben:

1. Kolonial-Archäologie: Sie soll die Einheit des modernen Staates stärken, indem sie vergangene Kulturen auf dem eigenen Boden ausfindig macht und deren Leistungen hervorhebt.

2. National-Archäologie: Sie soll territoriale Ansprüche untermauern, indem sie die Belanglosigkeit fremder Kulturen historisch belegt.

3. Imperial-Archäologie: Sie soll die Ambitionen der Führungsmächte stärken, indem sie Regionalgeschichte und Randgruppen abwertet.

Die philhellenische Archäologie des neunzehnten Jahrhunderts konzentrierte sich auf das erste Ziel und variierte es geringfügig, weil sie keine nationale, sondern eine europäische Sicht der Vergangenheit anstrebte. Sie zielte darauf ab, das antike Griechenland zu glorifizieren und ihm einmalige, fast übernatürliche Qualitäten zu bescheinigen. Die Entwicklung Europas im achtzehnten und neunzehnten Jahrhundert war eine Erfolgsgeschichte, die – laut Altertumskunde – im antiken Griechenland ihren Ursprung genommen hatte. »Die Geschichte der Menschheit stand im 5. Jahrhundert v. Chr. an einem Wendepunkt«, schreibt Peter Levi im ersten Satz seines 1980 (!) erschienenen populären Archäologiebuchs über *Griechenland*: »Damals ging ein Licht auf, das bis auf den heutigen Tag alles bestrahlt. Europa ist das Ergebnis, und in Griechenland liegt der Schlüssel für seine Entstehung.«

Die orientalischen Kulturen boten sich als geeignetes Gegenstück an. Der Einflußbereich des Osmanischen Reiches schwand im achtzehnten und neunzehnten Jahrhundert zusehends – entsprechend unterentwickelt und degeneriert wurde die Kultur des Orients dargestellt. Einige Gelehrte bestanden sogar darauf, daß den mitteleuropäischen Staaten, die im neunzehnten Jahrhundert die Geschikke der Welt bestimmten, ein angemessener Platz schon in der Frühgeschichte zuerkannt werden müßte. Ihrer Ansicht nach war es unvorstellbar, daß Nationen von so großer Bedeutung in der Moderne eine untergeordnete Rolle in der Vergangenheit gespielt hatten. Ian Morris, Professor für Klassische Archäologie an der Stanford Universität in Kalifornien, stellt fest, daß selbst wer die Einflüsse des »Orients« auf Griechenland eingestand, eine Sprache wählte, die den Osten als urtümlich und unveränderlich charakterisiert, als Gefäß nutzloser Weisheiten, das erst den jugendlichen griechischen Geist benötigte, um europäisch zu werden. Die Grenzen zwischen Griechenland und der Türkei ließen sich mit archäologischen Untersuchungen kaum überschreiten, führt der Tübinger Prähistoriker Manfred Korfmann aus, weil »die politischen Divergenzen im neunzehnten und zwanzigsten Jahrhundert zusammen mit dem tief verwurzelten Philhellenentum« der Forschung eng umrissene »Leitlinien« vorgaben. Auch Kulturen wie die phönizisch-punische, so Hans Georg Niemeyer, haben »die europazentrischen und darüber hinaus philhellenisch orientierten Altertumswissenschaften« in der Vergangenheit »nur zu gern als ›randständig‹ eingeordnet«.

Natürlich hat die moderne Archäologie das Philhellenentum der Zeit von Winckelmann längst überwunden. Aber sie hat sich weder zu einer kritischen Aufarbeitung der Prinzipien der philhellenischen

Altertumskunde durchringen können noch der Strukturen des vergangenen Jahrhunderts entledigt. Deswegen bilden die Vorleistungen der Philhellenen noch heute die Basis, auf die sich archäologische Forschung – in Ermangelung von Alternativen – stützen muß. Wie einseitig westlich unsere Sicht noch heute ist, zeigt zum Beispiel das *Handbuch der Altertumswissenschaften*, das, aus vielen Bänden bestehend, insgesamt 280 Zentimeter im Bücherregal einnimmt, von denen sich die meisten mit griechischer Grammatik, römischem Privatrecht und ähnlichem befassen und nur ganze zwei Zentimeter – ein Bändchen von Albrecht Goetze aus dem Jahr 1957 – dem Thema »Kleinasien« gewidmet sind.

Auch im zwanzigsten Jahrhundert bildete die Ehrfurcht vor dem antiken Griechenland und Rom und deren kulturellem Erbe das tragende Gerüst im Lehrgebäude der Archäologie: Altphilologie, Kunstgeschichte und Architektur waren und sind die Eckpfeiler, auf denen das Gedankengebäude ruht. Jegliche Veränderung dieses Gefüges liefe Gefahr, die Statik des Gebäudes zu gefährden – und könnte es somit zum Einsturz bringen.

Ein weiterer Grund, weshalb die Archäologie heute an einem Scheideweg steht, ist ihre Methodik. Während sich der Kenntnisstand in manchen wissenschaftlichen Disziplinen innerhalb weniger Jahre verdoppelt, verwendet die Altertumskunde noch immer Methoden, die bereits vor hundert Jahren etabliert waren. Die erste wissenschaftliche Grabung – in Olympia – definierte den Maßstab: Je größer die Ausgrabung, desto besser. Großgrabungen lieferten eine Vielzahl an Skulpturen, generierten aber auch unzählige Kleinfunde. Die Bearbeitung der Kleinfunde erfordert große Aufmerksamkeit und hilft damit, den Anspruch auf Wissenschaftlichkeit zu begründen. Die Bewältigung des Fundmaterials drängt alle anderen Aufgaben in den Hintergrund. Über die Bearbeitung des Fundkatalogs hinaus bleibt kaum noch Zeit und Kraft, um über den eigentlichen Sinn und Zweck dieser Arbeit nachzudenken. Die ungeheure Datenfülle hat außerdem dazu geführt, daß sich Archäologen zunehmend spezialisieren müssen. Aber was geschieht, wenn die Lösungen ihrer Probleme außerhalb des eng definierten Blickwinkels liegen?

Der Forschungsansatz der traditionellen Altertumskunde steht im diametralen Gegensatz zu dem, wonach Wissenschaften im eigentlichen Sinn trachten. Dies läßt sich an einem Modell veranschaulichen. Würde man das vorhandene Wissen als eine Kugel betrachten, dann wären die exakten Wissenschaften vor allem bemüht, deren Oberfläche zu erweitern, indem sie zu den bereits gewonnenen Erkenntnissen neue hinzugewinnen. Da der wissenschaftliche Fortschritt in verschiedenen Teildisziplinen mit unterschiedlicher Geschwindigkeit erfolgt, würde die Oberfläche der Kugel uneben sein. Das scheinbar von der Natur vorgegebene Idealziel – nämlich alles über sie in Erfahrung zu bringen und dadurch zur absoluten Wahrheit vorzustoßen –, läge als zweite Kugelschale weit außerhalb des vorhandenen Wissens. Jede Erweiterung des Wissens würde jedoch auch bewirken, daß die Berührungsfläche zum Nichtwissen größer wird. Das heißt, je mehr wir wissen, desto mehr wird uns bewußt, wie wenig wir im Grunde wissen. Das Prinzip der Forschung ist offensichtlich, das Volumen der inneren Kugel zu vergrößern, um so der hypothetischen äußeren Sphäre möglichst nahezukommen.

Da die Altertumskunde aus einer Weltanschauung hervorging, folgte sie ganz anderen Regeln. Im Kugelschalenmodell verhält sich die Archäologie umgekehrt zu den Naturwissenschaften. Sie postuliert, daß sie das absolute Wissen, die äußerste Schale, von vornherein erreicht habe. Der Philhellenismus faßte die zeitbedingten, teilweise politisch motivierten Wunschvorstellungen des damaligen Bildungsbürgertums zusammen – und alle weitere »Forschung« zielte lediglich darauf ab, dieses Bild zusätzlich zu untermauern. Nach dem Erreichen der äußeren Schale ist jedoch kein Fortschritt mehr möglich. Jegliche Bewegung erfolgt entweder innerhalb der eigenen Ebene, was weder Erkenntnisgewinn noch -verlust bedeutet, oder aber in Richtung auf eine niedrigere Ebene. Um diesen Rückschritt zu vermeiden, mußte die Archäologie ungeheuer behutsam vorgehen. Jeder Schritt zuviel oder zu weit hätte die bereits erreichte Gelehrsamkeit gefährden können.

Heinrich Schliemann sprengte schließlich mit seinen Ausgrabungen in Troja den selbstgewählten Rahmen der Altertumskunde sowohl in geographischer wie auch in zeitlicher Hinsicht. Zum einen befand er sich an der falschen Ägäisküste; zum anderen entfernte er – wie auch Arthur Evans in Knossos – schonungslos die vorhandenen klassischen Ruinen, um die darunterliegenden Fundamente aus prähistorischer Zeit aufdecken zu können. Nachdem Schliemann verstorben war, zweifelte eigentlich niemand mehr an der Existenz prähistorischer Zivilisationen. Um das Weltbild der Altertumskunde aber nicht völlig neu definieren zu müssen, erklärten die Gelehrten kurzerhand nur die prähistorischen Fundstätten auf *europäischem* Boden zu echten Zeugnissen früher Hochkulturen. Knossos war demnach das Zentrum der minoischen und Mykene der Hauptort der mykenischen Kultur. Troja ging leer aus. Obwohl die Erinnerung an Troja – und nicht etwa an Knossos oder Mykene – jahrtausendelang in der abendländischen Kulturgeschichte allgegenwärtig war, betrachteten die Archäologen die Fundstätte als unbedeutende griechische Kolonie auf der anderen Seite der Ägäis.

Als die Ägäische Frühgeschichte zur Altertumskunde stieß, mußten natürlich neben die philhellenischen Grundprinzipien noch andere Regeln treten – aber woher sollten diese Lehrsätze kommen? Es blieb gar keine andere Möglichkeit, als die persönlichen Ansichten der Pioniere in den Rang von Dogmen zu erheben. Sie sollten in Zukunft die äußerste Schale der absoluten Wahrheit definieren. In Frage gestellt werden diese Lehrsätze in der Regel nicht und ersetzt nur dann, wenn neue Erkenntnisse über jeden Zweifel hinaus bewiesen sind und sich nicht mehr widerlegen lassen. Das heißt, daß sich neue Ideen und Erkenntnisse an ganz anderen Ansprüchen und Erwartungen messen müssen, als die von Wunschdenken geprägten Interpretationsversuche der Pioniere, die zum Teil noch heute als Lehrmeinungen gelten, ohne daß sie jemals bewiesen, in Frage gestellt, oder auch nur sorgfältig überprüft wurden. Ein Beispiel mag dies veranschaulichen: Bei den Ausgrabungen der Königsgräber in Ur wollte Sir Leonard Woolley in prähistorische Schichten vordringen, stieß aber zunächst auf eine über zwei Meter dicke Schicht aus Auelehm ohne jegliche Artefakte. Die Ausgräber ahnten, wie diese Entdeckung zu interpretieren sei, überließen es aber einer neutralen Person, ihre Vermutung auszusprechen. Als Lady Katharine Woolley die Stratigraphie besichtigte, fragte man sie, wie die Lehmschicht erklärt werden könnte. Sie wandte sich wieder ab und bemerkte beiläufig im Weggehen: »Das war natürlich die Sintflut!« Diesen Ausspruch erhob man in den Rang einer Lehrmeinung, und seither gilt die in der Bibel geschilderte Sintflut als ein historisches Überschwemmungsereignis im Persischen Golf.

Das Kugelschalenmodell erklärt auch, warum die Archäologie trotz ihres im Vergleich zu anderen Wissenschaften harmlosen Arbeitsgebiets mit einzigartiger Langsamkeit voranschreitet. Langsamkeit gilt in der Archäologie als Ausdruck wissenschaftlicher

Sorgfalt. Je länger eine Arbeit dauert, desto mehr nähert sie sich allerdings auch dem ultimativen Ziel, *keinen* Fortschritt zu erzeugen und damit das bereits erworbene Niveau auf der äußeren Kugelschale nicht zu gefährden.

Während naturwissenschaftliche Entdeckungen in der Regel begrüßt oder zumindest lebhaft diskutiert werden, weil sie die Grenzen des bisherigen Wissens überschreiten und intellektuelles Neuland erschließen, hat die Archäologie ihre Entdecker immer verschrien, weil sie das bereits erreichte Weltbild gefährdeten. Die Entzifferung der ägyptischen Hieroglyphen durch Jean Francois Champollion im Jahr 1822 lehnten die Archäologen noch zwanzig Jahre nach dessen Tod ab. Sie befürchteten, die Kenntnis der Hieroglyphen könnte das Interesse an einem nicht-griechischen, also »barbarischen« Volk erhöhen. Und als der Oberlehrer Fuhlrott 1856 die Knochenreste des Neandertalers in einer Höhle bei Düsseldorf entdeckte, mußten sich die Gegner der Evolutionstheorie merkwürdiger Argumente bedienen, um die Beweiskraft des Fundes zu entkräften. Rudolf Virchow, der Präsident der Deutschen Gesellschaft für Anthropologie – dessen Grundsatz es immerhin war, »stets Aufrichtigkeit zu üben und unter allen Umständen an den Tatsachen festzuhalten« –, schloß sich der Interpretation an, wonach der Neandertaler ein rachitischer, krummbeiniger Kosake aus der Mongolei war, der mehrere Schädelverletzungen glücklich überstanden hatte, dann aber bei einem Feldzug russischer Horden gegen Frankreich im Jahr 1814 verwundet (und splitternackt) in eine Höhle gekrochen war, um dort zu sterben. Dreißig Jahre vergingen, ehe die Fachwissenschaft ihren Irrtum einsah. Auch als 1879 der spanische Edelmann de Sautuola die späteiszeitlichen Höhlenmalereien von Altamira entdeckte, bezeichneten ihn »kritische« Wissenschaftler als Fälscher und Betrüger – erst 22 Jahre später erkannten sie den Irrtum. Genauso erging es bekanntlich Heinrich Schliemann mit seinen Ausgrabungen in Troja, Mykene und Tiryns. Noch kurz vor seinem Tod schrieb die Londoner Tageszeitung *The Times*, daß es sich bei den Ruinen in Mykene und Tiryns um die Bauten »irgendeines obskuren Barbarenstammes« aus byzantinischer Zeit handle. Speziell der sogenannte prähistorische Palast von Tiryns sei »die wohl merkwürdigste Halluzination eines unwissenschaftlichen Enthusiasten, die jemals in der Literatur aufgetaucht ist«.

Da die an den Universitäten etablierte Archäologie dem Fortschritt abgeneigt war, blieben die großen Entdeckungen der Initiative von Privatpersonen vorbehalten. Schliemann ist das beste Beispiel - aber nur eines von vielen. Arthur Evans, der Ausgräber von Knossos, wie auch Howard Carter, der Entdecker des Grabes von Tutenchamun, arbeiteten auf eigene Rechnung. Und selbst der letzte große Erfolg in der Ägäischen Frühgeschichte, die Entzifferung von Linear B, wurde von einem Nichtfachmann, dem jungen Architekten Michael Ventris, erzielt.

Bei aller Kritik werden die Leistungen der traditionellen Altertumskunde natürlich auf keinen Fall in Bausch und Bogen verdammt, doch es muß klargestellt werden, daß ihre Prinzipien bestenfalls für die Zeit nach 600 v. Chr. gültig sein können. Für die Epochen davor benötigen wir neue Lösungsansätze und ein anderes Lehrgebäude.

Neue Wege in der Erforschung des Altertums

Die Symbiose zwischen der mitteleuropäischen Weltanschauung von damals und der Definition der Klassischen Archäologie funktionierte noch bis etwa 1960 reibungslos. Ausgelöst durch die politischen Zusammenbrüche am Ende des Zweiten Weltkriegs, die ja auch ideologische Zusammenbrüche mit sich brachten, breitete sich dann in der Nachkriegszeit eine nüchterne Haltung gegenüber der Antike aus. Die neuhumanistische Weltanschauung und das humanistische Gymnasium verloren rapide an Popularität, was die Altertumskunde ihrer ursprünglichen gesellschaftspolitischen Relevanz beraubte. Seither ist sie auf der Suche nach einer neuen Identität. Ian Morris hat vor kurzem in einer beeindruckenden Streitschrift über den gegenwärtigen Zustand der griechischen Archäologie bemerkt, daß der seit den 1960er Jahren zu beobachtende Vertrauensverlust in die Ideale des klassischen Altertums allmählich selbst klassische Archäologen dazu führt, die allgemeine Richtung ihrer Disziplin zu hinterfragen. Morris fährt fort:

»Ich behaupte nicht, ›traditionelle‹ klassisch-griechische Archäologen seien rückständige Reaktionäre, böse Geister, die Pläne schmieden, um die weiße, männliche Vorherrschaft zu bewahren, oder Opfer eines irregeleiteten Selbstverständnisses. Ich mache lediglich die historische Bedeutung unserer Gepflogenheiten in der Archäologie geltend sowie die Notwendigkeit, sich den Veränderungen innerhalb der Gruppe derer zu stellen, die die Ergebnisse unserer Forschung bezahlen, erzeugen und verbrauchen.« *[Gemeint sind Leute wie Sie und ich. Anm. des Autors].* »Forschungsgebiete, von denen – ob zu Recht oder nicht – angenommen wird, daß sie wenig mehr als eine Art Gründungsmythos für die westliche Vormachtstellung liefern, sind bei einem Erkenntnisstand und Wahrheitsanspruch, der dem Herrschaftsdenken keinen Raum mehr gibt, zunehmend irrelevant.«

Außerhalb des Dunstkreises der klassischen Archäologie hatten manche Forscher schon vor etwa dreißig Jahren angefangen, die eigene Arbeitsmethodik in Frage zu stellen. Sie forderten auch von der archäologischen Forschung, sich dem allgemeinen wissenschaftlichen Fortschritt anzupassen. Vorangetrieben vom amerikanischen Archäologen Lewis Binford, entwickelte sich in den 1970er Jahren in den angelsächsischen Ländern die sogenannte »Neue Archäologie« *(New Archaeology).* Sie verlangt, daß archäologische Feldarbeiten – wie naturwissenschaftliche Studien – von einer spezifischen Zielsetzung ausgehen und daß im Rahmen der archäologischen Forschung nicht nur die kulturelle Entwicklung ermittelt wird, sondern auch die sie kontrollierenden Rahmenbedingungen. Dies bedingt sowohl die Formulierung von Arbeitshypothesen als auch eine nachvollziehbare Argumentation, aus der hervorgeht, warum bestimmten Erklärungsmodellen der Vorzug zu geben sei. Die Befürworter der *New Archaeology* gingen davon aus, daß Kulturen aus komplexen, miteinander verzahnten Subsystemen – wie Stand der Technik, soziales Gefüge, Ideologie, Handel und Demographie – bestehen, daß sich diese Subsysteme individuell erfassen und rekonstruieren lassen und daß deren Entwicklung bestimmten Gesetzesmäßigkeiten – ähnlich den Naturgesetzen – folge. Aus der Kenntnis der Subsysteme heraus – so der theoretische Ansatz – würden sich Modelle entwickeln lassen, mit deren Hilfe der Werdegang einer Kultur auf theoretischer Basis prognostiziert werden kann.

Dieser Aspekt der *New Archaeology* ist inzwischen durch die Chaos-Theorie widerlegt. Die an der kulturellen Entwicklung beteiligten Parameter sind so mannigfaltig und komplex, daß zutreffende Vorhersagen kaum möglich sind. *New Archaeology* im engeren Sinne war damit hinfällig, und es mußte nach anderen, wieder neuen Wegen gesucht werden. So entwickelte sich die prozeßorientierte Archäologie (*Processual Archaeology*), welche die verschiedenen gesellschaftsformenden Prozesse erfaßt und einzeln untersucht. Zu diesen Prozessen gehören zum Beispiel Ernährung, Wirtschaft, Sozialgefüge und die Wechselbeziehungen zwischen menschlicher Besiedlung und Landschaft. Aufgrund der Komplexität der Systeme funktioniert dieser Ansatz jedoch nur bei kleinen überschaubaren Lebensgemeinschaften wie den Sammlerinnen und Jägern.

Die neueste Strömung der archäologischen Forschung ließe sich am ehesten als kontextorientierte Archäologie (*Post-processual/ Contextual Archaeology*) bezeichnen. Sie wird vor allem von Ian Hodder in Cambridge vorangetrieben. Die kontextorientierte Archäologie ist gekennzeichnet durch eine erneute Hinwendung zur Geschichtsschreibung, Chronologie und materiellen Hinterlassenschaft vergangener Kulturen, mit der Begründung, daß es sich dabei schließlich um die Hauptobjekte handelt, die der archäologischen Forschung zur Verfügung stehen. Begleitet wird diese Umorientierung von kritischer Distanz gegenüber abstrakten Theorien sowie von einem stark ausgeprägten Interesse an den umweltbezogenen Aspekten vergangener Kulturen.

Was bringt die Zukunft der Vergangenheit?

Und wie wird die Archäologie im einundzwanzigsten Jahrhundert aussehen? Prognosen sind zwar erstens selten zutreffend und zweitens meist ein bißchen mit dem Nimbus von Wunsch- oder Angstvorstellungen behaftet – je nach Weltanschauung der Person, die sie prophezeit. Aber ein Buch mit dem Untertitel *Archäologie im 21. Jahrhundert* darf nicht enden, ohne einen Ausblick zu wagen.

Natürlich besteht die Möglichkeit, daß sich die Archäologie auch in Zukunft kaum ändern wird – immerhin ist sie rund 150 Jahre lang in ähnlicher Form betrieben worden. Umgekehrt bedeutet dies aber, daß sie wie kaum ein anderes Fach unter einem Reformstau leidet. Die zu erwartenden Veränderungen müßten deswegen um so einschneidender sein.

Heute befindet sich die Erforschung der ägäischen Bronzezeit auch auf internationalem Niveau methodisch im Hintertreffen. Speziell in Deutschland ist diese traditionsreiche Forschungsrichtung praktisch ausgestorben. Die Ägäische Frühgeschichte im allgemeinen und deutsche Archäologen im speziellen haben sich ohnehin von den neueren Strömungen in der theoretischen Archäologie verabschiedet. Folglich stehen in Deutschland auch keine Lehrkräfte zur Verfügung, die den aktuellen Stand der Kenntnis auf einem international konkurrenzfähigen Niveau vermitteln könnten. Die Ägäische Frühgeschichte steht nun vor der Wahl, sich ganz aufzulösen, weiter vor sich hin zu dümpeln, einem internationalen Standard hinterherzulaufen – oder aber durch einen klaren Bruch mit der bestehenden Tradition einen beherzten Sprung nach vorn zu wagen und neue Maßstäbe zu setzen. Fest steht, daß auf der Basis der bestehenden Strukturen kein Neuanfang möglich ist. Jedes System wird schließlich von Menschen aus Fleisch und Blut verkörpert, und deren Flexibilität sind Grenzen gesetzt.

Vergleicht man den Stand der Archäologie mit dem der Biologie, dann erinnern die Ausgräber von heute an die Entomologen des vergangenen Jahrhunderts, die mit Tropenhelm und Schmetterlingsnetz exotische Gegenden nach neuen Koleopteren-Spezies durchstreiften. Sowohl die Taxonomen wie auch die Archäologen waren primär daran interessiert, möglichst viele Objekte von möglichst verschiedenen Lokalitäten zu sammeln – im einen Fall waren es Tierarten, im anderen Artefakte. Diese Objekte wurden anschließend bestimmt, beschrieben, katalogisiert, konserviert und archiviert, um die Verbreitung einer Art in Raum und Zeit zu erfassen.

Wissenschaften wie Zoologie, Botanik, Geologie, Physik oder Chemie sehen heute ganz anders aus als vor hundert Jahren – die Archäologie hingegen nicht. Schwerpunkt der biologischen Forschung sind heute die biochemischen Prozesse innerhalb der Organismen und die Wechselwirkungen der Zellen untereinander, während die Archäologie noch immer wie anno dazumal sammelt und beschreibt.

Natürlich sind es nicht die Naturforscher von einst, die heute Molekularbiologie und Isotopenchemie betreiben; vielmehr handelt es sich um eine völlig neue Generation. Sie *ersetzen* auch nicht die früheren Taxonomen, sondern sie *ergänzen* sie. Zum Glück ist es nämlich gelungen, trotz der tiefgreifenden Richtungswechsel in der biologischen Forschung das in den vergangenen zweihundert Jahren erworbene Wissen der Pflanzen- und Tiersystematik in großen Forschungsmuseen zu bewahren und zu verwalten. Auf die Archäologie angewendet bedeutet dies, daß die vorhandenen Strukturen der Archäologie einerseits nicht *verändert* werden können und andererseits auch nicht ersetzt werden sollten, um das bereits erworbene Wissen nicht zu gefährden; aber sie müssen über kurz oder lang durch alternative Möglichkeiten *ergänzt* werden. Erst wenn es mehr als nur einen Weg gibt, Archäologie zu betreiben, können Meinungsvielfalt und Dialektik entstehen.

Wie also sehen mögliche Wege der Archäologie der Zukunft aus? Einige Antworten sind durch die strukturellen Veränderungen in der Gesellschaft, in der Industrie und in anderen Forschungsdisziplinen bereits vorgegeben: Loslösung von Ideologien und nationalen Alleingängen, von Autoritätsgläubigkeit und von der Gepflogenheit, Forscherpersönlichkeiten und ihre Ansichten zu verbinden – Hinwendung zu flachen Hierarchien, interdisziplinären Expertenteams, Kreativität, Innovation und Ideenpluralismus.

Bisher lag das Schwergewicht in der archäologischen Forschung fast ausschließlich auf kunstgeschichtlichen und philologischen Aspekten vergangener Kulturen – in Zukunft dürften vermehrt auch gesamtgesellschaftliche, technische und umweltbedingte Aspekte einbezogen werden. Deswegen werden alternative Ausbildungs- und Berufsmöglichkeiten benötigt. Ein Prähistoriker muß nicht unbedingt das Große Latinum haben. Wenn er sich vordringlich mit Altersdatierung befaßt, benötigt er viel dringender Kenntnisse in Radioisotopenchemie. Eine Möglichkeit wäre deswegen, Archäologie nicht nur als Lehrfach in der klassischen Universitätslaufbahn anzubieten, sondern auch als Ausbildungsgang an Technischen Hochschulen. Sinnvoll wäre auch ein Aufbaustudium, das Absolventen bestimmter Fachrichtungen (Ingenieurwesen, Agronomie, Nautik usw.) die Möglichkeit böte, ihre Kenntnisse auf die Untersuchung vergangener Epochen anzuwenden.

Ebenfalls denkbar wäre es, das Fach Archäologie in die beiden Richtungen Forschung und Konservierung aufzuteilen. Entsprechend effiziente Spezialistenteams wären dann in der Lage, Notgrabungen rasch durchzuführen und so möglichst viele Fundstätten vor der Zerstörung zu bewahren – ohne dabei Forschungskapazitäten zu binden. Die Spezialisten in der Forschung könnten sich anschließend mit der Interpretation der bereits geborgenen Funde befassen und so größere Abschnitte in Raum und Zeit als bisher erschließen.

Die Zersplitterung der Hinterlassenschaft vergangener Kulturen und deren Erforschung in unzähligen Teildisziplinen ist überhaupt eines der größten Fortschrittshemnisse in der Archäologie. Zwar verfolgt die Untersuchung der Kulturgeschichte im Prinzip den gleichen Lösungsansatz, dem wir zuvor schon bei den Wechselwirkungen zwischen Mensch und Umwelt und den Entscheidungsanalyseverfahren begegnet sind: ein außerordentlich kompliziertes Thema in überschaubare Teilbereiche zu zerlegen, um sie einzeln erforschen zu können. Die Archäologie hat jedoch – im Gegensatz zu den anderen beiden genannten Gebieten – den letzten und entscheidenden Schritt nicht vollzogen: die Ergebnisse der Spezialuntersuchungen wieder zusammenzuführen. Vor rund dreißig Jahren gehörte es noch zum guten Ton bei den Experten in der ägäischen Frühgeschichte, daß sie einen umfassenden Überblick des eigenen Interessengebietes liefern konnten. Kurt Bittel, Carl Blegen, John Chadwick, Albrecht Goetze, Nicholas Hammond, Vasos Karageorghis, James Macqueen, James Mellaart, Nancy Sandars, Anthony Snodgrass, William Taylour, Emily Vermeule – sie alle, und viele andere mehr, haben allgemeinverständliche Bücher über die Ägäische Vor- und Frühgeschichte geschrieben. Heute gibt es unter den Experten offenbar niemanden mehr, der dazu in der Lage wäre oder Interesse daran hätte. Weil in Anbetracht der immer größeren Anzahl von Detailstudien der Überblick verlorenzugehen droht, hat das *American Journal of Archaeology* solche zusammenfassende Artikel über die Archäologie Griechenlands in Auftrag gegeben – herausgekommen ist dabei allerdings weniger der erhoffte Überblick über die kulturelle Entwicklung als vielmehr eine Katalogisierung der Kataloge.

Die bloße Anhäufung von Katalogwissen ist jedoch weder sinnvoll noch wissenschaftlich. Um dem Anspruch nach Sinn und Wissenschaftlichkeit gerecht zu werden, müssen die Spezialuntersuchungen zusammengeführt werden, das heißt, es werden Generalisten benötigt, die in der Lage sind, die Zusammenarbeit der Experten aufeinander abzustimmen sowie die Resultate auszuwerten und verständlich zu präsentieren. Früher übernahmen die Grabungsleiter diese Aufgabe. Und heute?

Heute sind zwar viele Geländeprojekte in der Ägäischen Frühgeschichte *multi*disziplinär – sie müßten aber *inter*disziplinär sein, das heißt, statt einzelner isolierter Expertenberichte auch umfassende fach- und länderübergreifende Analysen wagen. Expertenteams müßten vergangene Kulturen frei von ideologischem Überbau erforschen und diese Arbeit nicht mehr als eine nationale Angelegenheit, sondern als internationale Grundlagenforschung bestreiten. Entsprechend international müßte auch der Ausbildungs- und Arbeitsmarkt ausgerichtet sein.

Schließlich könnte es vermutlich auch nicht schaden, anstelle der unzähligen Villen und neoklassizistischen Tempel der Wissenschaft, in denen so viele Archäologische Institute in den Mittelmeerländern und in Mitteleuropa untergebracht sind, einmal ein modern ausgestattetes Kommunikations- und Forschungszentrum, vergleichbar mit den Max-Planck-Instituten, zu errichten – dieses könnte sich fernab der Zentren auf der grünen Wiese befinden oder noch besser: auf einem Schiff. Die gesamte Logistik mit den Labors, Magazinen, Computereinrichtungen, Unterkünften usw. wäre damit permanent und optimal abgedeckt und darüber hinaus flexibel einsetzbar.

Die traditonelle Altertumskunde und das neuhumanistische Denken sind zu einem großen Teil von deutschen Gelehrten geprägt worden. Mitte des achtzehnten Jahrhunderts begründete Johann Joachim Winckelmann die Kunstgeschichte, um 1820 schuf Wilhelm von Humboldt die Grundlagen für die Reform des Universitätssystems, und nach 1870 war es Heinrich Schliemann, der das Gedankengebäude der Altertumskunde um die Ägäische Frühgeschichte erweiterte. Im zwanzigsten Jahrhundert hat Deutschland seine Vorreiterrolle verloren. Mit einem bißchen mehr Mut könnten wir sie im einundzwanzigsten wieder zurückgewinnen. Möglich ist dies jedoch nur durch eine Loslösung von national ausgerichteten Konzepten, die Einrichtung internationaler Forschungsinstitute und das Engagement ausländischer Fachleute.

Adieu, Santorin!

Alles in allem hatte der Ausbruch des Santorin doch noch nachhaltige Auswirkungen. So hat er immerhin weitreichende Betrachtungen angeregt: über einen geologischen Super-GAU, der gar keiner war, kataklystische Erdbeben, Klimawechsel, Umweltzerstörung im Altertum, das sagenhafte Atlantis und schließlich den

Aufstieg der klassischen Antike. Auf meine Versuche herauszufinden, wie meine Kollegen ein »verkleinertes« Konzept der Santorin-Katastrophe wohl aufnehmen, erhalte ich heftige Reaktionen. Nach drei Weltkongressen zum Thema Santorin scheint es völlig undenkbar, daß dies *nicht* die größte Katastrophe in der Geschichte der Menschheit gewesen sein soll. Um mich erneut zu versichern, daß meine Interpretation der Konsequenzen des Ausbruchs nicht völlig abwegig ist, werde ich die Insel noch einmal besuchen.

Es ist sieben Uhr morgens, und ich befinde mich auf dem Flughafen Zürich-Kloten. Die freundliche Angestellte am Check-in Schalter fragt mich, ob ich allein reise, und meint auf mein Ja hin: »Die Economy-Class wird ein bißchen voll. Ich gebe ihnen einen Sitz in der Business Class – in der ersten Reihe. Dann können Sie dem Kapitän ja gleich sagen, wo's dure gaht!«

Dieser Kapitän entpuppt sich als begeisteter Griechenlandkenner. So werden wir Passagiere schon während der Reise auf das, was uns erwartet, eingestimmt. Als wir Ithaka überqueren, erzählt er von den Reisen des Odysseus und von dessen Heimkehr nach vielen Jahren voller Abenteuer. Schon bald danach geht die Maschine zum Anflug auf Santorin über, und der Pilot stellt uns einen spektakulären Anblick für den Landeanflug in Aussicht. Er hat nicht zuviel versprochen. Das Flugzeug gleitet direkt über die Fundstelle Akrotiri hinweg, was uns einen herrlichen Überblick über die Lage der minoischen Siedlung ermöglicht.

Auf der Insel miete ich ein Auto, um ein paar Tage alle möglichen Steinbrüche zu inspizieren. Die Ablagerungen des minoischen Ausbruchs sind gar nicht so einfach ausfindig zu machen. Die größten Erhebungen der Insel bestehen aus Kalkstein, unterscheiden sich also nicht von den geologischen Formationen des griechischen Festlands. Der Rest des Gesteinsvolumens besteht aus Basalten und anderen vulkanischen Ergußgesteinen von älteren Ausbrüchen. Die minoischen Asche- und Bimssteinschichten sind im Vergleich dazu ausgesprochen dünn, sie bedecken auch bei weitem nicht die ganze Inselgruppe. Zu erkennen sind sie an ihrer hellen, fast weißen Farbe und daran, daß sie wie ein feuchtes Tuch über den älteren Gesteinen liegen. Von weitem kann man dieses weiße Band an der Oberfläche manchmal besser erkennen als von nahem.

Steinbrüche, in denen die Asche- und Bimssteinschichten abgebaut wurden, haben die Anzahl der leicht zugänglichen Stellen zu den minoischen Schichten reduziert. Überall sieht man die Narben, die die Abbautätigkeit hinterlassen hat. Auch die alten Geräte, Förderbänder und Verladerampen ragen noch rostig und funktionslos aus der Landschaft.

Am Nordende der Insel Therasia läuft unter den minoischen Ascheschichten eine große Erosionsrinne in das Innere der Caldera. Die Auswurfmassen haben diese Senke gefüllt. Und nirgendwo sind die minoischen Schichten durch Verwerfungen gestört. Die geomorphologischen Verhältnisse sind eindeutig. Der Einsturz der Caldera muß lange vor dem minoischen Ausbruch erfolgt sein. Wie Puderzucker haben sich die Ascheschichten auf das bereits vorhandene Relief gelegt. An manchen Stellen findet man sogar Ascheschichten von älteren Ausbrüchen, die regelrecht an der Innenseite der Caldera kleben. Ablagerungen des minoischen Ausbruchs sind dort allerdings nicht mehr zu finden. Der Bimsstein ist so leicht, leichter als Wasser, daß er an den fast senkrechten Wänden vom Regen und von der Erosion schnell wieder abgetragen wurde.

Ich schließe mich einer Inselrundfahrt an. Vom Schiff aus kann man sehen, wie sich die Oberfläche im Inneren der Caldera mit der Zeit veränderte. Die Insel Nea Kameni im Zentrum der Caldera besteht aus Basalt und ist weniger als fünfhundert Jahre alt. Ihre Gesteine wirken entsprechend frisch und unverwittert. Daneben liegt Palaea Kameni, dessen Gesteine bis zu 2000 Jahre alt sind und schon ein bißchen stumpfer und stärker verwittert wirken. Die Abbruchkanten auf der Caldera-Innenseite der großen Inseln aber müssen deutlich älter sein. Zur Zeit halten sich die Vulkanologen noch die Option offen, daß zumindest ein partieller Caldera-Einsturz in minoischer Zeit im Norden der Inselgruppe erfolgt sein könnte. Aber die Erosionsformen auf der Innenseite der Caldera scheinen alle etwa gleich alt zu sein. Vor 23 000 Jahren fand der letzte große Ausbruch statt; vor 100 000 Jahren ereignete sich eine Rieseneruption, deren Ascheschichten über das ganze zentrale und östliche Mittelmeer verteilt sind. Damals warf der Vulkan soviel Lava aus, daß sich ein Caldera-Einsturz beinahe zwingend ereignet haben muß. Vielleicht entstand dabei Santorin, so wie wir es heute kennen – und wie es auch die Minoer kannten.

Zwar sind die minoischen Schichten, dort wo sie vorhanden sind, einige Meter mächtig, nach geologischen Maßstäben nehmen sie sich jedoch eher bescheiden aus – wie der amerikanische Vulkanologe Floyd McCoy bereits vor fast zwanzig Jahren feststellte. Nichts weist darauf hin, daß sich ausgerechnet hier einmal die größte Naturkatastrophe in der Geschichte der Menschheit ereignet haben könnte.

Mehr als einmal besuche ich die Fundstätte Akrotiri. Besonders interessiert mich dabei die Umgebung der minoischen Siedlung. Bei einer offiziellen Führung erfahre ich, daß erst drei Prozent davon bekannt sind. Wie mag wohl der große Rest ausgesehen haben? Wie immer steige ich auf einen Hügel, um einen Überblick über die nähere Umgebung zu erhalten. Etwas westlich von der Fundstätte zieht sich ein Tal ins Landesinnere, das heute mit einigen Meter dicken minoischen Ascheschichten gefüllt ist, vor der Ablagerung dieses Materials jedoch als Hafen geeignet gewesen wäre. Während ich auf dem Hügel in brütender Hitze zwischen Thymian und Steineichen über das Aussehen der minoischen Landschaft sinniere, wird mir bewußt, daß sich auf Santorin zwei Interessensgruppen gegenseitig behindern – obwohl sie sich eigentlich hervorragend ergänzen könnten. Da sind zum einen die Steinbruchbesitzer, denen inzwischen sämtliche Arbeiten untersagt wurden, und zum anderen die Archäologen, die aufgrund der mächtigen Ascheschichten kaum mit ihren Ausgrabungen vorankommen. Könnte man nicht den Abbau der Ascheschichten den Steinbrucharbeitern überlassen, und sobald archäologische Reste gefunden werden, die Bearbeitung der Funde den Wissenschaftlern übertragen?

Den Nachmittag verbringe ich im Hauptort Phira, einem der malerischsten Orte Griechenlands und Motiv vieler Postkarten und Kalenderblätter. Die Cafés und Hotels ragen zum Teil über den Klippenrand auf die Innenseite der Caldera hinaus. Von dort bietet sich zu jeder Tageszeit und bei allen Lichtverhältnissen, vor allem aber in der Abenddämmerung, eine traumhafte Aussicht auf den mächtigen eingestürzten Vulkan.

Nahe an der Klippe ließ der aus Santorin stammende Geschäftsmann Peter Nomikos ein Kongreßzentrum errichten, in dem 1989 die dritte Thera-Konferenz stattfand. Das neue Gebäude entstand an der Stelle eines hochherrschaftlichen Baus, der beim Erdbeben von 1956 irreparabel beschädigt wurde. Die zu dem alten Gebäude gehörenden Tunnel, in denen die Grundbesitzer früher Wein kelterten und lagerten, sind jedoch erhalten geblieben und heute vom Konferenzzentrum aus zugänglich. In diesen Gewölben findet zur

Zeit meines Besuchs eine Ausstellung der Wandgemälde von Akrotiri statt. Mit neuen archäometrischen Verfahren ist es gelungen, die Bilder mitsamt ihrer Oberflächenstruktur zu reproduzieren, so daß sie jetzt nicht nur im Original in Athen, sondern auch als Kopien guter Qualität in dieser Wanderausstellung zu besichtigen sind.

Besonders interessiert mich die Darstellung einer Schiffprozession aus dem Westhaus, einem herrschaftlichen Gebäude, in dem manche das Besitztum eines Admirals vermuten. Eine Flotte prächtig geschmückter Schiffe, läuft darauf aus einem Hafen aus und fährt über das Meer einer anderen Stadt entgegen. Schon viel ist darüber gerätselt worden, welche beiden Städte in dem Fries wohl dargestellt sind. Marinatos hielt den Abfahrtsort für eine Gegend in Libyen; andere vermuten eine Insel in der näheren Umgebung Santorins. Mein erster Gedanke gilt Kreta. Eine von Flüssen umschlungene Stadt direkt an der kretischen Küste? Vielleicht Malia?

Der Ort, auf den die Schiffe zusteuern, ist allem Anschein nach Akrotiri. Offensichtlich stellt das Wandgemälde einen für die Stadt oder die Bewohner des Hauses besonders wichtigen Festtag dar. Vielleicht eine Hochzeitsgesellschaft, die die Braut nach Akrotiri begleitet? Der Hafen, in dem sie ankommen werden, ist deutlich erkennbar. Er hat tatsächlich Ähnlichkeit mit dem verschütteten Tal unmittelbar westlich von Akrotiri. Aus dem Wandgemälde läßt sich ermitteln, wo die größten Gebäude der Stadt gelegen haben müssen: nämlich direkt neben dem Hafen.

Nach dem Besuch in der Ausstellung schlendere ich am Rand der Caldera entlang zum Archäologischen Museum, das dem deutschen »Philhellenen Freiherr Hiller von Gaertringen« gewidmet ist, wie es auf einer Bronzetafel heißt. Er hatte in den letzten Jahren des neunzehnten Jahrhunderts auf eigene Kosten das antike Thera in Messa Vouno, einem hohen, windumtosten Berg ganz im Osten der Insel, ausgraben lassen. In den Sälen sind archaische Skulpturen und geometrische Vasen ausgestellt.

Da sehe ich in einer großen Reisegruppe an einem Ende der Halle eine bekannte Silhouette vorbeihuschen. Sollte das wirklich mein alter Geologielehrer Heinz Malz vom Senckenberg Museum in Frankfurt gewesen sein? Obwohl ich an einen solchen Zufall nicht so recht glauben kann, stelle ich mich irgendwohin, wo die Mitglieder der Reisegruppe einzeln an mir vorbeigehen müssen. Und dann ist er es tatsächlich. Was für eine Überraschung! Vor vielen Jahren hatte meine berufliche Tätigkeit in seiner mikropaläontologischen Sektion begonnen, und anschließend waren wir in Kontakt geblieben. Wenn ich einen Experten für die Bearbeitung von Mikrofossilien brauchte, war er da. Die eine oder andere Veröffentlichung haben wir zusammen geschrieben. Inzwischen ist er pensioniert und hat daher Zeit und Muße für Mittelmeerkreuzfahrten.

Heinz Malz ist ebenso freudig überrascht über die Begegnung wie ich. »Gerade waren wir in Akrotiri«, erzählt er mir ziemlich schnell, weil er gleich weiter muß, wenn er die Gruppe nicht verlieren will. »Die Frau, die uns über die Fundstätte führte, sagte, daß der Ausgräber dies früher für Atlantis hielt. Aber, jetzt kommt's: Inzwischen gebe es eine neue Theorie, die sei viel plausibler, erzählte sie weiter, und danach sei Atlantis in Wirklichkeit Troja.« Vielleicht setzen sich neue Erkenntnisse rascher durch, als erwartet, denke ich bei mir. Da fährt Heinz Malz fort: »Und diese Theorie stammte von einem *Griechen*, meinte die Führerin. Ich habe dazu erst mal nichts gesagt.«

Als Heinz Malz sich verabschiedet hat, kommen mir Momente aus meiner Praktikantenzeit in den Sinn. Wieviel an wissenschaftlichem Handwerk habe ich damals in nur sechs Monaten gelernt! Einmal präsentierte ich ihm stolz die Zeichnung eines Mikrofossils, an der ich einen ganzen Tag gearbeitet hatte, und er erwiderte nur: »Verlangen Sie bitte nicht von mir, daß ich Sie beim ersten Versuch gleich lobe«. Als ich dann einige Jahre später begann, Geologie zu studieren, erhielt ich – von einem anderen Geologielehrer – den *Homo Faber* von Max Frisch mit einer Widmung, deren Stil mir bekannt vorkam:

»Studieren Sie nicht nur – denken Sie auch einmal nach!«

Weiterführende Literatur

Die in den einzelnen Kapiteln präsentierten Informationen basieren im Wesentlichen auf folgenden Veröffentlichungen:

Der Ausbruch des Santorin

Buckland, Paul C., Andrew J. Dugmore & Kevin J. Edwards (1997): »Bronze Age myths? Volcanic activity and human response in the Mediterranean and North Atlantic regions«, *Antiquity* 71, 581-593.

Driessen, Jan & Colin F. Macdonald (1997): *The troubled island - Minoan Crete before and after the Santorini eruption*, Aegaeum 17, R. Laffineur, Liège, 1-284.

Friedrich, Walter L. (1994): *Feuer im Meer - Vulkanismus und die Naturgeschichte der Insel Santorin*, Spektrum Akademischer Verlag, Heidelberg, 1-256.

Hardy, David A. (Hg.) (1989): *Thera and the Aegean World III.*, The Thera Foundation, London, 3 Bände.

Lohmann, Hans (1998): »Die Santorin-Katastrophe – ein archäologischer Mythos?«, in Stuttgarter Kolloquium zur Historischen Geographie des Altertums 6, 1996, *Naturkatastrophen in der antiken Welt*, Eckart Olshausen & Holger Sonnabend (Hg.), Franz Steiner Verlag, Stuttgart, 337-363.

Marinatos, Spyridon (1939): »The Volcanic Destruction of Minoan Crete«, *Antiquity* 13, 425-439.

Page, Denys L. (1970): *The Santorini Volcano and the Desolation of Minoan Crete*, The Society for the Promotion of Hellenic Studies, Supplement Paper 12, London, 1-45.

Zangger, Eberhard (1998): »Naturkatastrophen in der ägäischen Bronzezeit. Forschungsgeschichte, Signifikanz und Beurteilungskriterien« in Stuttgarter Kolloquium zur

Historischen Geographie des Altertums 6, 1996, *Naturkatastrophen in der antiken Welt*, Eckart Olshausen and Holger Sonnabend (Hg.), Franz Steiner Verlag, Stuttgart, 211-241.

Erdbeben

Ambraseys, Nicholas N. (1973): »Earth science in archaeology and history«, *Antiquity* 47, 227-229.

Evans, Arthur (1928): *The Palace of Minos at Knossos: Fresh Lights on Origins and External Relations: The Restoration in Town and Palace After Seismic Catastrophe Towards Close of M.M. III, and the Beginnings of the New Era*, Macmillan, London, 1-390.

Soren, David (1988): »The day the world ended at Kourion - Reconstructing an ancient earthquake«, *National Geographic* 174, 30-53.

Stiros, Stathis & Richard E. Jones (Hg.) (1996): *Archaeoseismology*, Fitch Laboratory Occasional Papers, Athen, 1-268.

Watrous, L. Vance (1994): »Review of Aegean Prehistory III: Crete from Earliest Prehistory through the Protopalatial Period«, *American Journal of Archaeology* 98, 695-753.

Klima

Carpenter, Rhys (1966): *Discontinuity in Greek Civilization*, Cambridge University Press, Cambridge, 1-80.

Davis, Jack (Hg.) (1998): *From Homer's Sandy Pylos to the Battle of Navarino: An Archaeological Survey*, Texas University Press, Austin.

Drews, Robert (1993): *The End of the Bronze Age - Changes in Warfare and the Catastrophe ca. 1200 B.C.*, Princeton University Press, Princeton, 1-252.

McDonald, William A. & George R. Rapp (1972): *The Minnesota Messenia Expedition – Reconstructing a Bronze Age regional environment*, The University of Minnesota Press, Minneapolis, 1-338.

Techniken

Noack, Wolfgang (1997): »Geoarchäologie aus dem Weltraum – Wenn der Satellit den Spaten ersetzt«, *Geospektrum* 1, 11-15.
Zangger, Eberhard (1993): *The Geoarchaeology of the Argolid*, Gebrüder Mann Verlag, Berlin, 1-149.
Zangger, Eberhard, Horst Leiermann, Wolfgang Noack & Falko Kuhnke (1997): »A 21st Century Approach to the Reconnaissance and Reconstruction of Archaeological Landscapes« in *Aegean Strategies: Studies of Culture and Environment on the European Fringe*, P. Nick Kardulias & Mark T. Shutes (Hg.), Rowman and Littlefield, Savage, Maryland, 9-32.
Zangger, Eberhard, Sergei B. Yazvenko, Michael E. Timpson, Falko Kuhnke & Jost Knauss (1997): »The Pylos Regional Archaeological Project, Part 2: Landscape Evolution and Site Preservation«, *Hesperia* 66 (4), 549-641.

Mensch und Umwelt

Runnels, Curtis (1995): »Umweltzerstörung im griechischen Altertum«, *Spektrum der Wissenschaft* (Mai), 84-88.
Sieferle, Rolf Peter (1997): *Rückblick auf die Natur: Eine Geschichte des Menschen und seiner Umwelt*, Luchterhand, München, 1-233.
Zangger, Eberhard (1991): »Prehistoric Coastal Environments in Greece: The Vanished Landscapes of Dimini Bay and Lake Lerna«, *Journal of Field Archaeology* 18 (1), 1-15.
Zangger, Eberhard (1992): »Neolithic to Present Soil Erosion in Greece« in *Past and Present Soil Erosion*, Martin Bell & John Boardman, (Hg.), Oxbow Books, Oxford, 133-147.
Zangger, Eberhard (1995): »Geology and the Development of the Cultural Landscape« in *Africa Proconsularis - Regional Studies in the Segermes Valley of Northern Tunisia*, Søren Dietz, Laila Ladjimi Sebai & Habib Ben Hassen (Hg.), The Carlsberg Foundation and The Danish Research Council for the Humanities, Copenhagen, 57-83.

Ingenieurkunst

Hallman, Frithjof (1994): *Das Rätsel der Labyrinthe*, Michael Damböck, Ardagger, Österreich, 1-188.

Kern, Hermann (1982): *Labyrinthe - Erscheinungsformen und Deutungen: 5000 Jahre Gegenwart eines Urbildes*, Prestel Verlag, München, 1-492.

Knauss, Jost (1996): Argolische Studien: Alte Straßen - alte Wasserbauten, Berichte der Versuchsanstalt Obernach und des Lehrstuhls für Wasserbau und Wassermengenwirtschaft der Technischen Universität München 77, München, 1-236.

Knauss, Jost (1997): »Agamemnoneion phréar« – Der Stausee der Mykener«, *Antike Welt*, 381-395.

Knight, W. F. Jackson (1932): »Maze Symbolism and the Trojan Game«, *Antiquity* 6, 445-458.

Leiermann, Horst (1994): *Technische Rekonstruktion der Planung alter Städte*, Karl Krämer Verlag, Stuttgart, 1-110.

Zangger, Eberhard (1994): »Landscape Changes around Tiryns during the Bronze Age«, *American Journal of Archeology* 98 (2), 189-212.

Zangger, Eberhard (1995): »Systematische Landschaftskontrolle im antiken Griechenland«, *Spektrum der Wissenschaft* (Mai), 88-91.

Atlantis

Brandenstein, Wilhelm (1951): Atlantis: *Größe und Untergang eines geheimnisvollen Inselreiches*, Gerold, Wien.

Mann, Albrecht (1983): *Ringwälle, Atlantis und Utopien*, Bau- und stadtgeschichtliche Lehrstoffe 2, Fachgebiet Baugeschichte an der RWTH Aachen, Aachen, 1-171.

Zangger, Eberhard (1992): *Atlantis - Eine Legende wird entziffert*, Droemer Verlag, München, 1-336.

Zangger, Eberhard (1993): »Plato's Atlantis Account: A Distorted Recollection of the Trojan War«, *Oxford Journal of Archaeology* 18 (1), 77-87.

Zangger, Eberhard (1998): »Das *Atlantis=Troja-Konzept.* Auf den Spuren einer versunkenen Kultur in Westkleinasien«, *Vierteljahrsschrift der Naturforschenden Gesellschaft in Zürich*, 143 (1), 13-23.

Troja

Werner, Walter (1993): »Der Kanal von Korinth und seine Vorläufer«, *Das Logbuch*, Sonderheft, 1-71.

Raban, Avner (1997): »Near Eastern Harbours: 13th-7th centuries B.C.E.« in *Mediterranean People in Transition - 13th to Early 10th centuries B.C.E.*, S. Gittin, A. Mazar & E. Stein (Hg.), Jerusalem.

Zangger, Eberhard, Michael Timpson, Sergei Yazvenko & Horst Leiermann (1998): »Searching for the Ports of Troy« in *Environmental Reconstruction in Mediterrannean Landscape Archaeology*, Philipp Leveau, Kevin Walsh & Graeme Barker (Hg.), Mediterranean Landscape Archaeology 2, Oxbow, Oxford.

Zick, Michael (1997): »Troja – Neuer Streit um die Wiege unserer Kultur«, *bild der wissenschaft* (Dezember), 50-58.

Westkleinasien

Bossert, Helmut Theodor (1946): *Asia*, Literarische Fakultät der Universität Istanbul; Forschungsinstitut für altvorderasiatische Kulturen 323, Universite Matbaasi Komandit Sti., Beyoglu-Tünelbasi, Istanbul, 1-184.

Joukowsky, Martha Sharp (1996): *Early Turkey - Anatolian Archaeology from Prehistory through the Lydian Period*, Kendall Hunt, Dubuque, Iowa, 1-455.

Zangger, Eberhard. (1994): *Ein neuer Kampf um Troia - Archäologie in der Krise*, Droemer Verlag, München, 1-352.

Zangger, Eberhard (1995): »Who were the Sea People?«, *Aramco World* (Mai/Juni), 21-31.

Das dunkle Zeitalter

Ekschmitt, Werner (1989): *Weltmodelle: Griechische Weltbilder von Thales bis Ptolemäus*, Philipp von Zabern, Mainz, 1-191.

Niemeyer, Hans Georg (1990): »Die Phönizier im Mittelmeerraum« in *Die Phönizier im Zeitalter Homers*, Ulrich Gehrig & Hans Georg Niemeyer (Hg.), Philipp von Zabern, Mainz, 97-103.

Prayon, Friedhelm (1996): *Die Etrusker - Geschichte, Religion, Kunst*, C. H. Beck, München, 1-127.
Snodgrass, Anthony (1971): *The Dark Age of Greece – An archaeological survey of the eleventh to the eigth centuries BC*, Edinburgh University Press, Edinburgh, 1-456.
Uhlig, Helmut (1991): *Die Mutter Europas - Ursprünge abendländischer Kultur in Alt-Anatolien*, Gustav Lübbe Verlag, Bergisch Gladbach, 1-287.

Archäologie: Gestern, heute, morgen

Bernal, Martin (1987): *Black Athena*, Rutgers University Press, New Brunswick, 1-575.
Bernbeck, Reinhard (1997): *Theorien in der Archäologie*, A. Francke, Tübingen, 1-404.
Marchand, Suzanne L. (1996): *Down from Olympus – Archaeology and Philhellenism in Germany*, 1750-1970, Princeton University Press, Princeton, 1-400.
Morris, Ian (1994): »Archaeologies of Greece« in *Classical Greece: ancient histories and modern analogies*, Ian Morris (Hg.), Cambridge University Press, Cambridge, 8-47.
Trigger, Bruce G. (1989): *A history of archaeological thought*, Cambridge University Press, Cambridge, 1-500.

Bildnachweis

Seite: 18, 20, 21, 70, 74, 90, 111, 116, 148, 150, 185, 192, 196, 197, 198, 199, 213, 231, 242, 260, 271, 281: Sibylle Heusser & Markus Moser, Atelier *oculus*, Zürich. Seite 28: Schmidt, J. F. Julius (1874): *Vulkanstudien: Santorin 1866 bis 1872. Vesuv, Bajae, Stromboli, Aetna 1870*, Carl Scholtze, Leipzig. Seite 29, 30, 31, 32: Fouqué, Ferdinand (1879): *Santorin et ses éruptions*, G. Masson, Paris. Seite 34: John Murray (1854): *Handbook for Travellers in Greece*. Seite 38, 39, 40: Cotteau, Edmond (1886): »Krakatau et le Détroit de la Sonde«, *Le Tour du Monde* 51, 113-128. Seite 42, 43, 80: Evans, Arthur (1928): *The Palace of Minos at Knossos*, Macmillan, London, 390. Seite 52, 57: Simkin, Tom & Richard S. Fiske (1983): *Krakatau 1883: the volcanic eruption and its effects*, Smithsonian Institution Press, Washington. Seite 110, 113 und dreidimensionales Landschaftsmodell im Farbbildteil: Pylos Regional Archaeological Project, Department of Classics, University of Cincinnati. Seite 131: Schliemann, Heinrich (1878): *Mycenae*, Scribner, Armstrong & Company, New York. Seite 132: Deutsches Archäologisches Institut, Athen, Neg. Nr. TIR 329. Seite 147: Deutsche Forschungsanstalt für Luft- und Raumfahrttechnik, Oberpfaffenhofen. Seite 154: Kuhnke, Falko & Peter Weidelt (1989): »Geophysikalische Messungen auf dem Ausgrabungsgelände von Lattes (Südfrankreich)«, *Geophysikalische Arbeiten sowie Mitteilungen aus Meteorologie und Astrophysik* 49. Seite 215: Schliemann, Paul (1912): »How I Discovered Atlantis, the Source of All Civilization«, *New York American*. Seite 244: von Fritze, Hans (1902): »Die Münzen von Ilion« in *Troja und Ilion - Ergebnisse der Ausgrabungen in den vorhistorischen und historischen Schichten von Ilion* 1870-1894, W. Dörpfeld, ed., Beck & Barth, Athen. Seite 253: nach Kern, Hermann (1982): *Labyrinthe - Erscheinungsformen und Deutungen: 5000 Jahre Gegenwart eines Urbildes*, Prestel Verlag, München, Seite 38. Seite 255: Kayan, Ilhan (1995): »The Troia Bay and Supposed Harbour Sites in the Bronze Age«, *Studia Troica* 5, 211-235. Seite 259: Walter Werner, Nürnberg. Seite 267: Ramsay, William M. (1888): »A Study of Phrygian Art«, *The Journal of Hellenic Studies* 9, 350-382. Seite 299: nach Bean, George E. (1974): *Kleinasien - III. Jenseits des Mäander, Karien mit dem Vilayet Mugla - Studienreiseführer zu den klassischen Stätten*, Hans E. Günther Verlag, Stuttgart, Seite 70. Seite: 14, 22, 24, 25, 27, 44, 46, 56, 58, 59, 61, 62, 65, 69, 85, 89, 91, 93, 94, 96, 98, 112, 115, 121, 124, 144, 145, 146, 149, 151, 152, 153, 163, 165, 174, 175, 176, 177, 178, 184, 189, 190, 193, 194, 202, 228, 236, 240, 248, 250, 252, 261, 262, 276, 277, 290, 305, 314: Eberhard Zangger.

Bella Bathurst

Leuchtfeuer

Die aussergewöhnliche Geschichte
von der Erbauung sagenumwobener Leuchttürme
durch die Vorfahren von Robert Louis Stevenson

Bella Bathurst erzählt von der Entstehung der Leuchttürme an der schottischen Küste im 18./19. Jahrhundert, von den Gefahren der Seefahrt, den technischen Neuerungen, die den Leuchtturm-Bau erst möglich machten, vom Alltag an der Küste. Gleichzeitig erzählt sie die Geschichte jener Familie, die über 4 Generationen hinweg den Leuchtturm-Bau entscheidend geprägt hat: Die Ingenieurs- und Unternehmerfamilie der Stevensons, deren schwarzes Schaf der Schriftsteller Robert Louis Stevenson war.

»Bella Bathurst's großartiges Buch wird die Erinnerung
an große Taten eines heroischen Zeitalters wach halten.«
Sunday Times

»... ebenso fesselnd wie *Längengrade*«
The Independent

Sylvia und Paul F. Botheroyd

Lexikon der keltischen Mythologie

König Artus' Tafelrunde,
weise Druiden und die geheimen Riten von Stonehenge

Auch nach vielen tausend Jahren haben die keltischen Mythen nichts von ihrer Faszination verloren, lebt keltisches Gedankengut in unseren Kulturen fort.
Das Lexikon der keltischen Mythologie erläutert nicht nur keltische Begriffe, Riten und Überlieferungen, sondern stellt auch Querverbindungen her zwischen den einzelnen Strömungen. Es lässt die keltische Kultur vor den Augen des Lesers lebendig werden.

Mehr als ein Nachschlagewerk –
ein spannendes und informatives Lesevergnügen.

Knaur

Joachim Bublath

Das Geheimnis des Lebens

Genetik, Materie, Evolution

Immer häufiger macht die Gentechnik mit revolutionären Fortschritten Schlagzeilen – nach dem geklonten Schaf Dolly ist jetzt die Rede davon, Menschen zu klonen: Das erste menschliche Genom wurde bereits patentiert.
Ganz abgesehen von ethischen und moralischen Aspekten stellt sich die Frage, ob die Naturwissenschaft wirklich genug über die Rolle der DNS, Baustein allen Lebens, weiß, um solche massiven Eingriffe in die Entwicklungsprozesse der Natur vorzunehmen.

Der aus dem Fernsehen bekannte Wissenschaftsjournalist erklärt das Geheimnis des Lebens!

Knaur